JN215744

古琉球
海洋アジアの輝ける王国

村井章介

角川選書
616

目次

序論　古琉球から世界史へ

古琉球史は何たっておもしろい

「古琉球《こりゅうきゅう》」とは「沖縄学の父」伊波普猷《いはふゆう》が造ったことばで、一六〇九年（日本慶長一四年・明《みん》万暦三七年）に薩摩《さつま》島津氏に征服される以前の琉球をさす。伊波の処女作にして代表作のタイトルも『古琉球』という（伊波二〇〇〇、原著は一九一一年初刊）。

古琉球の時代、琉球は日本の国家領域の外にあった。そのころの日本を現在の日本と区別して学問的にとらえようとするとき、何とよべばよいか。現在でも使われることばに「内地」「本土」があるが、いずれも「内」「本」を優位とする階層性を含意する点で、学問用語としては好ましくない。

ここでヒントとなるのが、琉球人とアイヌが自身および「日本」をどうよんでいたかだ。琉球人は、自身の「国」をウチナー、「日本」をヤマトとよび、それぞれの人は「ウチナーンチュ」「ヤマトンチュ」といった。アイヌのばあいは人と「国」の関係が逆になって、自身を「アイヌ」（人の意）、「日本」人をシサム（なまってシャモ）とよび、それぞれの「国」を「アイヌモシリ」「シサムモシリ」といった（モシリは「土地」の意）。

その広がりも性格も現在とは大きく異なる前近代の「日本」を、いちいちカギ括弧を付けて表記するのも煩わしいので、琉球を考察の対象とするこの本では、琉球語を採用して「ヤマト」とよぶことにしたい。

古琉球時代の琉球は王国を形成してヤマトから自立した領土支配を実現し、中国を中心とする国際社会で日本・朝鮮・安南（ベトナム）・暹羅《シャム》（タイ）等の諸国と横ならびのメンバーシップをもっていた。中国王朝による冊封《さくほう》が被冊封国の独立性と背馳《はいち》するものでないことは常識だろうし、琉球国王が室町幕府の首長とのゆるやかな君臣関係に甘んじていたことも、琉球側の自発的選択によるものだったと考えられる。

陸地面積でいえばケシ粒のような琉球が、大きな存在感をもった理由は、東アジアと東南ア

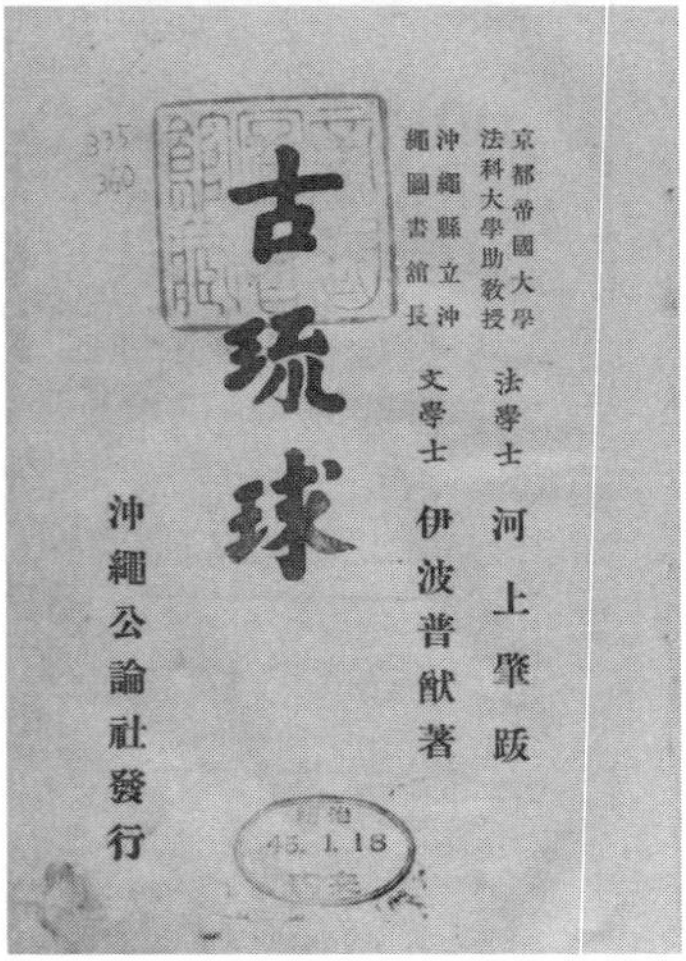

伊波普猷、『古琉球』初版本の扉
（いずれも国立国会図書館所蔵）

ジアをつなぐ海の道の結節点にあって、しかも中国、朝鮮半島、ヤマトという早く文明化した地域から遠くないという、地理的要因が大きい。

古琉球の姿は、六三六年に成立した『隋書《ずいしょ》』の東夷《とうい》伝流求国条を始めとする中国史料や、『日本書紀』を始めとするヤマト史料、遺構や発掘遺物等の考古資料にも断片的にあらわれているが、継続的に推移が追えるようになるのは、十四世紀なかばすぎに、沖縄本島にあった三つの小王国（中山・山南・山北の「三山」）が明とのあいだにそれぞれ朝貢―回賜の関係を結んで以降である。

明は倭寇《わこう》対策として施行した「海禁」によって、海外（とくに東南アジア）産品を入手するルートを閉ざしてしまっており、その代替として琉球を入手ルートの窓口に位置づけた。おりしも一四二〇年代に三山の分立を克服した琉球王国は、明の手厚い助成のもと、東南アジア諸国や朝鮮に船を送って手広く交易活動を展開し、獲得した産物を明に貢納した。こうして琉球は、一四五八年に首里城正殿に掛けられた鐘の銘文に「舟楫を以《もっ》て万国の津梁《しんりょう》（橋渡し）と為《な》す」と詠《うた》われるような、輝かしい季節を迎えた。これを「大交易時代」とよんでいる。そのピークを過ぎたころ、東南アジアで、ポルトガルを先頭とするヨーロッパ勢力と琉球人との接触があった。

いっぽう、言語を始めとする文化面で距離が近いヤマトとの関係は、大交易時代にあっては影が薄く、それも中央政府である室町幕府よりは、島津氏を筆頭とする西日本の大名、さらには倭寇勢力の一翼を構成する商人や武士、両国を往来した僧侶などによる交渉が中心だった。

十五世紀後半以降、ヤマトや中国、さらにはヨーロッパの海上勢力（それらの複合体が「倭寇」である）が、「万国の津梁」の競争者としてあらわれ、琉球の繁栄の基盤を掘り崩すようになると、相対的にヤマトとの関係の比重が増してくる。とくに重要だったのがヤマト・琉球間の交通ののど元をおさえる薩摩との関係であり、その一定の帰結が一六〇九年の事件だった。

以上のような古琉球の歴史をひとことで特徴づけるなら、海によってつながれた広大な舞台の上で、多種多様な人や物や文化が混合・雑居する多種混合《ハイブリッド》な世界ということになろうか。「単一民族国家」という言説を始めとして、大昔から「日本」が均一な空間として存在してきたかのような幻想はなお跡を絶たない。そんなのっぺらぼうな歴史観から脱却するための解毒剤として、私のようなヤマトンチュにとってこそ、古琉球を知ることの意味は大きいと思う。

そんな理屈はともかくとして、古琉球は何たっておもしろいのだ。日本をかたちづくる要素の多元性を雄弁に語ってくれるだけではない。日本なんか飛び越していきなり世界史とつながってしまう意外さがある。かと思えば、表層の激しい変化にもかかわらず基層文化が根強く残っていたりする。私が論じたことのある事例にかぎっても、鎌倉北条氏に臣従した薩摩武士の相続文書に沖縄島直前までの島々が記されていたり、中国文化の所産である石碑にかな文字で琉球の神歌が刻まれていたり、ポルトガル製のある地図ではIapam（日本）がLequios（琉球）という大地域の辺境にすぎなかったり、ごく短期間だが琉球国王が島津氏をふくむ南九州の武士たちを臣従させていたり……といった具合だ。

「日本」の広がりは自明でない

現代の日本人は、北海道から沖縄までが「日本」であることを、あたかも自明のことのように思いこみがちだ。しかし、いうまでもなく沖縄（琉球諸島および大東諸島）の施政権が米国から返還されたのは一九七二年のことであり、その後も南千島・竹島・尖閣《せんかく》諸島の帰属は、国際的には未解決のままである。一九四五年以前に遡れば、「日本」は満洲・朝鮮・台湾・南洋諸島を支配下においていたし、軍事占領地域となればもっと広がる。これは帝国主義時代の特異な状況だが、そこにいたる勢力圏拡大の起点は、ロシア船が千島や北海道の近海にあらわれた一七七八年以降の時期に求められる。

それ以前、北海道以北では、渡島《おしま》半島南端部に居を構える松前氏が唯一の大名だった。「和《わ》人地《じんち》」とよばれた松前藩の直接支配地はわずかで、その外《そと》に樺太《からふと》・千島まで広がる「蝦夷地《えぞち》」に点在するアイヌとの交易拠点「商場《あきないば》」を、松前氏は家臣に知行として給与した。やがてこれは商場の権利をヤマトの大商人に請け負わせる形態へ移行する。これらの制度を通じて、松前氏以下の「和人」はアイヌを経済的に従属させていったが、なおアイヌは幕府─松前藩の領民となったわけではなく、蝦夷地は「無主の地」とされた。それゆえアイヌは幕藩権力の国家的負担を負わなかったが、同時に和人の苛酷な搾取から保護されることもなかった。そのいっぽうでアイヌは、本州北部からユーラシア大陸東端部へと広がる交易世界を活動の場とする海洋民であり、東北アジアへ進出してきたロシア人とも交易関係を結んでいた。幕藩権力はアイヌがロシアの領民となりかねない事態を国家的危機ととらえ、それまでの「無主地」扱いから一転して、一七九九年以降、松前藩の頭ごしに蝦夷地を幕領化する方向へ政策を転換させた。

　朝鮮半島を目前にみる対馬藩は、釜山《プサン》の「倭館」を拠点に朝鮮との外交・貿易を担い、府中（現在の厳原《いづはら》）の以酊庵《いていあん》には京都五山僧が輪番で詰めて外交文書を取り扱った。この体制は、中世の「三浦《さんぽ》」（薺浦《チエポ》・富山浦《プサンポ》・塩浦《ヨンポ》）や梅林寺・西山《せいざん》寺の外交機能をひきつぎ、幕藩制に適合させたものである。中世には対馬島内の諸勢力が朝鮮国王から官職をもらったり（受職人）、朝鮮から外交文書に捺《お》す図書（印章）を受領して貿易権を与えられたり、といった姿が見られた。むろんいっぽうで、古代には国・郡が設置され、中世には守護・地頭がおかれたように、日本の領域内という性格を明瞭にもっていた。

　列島の西南端では、一六〇九年、独立国だった琉球を、幕府の承認をえた島津氏が征服し、奄美《あまみ》群島を薩摩藩領に割き取った。沖縄／鹿児島の県境が沖縄本島／与論島のあいだにあるのはその結果だ。沖縄本島の那覇には薩摩から派遣される琉球在番奉行がおかれて琉球の国政を監視し、土地制度面では琉球をふくめて薩摩藩の石高《こくだか》が算出された。

　こうした従属状態のいっぽうで、沖縄本島以西は薩摩藩領に編入されたわけではなく、国を代表する王とそのもとでの国家機構は健在で、明ついで清《しん》との間には皇帝を君とし国王を臣とする冊封関係も継続した。中国から見れば、琉球は朝鮮等と同等の被冊封国だった。このような半独立状態は、琉球側の希望をうけいれた要素もあったが、基本的には、中国との情報チャネルを欲していた幕府と、「異国」を従える雄藩という体面を保ちたい薩摩藩と、双方の思惑が生み出したものだった。

江戸幕府は、右にみた三つの列島周縁で生じる異国・異域との関係（広義の外交）を、松前、対馬、薩摩という三つの藩に「役」として委ねていた。三地域における外交のあり方は、それぞれに中世以来の伝統を色こく反映して、大きく異なっていたが、藩権力への委任という共通性に着目すれば、「対外関係の領主制的編成」と規定できよう。これに対して長崎における外交・貿易は、長崎奉行以下の幕僚が指揮し実務を長崎の町人に委ねるという形態をとり、しかもヨーロッパ勢力の出現以前に遡る歴史をもたない。これを三地域と対比して、「対外関係の官僚制的編成」と規定することができる。近年の近世史研究では、右の松前、対馬、薩摩、長崎を幕藩制国家の「四つの口」と総称しているが、各「口」における外との関係のありようは、安易な一般化を許さない多種混合《ハイブリッド》な性格をもっていた。

周縁部に右のような地域をもつ前近代の「日本」を、近代的領土理念にあてはめて、どこからどこまでと空間的に定義することができるだろうか。それは「外」と峻別《しゅんべつ》された均質な空間ではなく、その内部に孕《はら》まれた諸地域――たとえば中世で「東国」とか「鎮西《ちんぜい》（九州）」とかよばれたような――も、現代の都道府県のような、均質な「日本」の一部を切りとった空間ではなかった。諸地域は、中央政権の支配の浸透度、対外関係という場におけるロケーションなどの如何《いかん》によって、それぞれ異なった様相を呈し、そのことがそこに成立した地域権力の性格に独特の陰影を帯びさせることになった。

そうした陰影は、「日本」のもっとも外縁部の地域ではより明瞭にあらわれる。中世の「日本」の広がりは、おおよそ奥羽から薩隅までで、北海道と奄美以西は基本的に「外」だった。

しかし、「内」と「外」のあいだには、外が浜、鬼界が島とよばれるあいまいな境界空間がはさまっており、そこを活動の場とする人間集団が存在していた。そうなれば、その境界自体を地域としてとらえることも十分可能だ。そして境界空間の外側には、基本的に「異域」でありながら、「日本」の「内」から強い影響をこうむり、ときに境界と見なされることもあった、蝦夷地と琉球が広がっていた。

「地域史」としての古琉球史、日本史、世界史

「地域」という語は、通常ある個人の居住圏の意味で使われ、具体的には市町村であったりその下位の地区や町内であったりする。しかしいっぽうで、「地域研究 area studies」などというばあいの地域は、東南アジア、アフリカなど国家領域を超えるレベルを指す。このように大小さまざまな地域を歴史の観点から探究しようとするとき、それらの「地域史」たちを貫通するものは何であろうか。

歴史認識が行なわれる場は、歴史を見る主体である〈私〉のもつアンデンティティの多様性に応じて、広がりにおいても、性質に即しても、無限に多様でありうる。それは地理的には、市町村や都道府県であるかもしれないし、九州や東北といった「地方」であるかもしれないし、むろん国家であるかもしれない。またそれは、空間的なまとまりをもつばあいも、もたないばあいもある。出生地、職業、共通の関心や利害などで結ばれた共同意識は、かならずしも空間的な広がりに対応しないし、「ネット空間」にいたっては、構成者相互が〝顔も知らない〟仮

想空間において、共同意識が成立している。

このような無限に多様でありうる「関係性」を、筆者は「地域」とよぶ。空間的なまとまりをもたない――その大小はしばらくおくとしても――関係性までも「地域」と称するのは、語義からして矛盾しているかに見える。しかし、たとえば〈私〉が「世界」を歴史認識の対象に据えるというとき、政治、経済、戦争、社会運動などの諸課題の考察が「世界」レベルの場を要求するからなのであって、空間的なまとまりをもつ「世界」が先験的に存在するのではない。

こうして、〈私〉がとりくむ対象ごとに、先入観を排して任意の地域を設定することが必要であり可能となる。問題しだいで、小は個人から大は地球まで、伸縮自在な地域がありうる。かつて板垣雄三はこれを「n地域」とよんだ（板垣一九七三）。最近の情報通信技術の驚異的進歩によって、人と人とのつながりは大規模かつ多様なものとなり、それに応じて地域のあり方も複雑さを増した。いかに実体がとらえにくいとはいえ、「ネット空間」が存在することはたしかで、その影響力は（否定的な側面もふくめて）あなどれぬものとなってきた。そのバーチャルな空間に即した地域史も、求められてくるだろう。

これらの地域たちのあいだには、空間的まとまりの有無を問わず、当然階層性がある。しかし、下位の地域はかならず一段上の地域を経由してしかさらに上位の地域と関係しえない、というふうに考える必要はない。たとえば、日本国内の小地域は「日本」という国家的わくぐみを経由せずに、グローバルな地域とつながりうる。沖縄県が日本政府を頼らず直接に米国に対して基地問題の解決を訴える行動は、その一例だ。

こうして構想される地域史は、逆説的に聞こえるかもしれないが、世界史より包括的な概念だ。世界=地球規模の広がりをあらかじめ措定して、その歴史を客観的に記述する――そんなことが容易にできるとは思えないが――のではなく、〈私〉をふくむ何らかの連関が地球規模の広がりをもち、課題の解決が地球規模の考察を必要とするとき、それに即した地域史として「世界史」が必要となる。そして、地球規模のつながりという要素の希薄な分野がますます狭まりつつある現在、各課題に即して地球規模の考察がなされ、それらの束が世界史を構成する。

こうした観点からすると、「日本史」とは、「日本列島に住む私」「日本国籍をもつ私」「日本民族という自意識をもつ私」等々に対応する地域史である。しかも「日本」という広がりは時代ごとに大きく変化してきたし、その広がりの内部が均質な空間であったわけでもない。その広がりを構成する多様な諸地域は、それぞれ独自に「日本」の外との関係をもち、そのことがまた新しいレベルでの地域史を要求する。

近代国家としての均質性が優越する日本のなかにあって、琉球〔沖縄〕はきわめて豊かな個性をもつ地域だ。衣食住や信仰といった基層文化のレベルでも、天皇・天皇制に対する意識といった政治性の強い領域でも、ヤマトとは著しい相異を示す。その背景に、明治初年までヤマトの中央国家の統治下におかれたことがなく、とくに古琉球期には独立の国家を形成していたという歴史があることは、容易に想像できる。高良倉吉は名著『琉球の時代』の末尾でこう述べた〔高良二〇一二、三〇〇頁〕。

沖縄歴史は日本の一地方史にとどまる性質のものではない。伊波普猷の愛唱した言葉をもじっていえば、この歴史を深く正確に掘りつづけると、日本史・世界史に連動する「泉」＝価値を見出《みいだ》すことができる。そのような意義ある歴史を残してくれた先人たちの労苦を、少なくとも私は、大いに誇りとしている。

古琉球はヤマトの影響のおよぶ限界的地域であると同時に、それ自身が独自に中国、朝鮮、東南アジア、そしてヤマトと関係を結び、あらたな関係性＝地域をつくりだした存在だ。その地域形成は「倭寇」とよばれた海上勢力との競合のなかで進行した。この地域を私は「海洋アジア」とよんでいる。十六世紀、ポルトガルを先頭とするヨーロッパ勢力が「東洋」とであい、キリスト教や鉄砲をふくむいわゆる「南蛮文化」をもたらすいっぽうで、絹織物・陶磁器などの中国産品、香料などの東南アジア産品、さらに日本銀を搬出した。こうした動きはすべて海洋アジアを舞台に起きたことであり、その形成者たる古琉球は、いやおうなく萌芽《ほうが》的に形成された地球規模の関係性のなかに立たされることになった。古琉球という限界的な事例を論じることが、複雑に重層する「地域」に媒介されながら、世界史を語ることにもなる所以《ゆえん》がここにある。

琉球の歴史はヤマトの常識が通用しない多様性・複雑性にみちている。琉球はどこまで「日本」か、また、琉球はいつから「日本」になったか、という問いに答えることは容易ではない。しかし、この問いの立て方には、均一な「日本」に照らして琉球の「異度」を測るという偏向がふくまれている。むしろ「日本」を、その周縁に琉球のような存在までふくみこんだ、多様な社会・文化の複合体としてとらえなおすことが求められている。それを通じて、「日本」のなかの琉球以外の諸地域についても、より複眼的で自由度の高い視線で見なおすことが可能になるだろう。

きわめて特異な「県史」

琉球（沖縄）研究の黎明期《れいめいき》に巨大な影響をあたえたのが、伊波普猷の師、柳田国男《やなぎたくにお》だった。国語学の方言論では、日本語の最上位レベルの方言として本土方言と琉球方言を設定し、両方言の分立は文献時代以前の古い時代に起きたという。柳田はこれを現代の日本列島という二次元平面に投影してとらえなおし、畿内を中心とする同心円の外側に行くほど、より古い時代の日本語が残存していると考えた（方言周圏論）。この言語論を民俗文化一般に拡張すれば、同心円の外側ほど古いヤマトの文化が残っていることになる。

この同心円のもっとも外縁の限界領域に位するのが沖縄だ。柳田が沖縄に着目したのはこの視角からであり、伊波が「おもろ語」研究に没頭したのも、柳田の圧倒的影響のもとだった。黎明期の沖縄学は、民俗学の方法によって、沖縄の文化のなかにヤマトの古代社会の残影を見ようとしたのである。

しかし、伊波がおもろ研究を通じて見いだした古琉球の姿は、古代ヤマトの残影というようなな枠に収まるものではなかった。『おもろさうし』には、貿易船や船乗りの活躍をたたえつつ、王や聞得大君《きこえおおぎみ》の賛美へと収斂《しゅうれん》されていく歌が、多く載せられている。また、伊波の親友で歴史学の方法により古琉球にとりくんだ東恩納寛惇《ひがしおんなかんじゅん》は、琉球の大交易時代を「海洋アジア」の広がりのなかで描き出した〔東恩納一九四二〕。この書物の冒頭に紹介される一四五八年の「万国津梁鐘」の銘文は、明・ヤマトとの関係を軸に据えながらも、三韓（朝鮮）との関係に言及し、さらに「万国の津梁」のフレーズには、東南アジア諸国との関係もこめられている。『歴代宝案』には、中国・朝鮮のほか、シャム、パタニ、マラッカ、安南（以上大陸部）、パレンバン、スマトラ（以上スマトラ島）、ジャワ、スンダ（以上ジャワ島）の八か国との往復文書が見られ、ほかに欧語文献からルソンとの関係が知られる。日本列島の一隅がかくも広やかな世界につながっていたこと、これこそ地域としての琉球の最大の個性だ。

一九九三年度に始まった「新沖縄県史」の編纂《へんさん》事業は、当初の基本計画では、二〇一〇年度までに「通史編」全九巻、「各論編」全七三巻を刊行することになっており、これとは別に戦後史にかかわる英文史料の翻訳からなる「史料編（第一期）」全二〇巻が計画されていた（新沖縄県史編集検討委員会『新沖縄県史編集に関する基本計画』）。その特徴は「各論編」の比重が圧倒的ないっぽう、「史料編」の位置づけが明確でないことだ。前者の編目は自然環境、先史時代、琉球王国時代、沖縄県時代、沖縄戦、米国統治時代、復帰後の沖縄、女性史、人物、民俗、言語、文学、芸術、技術史、思想史というきわめて多岐にわたっており、時代別の冊は「通史編」と重複しているように見える〔村井二〇一四d、一一二〜一一六頁〕。

ただしこの当初計画は一九九八年以降大幅に修正されたようで、二〇一八年四月現在の刊行物一覧によると、「各論編」が七冊（自然環境・考古・古琉球・近世・近代・沖縄戦・女性史、全一七編のうち)、「資料編」が二五冊(各論編のおのおのに対応する個別史料)、「研究叢書《そうしょ》」が一九冊(研究書ではなく沖縄県史の古典的著作・史料集・新聞記事など)、ビジュアル版が一三冊刊行されている。きわめて長期間を費やし、多数の刊行物が出版され、なお二〇三七年まで続く予定らしく、正直なところ、外部者には全体計画のどこまで進んだのかよくわからない。いずれにせよ、事業計画の息がきわめて長いこと、専門家に委ねるのでなく市民参加を重視し地域に根ざした県史編纂がめざされていること、アメリカや中国に対する県独自の外交まで展開していること、など、「歴史」というものへのむきあい方に、他の県史とくらべて際だった特徴が感じられる。

さらに注目すべきは、新県史に先だって一九八九年に「沖縄県歴代宝案編集委員会」が組織され、校訂本・訳注本各一五冊、補遺(冊封使録・関連檔案史料)六冊、英訳本一二冊、総索引一冊、辞典一冊の全五〇冊を二〇年間で刊行する、という壮大な計画が立てられたことだ。二〇一八年現在、校訂本は全冊、訳注本は一一冊が刊行ずみだが、その他の部分は手がつけられていない。ヤマトの県史であれば「史(資)料編」の一部を構成することになろうと思われるが、前述した琉球の地域的個性を重視して、『歴代宝案』は特別扱いとなったのだろう。しかしそれ以外の、島津家史料以下のヤマトの多様な史料や、明・清・朝鮮の実録などがどう扱われるのかは不明だ。

琉球のもつ学問的可能性に背中を押されて、近年、前近代の琉球史研究はかつてないもりあがりを見せている。たとえば、官庁レベルの刊行物でない地域史の書物がこれほど多く刊行されている地域はまれだろう。ほんの一端にすぎないが、榕樹書院（宜野湾市）の「琉球弧叢書」シリーズは、沖縄・ヤマト双方の研究者の仕事をとりあげ、古琉球研究の流れをつくりだした。知名定寛・上原兼善・高良倉吉ら琉球史プロパーの研究だけでなく、和田久徳・松浦章・内田晶子・高瀬恭子・池谷《いけや》望子《まちこ》ら東洋史・世界史側から琉球を見た書を多く収めているのが特徴である。ヤマトの出版社では、森話社《しんわしゃ》（東京）の「叢書・文化学の越境」シリーズが、琉球文化ヤマト起源説に立つ吉成直樹の仕事を中心に刊行している。考古学では安里進が沖縄、高梨修が奄美の視点から琉球文化の系統を論じており、ヤコウガイ大量出土遺跡の評価をめぐって、両人は論争を交わしている〔クライナー他二〇一〇〕。さらに、東京や関西に拠点をおく研究者からも琉球に熱い関心が寄せられており、その視角は『琉球からみた世界史』〔村井・三谷二〇一一〕という書名に集約されている。

尚泰久《しょうたいきゅう》の子尚徳《しょうとく》が一四六九年に死去すると、先王代のたび重なる遠征と乱脈財政に危機感を抱いた人びとがクーデタを起こし、王妃、世子以下の王族を虐殺して、よのぬしを選ぶ集会を開いた。このころ金丸《かなまる》は「内間御鎖《うちまおざす》」とよばれ国家財政の枢要にいたが、その腹心安里御親《あさとのひや》が神懸かりして、「虎の子《くゎ》や虎、悪王の子や悪王、食物《もの》呉《くゐ》ゆすど我が御主《うしゅう》、内間御鎖ど我が御主」と謡いだすと、衆はみな「オーサーレー」と唱和して、金丸がつぎのよのぬしに決まった、という〔伊波一九九八、九一頁〕。第一尚氏から第二尚氏への王朝交代が、「物を食わせてくれる者こそわが君主だ」という革命思想の肯定のもとで、実現している。「万世一系」のヤマトでは考えられない大らかさで、琉球という地域が天皇制の呪縛の「外」にいたことを、今さらのように感じさせる。今でも沖縄県民の天皇制に対する意識は他県と大きく異なっているが、そのルーツは古琉球にあった。

琉球の人びとは、永遠に続く政治支配や権威などないという感じ方を、「世《ゆー》」ということばに託してきた。シンガーソングライター佐渡山豊が作詩作曲した歌曲「ドゥチュイムニイ（独り言）」は、「唐《とう》ぬ世から大和ぬ世、大和ぬ世からアメリカ世、アメリカ世からまた大和ぬ世、ひるまさ（くるくると）変わゆる、くぬ（この）沖縄《うちなー》」と歌っている。「唐ぬ世」は琉球王国時代、「大和ぬ世」は琉球処分から一九四五年まで、「アメリカ世」は米軍統治期、「また大和ぬ世」は沖縄返還以後である。

古琉球史料のあらまし

古琉球史のおもしろさは、迂遠《うえん》に思われるかもしれないが、歴史を語るさまざまな材料――これを「史料」という。紙に書かれた文字だけではない――を読み解き、そのむこうを透視するなかからにじみ出てくる。だからこの本では、史料の正確な解釈にこだわり、読者とともに史料をじっくり読みこむことに重心をおいた。

そこで以下、古琉球の世界へ旅立つためのガイドとして、史料のあらましを文字史料を中心に述べてみたい。古琉球を語る史料は、琉球および琉球をとりまく各地域にさまざまなかたちで残っており、その多彩さは列島内の他地域の追随を許さない。そのこと自体が琉球という地域の個性をかたちづくる重要な要素といえる。

(1)琉球（沖縄）に伝わったもの

古琉球時代、琉球はヤマトの統治からはずれた独立国だったから、その国家が関与して生み出された、ヤマトの諸地域にはない一群の史料が存在する。①〜④が古琉球期に源流をもつもの、⑤・⑥が近世琉球王国の編纂になるものである。

①『歴代宝案』　王国の外交に関する往復文書四五九〇通を集成した一大外交文書集で、年代は一四二四年から一八六七年までにおよぶ。中国（北京および福建）との往復文書が圧倒的多数を占めるが、古琉球期にかぎれば、東南アジア関係が相当の比重を占めており、朝鮮関係も一定数見られる。原文書の字配りのまま写されているから、外交史のみならず、明清代に用いられた公文書の様式や文体を伝える貴重な史料でもある。そうした様式のうち、咨《し》または咨《し》文《ぶん》は、ほんらい中国の同格の官庁間で授受される文書の様式名で、琉球国王と明の礼部や福建布政使司、朝鮮国王、東南アジア諸国の王との通信に準用された。

②『おもろさうし』　王国の国家事業として「おもろ」という歌謡を集成したもので、全二二巻に一五五四首が収められる（重複をのぞく実数は一二四八首）。一五三一年にできた第一巻をのぞく大部分は近世初頭の編纂だが、歌詞のほとんどは古琉球期に遡る。作詞年代が特定できるものはわずかだが、歴史上の人物が登場するもの、奄美諸島・先島の征討戦や島津軍の侵略をとりあげたもの、唐・南蛮への貿易船の往来を寿《ことほ》いだもの、神女たちが古琉球の国制で演じた重要な役割を語るものなど、史料として有用なものが多い。

③辞令書　王から発給される根幹的な行政文書で、本文は基本的にかなで書かれ、「首里之印」と刻んだ大きな朱印が捺され、奥に明年号による年月日が漢字で記される。古琉球期では一五二〇年代以降のものが写もふくめて六一通残っており、うち三一通が沖縄関係、二九通が奄美関係、一通が先島関係である。データが断片的なため、近世の編纂物を参照せずには国制の復元は困難だ。

④碑文　ヤマト中世にはほとんど存在しない碑文が、古琉球期を通じて二〇点あまり知られ（現物逸失をふくむ）、なかには国制研究に必須の重要資料もふくまれる。一四二七年の一点がとびぬけて古く、尚真王代に一四九七年以降のものが一三点ある。中国系文化だけあって漢字表記が多いが、かな書きのものや漢字・かな併記のものがあることは、辞令書とともにかなが古琉球期の公式表記だったことを示す。

⑤正史　近世琉球王府は四次にわたってみずからの歴史を編纂した。一六五〇年に羽地《はねじ》朝《ちょう》秀《しゅう》が記述した和文体の『中山世鑑《ちゅうざんせいかん》』、一七〇一年にこれを漢訳した蔡鐸《さいたく》本『中山世譜《ちゅうざんせいふ》』、一七二四年に蔡鐸本を大幅に増補した蔡温《さいおん》本『中山世譜』、一七四五年に鄭秉哲《ていへいてつ》らによって完成した漢文体の『球陽《きゅうよう》』である。『中山世譜』は王の治績を中心とし、『球陽』は地理的・階層的に広い範囲から記事が採取されていて、両書は記事がほとんど重ならない。『遺老説伝《いろうせつでん》』は各地に伝わる口碑伝説を集めたもの。『琉球国由来記』（一七一三年）と、これを簡約・漢訳した『琉球国旧記』（一七三一年）は王府編纂の地誌。これらの編纂物の古琉球期に関する記述は、近世琉球王府の立場からの正当化や中国・ヤマトに対する遠慮から、吟味を要するものが少なくな

い。

⑥家譜　近世琉球王府は士族を対象に一六八九年家譜の提出を命じ、首里城内の系図座が原稿を厳密に検閲し訂正を加えさせたうえで、一部を系図座が保管し、一部を各家に頒賜《はんし》した。家譜は五年ごとに書き継がれ、そのたびごとに同様の手続きが踏まれた。厖大《ぼうだい》な数の家譜は士族の居住区ごとに首里・久米・那覇・泊の四系に区分され、『氏集《うじしゅう》』とよばれる総目録によって管理された。古琉球期の史料としては、辞令書が欠けている人事異動を補う（失われた辞令書を復元する）ことができるばあいがある。

(2)ヤマトに伝わったもの

『日本書紀』以下の六国史《りっこくし》にヤマトの都に到来した南島人の姿が散見する。六一六年に掖玖《やく》人が帰化したという記事を皮切りに、以後約一〇〇年間に海見《あまみ》（奄美）・多禰《たね》・度感《とく》（徳）・信覚（石垣）・球美《くみ》（久米）などの島名が見えるが、なぜか沖縄本島に比定できる名が見あたらない。その初見は、七七九年に成立した『唐大和上東征伝《とうだいわじょうとうせいでん》』（鑑真《がんじん》の伝記絵巻）七五三年条の阿児《あこ》奈波《なは》嶋だ。八世紀ころの南島の中心は奄美だったらしい。

その後しばらくヤマト史料の南島関係記事はとぎれ、十世紀末にいたって、京都の貴族の日記に「奄美賊徒」「南蛮賊徒」など荒々しい姿で再登場する。一二四三年に僧慶政《けいせい》が聞き取った「漂到流球国記」にも島人の好戦的なようすが見える。十四世紀初めの金沢文庫本「日本図」には、境界の表象らしい龍体の外側に「龍及国宇嶋《うーしま》（琉球国大島）身人頭鳥」とあって、沖縄島は人ならぬモノの住む世界と見られていた。類似の記載は他の「日本図」にも見られる。おなじころ、南九州の武士の所領として奄美群島までの島々があらわれる（「千竈《ちかま》文書」『島津家文書』）。これら島々の財産としての意味は、琉球・中国方面との交易にかかわっていただろう。

このころからヤマトに残る史料の中心になるのが、薩摩・島津氏との関係を語る古文書類だ。そこでは島津家当主と琉球国王が対等の関係で文書をやりとりしている。また、双方の関係を直接担ったのは、ヤマトの禅宗世界で育ち第一・第二の尚氏王朝や島津家に仕えた禅僧たちだったので、五山文学以下の禅宗史料に琉球僧や琉球に赴いたヤマト僧の姿が散見する。

一五七五年の「あや船一件」を画期に、琉球は薩摩への従属化へと急速に追いこまれていくが、一五八七年の豊臣秀吉の「九州征伐」は、九州の覇者へと上昇する島津家をして、豊臣政権への臣従を余儀なくさせ、琉球は薩摩を媒介に豊臣政権、ついで江戸幕府への対応を強いられるにいたる。その終着点が一六〇九年の「島津の琉球入り」だが、そこにいたる経過を語るのは、多くは島津家に残された史料群だ。

(3)中国・朝鮮に伝わったもの

「りうきう」と読める文字が見える最古の史料は、七世紀初頭に隋が水軍を送って「流求」を攻めたという『隋書』流求国伝だが、そこに食人の習俗が見えることから、古くから台湾・沖縄の両説が対立している。以後元《げん》代までの中国史料に断片的に見える「りうきう」についても、同様の学説対立がある。一三七〇年代に琉球の三山があいついで明と国交を結んだことにより、史料は急激に増加する。この段階ですでに琉球は文明的な国際社会に順応していた。『明実録』を中心とする中国史料と琉球側の『歴代宝案』をあわせ見ることにより、「大交易時代」の琉球の躍動が浮かびあがる。一五三四年以降は琉球国王の冊封が行なわれるたびに使節が記録を残しており（「冊封使録」と総称）、往復の航海や琉球での見聞について有用な記事がある。中国史料が語るのは文明社会の眼に映った琉球であり、一般的には信頼度が高いといえるが、琉球にとって都合の悪いことは隠されているという、史料的限界があることも忘れてはならない。

『朝鮮王朝実録』には十四世紀末より琉球が見え、三山の抗争で山南王子が朝鮮に亡命したこと、琉球から朝鮮半島にいたる海の道で活躍した「倭人《わじん》海商」が琉球国王使を騙《かた》って朝鮮にあらわれたことなどが記されている。「倭人海商」の得た海域情報は一四七一年に朝鮮で成立した地誌『海東諸国紀』にとりこまれた。十五世紀ころの朝鮮は国外情報の収集にきわめて熱心で、琉球に関する聞き取りにも、那覇における外国人居留地や先島の社会状況など、他の史料からは得がたい情報がふくまれている。

(4)ヨーロッパに伝わったもの

一五一一年にインドから「世界の十字路」マラッカに進出したポルトガルは、当初の目標であった香料諸島のほかに、有望な市場としての中国と、マラッカで交易活動にいそしむ琉球人の姿を見いだした（トメ・ピレス『東方諸国記』等）。そしてもっとも早い日本情報は、琉球情報の付けたりとして、簡単な記事がみえるにすぎない。

琉球情報は地図に反映して、ゲルハルト・メルカトールが一五三八年に作製した「世界図」の、東南アジア大陸部とおぼしき半島状の地形の先端部に、Leqos populi（琉球人）とある。一五四五〜五〇年ころの「無名ポルトガル製世界図」では、小琉球、大琉球、日本、都群島とつながる列島の全体に琉球の名が与えられ、その琉球はアラビアや中国と対等だ。あるヨーロッパ史料は、一五四二年または四三年のポルトガル人種子島到来を、レキオ（琉球）への漂着として伝えている。

その後のヨーロッパ製地図に描かれた日本列島を追っていくと、キリスト教の伸長につれてヤマトの情報が充実していくようすが、つぶさに観察できる。他方台湾〜薩南諸島の描出にはほとんど進展が見られず、琉球は日本列島西南方の辺境へと追いやられていく。

以上のように個性的な琉球史料に即した史料学が、最近盛りあがりを見せている。その一里塚ともいうべき書、黒嶋敏・屋良健一郎編『琉球史料学の船出』（黒嶋・屋良二〇一七）が上梓《じょうし》され、かな碑文を扱った拙論も掲載されている。また、筆者が会長を勤める日本古文書学会の大会が二〇一七年に初めて沖縄で開かれ、琉球史料学の先端的な研究発表が集った。

第一章　王国誕生前夜

1　琉球の基層文化

琉球人の起源

琉球人の起源についてたしかなことはわかっていない。現在、考古学の知見に基づいて、ヤマトの縄文~平安中期と並行する時期に「貝塚時代」、ヤマトの平安中期~室町と並行する時期に「グスク時代」の名称が与えられている。この時期区分は琉球内部の自生的発展という発想を軸としているが、日本列島と中国大陸南部をつなぐ鎖状の島嶼《とうしょ》群という立地から考えて、琉球人の歩みが完全に自生的に始まったとは考えにくい。

伊波普猷は、『おもろさうし』に収められた神歌に、日神が「アマミキヨ」という女神を召して島を造らせたとあり、また、南島人の発祥地が「アマミヤ」とよばれていることを根拠に、「アマミ族」が奄美大島を重要な中継地としてヤマト方面から南下したものが南島人の祖先だとする〔伊波一九九八、二一頁以下〕。この観点は最近あらためて見なおされ、吉成直樹・高梨修

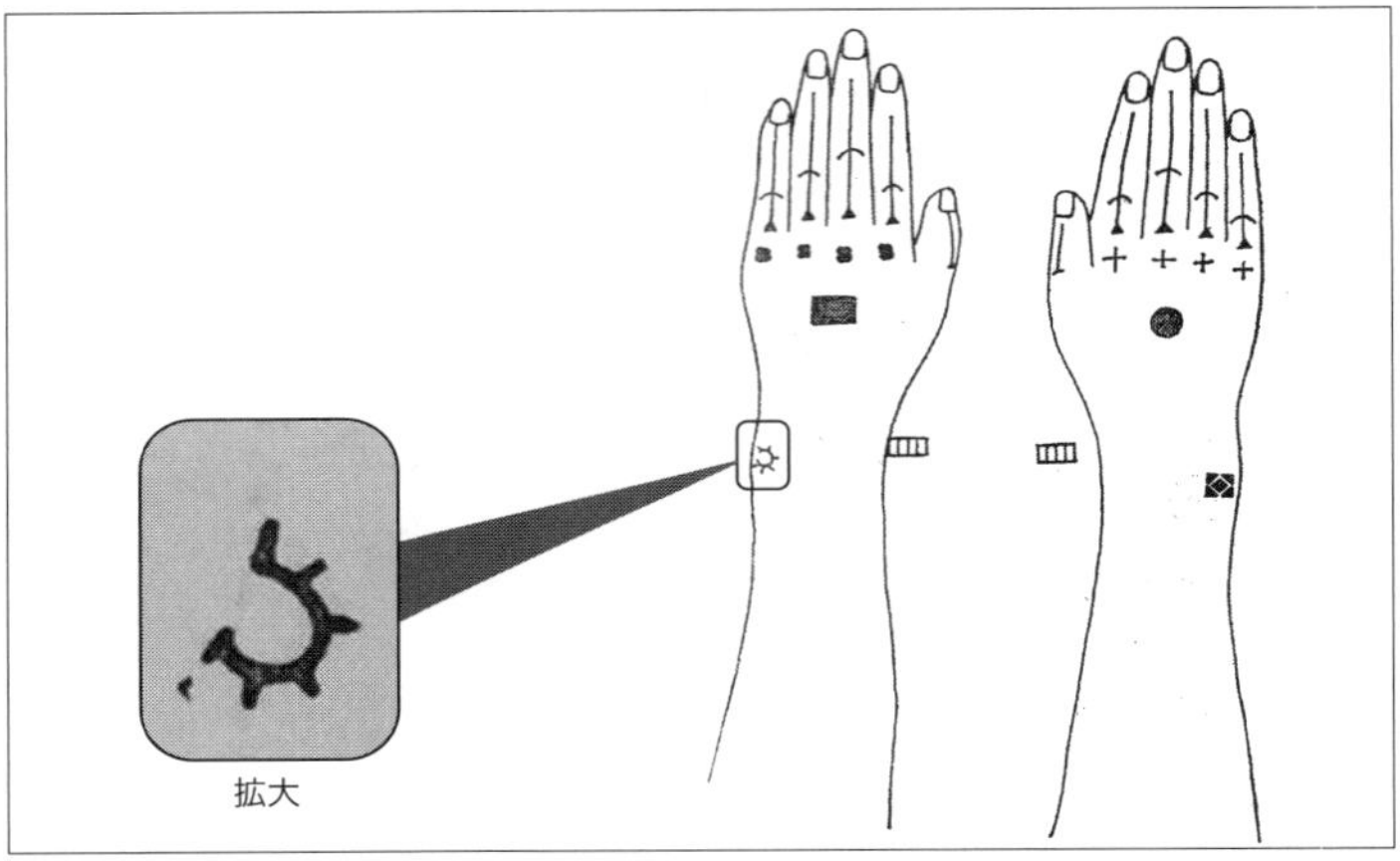

ヤドカリの文様の入れ墨（小原一夫「南島の入墨(針突)について」より）

らによって、琉球文化奄美（ひいてはヤマト）起源説が強調されている〔吉成・福二〇〇七ほか〕。

また、人種論、言語系統論から見ても、琉球人がヤマト人から早い時期に分かれたものであることはたしかなようだ。琉球人の直接的な先祖とされるグスク時代の人びとの骨の形質は、中世日本人の形質に東南アジア方面の要素を若干加えた様相を呈し、その背景にはヤマトからのヒトの流入があったと想定されている。また、琉球語とヤマト語とは、語彙や音韻の面ではほとんど通じないほど異なっているが、文法構造や品詞体系において同一の系統に属することは疑いない。本土方言と琉球方言を日本語の二大分肢とする学説もある。

しかし、衣食住や行事・習慣などを指標にとれば、風葬墓、高床式建物、成人女性の手の甲の入れ墨など、今はほとんど滅びてしまった習俗に、台湾やその先の東南アジアやポリネシア

金武観音寺の洞窟（著者撮影）

との共通性が浮かんでくる。入れ墨にはヤドカリの文様が多く見られるが、琉球列島の創世神話に人間の先祖がヤドカリから生まれたとするものがあり、そこでヤドカリを指す「アマン」という語は、オーストロネシア（マライ・ポリネシア）語に由来するとともに、「アマミ」という地名の語源でもあるという〔吉成二〇一一〕。

また、この見方からは琉球内部も一様ではなく、沖縄本島の西南方、域内でもっとも広い海をはさんだ宮古・八重山において、東南アジア的様相は格段に色こくなる。このことを根拠に、琉球文化を奄美・沖縄文化圏と宮古・八重山文化圏に二分することも行なわれている〔白木原一九九二〕。より端的に、沖縄以東と宮古・八重山をほんらい別の文化圏とし、グスク時代に両者が統合され、琉球王国の基盤をつくったとする見方もある〔安里・土肥二〇一一〕。

さらにグスク時代になると、あらたな人の移動がヤマトから奄美を経由しておしよせ、人骨の形質に変化があらわれるほどの影響をもたらした。この波に乗って、琉球に残るヤマト系の信仰としてはもっとも基層をなす熊野信仰が、根をおろしたと考えられる。那覇の波上宮《なみのうえぐう》を筆頭とする「琉球八社」の七つまでが熊野信仰の霊場で、その多くは洞窟を神体とする。補陀落渡海《ふだらくとかい》を究極のかたちとして海から流れついた熊野信仰は、真言宗と習合し、また海の彼方《かなた》に神や死霊のいる楽土があるとする「ニライカナイ」の信仰ともおりあいがよかったようだ。

一七一三年成立の『琉球国由来記』巻十「諸寺旧記」は、琉球への仏教初伝を南宋・咸淳《かんじゅん》年間（一二六五〜七四年）のこととし、出身地不明の禅鑑禅師なる僧が「一葦軽舟に乗り、飄然《ひょうぜん》と小那覇津に到り」、英祖王の知己となって「精舎を浦添《うらそえ》城の西に剏《ひら》きて斯《ここ》に居り、号して補陀落山極楽寺と言」ったという。また「俗其の名を称せず、唯《た》だ補陀落僧と言ふ也、蓋《けだ》し朝鮮人か、且《ま》た扶桑人か、世遠くして考ふる無き也」という別伝もあったらしい。戦前まで浦添城の麓に極楽寺の跡と伝える場所があり、『由来記』の記載はある程度史実をふまえたものかとされている〔知名二〇〇八〕。初伝者が補陀落渡海僧らしく描かれており、熊野信仰の流来シーンを考えるにも大いに参考になる。のちに琉球王国で公式の文字となる「かな」も、おなじ波によって伝えられたと思われるが、その伝来時期にいたっては想像の域を出ない。

中国文化の流入

琉球への中国文化の流入については、洪武二十五年（一三九二）にあったとされる「閩人《びんじん》三十六姓」の皇帝による「賜与」と関連づけて語られることが多い。しかし、那覇の居留地久米村（唐営《とうえい》、唐栄とも）に集住した華人の先祖が、この「賜与」によっていっせいに到来したとは考えがたい。事実、程復は中山王に仕えて四十余年の一四一一年、致仕帰郷を永楽帝に願い許されており（『明実録』永楽九年四月癸巳〔以下『明実』永楽９４癸巳のように略記〕）、かれの琉球到来は一三七〇年以前に遡ることになる。しかし、それよりはるか以前から華人の渡来があったことは、沖縄各地の遺跡から唐銭「開元通宝」や宋元代の中国陶磁が出土することや、沖縄で広範に見られる道教系文化のなかに奄美や九州南部にまで広がっているものがあることから想像される〔窪一九八一〕。もし中国系文化が「三十六姓賜与」のような政治的関係のみに起源するとすれば、居留華人社会を超えてそれほどの広がりを見せることはありえないだろう。

屋敷の敷地内に玄関を隠すように設けられた石、板、生垣などの壁を「ヒンプン」といい、魔障の家内侵入を遮るものとされるが、これは福建語の「屏風（ピンフン）」に由来し――沖縄で墓を「風水（フンシ）」というのも福建音だ――、鹿児島県内にも広く分布している。道の突きあたりにとくに多く見られる魔除《まよ》けの板「石敢当《いしがんとう》」や、「紫微鑾駕《しびらんか》」（天帝の乗物の意）の四字を棟木に書いて火除けとする習俗が、奄美地方においては大島・加計呂麻島に濃く、沖縄に近い与論・沖永良部《おきのえらぶ》・徳之島では薄いか存在しない、という分布を示すことは、沖縄から奄美に直接伝わったことを想像させる。

沖縄南部に目立つ大規模な城郭遺跡グスクは、ヤマトよりはるかに先んじて石積み城壁をもち、おもなものが世界文化遺産に登録されている。グスク地名は奄美諸島にも広く見られるが、城郭であることが明瞭でないものが多く、それが認められるばあいも石積み城壁をもたず、ヤマトの中世城郭に近い様相を呈する（奄美市笠利の赤木名《あかきな》グスク等）。冥途での通貨とされる紙《し》銭《せん》を焼いて祖先と交信する習俗や、亀甲墓《かめこうばか》とよばれる門中単位の墳墓、屋根の上に魔除けの獅《し》子《し》像（シーサーグヮ）をおくことは、沖縄では普遍的に見られる中国系文化だが、奄美以北への広がりが見られない。奄美が薩摩に切り取られて以後に広がったためだろうか。

いっぽう、福建や台湾ではきわめてさかんでも、琉球では華人居留民以外への広がりをもたなかった中国系文化もある。媽祖《まそ》（天妃《てんぴ》）信仰はその典型で、薩摩半島ではある程度の密度をもち、長崎の唐人寺にも媽祖堂があるが、沖縄では那覇と久米島にわずかな痕跡をとどめるのみだ。関帝《かんてい》信仰もほぼ同様である。琉球の中国系文化は「道教」で説明されることが多いが、福建や台湾と決定的に異なるのは、教団的な道教の希薄さであり、その結果道士や道観（道教寺院）もまったく存在しなかった。一六八三年に琉球を訪れた冊封《さくほう》使汪楫《おうしゅう》は、波上にあった道教の高位神を祀《まつ》る「天尊廟《てんそんびょう》」にふれて、「国に道士無く、香火を奉ずる者も皆僧なり」と述べている（『使琉球雑録』）。

「三韓の秀を鍾め」

琉球と朝鮮半島との関係は従来あまり注目されていないが、かの有名な「万国津梁鐘」の銘（一四五八年）が、その書き出しにおいて、「琉球国は南海の勝地にして、三韓の秀を鍾《あつ》め、大明を以《もっ》て輔車《ほしゃ》と為《な》し、日域を以て唇歯《しんし》と為す」と、明や日本よりも前に「三韓」を出していることは注目される。その歴史的意味に関して現在議論が交わされている。

吉成直樹は、「鍾三韓之秀」というフレーズを、尚王家が朝鮮と琉球をつなぐ海域で活動する朝鮮系の「倭寇《わこう》」に出自することを述べているとし、「朝鮮の優れた人たちが集まる」とも訳しうるという〔吉成他二〇一五〕。この琉球王権＝倭寇説は、『おもろさうし』の読み直しにも支えられている〔吉成・福二〇〇六〕が、多要素・多民族からなる海上勢力を中国・朝鮮から他称した語である「倭寇」を、均一の実体をもつかのようにとらえ、そこに多様な史料を強引に結びつけた嫌いがある。「鍾三韓之秀」を王権の出自を語る語句とする解釈もその一例で、ここは、朝鮮半島由来の要素が琉球文化のかなり本質的な部分に存在する、という程度に読み取っておくべきだろう。もとより、琉球もシナ海の海上勢力の一翼を担う存在で、ときには倭寇的な行動も見られたが、シナ海の海賊を対外交易上のライバルかつ脅威とみなした事例は枚挙にいとまがない。

これに対して上里隆史は、吉成説を全面的に否定して、「三韓之秀」を一四五五年の琉球国王使道安《どうあん》〔博多商人〕の要請に応じて五七年に朝鮮から賜与された大蔵経をさすとする〔上里二〇一〇〕。しかし、道安は五七年に琉球国王使として朝鮮へ渡航したが、大蔵経を賜った形跡はなく、かえって日本国王使全密が同年「大蔵経一部」を賜っている。なるほど五八年の琉球国咨文には「琉球国、去歳礼物幷びに大蔵尊経を賜はるを蒙《こうむ》る」とあるが、このときの琉球国王使「吾羅沙也文」〔五郎左衛門〕について、朝鮮高官は「琉球国、島倭の隔つる所と為り、自ら我が国に通ずるを得ず、凡《およ》そ献ずる所有らば、倭に因りて進む」とコメントしており、礼曹の賜宴における「失礼」「軽慢」な言動からしても、真正の琉球国王使とは考えられない。五八年の咨文は全密が得た大蔵経と混同しており、一四五七年に琉球に大蔵経が将来された事実はなかっただろう（以上、『朝鮮王朝実録』世祖元年8月戊辰条〔以後『朝実』世祖元8戊辰のように略記〕・『朝実』世祖35戊子・7壬午・42乙卯・閏2辛未・3戊戌・5己亥）。その嚆矢《こうし》は一四六一年到来の真正な琉球国王使普須古らを待たねばならない。

琉球と朝鮮半島との思いのほかの近さは、本章4で述べるカムィヤキ古窯跡群の成立や次章で述べる山南王家と高麗《こうらい》の密接な関係など、史上間歇的《かんけつてき》に露呈してくるが、両地域を結ぶ海の道は通時代的に存在したとみられるから、より長いスパンで、かつ基層文化のレベルにおいて、追究すべき問題だろう。吉成らによれば、奄美・沖縄で確認される「樹上葬」ないし「台上葬」の習俗や天上世界を意味するオボツということばは、北東アジアの狩猟民文化の「天」の観念が朝鮮半島を経由して伝わったものという。おなじく奄美・沖縄にみられるナルコ・テルコという神観念も、古代朝鮮語によって「太陽神」と解釈できるという（吉成・福二〇〇六）。また、古くは朝鮮半島に広く分布し、済州島《チェジュド》にはいまも根強く残っている巫術師《シャーマン》「神房《シンバン》」や聖域「堂《ダン》」の習俗は、琉球のノロ・ユタやウタキとすこぶる類似する（済州島では男性の役割が大きいようだが）。

崑崙人とトカラ人

先島諸島の文化的様相は、沖縄本島以東とくらべて台湾的、さらには東南アジア的な色彩が濃いとされる。しかし沖縄島や奄美群島でも、たとえば女性が手の甲に施す入れ墨のように、東南アジア的習俗は残存している。これについては、次項で検討する『隋書』の「流求国伝」に、「婦人は墨を以て手を黥《げい》し、蟲蛇《ちゅうだ》（へび）の文《もん》を為《つく》る」とある。

白鳥庫吉《くらきち》は、流求国伝にあらわれる支配層にかかわる語が、王の姓「歓斯」はkandjeng（様、殿）、王の名「渇剌兜」はratu（王）、王「可老羊」はka-raya-an（宏大《こうだい》、荘厳《そうごん》、厳粛）、王の妻「多抜荼」はtabatah（高位者への敬称、この考証はかなり苦しい）、王の居所「波羅檀」はparatuan（国家）、村長「鳥了帥」の鳥了はulu（酋長《しゅうちょう》）、小王の名「老模」はrama（父）等、ほぼすべてマレー語で解釈できることから、流求は現在マレー系の原住民が住む台湾だと指摘した（白鳥一九三五）。私はこれを、白鳥の主張とは異なって、東南アジア大陸部南半の文化が七世紀の沖縄におよんでいた証拠とみている（後述）。

また流求国伝は、六一〇年に流求国に出兵した隋の将軍陳稜の活動を伝えて、「南方諸国の人を将《もっ》て従軍せしむ、崑崙《こんろん》人有り、頗《すこぶ》る其の語を解す、人を遣して之を慰諭するも、流求従はず」と述べる。崑崙とは、『旧唐書《くとうじょ》』巻一九七・林邑《りんゆう》国伝に「林邑（のちの占城《チャンパ》）より以南、皆巻髪黒身、通号して崑崙と為す」とあるように、東南アジア大陸部南半の汎称である。また『隋書』巻六四陳稜伝には「流求人、初め船艦を見、商旅と以為《おも》ひ、往往軍中に詣《いた》りて貿易す」とあり、流求人は陳稜の戦艦を商船と思って、軍中を訪れて貿易を求めたという。崑崙人と流求人は隋の軍事行動以前から商業面で取引があり、それを通じて崑崙人は流求語を習得したのだろう。

崑崙人の活動はさらに東方に及んだ。六四二年飛鳥を訪れた百済《くだら》の使節は崑崙の使を海に投げ入れたことを語り（『日本書紀』皇極天皇元年二月戊子条）、七五三年鑑真に従って日本に来た弟子たちのなかに崑崙国人「軍法力」がおり（『唐大和上東征伝』天宝十二年条）、七九九年参河国に崑崙人が漂着して綿種をもたらした（『日本後紀』延暦十八年七月是月条）。

また、六五四年には覩火羅国の男二人・女二人、舎衛の女一人（「覩貨羅人《とからのひと》乾豆《げんづ》波斯《はし》達阿《だちあ》」の妻）が日向に流来し、三年後にも覩貨邏国の男二人・女四人が筑紫《つくし》に漂泊した。このトカラは今のバンコクあたりにあったドヴァラヴァティ王国、舎衛は祇園精舎《ぎおんしょうじゃ》で有名なインド北部の地名だ。かれらは唐との交易がめあてだったらしいが、筑紫に着く前に「海見嶋」に漂泊している。これはアマミの初見史料だ（『日本書紀』白雉《はくち》五年四月・斉明三年七月己丑・五年三月丁亥・六年七月乙卯条）。

こうした崑崙人やトカラ人との接触を通じて、グスク文化成立以前の沖縄は、色こい東南アジア的様相を呈していた。それが中国・ヤマト・朝鮮など周囲の発達した「文明」社会との接触を深めるなかで、しだいにそうした色彩が薄れ、マレー系言語は忘却され、流求国伝が流求にいたと述べる「熊・羆《ひぐま》・犲《やまいぬ》・狼」などの野生動物は、「牛・羊・驢《ろ》・馬」などの家畜にとってかわられ、流求国伝がその存在を伝える食人の習俗も消えていった。そのように私は推測している。

＊　＊　＊

以上のようなハイブリッド状況を簡単にまとめることはむずかしいが、琉球語と「日本」語の親縁性からみて、琉球人の優位グループを構成したのが、ヤマト方面から渡来した集団だったことは推定していいだろう。しかしそれに先行する時代に、東南アジア方面からの人の流入があったと考えられる。いっぽう、グスク時代にヤマトからあらたな人の渡来があったことは、人骨の形質変化、熊野信仰・仏教やかなの伝播から想像され、やがて琉球王権が仏教を信仰しかなを公式文字として採用するにいたる。中国大陸からの人の渡来も断続的にあったと思われるが、明と国交が結ばれる以前では実態がよくわからない。中国文化の定着が冊封以後に加速したことはまちがいないが、中国系の民俗文化が南九州にも分布していることは、その伝播の契機を明による琉球冊封のみに限定できないこと、より古い起源をもつ可能性があること、を示唆する。朝鮮半島との交流も、後述するカムィヤキの開窯や山南王の朝鮮亡命にその一端がうかがわれる。

2　『隋書』の流求国は沖縄である

近代史学界有数の論争

「リュウキュウ」という音《おん》の地名が文字史料にあらわれる最初は、中国王朝隋《ずい》（五八一～六一八）の正史『隋書』（六三六年成立）である。その巻八一・東夷伝・流求国の条（通称「隋書流求国伝」、以下「流求国伝」と略記）に、つぎのような事件が記されている。

六〇五年、隋の水軍の将何蛮《かばん》が、「春と秋の天清く風静かなとき、東方の海上にあたかも煙霧の気のごときものが望めるが、幾千里あるかわからない」と報告してきた。二年後、煬帝《ようだい》は武人朱寛に命じ、何蛮とともに異俗を探索させた。朱寛らは流求国にいたったが、言語が通じず、住民をひとり連行して帰った。その翌年また朱寛が流求を慰撫《いぶ》したが、こんどは流求人の布甲《ふこう》（苧麻《ちょま》で編んだ鎧《よろい》）をもち帰っただけだった。六一〇年、煬帝は陳稜・張鎮州率いる兵を流求へ送り、陳稜らは流求人の激しい抵抗に遇いつつも、ついに宮殿を破壊し、男女数千人を捕虜にして帰った。その後流求との関係は絶えている……。

流求国伝は、右の記事の前に、流求国の支配制度・慣習・風俗・葬制・刑罰・産物などをくわしく述べていて、黎明期《れいめいき》の琉球に関する貴重な情報を今に伝える――かに見える。ところがこの流求国については、古くから、和田清《せい》・白鳥庫吉・東恩納寛惇らの台湾説、秋山謙蔵・喜田貞吉《さだきち》・仏人アグノエルらの沖縄説、ある部分は台湾で別の部分は沖縄をさすとする伊波普猷らの折衷説があり、激しい論争がくりひろげられた。現在も決着はついていないが、台湾説が多数説とされる。なお、伊波は流求国の社会に関する記述に台湾の情報が混在しているとしつつ、隋軍の到達した地は沖縄だとしているから、基本的には沖縄説というべきである。

流求＝台湾説は、一八九七年に御雇外国人学者ルートヴィヒ・リースによって唱えられ、日本の東洋学の基礎を築いた学者たちに継承されたもので、論拠は多岐にわたるが、あらあらまとめればつぎの三つになる。

(1)流求国伝は冒頭でその位置を「流求国居二海島之中一、当二建安郡東一、水行五日而至」と記すが、前近代の中琉間航海の事例に照らすと、建安郡（郡治は今の福建省福州）から五日で沖縄に到達するのはきわめて困難である。

(2)元の馬端臨撰『文献通考』（一三一七年成立）巻三二七・四裔考四・琉球に「琉球国居二海島一、在二泉州之東一、有レ島曰二彭湖一、煙火相望、水行五日而至」とあり、台湾海峡にある澎湖《ほうこ》島《とう》から煙火が観望できる島は、台湾であって沖縄ではありえない。また流求国伝に、何蛮が最初にもたらした情報として「毎二春秋二時天清風静一、東望、依希《あたかも》似レ有二煙霧之気一、亦不レ知二幾千里一」とあるのも、福建から見えない沖縄のものではない。

(3)流求国伝が描く産物や習俗には、台湾にはあるが沖縄にはないものが多い。たとえば、流求国にいるとされる「熊・羆・豺・狼」は台湾にいて沖縄におらず、流求国にはいないとされる「牛・羊・驢・馬」は沖縄にいる。また、食人の習俗は台湾原住民にはあるが沖縄では確認されない。

この台湾説に対する批判は、早く秋山謙蔵の論（秋山一九三五）にほぼ尽くされており、近年では増田修・山里純一によって詳述されている（増田一九九三・山里一九九九）。これらをふまえながら、(1)〜(3)にそって私なりに検討してみよう。

流求国＝台湾説の吟味

(1)台湾説は前近代の中琉間の平均航海日数が五日の二倍以上になることを論拠とするが、流

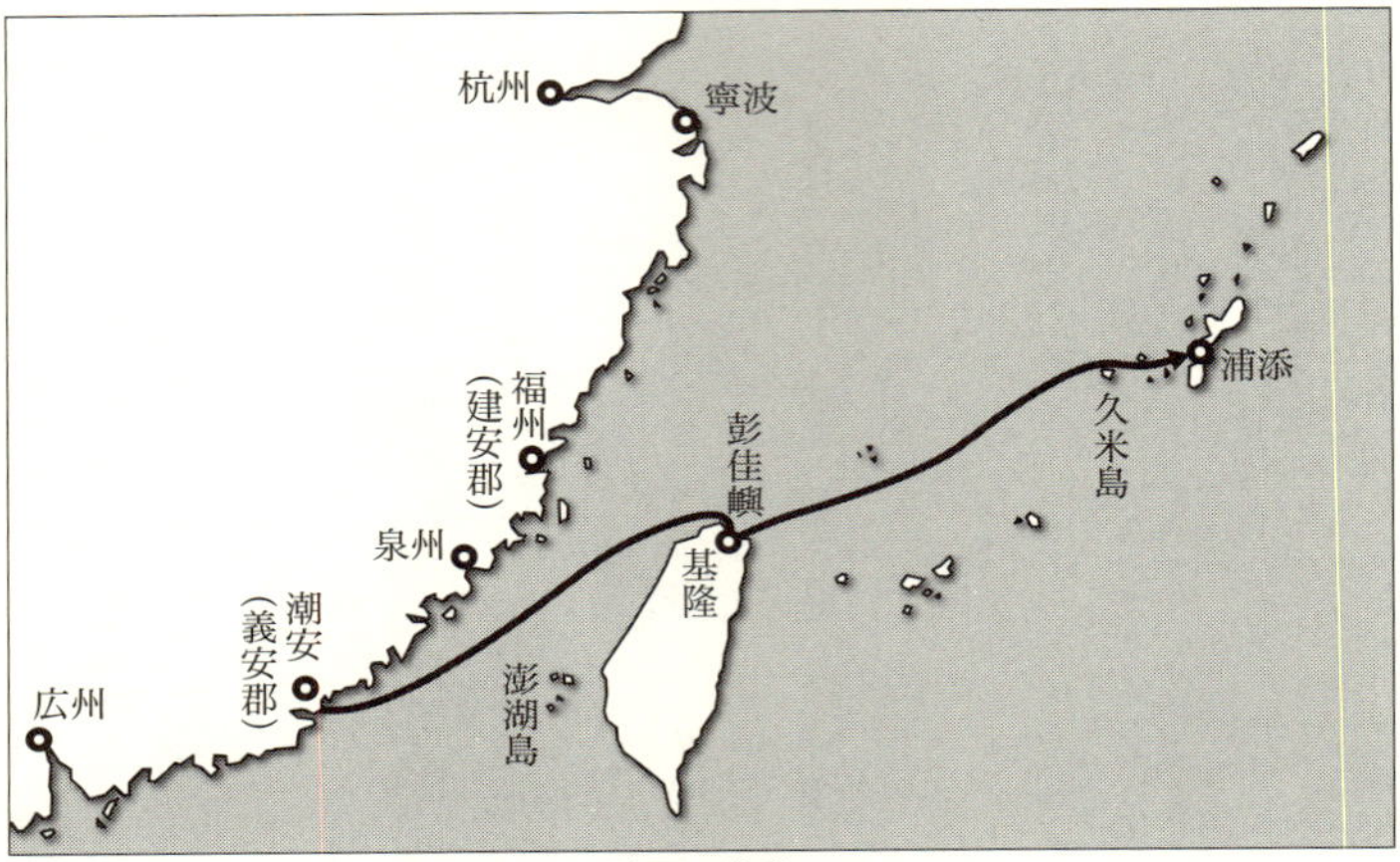

隋軍の進路

求国伝の「水行五日」はある特定の航海事例を基にしたもので、海上の条件しだいできわめてバラツキの大きい前近代の航海日数の平均値とくらべることにさして意味はない。航海事例中には五日を下まわるものもあり、台湾の史学者梁嘉彬《りようかひん》によれば、風待ちや沿岸の迂回《うかい》ルートを差し引いた実質の航海日数は四～五日になるという〔梁一九七二〕。

さらに流求国伝は、六一〇年に陳稜らのたどった海路を「義安より海に浮びて之を撃たしむ、高華嶼《こうかしよ》に至り、又東行すること二日、黿鼊《くび》嶼に至り、又一日、便《すなわ》ち流求に至る」と記す。この〈義安―高華嶼―（2日）―黿鼊嶼―（1日）―流求国〉を、順に広東《カントン》東端の潮州、台湾・基隆《キールン》港外の彭佳《ほうか》嶼、久米《くめ》島、沖縄本島とする松本雅明の比定〔松本一九七一〕は、高華嶼・黿鼊嶼を澎湖諸島の花嶼・奎壁嶼に比定する台湾説〔藤田豊八『島夷誌略校注』、秋山一九三五、三四〇頁より）よりも、島名の近似からみても、地理的な位置関係からみても、航海日数からみても、はるかに自然で説得力がある。

なお、最近田中史生によって、北宋の文人張士遜が福建の知邵武県だった一〇〇〇年前後に書いたという「閩中異事」（李復の文集『潏水集《けつすい》』巻五に佚文《いつぶん》がある）に、流求国が泉州の東百三十里の海中にあるとあり、また高華嶼・鼅鼊嶼に関する若干の記述があることが紹介された。田中はこの記述を「実際の見聞に基づく情報」と解し、また海岸の高所から条件しだいで望見できる流求国は台湾だとする（田中史二〇一二）。しかし大陸海岸から望見できる距離にない点では沖縄も台湾も変わりないし、「閩中異事」中の「其国、別置二館於海隅一、以待二中華之客一」という記述が同時代の台湾の説明とは信じがたい。泉州から二日で高華嶼、二日で鼅鼊嶼、一日で流求国とする航程も、流求国伝の建安郡を泉州と混同した（その背景には隋唐時代の複雑な行政区画の改廃がある）うえで、引き算して出したものではないか。

(2)澎湖島と琉球が「煙火相望」む位置関係にあるという記述は、十四世紀前半の『文献通考』に初めてあらわれ、これを受けて『宋史』『島夷誌略』『元史』などに、台湾に比定される流求・琉球・瑠求が登場する。しかし、その元となった『文献通考』の「琉球国居海島、在泉州之東、有島曰彭湖、煙火相望、水行五日而至」という文章は、六五九年成立の『北史』流求国伝の「流求国居海島、当建安郡東、水行五日而至」（『隋書』とほとんど同文）に、一二二五年ころ成立の趙汝适《ちょうじょかつ》『諸蕃志』の流求国条「流求国、当泉州之東、舟行約五六日程」と、同書毗舎耶《びしやや》国条「泉（泉州）有海島、曰彭湖、隷晋江県、与其国密邇、煙火相望」という文章を、ミックスして作られた〔梁一九七二〕。毗舎耶国条で彭湖島と「密邇にして、煙火相望む」とされる「其国」とは、台湾に比定される毗舎耶国であって、それとは別に項目が立てられている流求国ではない。以上の史料をむりやり「要約」した結果が『文献通考』の文章で、「泉州之東」にあるのが琉球国とも彭湖ともとれるようなあいまいな文脈は、そうした生い立ちの瘢痕《はんこん》だ。

(3)台湾説は、台湾と沖縄の産物や習俗をことさら異質なものとして対比し、流求国伝の描くそれらを台湾にひきつけて解釈する。しかし、巨視的に見ればすぐに隣りあう二つの地域の社会状況が、七世紀という古い時代にそれほどちがっていただろうか。そのころの台湾〜琉球列島の社会は、現在よりはるかに東南アジア的様相が色こかったのではないか。前述した、沖縄女性の黥手の習俗や流求国伝にみえるマレー語由来の語彙、さらに七世紀、崑崙人やトカラ人の活動が琉球列島を超えて日本列島や朝鮮半島にまで広がっていたこと、などはその証拠となるだろう。流求国伝に東南アジア的様相が濃厚なことは沖縄説の弱点のようにいわれているが、むしろ東南アジア大陸部南半の文化が七世紀の沖縄におよんでいた証拠として、積極的にとらえ直すべきだろう。吉成直樹は、沖縄・鹿児島に多い語頭に「イ」の付く地名、語尾に「アン」の付く地名を、オーストロネシア語に由来するものとし、流求国伝の「夷邪久《いやく》国」を前者、六国史の「度感」や木簡の「伊藍嶋」を後者の例証として、「八世紀半ば頃までは間違いなく、琉球弧にはオーストロネシア語地名が存在していた」と指摘する〔吉成二〇一一、七四〜七七頁〕。

「隋書流求国伝」を読む

流求国伝の記述はまるで文化人類学者のフィールド・ノートのようだ。たとえば、王のもとに統合された社会のようすが、つぎのように記述されている（原漢文）。

　其の王、姓は歓斯氏、名は渇刺《かつら》兜《とう》。其の由来と国を有《たも》つ代数を知らざる也。彼の土人、之《これ》を呼びて可老羊と為す。妻を多抜荼と曰《い》ふ。居る所を波羅檀洞と曰ふ。塹柵は三重、環《めぐ》らすに流水を以てし、棘を樹《う》ゑて藩《かき》と為す。王の居る所の舎《いえ》は、其の大いさ一十六間、禽獣《きんじゅう》を琱刻《ちょうこく》す。闘鏤樹《とうろうじゅ》多し。橘《たちばな》に似て葉は密なり。條《えだ》は纖《ほそ》く髪然の如く下垂す。国に四五帥有り。諸洞を統《す》ぶ。洞に小王有り。往往《みちみち》に村有り。村に烏了帥有り。並びに善く戦ふ者を以て之と為す。自ら相樹立し、一村の事を理《おさ》む。

傍線部が白鳥によってマレー語由来とされた語である。それに続く記述から、つぎのような社会構造がわかる。王のもとに四〜五人の「帥」がいてそれぞれが複数の「洞」を治めている。各「洞」には「小王」がいる。また、交通路沿いには「村」があって、「烏了帥」によって治められている。「洞」と「村」との関係は、上下とも並列ともとれる。伊波普猷は「烏了帥《うりょうすい》」を「浦襲《うらおそい》」の音写とした（伊波二〇〇〇、一〇七頁）。浦襲は浦を支配する者の意で、琉球王家発祥の地「浦添《うらそえ》」の語源とされる。闘鏤樹とはガジュマルのことだろう。

沖縄在住の研究者には、貝塚時代終末期の原始社会に、はたして王・帥・小王・烏了帥のような階層をなす首長層が発生していたのか、という困惑があるようだ（高良二〇一二、四四頁）。

伊祖城跡のガジュマル樹（著者撮影）

しかしこの記述を沖縄より未開度の高い台湾へもっていっても、乖離《かいり》はますばかりだ（山里一九九九、一八頁）。十五世紀にいたってなお、「小琉球国」すなわち台湾には「君長」も「衣裳《いしょう》の制」もなかった（『海東諸国紀』付録・琉球国）。やはり流求国の落ち着き先は沖縄しかあるまい。

されば流求国伝の精細な描写を、七世紀の沖縄社会を分析するまたとない史料として、もっと積極的に活用すべきだ。その分析が低調だったことは、激しくかつ錯綜《さくそう》した論争の負の遺産と思えてならない。なお台湾説を堅持するというのならば、食人という「蛮俗」を「生蕃」と結びつけて「流求国は沖縄ではない」と力説する精力を割いて、流求国伝の記述による七世紀台湾社会の解読にとりくむべきだろう。

では流求国の統治の内実はどうだったか。租税について「賦斂《ふれん》無く、事有らば則《すなわ》ち税を均《ひと》しくす」とあって、原始共産制の名残をのこした階層社会だったことがわかる。また断罪について「刑を用ゐるも亦常准無く、皆《みな》事に臨みて科決す。犯罪は皆烏了帥において断じ、伏せざれば則ち王に上請す。王は臣下をして共に議して之を定めしむ」とある。烏了帥の率いる村に大きな自決権があり、そこで決着がつかないと王に裁断が求められたが、そのばあいも臣下との合議で決定されたのである。

流求は戦いの絶えない社会だったようで、「刀・矟《さく》・弓・箭《や》・鈹《ひ》」など多様な武器があったが、鉄資源に恵まれないので、その刃はみな薄く、骨・角でその補いをし、苧《ちょ》を編んで甲《よろい》を作り、また熊や豹《ひょう》の皮も使われていた。王の権力は弱体で、獣を彫った木の輿《こし》に乗って出行するときも、導従者は数十人を出なかった。――以上のような叙述に続く流求国伝のつぎのくだりは、とりわけ大きな影響を後世に残した（原漢文）。

> 国人相《あい》攻撃するを好む。人は皆驍健《ぎょうけん》なり。善く走り難死にして創《きず》に耐ふ。諸洞は各おの部隊をなし、相救助せず。両陣相当れば、勇者三五人、前に出《い》で跳噪し、言を交へて相罵《ののし》り、因りて相撃射す。如《も》し其れ勝たざれば、一軍皆走《に》げ、人を遣して謝を致す。即《すなわ》ち共に和解すれば、闘死せる者を収取し、共に聚まりて之を食ふ。仍《な》ほ髑髏《どくろ》を以て将《すなわ》ち王所に向かふ。王は則ち之に賜ふに冠を以てし、隊帥為《た》らしむ。

流求国人たちは強靭《きょうじん》な肉体をもち、洞ごとに独自の兵力を有し、洞を超えて助けあうことはなかった。合戦では、双方より勇者三～五人が進み出て、大きな身ぶりと声で相手を罵り（民俗学でいう「言葉戦い」）、そののち武器をもってわたりあった。敗走した側は人を敵方に送ってわびを入れ、和解が成立すると、戦死者を収容し、みな集まってその肉を食った。勝者は残った髑髏を王の所へもっていき、王はほうびとして冠を与え、軍の指揮者にとりたてた。

沖縄在住の研究者に流求国＝沖縄説に距離をおく態度が見られる一因は、沖縄にかつて食人の習俗があったとは認めたくないという心情かもしれない。しかし、戦闘にともなう食人は、「闘戦して人を殺さば、便《すなわ》ち殺す所の人を将《もっ》て其の神に祭る」という別の箇所の記載とあわせ考えれば、戦死者を神に祭ってその霊力を身体にとりこむ行為であり、王の居所に髑髏を集めるのも、勇敢な戦士のパワーをもらいうける意味があるのではないか。

また、「南境は風俗少しく異なり、人の死する有らば、邑里共に之を食《くら》ふ」とあることに関連して、伊波普猷がつぎのような民間伝承を紹介している〔伊波一九七四、五一三頁〕。すなわち、那覇や国頭《くにがみ》で葬式のあとに豚肉料理をふるまう慣習は、かつて親類縁者が死者の肉を食していたことの名残で、そこから、近い親類を「真肉親類《マッシシウェーカ》」、遠い親類を「脂肪 親類《ブトゥブトゥ》」ということばが生まれた、という。これも近い身内の霊を弔う意味があるのだろう。いずれにせよ、食人の習俗を近代人の道徳的見地から忌避したり野蛮視することなく、ありのままに史料を読むことが必要だろう。

しかし現実に流求国伝が後世に残したものは、冷静かつ限定的な食人習俗の記述とはうらはらに、琉球＝啖人国《たんじん》というイメージのひとり歩きだった。それは早くも九世紀の入唐《にっとう》僧空海や円珍にかかわる史料に明瞭にあらわれ〔後述〕、十四世紀前半の汪大淵『島夷誌略』琉球条になると、「他国の人倘《もし》犯す所有らば、則ち其の肉を生割して以て之を啖《くら》ひ、其の頭を取りて木竿に懸く」とあって、他国人を襲って生肉をむさぼるというような、「文明人」の偏見で塗りつぶされてしまう。

六〇八年の遠征で朱寛がもち帰った布甲を、たまたま隋に来ていた「倭国使《わこくし》」に見せたところ、「此《こ》れ、夷邪久《いやく》国人の用ゐる所也」と言った、というくだりも興味ぶかい。この「倭国使」とは、六〇七年聖徳太子の命で隋に渡り、翌年四月に帰国した小野妹子《おののいもこ》らである。「夷邪久」とは、六一六年三月の条以降『日本書紀』に頻出する「掖玖《やく》」と同語である。のちに論ずるが、この「掖玖」は現在の屋久島のみを指すのではなく、種子・屋久から沖縄方面へと延びる「南島」全体を漠然と指すことばだ。すでに七世紀の初頭、ヤマト人はかなりくわしい南島の知識をもっていたことになる。

流求国伝は、以後『北史』『通典《つてん》』『太平御覧《たいへいぎょらん》』『太平寰宇記《たいへいかんうき》』『冊府元亀《さつぷげんき》』『通志』などの史書にほとんどそのままひき写され、中国人の琉球観に大きな影響を与えた。ヤマトの知識人は、ときおり「来朝」する南島人よりはむしろ、これらの漢籍を読んでより多くの琉球情報を得ていた。そんな重要な情報の成立に、かの小野妹子がひと役かっていた。東アジアという舞台に、中国・倭国・琉球という役者がはやくも登場し、めいめいの役割を演じている。そこに私は歴史の妙味を感じる。

大琉球と小琉球

以上のように私は、流求国伝の流求を台湾に比定するのは誤りと考えるが、だからといって、

「リュウキュウ」という名辞がつねに沖縄に同定できるとは考えない。宋・元代の史料にあらわれる流求・琉球・瑠求などの名辞は、台湾としたほうが矛盾が少ないいっぽうで、ヤマトの史料では「琉球」が多くのばあい沖縄をさすことは、後述する金沢文庫蔵「日本図」（十四世紀初頭）などから明らかだ（大田由起夫二〇〇九・村井二〇一四ａ）。しかし例外もある。

入唐僧円珍が貞観《じょうがん》五年（八六三）に記した帰朝報告書につぎのようにある（『大日本史料』寛平三年十月二十九日条所引「園城寺《おんじょうじ》文書」、原漢文）。

（仁寿《にんじゅ》）二年（八五二）閏八月、大唐国商人欽良暉《きんりょうき》の交関（貿易）船の来るに値《あ》ふ。三年……八月初九日放船入海す。十三日申《さる》時高山を望見す。北風急なるに縁《よ》り、十四日辰《たつ》頭彼の山脚に漂到す。所謂《いわゆる》流球国、人を喫《くら》ふの地なり。四方風無く、趣《おもむ》く所を知る莫《な》し。忽《たちま》ち巽《たつみ》（南東）の風に遇《あ》ひ、乾《いぬい》（北西）を指して維《これ》行く。申尅小山を見、子《ね》夜脚下に至止し、十五日午《うま》遂《つい》に岸に著《つ》くを獲《え》たり。而《しか》るに未《いま》だ何国の界なるかを知らず、便《すなわ》ち所在を問ひ、此れ大唐国嶺南《れいなん》道福州連江県界なるを知りぬ。

北西方向に最大限である一日強（十四日辰頭〜十五日午、じっさいにはその半分程度の可能性がある）の航海で福州にいたる位置にある「流球国」は、沖縄ではありえない。この円珍の琉球漂流は、その後かれの法験譚《たん》を加えながらくりかえし語られ（後述）、中世人の琉球認識に大きな位置を占めていく。

他方中国でも、琉球＝台湾というイメージがすべてを塗りつぶしてしまったわけではなかった。『元史』巻二一〇瑠求伝に、「瑠求は南海の東、漳・泉・興・福四州（いずれも現在の福建省）の界内に在り。彭湖諸島は瑠求と相対するも、亦素《もと》より通ぜず」とある。澎湖諸島と相対する「瑠求」は台湾としか解せない。だがその続きに「瑠求は外夷に在りて最小にして険なる者也。漢・唐以来史の載せざる所、近代の諸番の市舶、其の国に至るを聞かず」ともあって、瑠求は『隋書』のいう流求とは別だと考えているらしい。元人は、『隋書』のいう「流求」も『元史』のいう「瑠求」もふくめ、福建の東海上にある島嶼群を、漠然と「リュウキュウ」の名でよんでいた、と想像される。

つまり、ヤマト人は薩摩南方海上の島々を、沖縄を中心としつつも台湾までふくめて「リュウキュウ」とよび、宋元人は福建東方海上の島々を、台湾を中心としつつも沖縄までふくめて「リュウキュウ」とよんでいたのである。ただしその地理認識は漠然としたもので、ヤマト人が台湾を、宋元人が沖縄を、明瞭に視野に収めていたわけではなかった。

こうしたあいまいな状況は、十四世紀後半の明の登場によって大きく転換する。建国まもない明が「四夷の君長」に入貢をよびかけたとき、台湾が明人の眼に入っていた形跡は皆無だ。沖縄については、日本に入貢をよびかけた使節楊載が帰途に得た情報に基づいて、一三七二年に明は「琉球国」に楊載を派遣し、これに答えて「琉球国中山王察度《さつと》」が使節を明に送り、琉明間に外交関係が成立した（第二章に詳述）。

その後二〇年がすぎた一三九二年、「琉球国民」が硫黄採掘のため海に出て大風に流され、「小琉球」の界に漂着して八人が殺されたが、残る二八人は脱出してまた風に遭い、広東の恵州海豊県に漂着する、という事件が起きた（『明実』洪武25５己丑）。この「琉球国」は明に硫黄を貢納していた沖縄の王国であり、「小琉球」とはのちの史料からみて台湾を指すことが明らかだ。これとの対比で沖縄は「大琉球」とよばれるようになり（『明実』洪武30８丙午に「大琉球王と其の宰臣、皆子弟を遣して我が中国に入り受学せしむ」とある）、一三九五年成立の『皇明祖訓』でも、「不征国」一五のなかに「大琉球国」と「小琉球国」がならべられている。

このように一三九二年までに大琉球＝沖縄、小琉球＝台湾という呼称が成立したことについて、大田由起夫は「中国の認識する「琉球」の範囲が沖縄までを包含していった結果、沖縄と台湾がひとつの名称（「琉球」）でよばれるようになる。その後、両者を区別する呼称（「大琉球」・「小琉球」）が生まれ、日中で別個に存在したふたつの認識はひとつの共通認識に整序されていった」と整理している〔大田二〇〇九、二一〇頁〕。

しかしそれならば、大小の冠詞が逆になりそうなものだ。たしかに宋元の史料で沖縄の影は希薄だが、宋元陶磁の出土から明らかなように、海商の往来先としては関係が続いており、一三七二年の明との国交成立にともなうひんぱんな交渉によって、一気に琉球の名称は沖縄が中心となった。しかしその名称はかねてより台湾をも包摂するものだったため、「大琉球」沖縄に引きずられるかたちで、台湾が「小琉球」とよばれるようになった。私は大小琉球の呼称の成立をこのように考える。

その後も台湾には、『皇明祖訓』に「往来を通ぜず、曾《かつ》て朝貢せず」とあるように、外交主体となりうるような政治勢力は生まれず、明人の意識のなかでは沖縄よりはるかに小さな存在でしかなかった。白鳥・和田らの流求＝台湾説には「あの大きな台湾島が中国史料にあらわれないはずがない」という思いこみが散見されるが、大琉球、小琉球は島の大きさではなく、明にとっての外交・貿易上の比重に従った呼称だ。台湾の勢力が国際社会で一定の存在感をもつようになるのは、十六世紀の後期倭寇の時代を経て、十七世紀のオランダ人植民勢力や華人鄭《てい》成功《せいこう》らの反清復明《はんしんふくみん》勢力をまたねばならない。

3　古代ヤマト史料にみる「南島」

南島人の入貢

隋軍の流求国征討の数年後より、ヤマトの「正史」に九州島南方の島人にかかわる記録が散見する。六一六年に掖玖《やく》（夜勾とも）人が三人、七人、二〇人と波状に来て朴井《えのい》に安置されたが、帰還に及ばずみな死んだ、とあり（『日本書紀』推古二四年三月・五月・七月条）、六二〇年には掖玖人二人が伊豆嶋に流来した（同二十八年八月条）。六二九年四月、ヤマト国家は田部連《たべのむらじ》（名闕く）を掖玖に遣し、翌年九月田部は帰還した。六三一年に「帰化」したという掖玖人は田部が連れ帰った者であろう（同舒明元年四月辛未・二年九月・三年二月庚子条）。

このヤクは屋久島のみを指すのではなく、『隋書』に出る「夷邪久」と同様、九州島南方の島々を漠然とさすことばで、リュウキュウ liuqiu や『三国志』呉志巻二にみえる「夷洲 yizhou」（呉から見て亶洲《だんしゅう》の手前にある）とも語源を共有するものだろう。

しばらく間があいて六七七年、「多禰嶋人《たねのしまびと》」が飛鳥寺の西の槻樹のもとで饗応された（『日本書紀』天武六年二月是月条）。六七九年、ヤマト国家は倭 馬飼部 造 連《やまとのうまかいべのみやつこむらじ》を大使、上寸主光父《うえのすぐりこうぶ》を小使として多禰嶋に派遣し、使者は二年後帰還して多禰国図を貢じた。その復命に「其の国、京を去る五千余里、筑紫の南の海中に居り、髪を切りて草の裳《も》きたり、粳稲《いね》は常に豊かなり、一《ひと》たび殖《う》ゑて両《ふた》たび収む、土毛は支子《くちなし》・莞子《がま》及び種々《くさぐさ》の海物等多し」とある（同天武八年十一月己亥・十年八月丙戌条）。

その翌年、おそらくこの使者が連れてきた「多禰人・掖玖人・阿麻弥人《あまみ》」に禄《ろく》が与えられている（同天武十一年七月丙辰条）から、六七九年の使者発遣時点では「多禰」も奄美までふくむ広域地名だったらしい（鈴木二〇一四、一七八頁）。このタネは『三国志』呉志巻二にみえる「亶洲 danzhou」と同語源であろう。この亶洲はかの徐福が住みついた場所で、「世よ相承《う》けて数万家有り、其土の人民、時に会稽（紹興付近）に至りて布を貨《う》る有り、会稽東県の人海行するに、亦風に遭ひ流移して亶洲に至る者有り」とされている。

六九五年、文忌寸博勢《ふみのいみきはかせ》・下訳語諸田《しものおさのもろた》を「多禰」に遣して、「蛮《ひな》の所居を求め」させた（『日本書紀』持統九年三月庚午条）。積極的に島人の所在を探索させた点、現地語の通訳が同行した点で、一歩を進めている。六九八年には、文忌寸博士《はかせ》ら八人を「南嶋」に遣し、武器を給して「国を覓《もと》め」させた（覓国使《くにまぎのつかい》）。翌年、「多褹《たね》・夜久《やく》・菴美《あまみ》・度感《とかん》（徳之島）等の人」が「朝宰」

に連れられて到来し、方物を貢じ位・物を賜った。正史は「其の度感嶋の中国に通ずること、是《ここ》に於《おい》て始まる」と特筆している（この「中国」はむろんヤマトをさす）。同年、「南嶋の献物」が伊勢大神宮および諸社に奉納され、帰還した博士・刑部真木《おさかべのまき》らの位を進めた（『続日本紀《しょくにほんぎ》』文武二年四月壬寅・三年七月辛未・八月己丑・十一月甲寅条）。

ヤマト国家がこの海域を版図にとりこむ試みが始まるのと並行して、ヤク・タネに代わって「南嶋」という総称が成立し、ヤク・タネは奄美や徳之島とならぶ個々の島名に転化したことがうかがわれる。その後まもなく、ヤク・タネを領域として、「国」に並ぶ律令制《りつりょうせい》の行政単位「多褹島」が設置された。

以上のような南島人をヤマトへ送り出した島々は、どのような歴史的社会だったのか。沖縄考古学では七〜八世紀は採集経済段階の原始時代に属する貝塚時代の末期とされてきた。しかしヤマトへ貢納の使者を送る主体が、階層性や首長の発生を欠く原始社会だったとは考えにくい。流求国伝を沖縄を語る史料と考えるさいの難点も、このズレにあった。私は、貝塚時代末期の社会を考古学的にも見なおして、流求国伝を、「南島人」をヤマトへ発出した社会を語るまたとない史料として、積極的に活用すべきだと思う。

六九八年の覓国使刑部真木は、「薩末《さつま》」の各地で女性首長をふくむ豪族の武力抵抗に遭い、七〇〇年にいたって、「竺志惣領《ちくしそうりょう》」（大宰帥《だざいのそち》の前身）に犯科人の決罰が命じられた。さらに七〇二年には、「薩摩・多褹」でヤマト国家の「化」に反発する乱が起き、「兵を発して征討」した結果、戸口調査と役所設置が行なわれた（『続日本紀』文武四年六月庚辰・大宝二年八月丙申条）。

大宰府政庁周辺官衙跡不丁地区出土木簡
（九州歴史資料館所蔵）

『新唐書』日本伝の最末尾に「其の東海の嶼中に又邪古《やく》・波邪《はや》・多尼《たに》の三小王有り、北は新羅《しらぎ》を距《へだ》て、西北は百済、西南は越州に直《あた》る、絲絮《しじょ》怪珍有りと云ふ」とある。邪古・多尼＝多禰島、波邪＝隼人《はやと》＝薩摩国で、七〇二年発の遣唐使粟田朝臣真人《あわたのあそんまひと》が律令国家に服すべき地域として唐人に語ったものと思われる〔鈴木二〇一四、一八九頁〕。

こうして薩摩国と多禰島は内国化したが、版図はそれ以上には拡大しなかった。「南嶋」は行政区画としては成立せず、そこから島人が来朝して方物を貢じ、蝦夷とならんでハレの儀式をもりあげ、多数がいっせいに位を授かるという、「華夷秩序」を演出すべき空間として定置された。七一五年元日、元明天皇が大極殿に出御して皇太子以下の拝賀を受けたさいには、「陸奥・出羽の蝦夷幷《なら》びに南島の奄美・夜久・度感・信覚《しがく》・球美《くみ》等」が参列している。この南島人は前年に太朝臣遠建治《おおのあそんおけじ》らを送ってよびよせておいた者たちだ（同慶雲四年七月辛丑・和銅七年十二月戊午・霊亀元年正月甲申・戊戌・養老四年十一月丙辰・神亀四年十一月乙巳条）。信覚は石垣島、球美は久米島に比定されている。

一九八四年、福岡県大宰府《だざいふ》遺跡不丁《ふちょう》地区から「㭺美嶋」「伊藍嶋」の文字のある木簡が出土した。奄美大島・イラブ島〔沖永良部島に擬されているが疑問〕からの貢納物を大宰府の蔵で保管するさいに用いた付札と推定される。品目は赤木かとされてきたが、田中史生は「伊藍嶋」に続く字を「竹□〔五カ〕×」と判読している〔田中史二〇一二、二一九頁〕。考古学的見地から七世紀前半に位置づけられ、七三三年出発の遣唐使多治《たじ》比真《ひのま》人広成《ひとひろなり》らの帰国時か、七三五年大宰府による高橋連牛養《たかはしのむらじうしかい》の南島派遣か、いずれかに関連するものと考えられている〔鈴木二〇一四、一九八頁以下〕。南島人の方物貢納の一端を示す遺物である。

遣唐使と南島

ヤマトにとって南島にはもう一つ、遣唐使の航路としての意味があった。六六三年の白村江での敗戦後、朝鮮半島西岸づたいの「北路」が新羅との緊張で安全でなくなったため、沖縄あたりまで島づたいにたどり、そこから大陸をめざす「南島路」が浮上した。七〇二年発の粟田真人一行がその最初とされる。七三五年には大宰大弐小野老《おゆ》が高橋連牛養を南島に遣して、航路の目印の碑を建てさせ、七五四年には老朽化した碑が更新された。碑には「着ける嶋の名、幷びに船を泊する処《ところ》、水有る処、及び去就《ゆきき》する国の行程《みちのり》、遥《はる》かに見ゆる嶋の名を顕《あらわ》し、漂着の船をして帰向《ゆきむか》ふ所を知ら」せたという〔『続日本紀』天平勝宝六年二月丙戌条〕。また、『延喜式』大蔵省に遣唐使の役職として「新羅・奄美訳語《おさ》」が見える。奄美訳語は南島への寄港ないし漂着に備えて乗りこんだもので、六九五年に多禰に派遣された使者のひとり「下訳語諸田」はその先蹤《せんしょう》であろう。

七五三年、唐僧鑑真が遣唐副使大伴古麻呂らの帰国船で揚州から日本へ渡航した。その航海を、鑑真の伝記史料『唐大和上東征伝』（七七九年成立）はこう描いている（原漢文）。

> （十一月）十六日発す。廿一日戊午、第一・第二の両舟、同《とも》に阿児奈波《あこなは》嶋に到る。多禰嶋の西南に在り。第三舟は昨夜已《すで》に同処に泊す。十二月六日南風起つ。第一舟は石に著きて動かず。第二舟は発して多禰に向ひて去る。七日益救《やく》嶋に至る。十八日益救より発す。十九日風雨大いに発し、四方を知らず。午時、浪上に山の頂を見る。廿日乙酉午時、第二舟薩摩国阿多《あた》郡秋妻屋《あきめや》浦（南さつま市坊津町秋目）に著す。

ここでようやく阿児奈波嶋＝沖縄本島が姿を見せる。その登場が奄美や久米や石垣より遅れる理由について、沖縄の勢力がヤマトの「覓国《くにまぎ》」を拒否した結果だとか、広義の掖玖は主として沖縄をさすとか、推論はあるがたしかなことはわからない。一行が島に一五日間も滞在して無事だったから、沖縄は食人国である流求ではない、という論もあるが、未開社会の習俗に対する「文明人」の偏見がここにも露呈している。

ともあれ、流求国伝の食人記事の影響はきわめて大きく、日中の知識人にとって、琉球はなにより「人を食《くら》ふ国」だった。八〇四年に空海が代筆した遣唐大使の福州観察使あて書簡に、「凱風《みなみ》朝に扇《あう》げば、肝を耽羅《たむら》（済州島）の狼心に摧《くだ》き、北気夕に発《ふ》けば、胆を留求の虎性に失ふ」とある（『性霊集《しょうりょうしゅう》』巻五）。八五二年、円珍を船に乗せて唐にむかった唐商欽良暉は、暴風に遭って流求国に漂到し、「我等まさに流求の噬《くら》ふ所となるべし、之を如何《いかん》と為す」と悲泣した（『唐房行履録』）。十二世紀の『今昔物語集』は、円珍の琉球国漂流譚のなかでよりストレートに、「其の国は海中に有り、人を食ふ国なり」と語る（巻一一第十二）。禅僧虎関師錬《こかんしれん》が一三二二年に書いた『元亨釈書《げんこうしゃくしょ》』も、円珍の伝記に「流求は海島の啖人《たんじん》国なり」と書いている（巻三）。

中世のヤマト人は、天皇の清浄な身体を究極の中心に、それを内裏、洛中《らくちゅう》、畿内、日本国、境界が順に包みこみ、外へ行くほどケガレの度あいが強まる、といった世界像をもっていた。この〈浄─穢の同心円〉において、異域の住人は、国内の被差別民とおなじケガレにまみれた存在とされる。だが蔑みは恐れの裏返し、夷人はまた超自然的な力のもちぬしだ。この側面を肉づけしたものが「鬼」である。

そして鬼のもっとも鬼らしい属性こそ食人だった。説経『をぐり』に出る怪馬「鬼鹿毛」は、「人秣《ひとまぐさ》を食《は》むと聞くからは、それは畜生の中での鬼ぞかし」といわれている。これが琉球人を鬼とする有力な根拠となった。七〜八世紀の「南島人」との接触で食人種イメージが払拭されてもよさそうだが、じっさいにはむしろ逆に怪物化していく。

一一七二年、伊豆の「出島」に「鬼形者五六人」が来着した。島の人と刃傷沙汰《にんじょうざた》になったが、「鬼等は敢へて恐怖せず、其の腋より火を出だし、耕作する所の畠等を悉く《ことごと》焼失せしめ、則ち船に乗りて逐電し、南海を指して逃げ」た（『玉葉』承安二年七月九日条）。乗船が紫檀《したん》・赤木等で造ってあったことから、森克己はインドネシア人とみた〔森二〇〇九〕が、赤木は一二四三年

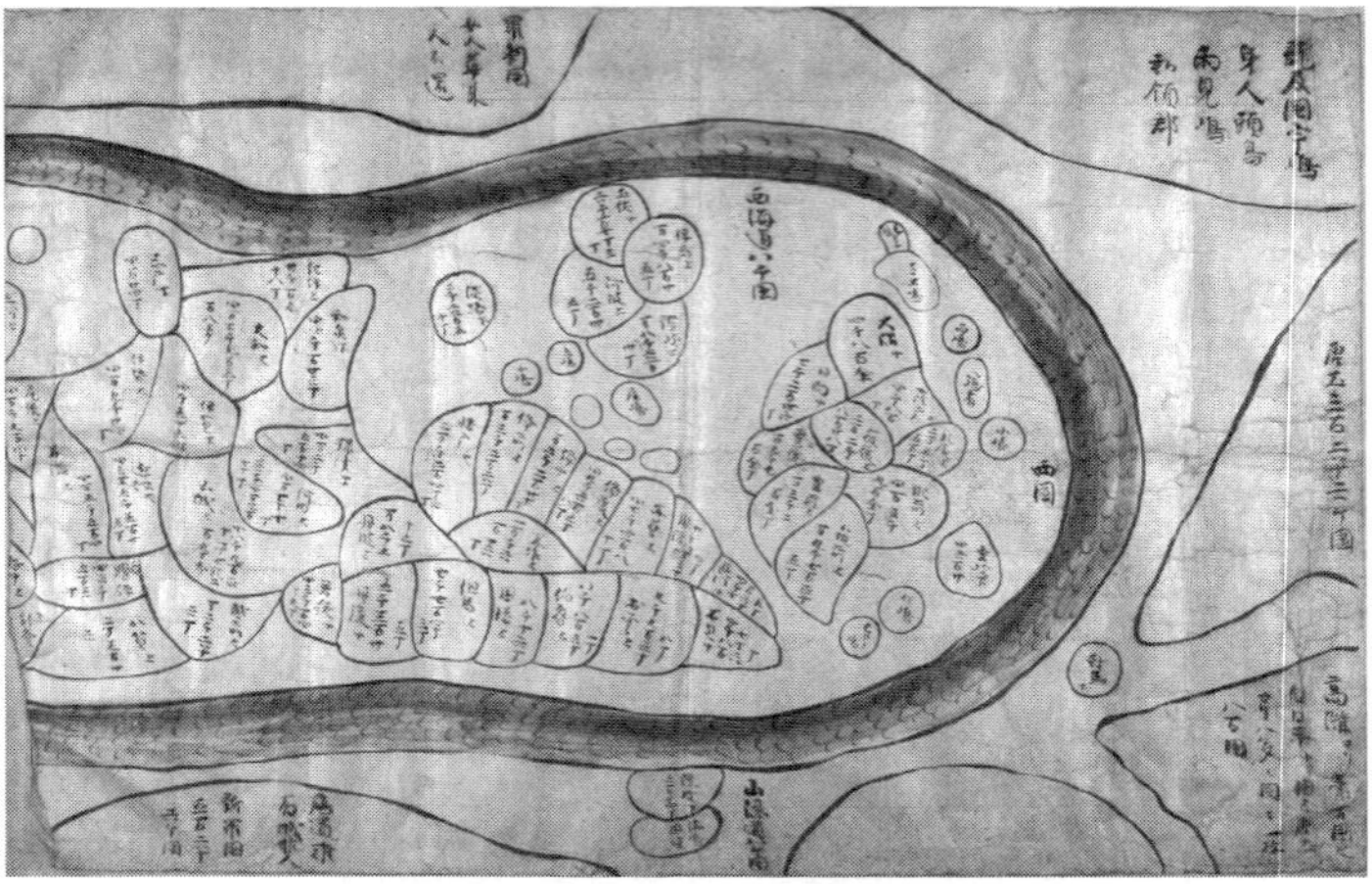

「日本図」(称名寺所蔵、神奈川県立金沢文庫保管)

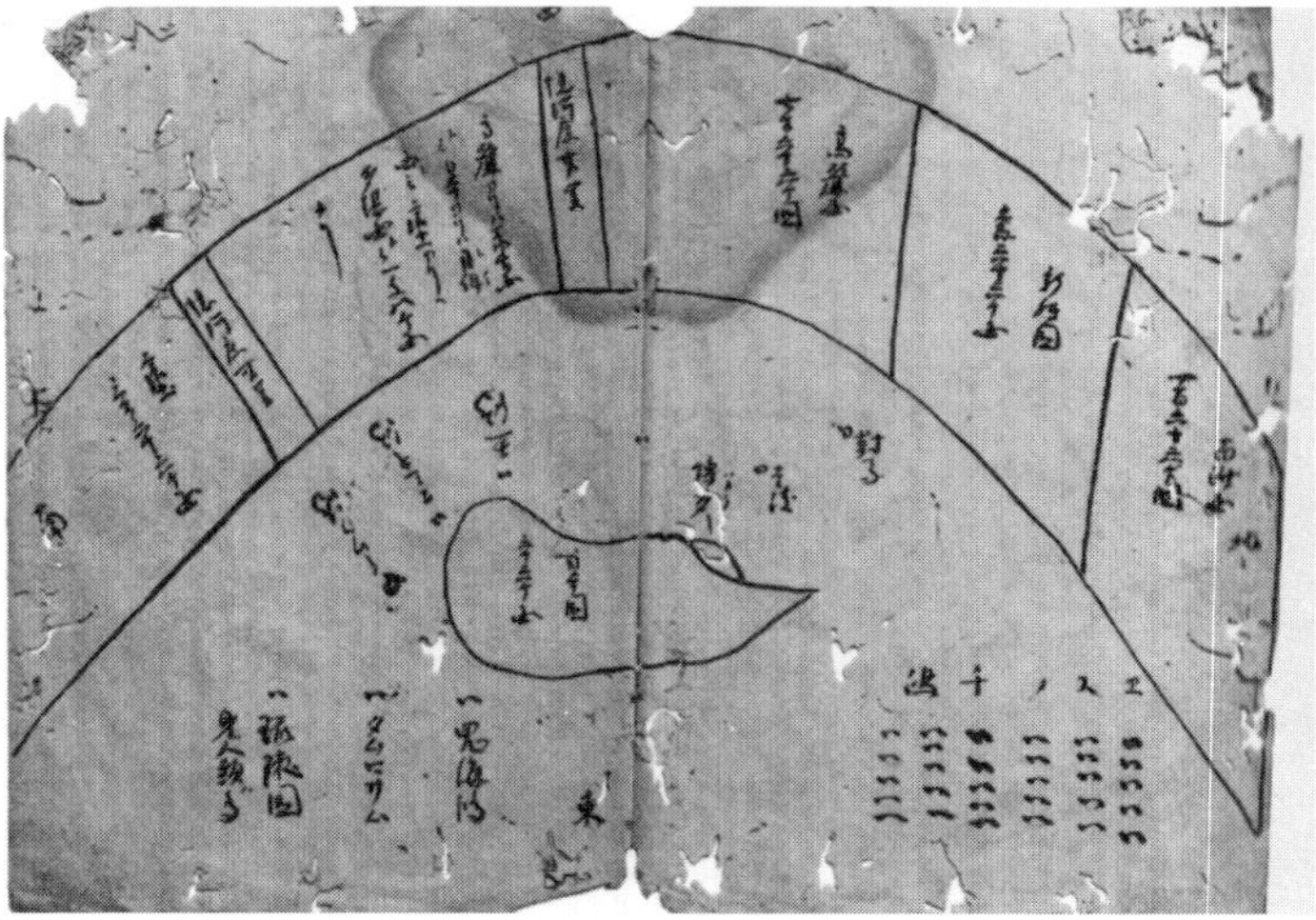

「日本図」(安房妙本寺所蔵)

の『漂到流球国記』に「流球」の特産として見え、琉球人の可能性もある（六二〇年に「掖玖人」が伊豆に漂着した例は先述した）。

横浜市の金沢文庫が保管する十四世紀初頭ころの「日本図」には、ヤマトをとりまく境界をあらわす龍体の外側の陸地に、「龍及国宇嶋／身人頭鳥」とある。宇嶋はウフシマで沖縄本島をさす。ほぼ同時代の千葉県鋸南《きょなん》町妙本寺蔵「日本図」にも「琉球国／身ハ人頭ハ鳥」とあり（村井二〇一四a）、それよりやや下る守屋壽コレクション（広島県立歴史博物館寄託）「日本扶桑国之図」にも「龍及國頭鳥□□」とあり、さらに、それとはかけはなれた対馬の西に「流毬嶋」が記されている。

「奄美賊徒」と平安貴族

南の島人は八世紀なかば以降二〇〇年以上もヤマトの記録から姿を消し、十世紀末にいたって再登場する。九九七年、藤原実資《さねすけ》は日記に大宰大弐の書状を引いてこう記した。――「奄美嶋者」が武装船で筑前《ちくぜん》・筑後・薩摩・壱岐・対馬を襲い、殺害・放火をはたらき、海夫や資財を奪って去った。掠《さら》われた者は筑前国だけで三〇〇人に達した（『小右記』長徳三年十月一日条）。藤原行成《ゆきなり》の日記では、情報の出所はおなじなのに、「南蛮の賊徒、肥前・肥後・薩摩等の国に到り、人物を劫奪《ごうだつ》し侵犯す」と、微妙にちがっている（『権記《ごんき》』同日条）。この知らせは、最初急使によって「高麗国人壱岐・対馬嶋を虜掠し、又肥前国に着して虜領せんと欲す」と告げられ、まもなく誤報であることが判明した。しかし別に高麗国の兵船五〇〇艘《そう》が日本へ向かっているとの情報もあった（前出『小右記』）。

　これは孤立した事件ではなく、数年前にも「奄美嶋人」が大隅国の人民四〇〇余人を掠って去っており（前出『小右記』）、一〇二〇年にも「南蛮賊徒、薩摩国に到り、人民を虜掠す」という事件があった（『左経記』寛仁四年閏十二月二十九日条）。九九七年の海賊の行動範囲は、九州全域はおろか朝鮮半島直前の壱岐・対馬にまでおよんでおり、事件が高麗と結びつけて伝えられたことから、海賊集団の内実が純粋に奄美島人のみとは考えにくく、少なくとも高麗人の関与が想像される（田中史二〇〇七）。一〇九三年に朝鮮半島西岸で拿捕《だほ》された海船には、宋人一二人と倭人一九人が乗りこみ、武具のほかに真珠・硫黄・法螺《ほら》など南島の産物を積んでいた

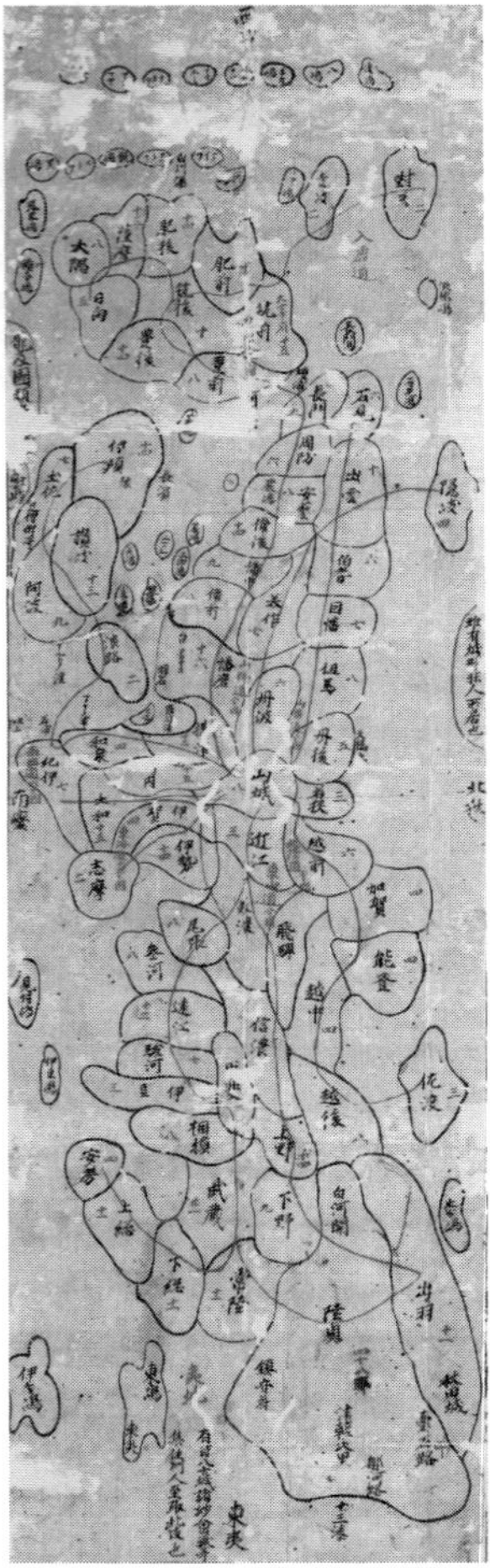

「日本扶桑国之図」部分（守屋壽コレクション、広島県立歴史博物館寄託、写真提供　広島県立歴史博物館）

（『高麗史』宣宗世家十年七月癸未条）。

以上のような「奄美嶋者」「南蛮賊徒」は、八世紀以前の「南島人」とまったく相貌を異にする〔永山二〇〇八〕。残された史料の中心が「正史」から貴族たちの日記へと大きく転回していることにも留意したい。その背景にはつぎのような事情があった。

九九七年の海賊事件に左大臣藤原道長を首班とする朝廷のとった対応は、軍事面は大宰府に「重ねて要害を警固し、弥《いよいよ》追討を加ふべし」と通達して丸投げにし、主体的には、「能《よ》く種々の御祈りを致さるべし、諸社に奉幣する使を立て、仁王会《にんのうえ》を行ひ大元法等を修せらるべき歟」という、神仏への祈禱《きとう》にかたよっていた（前出『小右記』・『権記』）。九世紀末、新羅海賊の脅威が都をゆるがしたころを境に、外の世界への蔑視と恐怖が貴族層の意識を支配し、それが南の島人にむけるかれらの視線を大きく転換させた。

それに加えて、南島～朝鮮半島の海域で活動する人びとの行動が、日本、新羅、高麗といった国家の規制力を逸脱し始めていた。奄美海賊事件の数か月前、大宰府住の日本人を使者とする高麗国使が到来したが、その携えた牒状には「日本国を恥づかしむるの文」があった。この使者は「雞林府（高麗）に到りて犯を成す者」の処罰を求めて

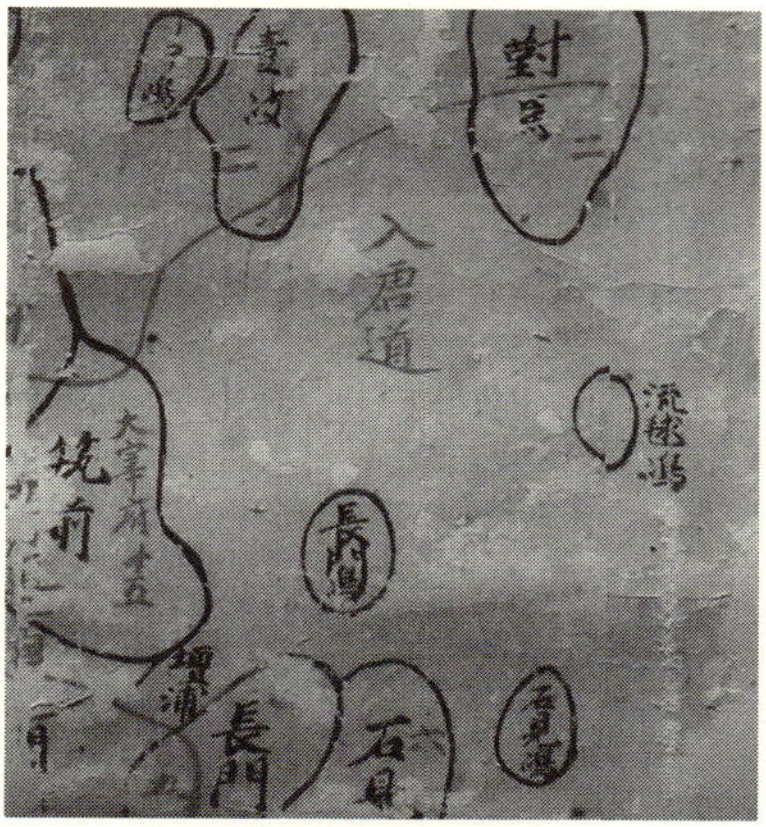

「日本扶桑国之図」の「流毬嶋」

到来したと考えられる（『小右記』長徳三年六月十二・十三日条、前出『権記』）。ヤマト方面からの海賊を追って高麗の国軍が出動することが危惧されており、奄美海賊の情報を当初高麗国人のものと誤らせた背景には、そうした不安が存在した〔石井二〇一七〕。

このように、十～十一世紀のヤマト西境では、多民族が関与する交易主体が広域的な活動を展開していた。坂上《さかうえ》康俊は「早く十世紀末という段階で、中国の諸港と、南西諸島、九州の西海岸、対馬・壱岐、高麗を結ぶ流通ルートや海上勢力ができあがりつつあり、奄美や南蛮の来襲事件は、その現象が日本本土に及ぼした余波の一つという見方が出来る」と指摘している〔坂上二〇〇八、四三頁〕。そのなかで、奄美を中心とする海域が海上勢力の拠点として浮上してくる。それはもはや、京都の中央政府が自己を荘厳する装置として操れるような存在ではなく、内海をとりまく地域の胎動をうながす超国家的な人のつながりとなり、国家側からは「賊徒」として警戒・畏怖の対象と映るようになっていく。同様の警戒感は高麗政府によっても抱かれていた〔田中史二〇一二〕。

城久遺跡群とヤコウガイ大量出土遺跡

二〇〇二年、奄美大島に隣接する喜界《きかい》島の段丘上から、城久《ぐすく》遺跡群と総称されるきわめて特異な遺跡が発見された〔池田編二〇〇八・クライナー等編二〇一〇〕。存立年代は九～十三世紀とされ、遺構としては、おびただしい掘立柱建物群を中心に、土壙墓《どこうぼ》、土壙、溝状遺構、炉跡（鍛冶炉をふくむ）、柱穴、道路状石敷などがあり、遺物としては、大宰府遺跡と見まごう組成をも

城久遺跡
（喜界町教育委員会『喜界町埋蔵文化財発掘調査報告書14：城久遺跡群』）

城久遺跡群から見下ろす湾港（著者撮影）

つ大量の陶磁器（本土・中国・高麗産）を筆頭に、徳之島産カムィヤキ、西彼杵《にしそのぎ》半島産滑石製石鍋、製鉄関係遺物などがあるが、地元産の兼久《かねく》式土器はきわめて少ない。

とくに遺物から見ると、大宰府につながる律令色のきわめて強い遺跡で、居住者ないし居留者は、兼久式土器に表現される周囲の在来型社会からは隔絶した、中央直結型の生活を送っていたらしい。かれらの生活を支える物資は多く外部からの移入品で、その供給源は東アジア規模の広がりをもっていた。ただし、律令系官衙《かんが》跡と断定できるような計画性に富んだ幾何学的プランは、いまのところ検出されていない。

ところで、前述した九九七年の奄美海賊事件からほぼ一年後、大宰府から京都に届いた報告に、「貴駕《きか》島に下知して南蛮を捕え進め」させた旨が記されていた（『日本紀略』長徳四年九月十四日条）。大宰府から「南蛮」の逮捕・連行を命じられた「貴駕島」とは何なのか、従来は明解な説明がなかったが、九世紀に出現する城久遺跡群こそがその実体ではないか（永山二〇〇八）。だとすれば「貴駕島」とは、八二四年に大隅国（七一三年日向国南部の四郡を割いて成立）に吸収された「多禰島」に代わって、京都—大宰府による南島支配の橋頭堡《きょうとうほ》の役割を負う官衙的組織だ、という見通しも可能になる。それは奄美大島のすぐ隣にありながら、中央に直結して奄美海賊を追捕する立場にあった。境界空間が内と外に挟まれた単純な中間地帯ではなく、その内部に矛盾をかかえこんだ動的空間であったことが、浮かびあがってくる。

しかし、九九七年のような非常時はともかく、平時には喜界島と奄美大島の関係をそれほど対立的にとらえる必要はあるまい。奄美海賊自身が中国—南島—西九州—高麗をつなぐルート

ヤコウガイ
上は土盛マツノト遺跡。下はヤコウガイを使った匙（写真提供 奄美市教育委員会）

上で活動した交易者の顔をもつとするなら、この顔と城久遺跡群の出土遺物とは親和的である。そして遺跡は十一世紀後半~十二世紀前半に第二の盛期を迎えるが、この時期には南島の生活文化とかけ離れた様相がうすらぎ、カムィヤキや石鍋など他地域と共通する生活用具で特徴づけられるようになる〔池畑二〇〇七〕。中央の政治的・軍事的支配の出先というよりは、超国家的な交易者の活動拠点へと、基本的性格を転じていくように見える。

いっぽう、喜界島にあい対する奄美大島東海岸には、用見崎《ようみざき》遺跡・土盛《ともり》マツノト遺跡・小湊《こみなと》フワガネク遺跡群など、ヤコウガイ大量出土遺跡が集中する〔高梨修二〇〇五・木下二〇〇七〕。ヤクガイが転訛《てんか》したヤコウガイは、珊瑚礁《さんごしょう》域に産する大型巻貝で内面に真珠色の光沢をもつ。肉が食用になるほか、殻を割りとって凹部を匙《さじ》や杯として用いた。平安時代の記録に散見する「螺盃《らはい》」はヤコウガイ製の酒杯だという。さらに、内面を細かく裂いた半製品は螺鈿《らでん》の材料となった。その製品・半製品は、唐代の中国、朝鮮半島南部、八~十二世紀のヤマト、十二世紀の奥州平泉にまで運ばれていた。平泉の中尊寺金色堂に使用された螺鈿の総数は二万七千個以上という。十一世紀の『新猿楽記』に、東は「俘囚之地」、西は「貴賀之嶋」までを股にかけた商人「八郎真人《まひと》」が登場するが、かれの扱った商品に「夜久貝」が見えている。

遺跡は、貝殻の出土量が食料残滓《ざんし》とするにはあまりに大量なうえ、貝匙とみられる遺物に製作途上で破損・破棄されたものが多いことから、貝製品の生産・加工場と判定されている。また遺跡からは兼久式土器が共伴するので、遺跡の存続年代は七~十一世紀〔最近説では始期が五世紀後半に遡るという〕、生産者は地つきの人びとと考えられる。ヤマトにおけるヤコウガイ需要の増大を背景に、喜界島のヤマト系住人が笠利地域の人びとを労働力として経営していた生産ユニットと解釈する説もある。

ヤコウガイのほかに、ヤマトの中央地帯で需要があった南島産品として、赤木や檳榔《びんろう》も注目される。赤木は、染料としての用途のほかに、机や経巻の軸木や刀の鞘《さや》に好んで用いられた（山里二〇〇八）。檳榔は、大きな葉を割いたものが高級な牛車（檳榔毛《びろうげ》の車）や建物の屋根を葺《ふ》く材料として珍重され、種子（檳榔子）は薬剤となった。

『小右記』によると、記主藤原実資のもとに、一〇二五年に大隅掾《じょう》為頼と大宰大弐藤原惟憲から檳榔各二百把、一〇二七年に肥前守惟宗貴重から檳榔三百把、一〇二九年に大隅国住人藤原良孝から赤木二切・檳榔三百把・夜久貝五十口が届けられている（万寿二年二月十四日・十月二十六日・同四年十二月八日・長元二年八月二日条）。一〇二七年には為頼から相撲人に付して「営（蛍か）貝五口」が届いているが（万寿四年七月二十二日条）、これもヤコウガイかもしれない。これらの届け物には、唐綾《からあや》・唐錦・茶碗《ちゃわん》・唐硯《とうけん》などの中国産品や、麝香《じゃこう》・丁子《ちょうじ》・蘇芳《すおう》などの東南アジア産品が伴っていることが多いが、すべてが南島経由とはいえず、中国—大洋路—博多を経由するばあいもあっただろう。

4　中世ヤマトと古琉球のはざま

南島～高麗の海道

南島と朝鮮半島を結ぶ物流は、はやくも一～七世紀の貝交易において認められる。この時期、琉球弧産のイモガイ、ゴホウラ、キンタカハタ、ヤコウガイなどの大型巻貝が、九州海人によって断続的に朝鮮半島に搬入され、南海岸の古墳からイモガイ貝符やヤコウガイ貝匙などとして出土する〔木下二〇〇二〕。

十世紀末の奄美海賊九州襲撃事件は、朝鮮半島直前の壱岐・対馬にまでおよび高麗水軍の脅威と結びつけて伝えられたことや、活動が数年にまたがり数百人規模の劫奪をくりかえしたことから、海賊集団の内実が奄美島人のみとは考えにくい。そこには南島の首長層や九州の国司等の豪族、さらには大宰府などを拠点とする商人や高麗人までが参加し、前述のように十一世紀前半ころには、運ばれる中国・南島・東南アジア等の産物の一部がヤマトの中央貴族に献上されていた。

この物流はとうぜん高麗にもむかった。九三六年に建国した高麗は、文宗の治世（一〇四六～八三）に最盛期を迎え、宋や日本の商人が競うように「来たりて土物を献じ」た。『高麗史』文宗世家末尾に掲げる李斉賢の賛は、「時に大平を号し、宋朝は毎《つね》に褒賞の命を賜ひ、遼《りょう》氏

（契丹《きったん》）は歳ごとに慶寿の礼を講じ、東倭は海に浮かびて琛《たから》を献じ、北貊《ばく》（女真族）は関に扣《ひか》へて廛《てん》を受く（居住を認められること）。故に林完、我が朝賢聖の君と以為《い》ふ也」と称《たた》えている。

そのなかで日本から来る者については、「日本国」「日本人」「日本国人」「日本国船頭」「日本商」「日本商人」「日本商客」「日本国僧俗」など地域を限定しない表現のほか、薩摩州・筑前州・大宰府・対馬島があらわれ、まさに前述の海の道を浮き彫りにする。そしてもたらされる品目のなかに、螺鈿鞍橋《くらぼね》・螺・甲（以上文宗世家二十七年七月丙午条）・法螺（同三十三年十一月己巳条）など、南島産とおぼしいものがみえる。

そして一〇九三年、高麗西海道延平島《ヨンピョンド》の巡検軍が拿捕した海船一艘に、宋人一二人と倭人一九人が乗って、「弓箭・刀剣・甲冑《かっちゅう》幷びに水銀・真珠・硫黄・法螺等の物」を携えており、西海道按察使は「必ずや是れ両国海賊の共に我が辺鄙《へんぴ》を侵さんと欲する者也」と警告した（『高麗史』宣宗世家十年七月癸未条）。硫黄・法螺は南島産の可能性がある。

以上、十世紀末から十一世紀末にかけて、南島〜九州島西岸〜北九州〜壱岐・対馬〜高麗とつながる海の道で活動した交易者＝海賊集団に、超国家的・多民族的性格が一貫して流れており、条件しだいで沿線の国家にとって脅威となっていたことがうかがえる。

カムィヤキ古窯跡群の出現

その十一世紀、奄美大島南方の徳之島で突如大規模な窯業基地が開かれる。島南部の標高一七〇〜二〇〇メートルの丘陵地帯を占地するカムィヤキ古窯跡群は、一九八三年に地元の研究

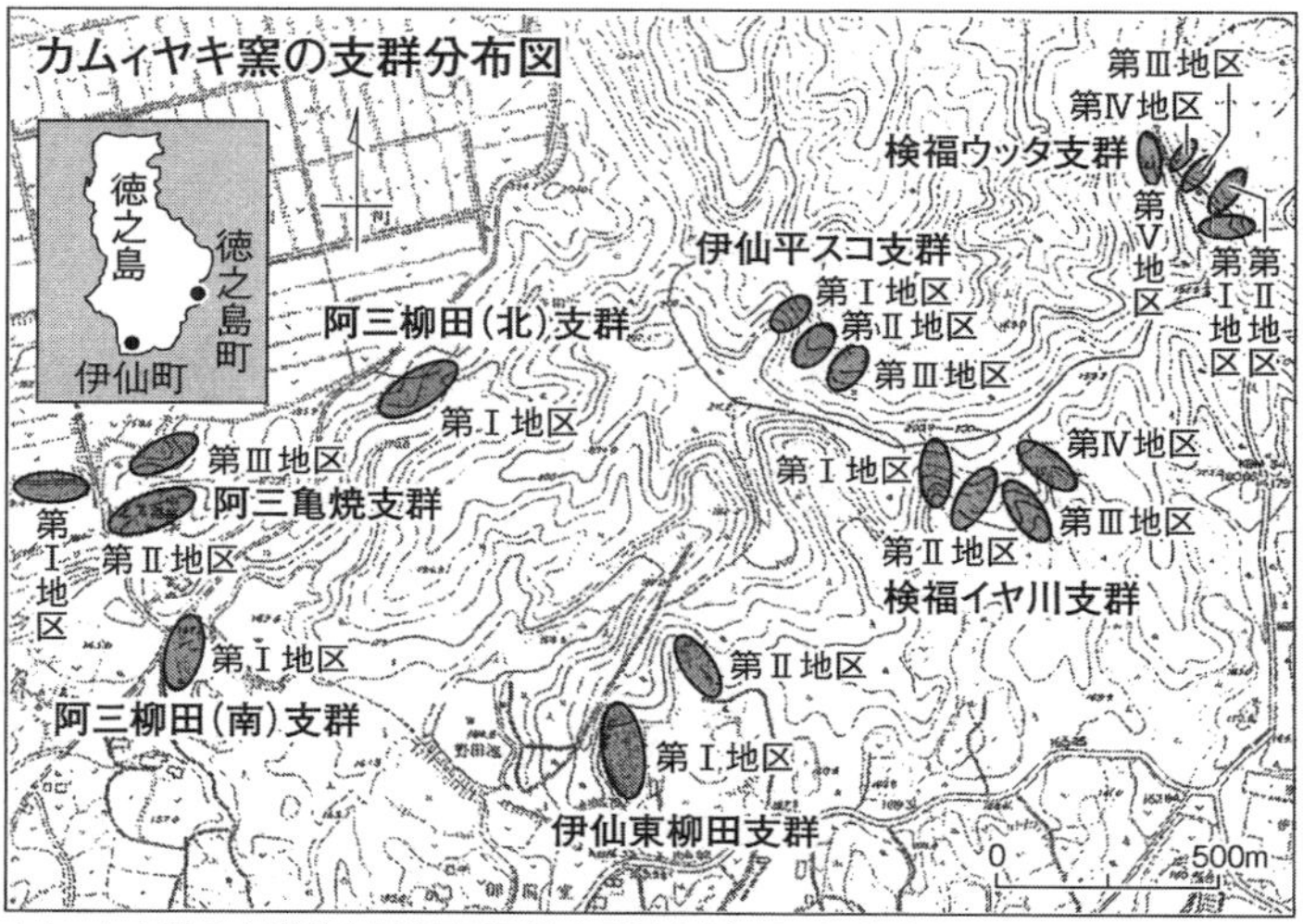

カムィヤキ窯の支群分布図(喜界町教育委員会『喜界町埋蔵文化財発掘調査報告書12：城久遺跡群』をもとに作成)

者四本延宏《よつもとのぶひろ》・義《ぎ》憲和《のりかず》によって発見されたもので、二〇〇六年までの調査によって、七支群二〇地区二五地点、総数一〇〇基以上の窯が確認されている。

窯業技術の面からは、高麗陶器とのいちじるしい類似性が指摘されており、高麗工人の来島による技術移植が想定される。いっぽう、窯の構造や製品器種の組みあわせからは、日本中世陶器、とくに九州地方のそれとの類似性が見てとれるという。窯の操業年代については、十一世紀から十四世紀前半という結果が得られている。

この窯跡群は、吉岡康暢《やすのぶ》によって、珠《す》洲《ず》、常滑《とこなめ》・渥美《あつみ》、東播《とうばん》とならぶ「日本四大中世須恵器窯」に数えられている〔吉岡二〇〇二〕。しかし、本土の須恵器とは陶土や焼成が異なっており、窯跡発見以前は「類須恵器」とよばれていた（白木原《しらきばる》和美《かずみ》の命名）。生産地が国家支配の限界空間に所在すること、販路が南九州から琉球弧全域まで一二〇〇キロメートルもの広域にわたること、成立・操業に高麗・南九州・地元の人びとの三者がかかわっていたらしいこと、中国産磁器の碗・皿と役割を分担しておもに貯蔵具に用いられたこと、などの特徴から考えて、「日本」の枠に納まるシロモノではない。むしろ国の枠を超えた環シナ海地域の広がりのなかで、その性格を考えるべきだろう。

では、相当規模の窯業基地が突然生まれ、また急速に姿を消してしまうのはなぜだろうか。開窯については、吉岡が、一一六〇年ころに「貴海島」に逐電した阿多忠景《ただかげ》に代表される南薩在地領主と、そのもとに編成された陶工の関与を示唆し、さらに現地の受け皿として、窯跡群の東隣に城跡がある面縄按司《おもなわあじ》（面縄は窯跡近くの地名、按司は沖縄・奄美地方の在地領主）を想定した〔吉岡二〇〇二〕。近年では高梨修が、カムィヤキの出土量が産地の徳之島以外では喜界島がとびぬけている事実を根拠に、最盛期の城久遺跡群の居住者が創業主体で、喜界島での生活を支えるために生産が始まった、という仮説を提示している〔高梨修他二〇〇九〕。

しかし吉岡説は、開窯と阿多忠景の時代に一世紀程度の開きがあることが難点で、九州で開窯にかかわった集団としては、忠景より数世代前の人びとを想定しなければなるまい。また高梨説については、城久遺跡群のみでカムィヤキの興廃や広域流通圏の存立条件を理解しつくせるとは思えない。こうした仮説を検証するには、国家システムの裏づけなしであのような広範囲に製品を供給した人間集団の実態を、生産者集団との関係をふくめて、明らかにする必要があろう。
この点について、田中史生は「十一世紀に肥後南辺の窯構造とともに、高麗系の技術の影響を受けて成立したとされる徳之島のカムィヤキ窯は、その経営主体をどうみるかは今少し考古学の議論を待つとしても、史料で知られる上記の南九州の国際交流と関係するはずである」と述べた〔田中史二〇〇七、一七三頁〕。この指摘に導かれて、十一世紀のヤマトや高麗の史料からうかがえる、東シナ海、とくにその東南縁辺の海の道で活動した多民族的交易集団〔ある面では海賊〕が、高麗窯業の南島への技術移転を先導した可能性を考えてみたい。
また、生産拠点としてなぜ徳之島が選ばれたのかという問題についても、移住してきた工人集団の活動を支えるにたる、燃料となる森林、安定した水文環境、広大な耕作適地という条件を備えた場は、徳之島しか考えられない、という高梨の指摘を考慮しつつ、さらに考えていく必要がある。さらに、カムィヤキ窯が突然廃絶する理由となると、十三世紀ころに琉球弧の中心が奄美群島から沖縄島に移行することと関連づける見方が示されている程度で、今のところ謎に包まれているといわざるをえない。

「漂到流球国記」

寛元元年〔一二四三〕九月八日、一艘の船が五島列島小値賀島《おぢか》から宋めざして出帆した。風はたちまち嵐となって九日間も吹き荒れ、十七日、船を「流球国」へ吹き寄せた。それから一週間、人びとはさまざまに流球人と接触し、得がたい体験をする。二十六日、好風を得て大海

「漂到流球国記」一巻（宮内庁書陵部所蔵）

に出、二十九日、宋の福州龍盤嶼《りゅうばんしょ》にいたり、翌年六月一日に帰国した……。この「流球国」は、その境域を出て福州に着くまでに、「船矢《はや》きこと飛ぶが如し」という好条件でも四日を要したから、台湾とは考えがたく、沖縄とみてよい。

宮内庁書陵部蔵の九条家旧蔵「漂到流球国記」一巻は、慶政《けいせい》がこの船の船頭と乗客である二人の僧から話を聞いて（原文は「依船頭幷一両同法説」）、寛元二年九月二十八日の夜に記したもの。巻末には、小舟に乗って弓矢を携え、渡宋船に迫りくる流球人の姿を写した絵がついている。慶政は園城寺の僧で、関白九条道家の兄にあたる。入宋中の一二一七年、泉州の船上で三人の南蛮僧に会い、ペルシア文字の四行詩二首を紙に書いてもらい、日本にもち帰っている。海外情報に関心が深く、好奇心旺盛な慶政の残したこの記録は、貴重な同時代の証言だ。以下日を追って読んでいこう。

十七日。陸地に流れついて、人びとはやれ貴賀《きかい》国だ、やれ南蛮国だ、と騒ぐ。ひとりが「流球国」だと言うと、すぐにみな「命、朝暮に在り、奈何々々《いかがせむ》」と歎《なげ》き、「只《ただ》天を仰ぎて涙を拭《ぬぐ》ひ、声を挙げて仏を念ず」るばかり。

十八日。地景を見るために上陸しようとしたが、従う者は少なく、結局壮年の二十余人のあいだで「流球為《た》りと雖《いえど》も、実否を知らんが為に、尤《もっと》も岸に上るべし」と相談がまとまり、上陸して渚《なぎさ》や曠《こう》野《や》を歩くが、荒れた草地ばかりで人煙を見ない。

十九日。朝、遠方に人煙を認める。山のようす、木のかたちは日宋両国にない異様なもの。草で葺《ふ》き、赤木を柱にし、屋根の高さ六、七尺の仮屋に入ってみる。炭炉の中に人骨を発見して、「諸人魂を失ひ、此《これ》に従《よ》り長く既に流球国に来れるを知んぬ、即ち船裏（船の内）に還《かえ》りて此の凶事を告ぐ」。

二十日。皆で議論して、今度は別の方面を三十余人全員で探索。二里ばかり行った山中で犬の声を聞き、泥の上に人の足跡を見る。急いで跡を追い、童形《どうぎょう》、はだし、赤い衣服を着、赤い鉢巻きをし、鉾《ほこ》をもった人物を発見。鳥のように速く巌上《がんじょう》に登るのを見て、皆もう死ぬしかないと思う。寄木《よりき》を拾い集めて造った小屋のなかで、「最後の思ひを為して念仏読経す」。

二十一日。未明、海上に日宋両国にない異様な船二、三隻を認める。赤衣を着し、赤い鉢巻をした将軍がいる。見るまに十余艘となる。一艘に十余人、鉾楯《ほこたて》をもち弓矢を帯し、雨のように矢を射かけてくる。その矢は疾《はや》く遠く飛び強く当たった。楯をもったまま水鳥のように水に浮かぶ者もいる。（巻末の絵はこの情景を写したものだ。）

二十二日。流球人が弦を緩め鉾を棄《す》て手を挙げて和平の意を示し、日本人も武装を解く。近くでよく見ると、本朝人より背が高く、色はなはだ黒く、長い耳に鈎《かぎ》をさげ、眼は円くて黒く、髪はざんばらで肩に垂らし、烏帽子《えぼし》をかぶらず赤い鉢巻を結び、腰には銀帯を着け、頸《くび》には金環を懸けている。衣服の色はあるいは赤、あるいは黒。言語は日宋両国と異なる。文字を知らない。衣服や飲食物を欲しがるので、紺の衫《かたびら》や米を与えると、面々に悦《よろこ》ぶ。流球船からは煮た芋と紫の苔《のり》を送ってくる。その味は本朝におなじ。女子は、あるいは兵具を帯び、あるいは子供を負い、結った髪を頭頂におき、すこぶる宋の女に似る。壮年の男子は「或《ある》いは刀を以て肉を屠《ほふ》るの相を示し、或いは口を開いて肉を食するの皃《かたち》を表し、此の如き面々の所行、怖畏《おそろし》きこと勝計すべからず」。毎日早朝・日中・夕刻の三回、かならずやって来ては争い戦う。「只三宝を念じ観音を唱ふるのみ」。

二十三日。夜、にわかに好風が立つ。千年の病床で閼伽陀《あかだ》の薬（万病に効く薬）を得た思い、すぐに帆を上げてひそかに出発。このとき三十余艘の船が「気を吐き魂を馳《は》せて勇猛の心を発し、大いに以て諍ひ戦ふ」。船足のろく、なかなか国の境から出ない。皆、「若《も》しや是れ、此の国の物を取り船内に置くに仍《より》て、神、凶を成す哉《か》」といい、先日取った赤木などをぜんぶ海中に投じる。

二十四、五日。風吹かず、面々に願を立てる。

二十六日。好風が立ち、永久にこの難所から脱出。船足は矢のように速い。

二十七、八日。風のようすは変わりない。

二十九日。福州龍盤嶼にたどり着いて、人びとは「弘誓《ぐぜい》の秘術に順《したが》はん自《よ》りは、争《いかで》か鬼国の凶唊を遁《のが》れん乎《や》」と胸をなでおろした。

炉の中に人骨を認めたことが、即この地を流球と断ずる根拠になったことといい、壮年の男子の動作や表情から人肉食の相貌を見てとったことといい、人を唊《くら》う鬼の国という固定観念は抜きがたいものがある。赤木などを捨てたのも異域のケガレを攘《はら》うためだろう。鬼国の畏怖に対抗しうるのは仏神への帰依のみ、という構図がくりかえされるのも印象的だ。貴重な見聞を残してくれた人びとの好奇心に感謝しつつも、固定観念のしぶとさには考えさせられる。

記録の最後に、インタヴュアー慶政は、「抑《そもそ》も龍盤嶼（割注略）は連河県《レンカケン》の近隣也、連河県とは、高祖大師、流球国を遁れて大唐国に着きし最初の地也、今昔異なると雖も、風の勢ひ一致なる者歟」と記した。かれの属する園城寺の開祖、智証大師円珍の流球漂流譚がここでも想起され、「流球」という表記も円珍を踏襲する（五一頁「園城寺文書」参照）。もっとも史実としては、円珍の流球は台湾、今回の流球は沖縄なので、「風勢一致」もアテにはならない。記録自体も忠実な聞き取りというより、琉球観念の鋳型に流しこむための文飾が、そうとう加わっていそうだ。「自順弘誓之秘術、争遁鬼国之凶唊乎」という整った対句《ついく》表現は、そのもっとも著しい部分である。

「十二島地頭職」の成立

薩摩半島西岸の阿多を本拠とする南薩平氏阿多忠景は、十二世紀前半、「薩摩一国惣領」と称され、その勢威は大隅にもおよんだ。しかし保元《ほうげん》・平治の乱で敗者の側にいたらしく、一一六〇年ころ反乱を起こし、勅勘（天皇の名による処罰命令）をこうむって「貴界島」に没落したという。この島は奄美群島の喜界島に特定されるわけではなく、薩南諸島の総称だ。一一七七年に平家打倒の陰謀のカドで俊寛らが流された「鬼界が島」が硫黄島だったことがそれを示している。このようにキカイガシマは中世国家の西の境で、流刑地であるとともに、そこに逃げれば最低限の生存が可能な境界空間であった。

源頼朝の命による一一八八年の「鬼界島征伐」は、翌年の「奥州征伐」とともに、鎌倉幕府の軍事指揮権のおよぶ限界をきわめるという意義を担う軍事行動だった。「鬼界島征伐」の獲得物を、頼朝は薩摩守護島津氏に「十二島地頭職」として委ねた。十二島はやがて口五島と奥七島に分節化され、『長門本平家物語』に「きかいは十二の嶋なれば、くち五嶋はにほんへしたがへり、おく七嶋はいまだ我てう（朝）にしたがハずといへり」とあるように、口五島と奥七島のあいだに日本の内／外の境目があると観念されるようになる。口五島については硫黄島・竹島・黒島を除く二島の比定をめぐって両説あるが、奥七島は諸説一致して吐噶喇《とから》列島とする（後述）。

この十二島は薩摩半島にある河辺《かわのべ》郡の延長として位置づけられていた。同郡地頭職は一二二〇年代までは島津氏の所領だったが（『鎌倉遺文』三六七〇号）、いつしか北条得宗《とくそう》家の所領（得宗領）に転じた。前後して尾張の御家人千竈氏が同郡の郡司職を与えられて移住し、得宗家に仕えて同郡「地頭御代官職」を兼ねることになった。千竈氏は郡全体の郡司職と十二島を除く

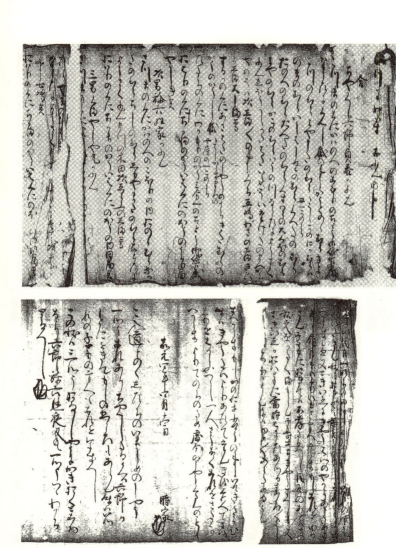

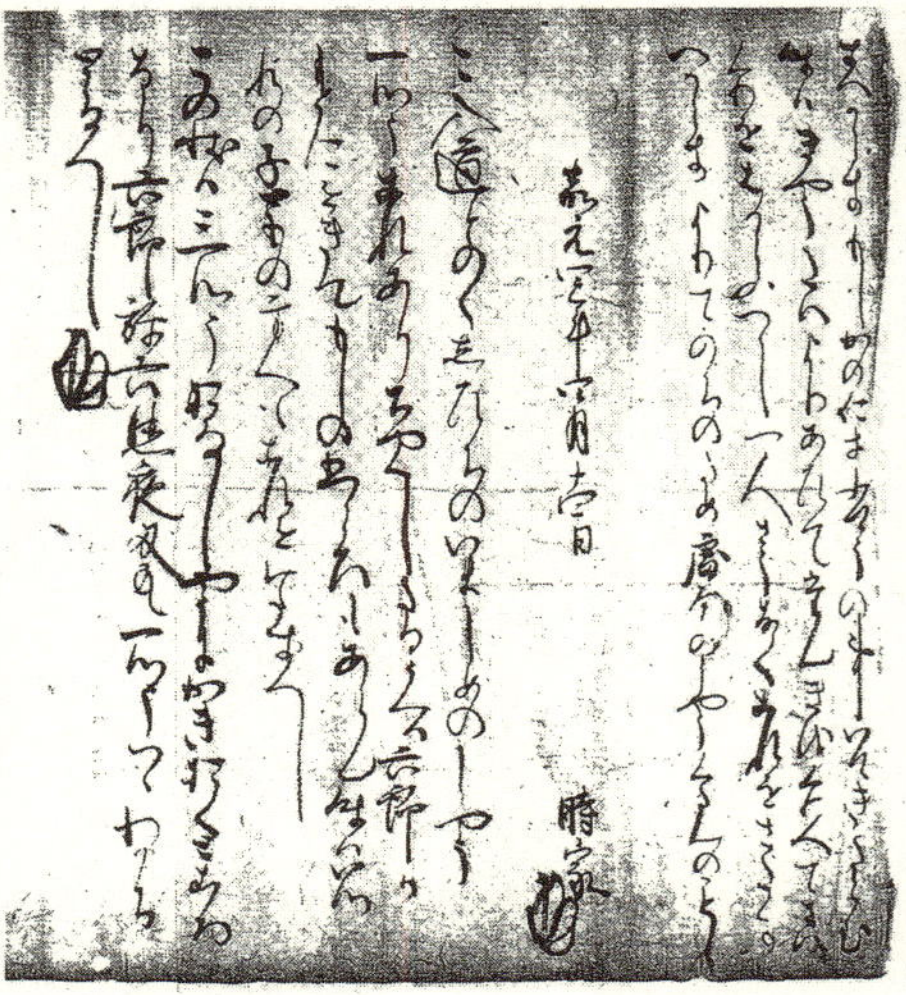

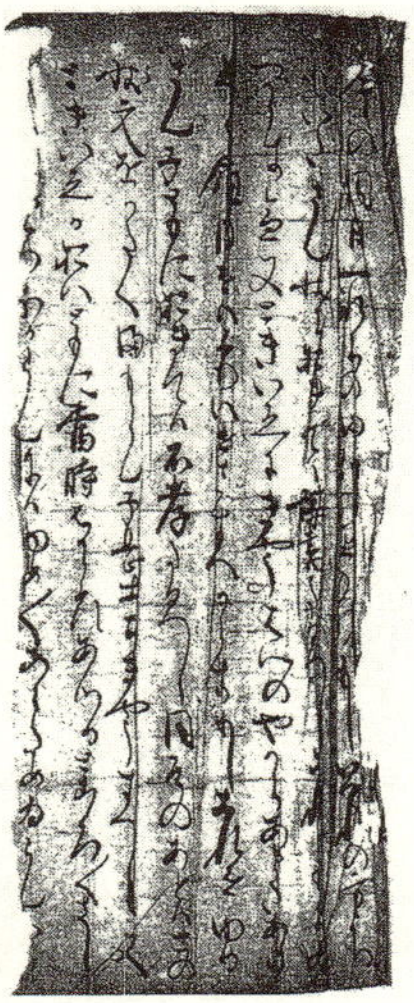

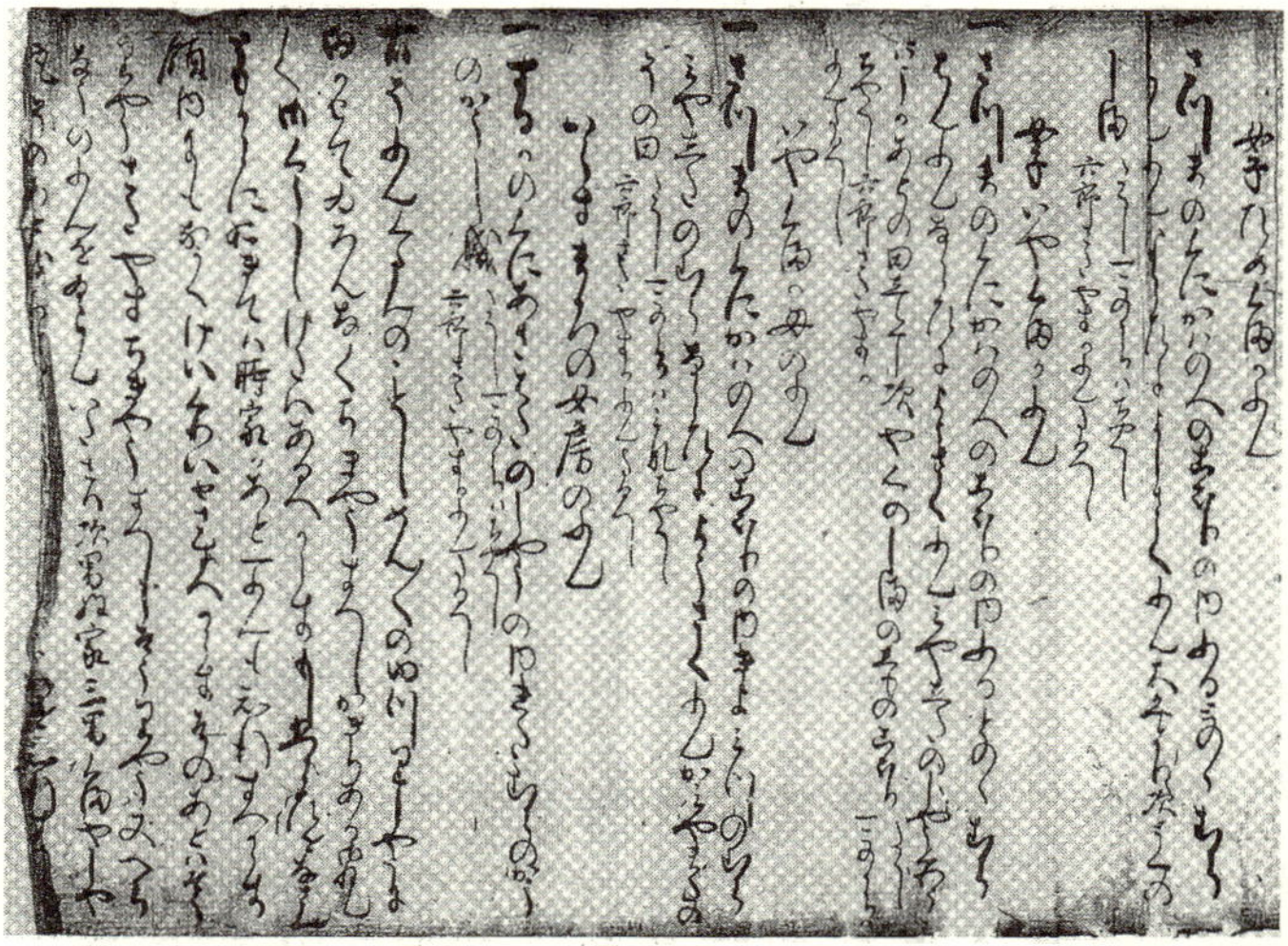

「千竈文書」嘉元四年四月十四日処分状・譲状（個人蔵、長島町歴史民俗資料館寄託）

部分の地頭代職をもち、島津氏はなお十二島地頭職は確保したが、得宗家の勢威の前に虚名を保つにすぎなかった。

この千竈氏と、列島反対側の境界空間に拠《よ》る津軽安藤氏とは、ともに得宗領を代官として預かり、流人の管理を任としていた。得宗家以下北条氏の所領は全国に膨大に存在したが、東西の境界領域にとりわけ集中している。北条氏は境界の掌握をテコに日本全体に支配力をおよぼしただけでなく、境外の世界との交易をも押さえていた。一三三三年にその北条権力が倒れたとき、北条被官の大多数はそれに殉じたが、安藤氏も千竈氏も例外として中世後期を生きぬいた。かれらは境界空間にいて境外との交易による権益を存立基盤としていたので、主人の庇護がなくなってもすべてを失ってしまうことはなかったのだろう。

とはいえ北条氏の滅亡で千竈氏は大幅に勢力を殺《そ》がれ、「十二島地頭職」を確保する島津氏が西の境界で大きく勢力を回復することになった。一三五六年足利義詮《よしあきら》が島津貞久の所領を安《あん》堵《ど》したなかに「十二島地頭職」がみえ、一三六三年の島津貞久譲状になると「河辺郡／同拾弐嶋、此外五嶋」とある（『島津家文書』延文元年八月六日義詮下文・貞治二年四月十日貞久譲状案）。「此外五嶋」に奄美大島・喜界島・徳之島がふくまれることは確実で、さらに沖永良部島・与論島が加わる可能性が高い。とすれば、当時の日本の西の境界が、千竈氏の所領の範囲を超えて沖縄本島の直前まで延びていたことになる。

しかし一四二〇年代に琉球三山が中山によって統一され、国力を増した琉球は、奄美方面へ版図を拡大していく。一四五六年に久米島に漂流した朝鮮水軍の梁成の帰国報告によると、琉球国の東にある「吾時麻《おしま》」＝奄美大島は、琉球に攻められて帰順してから一五年あまりになるという（『朝実』世祖8 2辛巳）。帰順の時期は、漂流した年から数えれば一四四一年ころ、琉球使に帯同して帰国した一四六一年（『朝実』世祖7 12戊辰）から数えれば一四四六年ころとなる。一四五〇年には、吐噶喇列島の臥《が》蛇島《じやじま》あたりが「琉球・薩摩の間に在り、半ばは琉球に属し、半ばは薩摩に属す」という状態だった（『朝実』端宗元5丁卯）。梁成の証言によれば、大島帰順の時点で「池蘇」＝喜界島は毎年の征討にもなお服従しておらず、一四五〇年の時点でも琉球国王の弟（布里か）が兵を領して「岐浦島」＝喜界島を征していた。一四六六年ころにいたって、尚徳王の親征により平定されたという〔石上二〇一五〕。

おなじころ境界の薩摩側では、守護が国人に島を給与したり没収したりしていた。たとえば、一四〇八年に島津元久が肥後左近将監《さこんのしょうげん》入道（種子島清時）に「薩摩国内屋久・恵良部両嶋」を料所として与え（『鹿児島県史料・薩藩旧記雑録前編二』七七六号）、一四三六年以前、清時の子時長は「悪鬼納《おきな》」より帰航する筑前博多船を竹島龍浦で劫掠したとして、硫黄島・竹島・黒島を島津忠国に没収されている（『種子島家譜』時長条）。ちなみに、種子島氏の祖肥後氏は、種子島をふくむ島津庄大隅方地頭名越《なごえ》流北条氏の被官であって、名越氏—肥後氏—種子島という連鎖は、得宗—千竈氏—河辺郡という連鎖と相似形をなしている。

相続財産としての南島

一三〇六年、千竈時家は男子三人、女子二人、配偶者二人の計七人に所領を譲った。その内容を詳細にしるした古文書の原本が、子孫の家に伝えられている（「千竈文書」嘉元四年四月十四日処分状・譲状）。相続人と遺領の全体を書き上げた処分状を、かなに漢字をあて、途中を略しながら、以下に掲げる。

譲り渡す　処分の事

合

嫡子六郎貞泰が分

一、薩摩の国河辺の郡《こおり》の地頭御代官職並びに郡司職《しき》の事。神殿《こうどの》の村、清水《きよみず》の村、宮下の村、〈但し此の二箇村は母一期《いちご》の後〉野間の村、石走の村、久辺田《くべた》の村、田辺《たのべ》の村、田辺田《たべた》の村、楠原の大久保の村、宮の村、鹿籠《かこ》の村、坊の津、並びに用作分、烏帽子が田畠、畠添い竹田の前、篝屋《かがりや》の側《そば》。次島々の事、口五島、わさの島、喜界が島、大島焉。

一、駿河《するが》の国浅服《あさはた》の庄の内北村の郷の郷司職〈但し烏丸《からすまろ》の女房の一期の後〉

一、常陸《ひたち》の国若杜《わかもり》の郷三分一の地頭御代官職

一、尾張の国千竈の郷いはくにの方《ほう》の内田畠屋敷矣。

次郎弥六経家が分（中略）

三男熊夜叉丸《くまやしゃ》が分

一、薩摩の国河辺の郡の内、野崎の村、平山の村、上山田の村、大泊の津、並びに用作分平山に壱丁。次に島の事、七島矣。

一、尾張の国千竈の郷いわくにの方の内田畠焉。

女子姫熊が分（中略）
女子弥熊《いやくま》が分（中略）
弥熊が母の分（中略）
烏丸の女房の分（中略）
右処分件《くだん》の如し。面々の譲状に任せて、異論なく知行すべし。（中略）仍《より》て後の為処分の状、件の如し。

嘉元四年四月十四日　　時家（花押）

故入道殿の自筆の誡《いまし》めの状一通之《これ》有り。嫡子たる上は六郎が許《もと》に置きて、若しの煩ひも有らん時は、いづれの子共の方へも之を渡すべし。
此の状は三通同じ様に書き置く所也。六郎・弥六・熊夜叉丸、一通充《ずつ》分かち取るべし。（花押）

嫡子貞泰に譲られた権利の中核は、河辺郡地頭御代官職・郡司職と表現されている。地頭御代官職は、津軽安藤氏などにも見られる得宗被官に通有の職である。神殿村以下宮村までは河辺郡の中心部をなす万之瀬《まのせ》川中流域に分布する。鹿籠村は別水系の花渡《けど》川の河口近くにあり、つぎの坊津とならんで港の性格をもつ地と思われる。烏帽子田畠以下三か所の用作分は領主直営の田畠で、多くのばあい屋敷の近辺に存在した。最後の島々については後述する。河辺郡のほかに駿河・常陸・尾張にも所領があったが、こうした散在性は鎌倉時代の武士所領によく見られる。このうち尾張国千竈郷の田畠屋敷は千竈氏の名字の地で、薩摩移住以前の本拠地と考えてよい。

以上より、河辺郡における貞泰の所領は四つの要素からなっていたことが読みとれる。(1)集落と耕地を中心とする「村」、(2)本拠地の屋敷に付属する直営田畠である「用作分」、(3)薩摩半島の先端部にあって南島海域への出発地となる「湊」、そして(4)薩摩半島南方の茫漠《ぼうばく》とした海域に点在する「島々」。同様の組みあわせは、より小規模になり、また(3)が欠ける例もあるが、次男・三男・女子の所領にも認められる。

(4)の内訳は、嫡子貞泰分が「くち五嶋、わさのしま、きかいかしま、大しま」、次男経家分が「ゑらふのしま」、三男熊夜叉丸分が「七嶋」、女子姫熊分が「とくのしま」、女子弥熊分が「やくのしまのしものこほり」となっている。「きかいかしま」を喜界島、「大しま」を奄美大島、「七嶋」を吐噶喇列島、「とくのしま」を徳之島、「やくのしま」を屋久島に比定するところまでは諸説一致する。「わさのしま」は謎とされてきたが、橋本雄によって、臥蛇が朝鮮音で「わさ」となることから吐噶喇列島の臥蛇島とする説が示された〔橋本二〇〇五〕。

残る「くち五嶋」については、現在鹿児島県三島村を構成する竹島、硫黄島、黒島が入ることは確実だが、残る二つを屋久島・口永良部島とする永山修一ほかの通説と、草垣群島・宇治群島とする私の説が対立している。「ゑらふのしま」については、永山・橋本は沖永良部島、私は口永良部島に比定する。

私の説はつぎの三点から帰納したものだ。①通説では「くち五嶋」と「ゑらふのしま」「やくのしまのしものこほり」が重複してしまう。②一四七一年に朝鮮で成立した『海東諸国紀』所収「日本国西海道九州之図」に現在は無人島の宇治・草垣が九州西岸の航路沿いに堂々とした存在感をもって描かれている。③エラブ島は同図や中世ヤマトの史料では口永良部島をさす。

ふつうの武士所領にも見られる(1)と(2)は別として、(3)や(4)、なかんずく僻遠《へきえん》の島までがふくまれる(4)に、相続財産としてどんな価値があったのだろうか。それは島内の土地の領有よりは、島を拠点に営まれる交易のもたらす富にあったのではないか。島々の位置から考えて、その交易ルートは琉球へつながり、さらには中国や東南アジア方面にまで延びていくことは確実である。そして、十二島がヤマト中央の視線からは、日本の内と外に引き裂かれていたのとはちがって、周縁に生きる者にとっては経済活動でつながる相続財産だったのである。

第二章　冊封体制下の国家形成

1　三山分立から統一中山王国へ

大型グスクの出現と小王国の形成

　琉球考古学では、狩猟採集経済の「貝塚時代（新石器時代）」から、十世紀前後に農耕と窯業生産の開始、交易の展開で特徴づけられる「グスク時代」へと移行する、と考えられていた。これに対して安里進は、大型グスクが出現する十三世紀以降を政治的時代として「グスク時代」と位置づけ、それにいたる経済的展開期に「生産経済時代」を設定した（安里一九九〇）。グスク時代の末期が十五～十六世紀の琉球王国時代と重なることになる。

　グスクないし類似名称でよばれる遺構・遺称地は、奄美群島から先島諸島までおびただしい数にのぼるが、年代が不明のもの、小規模なもの、城塞的な要素が希薄なものも多く、その本質を聖地や集落とする説と城塞説とのあいだで、論争が続いている。そのなかで防禦《ぼうぎょ》のための石積みをもつグスクについては、十三世紀以降しだいに大規模化、多郭化し、舎殿・御庭《うなー》（舎

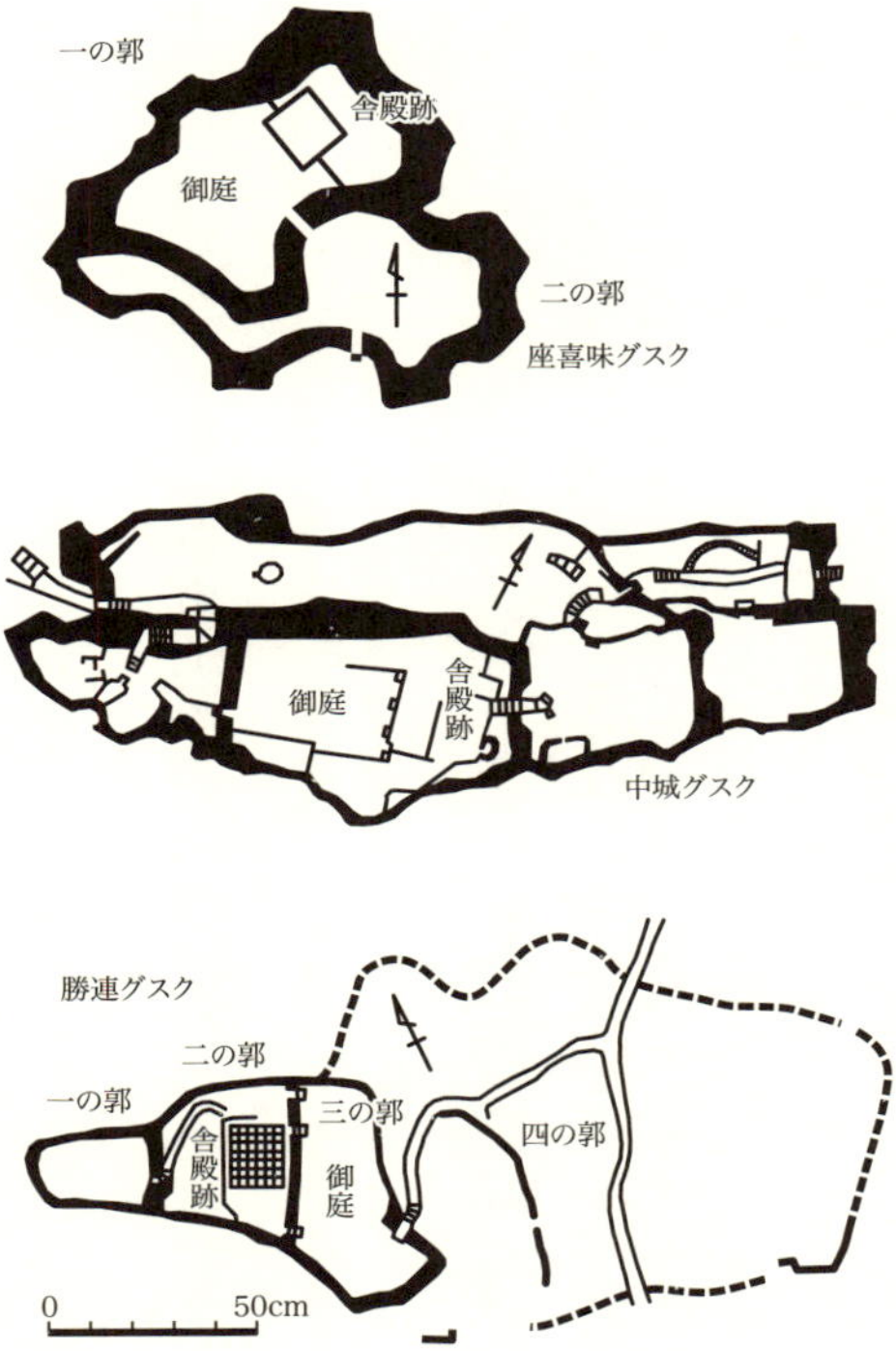

大型グスクは舎殿と御庭を中核施設とする多郭構成として定式化されている。

大型グスクの構成（安里進『考古学からみた琉球史 上』より）

殿前の広場）・御嶽《うたき》（聖域）・倉庫・兵舎などの機能分化が進む。とくに舎殿と御庭をとりこむことによって、グスクは政治的支配の拠点としての城塞グスクへと変貌した。その原形は小型グスクやグスク的遺跡にも見られるが、御庭の面積には決定的な差がある。

城塞グスクの主は周辺地域を支配する首長で、漢字史料では按司《あじ》とか寨官《さいかん》とかよばれ、固有語では「てだ（太陽）」「てだこ」といった。オモロの詩句に「ぐすく　おわる（いらっしゃる）てだこが」とある（『おもろさうし』第十二の一二首目（以下「12―12」のように略記）のほか、第十三に頻出）。このばあいは首里城にいる王を指しているが、ほんらいはグスクの主一般の呼称だったことは、「糸数《いとかず》におわる　てだ／伊祖《ゑぞ》のてだ　見《み》ちゑ（見て）」という詩句に明らかだ（17―71）。

こうした首長たちは、沖縄本島においてしだいに三つの小王国すなわち南部の山南、中部の中山、北部の山北にまとまっていく。これを「琉球三山」といい、三山が併存した時代を「三山時代」とよぶ。三山のうち山南では、その主が特定の家系に世襲される体制の成立が遅れたため、同時代の資料から三山の権力構造のプロトタイプをさぐることができる。以下、安里の研究によりながら、グスク遺跡の遺構・遺物および十五世紀の絵地図をおもな材料として、考えていこう。

三山の権力構造を大まかに比較すると、中山では察度から武寧へ、山北では帕尼芝から攀安知へ（後述）と、比較的単純に王位が継承されているのに対して、山南では、王位ないしそれに準ずる地位が複数の勢力間を揺れ動いていた。三山の本拠地に比定されるグスク時代後期の大型グスクを見ても、中山では浦添城ついで首里城、山北では今帰仁《なきじん》城が他を圧する規模を誇り、王国の中心としての存在感を示すが、山南では他と隔絶した規模をもつ中核的グスクは認められない。承察度・温沙道＝大里《うふさと》按司の名を負うグスクは、南城市の島添大里グスクと糸満市の島尻大里グスクの二つあり、これに対応して大里按司の本拠地にも両説がある。そのほかにも豊見城《とみぐすく》市の豊見城グスク、南城市の玉城《たまぐすく》グスク、同市の知念《ちねん》グスクなど、ドングリの背くらべ状態のグスク群があり、大里按司に対抗した汪英紫氏＝汪応祖すなわち八重瀬《えーじ》按司の本拠地は特定しがたい。

　安里は、沖縄島各地で発掘あるいは表採される土器の胎土がA～Dの四類に分類されることに着目し、これを製作技術の地域差、文化的伝統のちがいの反映とする。そして、どの類の胎土をもつ土器片が優越するかを指標として、『中山世鑑』の記す山南の領域を、①D類胎土主体圏豊見城群、②D類胎土主体圏糸満群、③A・C類胎土主体圏＝玉城・具志頭《ぐしかみ》地域（南城市西南部～八重瀬《やえせ》町）、④D類胎土主体圏知念群（南城市東部）、⑤B類胎土主体圏＝佐敷《さしき》・大里《おおざと》地域（南城市北部）の五地域に区分した。なお、A類とC類は同一地域における時期差でA類からC類へと移行する。

　一四七一年に朝鮮で刊行された日本・琉球地誌『海東諸国紀』に収められた「琉球国之図」には、山南に相当する領域に阿義那之城・島尾城・玉具足城・越法具足城という四つの城名が記されている。島尾は島尻、玉具足は玉城で、それぞれ島尻大里グスクと玉城グスクに比定される。阿義那《あげな》（安慶名か）・越法具足の名を負う大型グスクは山南では確認されないが、安里はこれを豊見城グスク・知念グスクとする。そのうえで安里は、「琉球国之図」を胎土主体圏と重ねあわせて、阿義那之城＝豊見城グスクを①、島尾城＝島尻大里（南山）グスクを②、玉具足城＝玉城グスクを③、越法具足城＝知念グスクを④の中核城郭に擬する。そして、承察度（大里）を①②の首長、汪英紫氏（八重瀬）を③の首長に位置づけた。

　以上の安里説のうち、①②と③の対比は鮮明であり、大里と八重瀬をそれぞれの首長に位置づけるのは問題ないだろう。しかし、「琉球国之図」が本島沿岸の島として描く阿義那之城を豊見城グスクに比定するのは無理で、グスクがありかつ豊見城発祥の地ともされる市域西北端の瀬長島とすべきか。また、越法具足城を知念グスクとするのも根拠がない。「越法具足」を大城（うふぐすく）の音写と解する深瀬公一郎・渡辺美季に従って、南城市の大城グスクか島添大里グスクに比定したい〔深瀬・渡辺二〇〇四〕。つまり越法具足城を、きわめて狭少な④に関連づけるのでなく、⑤の中心城郭に位置づけることになる。なお、安里は『中山世鑑』を否定して⑤を中山の領域とするが、山南の領域にありながら中山に連続する特徴を示す境界領域と考えたい。

　こう考えたばあい、「琉球国之図」で玉具足城と越法具足城のあいだに描かれ、「浦」の字が添えられている入江は、位置関係から見て佐敷集落が面する小湾に比定できる。これは近年脚光を浴びている沖縄県立美術館・博物館蔵「琉球国図」では消えてしまっているが、本島では那波皆津（那覇港）、河尻泊（読谷村《よみたんそん》長浜付近か）、世世九浦（瀬底島または渡久地《とぐち》港）、雲見泊要津（運天港）、五欲（越来《ごえく》）城と賀通連（勝連《かつれん》）城の間の「浦」（中城《なかぐすく》湾）とならぶ、六つしかな

琉球三山とグスク(高良倉吉『琉球王国』より)

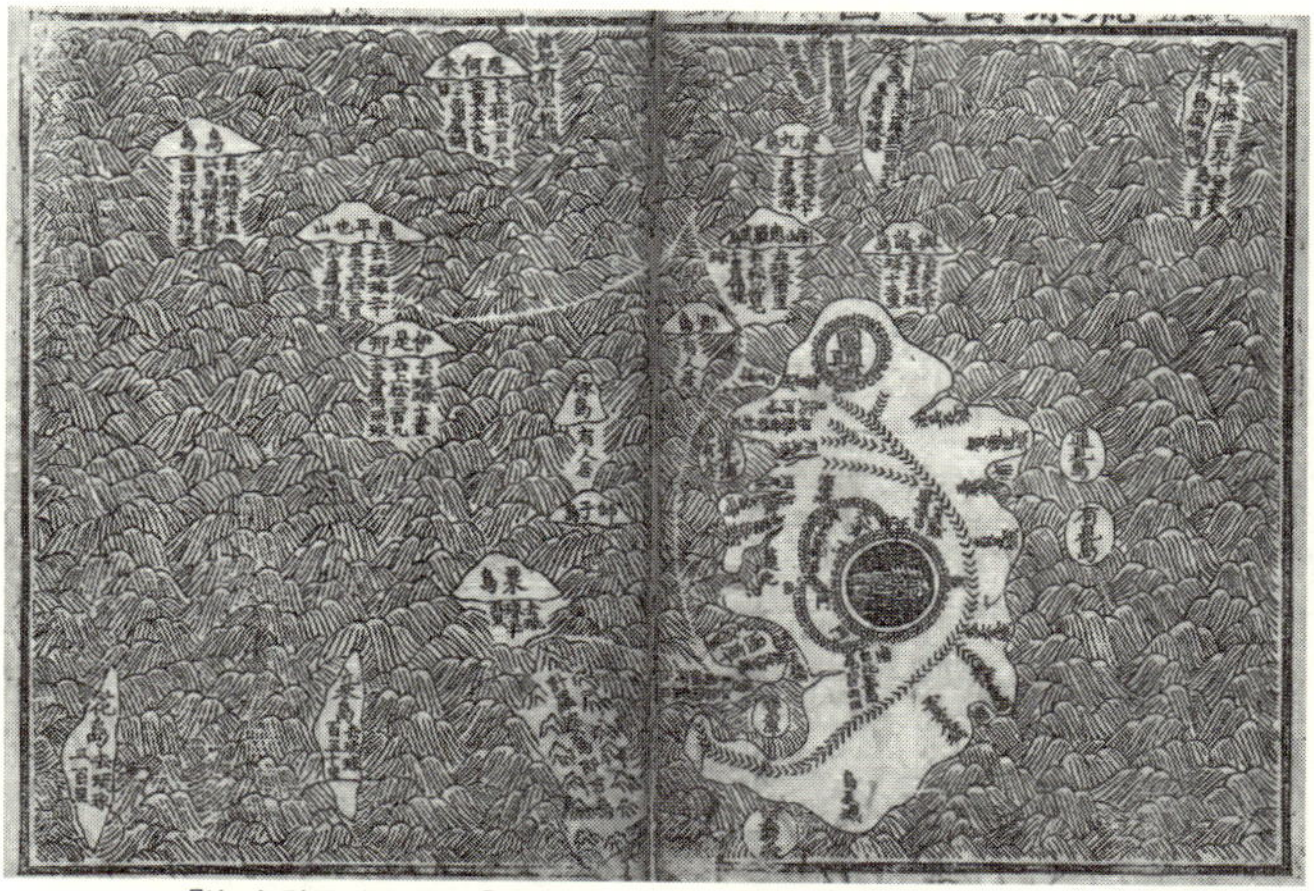

『海東諸国紀』より「琉球国之図」（国立公文書館所蔵）

い港湾の描出の一つで、山南地域では唯一だ。後述する三山統一の立役者尚巴志《しょうはし》は、佐敷の「小按司」から身を起こした。この「浦」を抱えていたことが、かれの島添大里按司のっとり、中山王権簒奪《さんだつ》の起点となったのではないか。

三山の抗争と明・朝鮮

くわしくはつぎの節で述べるが、一三七二年琉球中山王察度は明の招諭に応えて使者を送り、三山の先頭をきって明と外交関係を結んだ。それから数年間は中山のみが対明入貢を行なっていたが、一三八〇年に山南王承察度が明に入貢したことを嚆矢《こうし》として、三山は対明通交の主導権をめぐる抗争に突入する。

一三八三年正月の『明実録』の記事に、「詔《しょう》（皇帝の出す命令文書）して琉球国中山王察度に鍍金《ときん》銀印幷《なら》びに織金文綺紗羅凡《およ》そ七十二匹を賜ふ。山南王承察度も亦之《またかく》の如し。……時に琉球国三王、雄長を争ひて相攻撃す」とあり、洪武帝は使者を三山に送って、中山王には「王其《そ》れ戦を罷《や》め民を息《やす》め、務めて爾《なんじ》が徳を脩《おさ》むれば、則《すなわ》ち国用《もっ》て永く安らかならん矣」、山南・山北両王には「二王能《よ》く朕の意を体し、兵を息《やす》め民を養ひ、以《もっ》て国祚を綿《つら》ぬれば、則《すなわ》ち天必ず之を祐《たす》けん。然《しか》らずんば悔ゆるとも及ぶこと無からん矣」と諭した（『明実』洪武16正丁未）。この史料から、山南王にもこの年に鍍金銀印が与えられたかに見えるが、二年後に山南・山北両王に鍍金銀印が与えられたという記事（洪武18正丁卯）と矛盾するので、「亦之の如し」は直前の織金文綺紗羅の賜与のみに係ると解すべきかもしれない。なお、山北王帕尼芝は一三八三年一二月にはじめて入貢した（洪武16 12甲申）。

帝の説諭にもかかわらず三山の紛争は収まらず、むしろ朝鮮をも巻きこんで激化した。一三八七年末、「山南王承察度」の使者が入貢して明年正月元旦を賀したが（『明実』洪武20 12丁未）、翌月、「山南王叔汪英紫氏（「八重瀬《えーじ》」の音写か）及び弟函寧寿」、「山北王帕尼芝」の臣、「中山王察度」の臣があいついで入貢した（同洪武21正丙子・戊子・辛丑）。山南では「王承察度」と「王叔汪英紫氏」が分立しており、「王叔汪英紫氏」と「弟函寧寿」も対等に近い関係らしい。王権が特定の家筋に世襲される状態ではなく、そこを中山につけこまれて、王子が朝鮮へ亡命する事態となった。一三九四年、中山王察度が「山南王子承察度」の返還を朝鮮に求めている（『朝実』太祖3 9丙午）。

その二年後に「山南王承察度」・「其叔汪英紫氏」の入貢記事があり（『明実』洪武29 4丁未）、

さらに二年後に「山南王温沙道」が中山王に追われて朝鮮の晋陽《チニャン》（慶尚南道晋州《チンジュ》）に寄寓《きぐう》（『朝実』太祖7２癸巳）、ついで客死している（同10丁巳）。一三九四年の「王子承察度」、九六年の「王承察度」、九八年の「王温沙道」はおそらく同一人で、一三八〇年の「山南王承察度」の跡つぎだろう。一三八九年、中山王察度は朝鮮に交替する直前の高麗に使者を送って倭寇《わこう》の被虜人を送還したさい、「表を奉りて臣と称し」た（『高麗史』叛逆《はんぎゃく》伝・辛昌元年八月条）。中山が外交慣例上異例の低姿勢をあえてとったのは、同年断行された高麗軍の対馬征討を知って（同）、その余波をこうむらないよう保険をかけるとともに、高麗と親しかった山南の思惑を封じこめようとする戦略でもあったろう。

第一尚氏王朝の成立

その後しばらくは、明の内乱により史料が亡佚《ぼういつ》したため状況不明だが、一四〇三年に「中山王察度・山南王弟汪応祖」が共同で使者を送って入貢しており（『明実』永楽元3辛卯）、翌年汪応祖は永楽帝の詔により「琉球国山南王」に封じられた（同永楽2４壬午）。この件について『明実録』は、汪応祖は故山南王承察度の従弟で、実子のなかった承察度から末期《まつご》に国事を託《たく》され、ここに至って入貢し王に封じられた、と説明する。しかし、汪応祖は汪英紫氏と同人かその後継者（八重瀬按司）で、中山を後ろ盾に承察度・温沙道系（大里按司）と対抗し、そのなかで後者の朝鮮亡命が生起し、ついには前者が山南王位を奪ったが、実態としては中山のカイライとなりつつあった、といったところが真相だろう。同一人が中山・山南両者の使者を兼ねるという事例は、この後ほぼ常態化する。

　ところがこの体制も安定を欠いた。中山では、察度が没して一四〇四年に世子武寧による襲爵が認められた（『明実』永楽２２壬辰）ものの、わずか三年後に、「中山王世子思紹《ししよう》」なる者が「其の父中山王武寧の卒」を明に告げ、「琉球国中山王」に封じられた（同永楽５４乙未）。じつは思紹は武寧の子ではなく、前年に思紹の子尚巴志が武寧を滅ぼして父を中山王に即《つ》けたもので、あらたな王朝の成立である。これを第一尚氏とよぶ。

　しかし混乱は続き、一四〇九年朝鮮を訪れた思紹の使者は、「先祖王察度及び先父武寧相継いで薨逝《こうせい》し、以て各寨不和を致し、連年征戦して息《や》まず」と語っている（『朝実』太宗９９庚寅）。山南でも、汪応祖が兄達勃期《たぶち》に殺され、寨官たちが達勃期を殺して他魯毎《たるみ》を擁立する、という政変が起きた。他魯毎は一四一五年に「故山南王汪応祖世子」を名乗って明に襲爵を請い、山南王に封じられた（『明実』永楽13３丁巳・５己酉）。

　山南・中山をまたいで継起した政変の実像を、和田久徳はつぎのように推測した（和田二〇〇六、初出一九七五）。大里按司系山南王を滅ぼした汪応祖とは、じつは山南ながら中山に隣接する佐敷の按司から身を起こした尚巴志その人で、かれは山南王に即いたあと中山に刃《やいば》をむけ、察度王統の武寧を滅ぼして父思紹を中山王とした。さらに、じつはかれの王子である他魯毎に山南王を委ね、自身は思紹の死後、一四二二年に第二代中山王となった。

　これに対して安里進は、中山王を滅ぼした山南王汪応祖がなぜ中山王を名乗らなければならないのか、と疑義を呈してつぎのように述べた（安里一九九〇、一五二頁以下）。八重瀬を音写した汪英紫氏・汪応祖は玉城・具志頭地域を基盤とする按司、これが滅ぼした山南王は糸満市域の島尻大里按司で、ともに尚巴志とは別人だ。尚巴志は佐敷に近い島添大里按司をのっとることで山南で勢力を築き、察度没後の中山の混乱に乗じて父を中山王に即けた。

和田説にそのまま従うことはできないが、明・朝鮮の実録から描かれる事態の推移が往々にして虚像にすぎないことは、肝に銘じなければならない。安里説のように、考古学のデータをもふまえて、より説得的な推論を試みる必要があるが、なお「山南王弟函寧寿」など、実態不明の存在も残されている。

中山、琉球三山を統一

山北については史料に恵まれず不明な部分が大きいが、一三八三年の初入貢から滅亡したとされる一四一六年までの三四年間に一七回の入貢で、中山の五七回、山南の二六回にくらべ少ない。また山北使が中山使と帯同して（おそらく中山の用意した船に同乗して）渡明する事例が多いことから、その自立性には山南と同様疑問がもたれる。とはいえ中山使と同一人が山北使をも兼ねるケースは山南よりも少なく、中山がらみの政変も見られない。王の名義も山南とは対照的に安定しており、初入貢から一三九〇年まで所見する帕尼芝に代わって、一三九六年から攀安知（これも「羽地」の音写か）があらわれ、一四一五年まで続く。その間一三九五年に一度だけ「琉球国山北王珉」なる者の入貢が記録されている（『明実』洪武28正丙申）が、その存在感はきわめて薄い。

琉球王国の正史決定版ともいうべき一七二四年の蔡温本『中山世譜』では、中山の尚巴志が一四一六年にまず山北王攀安知を滅ぼし、ついで一四二九年に山南王他魯毎を滅ぼして、三山を統一した、となっている。前出の和田は、いまなお揺るぎないこの通説にも果敢に挑戦した。まず、山北の滅亡を一四一六年とするのは、『明実録』に記される最後の山北王入貢が一四一五年であり（永楽13 4丙戌）、また同年に尚巴志が初めて「中山王思紹世子」の名義で入貢している（同8己丑）ことを下敷きに、さしたる根拠なくこの年にもってきたにすぎない。山北の最終的消滅は、一四二二年に尚巴志が二男尚忠を山北監守に任じて、山北王国の本拠だった今帰仁城においた（『蔡温本中山世譜』）時点に求められる。他方、山南の滅亡を一四二九年とするのも、『明実録』において山南王他魯毎の最後の入貢が同年に見られ（宣徳4 10癸巳）、以後山南の名が消えることが唯一の根拠だ。しかし汪応祖＝尚巴志が大里按司を滅ぼして山南王となり、ついで中山王武寧を滅ぼして父を中山王とした時点で、山南は実質的に滅亡しており、汪応祖＝尚巴志の王子である山南王他魯毎は中山のカイライにすぎない。尚巴志は一四二九年に他魯毎が死去したのを機に山南王府を廃した。以上より、三山統一の実質的な達成は、通説のように一四二九年ではなく一四二二年に求めなければならない。

右の和田説のうち、山南王汪応祖を尚巴志と同一人とし他魯毎をその王子とする想定は、前述のように証拠不十分で従えない。一四二九年に他魯毎が死去したとするのも推測の域を出ない。汪応祖が兄に殺され、寨官たちが他魯毎を擁立して王位に即けたという経緯を、とくに疑う必要はないだろう。一四一五年に山南王に冊封《さくほう》されて以降二九年まで、他魯毎の境遇に大きな変化は認められず、山南王国はそれなりに存続していたと考えてよい。

しかし、汪英紫氏・汪応祖＝八重瀬按司が、中山の後援のもと、承察度・温沙道＝大里按司から山南王位を奪って以降、山南の自立性は中山によって大きく制約されていた。領域内に優良な港湾がなく、対明通交にあたって、中山の影響力が強い那覇港を使わざるをえなかったことも、自立の妨げとなっただろう。そのようななか、一四二九年をさして降《くだ》らぬころに、山南は中山に吸収されてしまったらしい。その一端を示すのが、尚巴志王代に外交官として大活躍した歩馬《うばま》（阿勃馬とも）結制の履歴だ。かれは一四二五年以前に二度山南王他魯毎の使者として明に進貢し、二五年には中山王尚巴志の使者として明から帰国し、まもなく同王の使者としてシャムへ進発し、二八年と二九年には他魯毎の使者として明に進貢し、一四三〇〜四〇年には中山王相懐機《かいき》や尚巴志の使者として旧港（パレンバン）・明・シャム・ジャワに赴いている（第三章2）。

いっぽう、山北の最終的消滅に関する和田の推論はどうか。山北は中山・山南のように明から海船はもらえなかったが、本拠今帰仁城からさして遠くない位置に運天港という良港を抱えており、この点では山南より有利だった。浦添・首里・那覇からの距離の遠さも、中山・山南にまたがる複雑な政治情勢からの直接の影響を少なくした。『明実録』への登場回数は少ないとはいえ、山北の存在感にはあなどりがたいものがある。尚巴志が名実ともに中山王位に即いた一四二二年、山北への武力発動が実行され、その結果として山北監守が設置された、という説明は説得力がある。じっさい、『中山世譜』に先行する一六五〇年の『中山世鑑』では、一四二二年三月のこととして中山王による山北王征討戦が詳細に叙述されている。

一四二二年の山北滅亡によって、中山の覇権の妨げとなりうる勢力は姿を消した。三年後、尚巴志は洪熙帝の勅によって琉球国中山王に冊立される（『明実』洪熙元2辛丑）。この段階で三山統一は実質的に達成されており、一四二九年ないしそれ以後に統一の画期をおくことは適切でない。

2　明中心の国際秩序のなかで

明の建国と琉球三山

一三六八年、元末の群雄割拠のなかからのしあがった朱元璋《しゆげんしよう》が、モンゴル勢力を西北方へ追いやって、南京を首都に明朝を建てると、朱元璋（以下「洪武帝」とよぶ）はただちに周辺の諸勢力（「四夷君長」）に使者を派遣し、入貢をよびかけた。明は、一四二〇年代ころまでに朝鮮、日本、琉球、安南・シャム・ジャワ以下の東南アジア諸国と冊封関係を結び、朝貢を受ける体制を確立した。周辺諸国は明からの働きかけに応じてその体制に自己を定置し、また他の諸国とのあいだに基本的に敵礼（対等）の関係を結んだ。こうして、明と周辺諸国、周辺諸国相互のあいだに外交使節が往来し、それにともなって、中国の公文書の様式に忠実に準拠した外交文書がやりとりされた。

明の対琉球外交は一三七二年使者楊載の発遣に始まる。楊載は一三六九年に日本へ発遣され、大宰府にいた南朝方の征西将軍懐良《かねよし》親王によって追い返された人物だ。さらに翌年、楊載は使者趙秩に同行してふたたび大宰府を訪れた。懐良は趙秩に説得されて使者祖来を明へ派遣し、七二年洪武帝によって「日本国王」に認定された。同年、楊載は休むまもなくこんどは琉球へ発遣されたのだ。

十六世紀の地理学者鄭若曾《ていじゃくそ》によれば、楊載は日本からの帰途琉球を訪れて、その王に入貢を勧め、王は率先して明に帰附したという（『鄭開陽雑著』巻七「琉球図説」）。この説は一三六九～七二年の経緯を、楊載を中心に無理にくっつけた気配があるが、この時期「南島路」による日中往来が活発化していた状況を考えると、楊載が日本への使節行を通じて琉球情報を得ていた可能性は無視できない〔大田二〇〇九〕。

琉球の中山王察度（「里」の音写か）は、楊載の招きに応じて弟泰期《たいき》を送り、「表を奉じ方物を貢し」た。表は正式の国家間外交文書、方物は特産品だ。これを受けて洪武帝は察度に大統暦と織金文綺・沙羅各五匹を賜与した（『明実』洪武5正甲子・12壬寅）。

以上の推移は、沖縄本島にあった小王国「中山」が、中国皇帝を盟主とする東アジア国際社会で正式の構成員となったことを意味する。明の公式暦である大統暦の頒布は、明が冊封体制とよばれる周辺諸国との国際関係を結ぶさいの初期段階に位置づけられていた。一三六九年に爪哇《ジャワ》国王に発した璽書《じしょ》（印章を捺《お》した文書）のなかで、洪武帝は「大統暦一本を頒去せしむ。

王其れ正朔《せいさく》の在る所を知り（明暦による時間の統御に従うこと）、必ず能く奉じて天道に若《したが》ひ、爪哇の民をして生理に安んぜしめば、王も亦永く禄位《ろくい》を保ち、福は子孫に及ばん」と述べている（『明実』洪武２12甲戌）。明暦を奉戴することがジャワの人民統治と王位継承に直結している。まったくおなじような表現は、同年占城《チャンパ》国王に発した璽書にも見られる（同洪武２２辛未）。琉球への頒暦もおなじ論理によっていたにちがいない。

中山側の対応は国際社会の外交作法をわきまえたもので、この時点で琉球はかなり成熟した外交能力を備えていたことがわかる。中山王察度はしばらくは二年に一度のペースで、明使の琉球往来の船に便乗するかたちで入貢を行なっていたが、これに対して明は、一三八三年に鍍金銀印を賜与し、九八年には冠服を賜与して、より緊密に冊封体制のもとにとりこんでいく（同洪武16正丁未・31３癸亥）。

当時沖縄本島には、中山のほかに山南・山北という小王国が存在し、明はこれらを「三山」と総称していた。このようにおなじ地域に複数の王国が並立する例は、東南アジアの爪哇（東王・西王）や蘇禄《スールー》（東王・西王・峒王）にも認められる（『万暦大明会典』朝貢）。とくにスールーはミンダナオ島とボルネオ島をつなぐ小列島（現フィリピン領）で、地理的環境が琉球とよく似ている。

山南・山北両国は中山のあとを追うように明との関係を結んでいく。山南王承察度（「大里《うふさと》」の音写か）は一三八〇年に大統暦、一三八五年に鍍金銀印をもらい、承察度の跡を嗣《つ》いだ汪応祖は一四〇四年に冠服をもらっている。山北王帕尼芝（「羽地」の音写か）は一三八三年に明と初めて通交し、一三八五年に山南と同時に鍍金銀印をもらい、一四〇三年に山南に先んじて冠服をもらっている（『明実』洪武13 10丁丑・16 12甲申・18正丁卯・永楽元3丙戌・24壬午）。

軍需から中継貿易へ

明は建国当初より倭寇の被害に悩まされ、自国の沿海民を、倭寇を引きこんだ海上の反国家勢力から遮断するために、公的使節以外の海外渡航を禁ずる海禁政策を採用していた。その結果、華人商人の貿易活動が非合法化され、海外産品の入手ルートをみずから閉ざすことになった。

この空隙にはまりこんだのが琉球だ。琉球は明に送る使節に国外諸地域の産物を朝貢としてもたせ、回賜として中国の産物を給わり、それを国外諸地域に供給する。この朝貢―回賜に付随して、使節に同行した商人による貿易も容認されていた。つまり明は、海禁体制下で海外産品を入手するための窓口として琉球という国家を位置づけ、その国家との外交関係を通じて必要な品目を入手することができた。これを華人海商から見ると、琉球の国家使節団の一員となることによって、海禁で非合法化された貿易活動を別のかたちで継続することができた。のちにくわしく述べるが、那覇に生まれた華人居留地「久米村」は、右のような形態をとる琉球の外交＝貿易活動を担う専門家集団の集住地である。

琉明間を往来した品目に注目しよう。初期の二〇年ほどは、琉球から明へ運ばれた物資の中心は硫黄と馬、逆は陶磁器と鉄釜だった。たとえば一三七四年、琉球中山へ赴いた明使李浩は、

「文綺百匹・沙羅各五十匹・陶器六万九千五百事・鉄釜九百九十口を以て、其の国に就き馬を市《か》はしめ」、二年後に「馬四十匹・硫黄五千斤を市」って帰国した（『明実』洪武7 12乙卯・9 4甲申）。硫黄と馬はモンゴルとの戦争を続けていた明にとって不可欠の軍需物資だった。硫黄は沖縄島北方の硫黄鳥島で産し、火薬の原料となった。馬は琉球土着の小型馬で、兵站《へいたん》物資の輸送用と考えられる。いっぽう、鉄鉱石を産しない琉球にとって鉄製品は重要な輸入物資だった。陶磁器は中国の特産品で、古琉球期を通じてつねに輸入品の中心を占めた。

明の対モンゴル戦争が一息ついた一三九〇年ころより、琉球の輸出品に変化があらわれる。同年中山王察度が明へ送った賀正使亜蘭匏《あらんほう》らは、王からの「馬二十六匹・硫黄四千斤・胡椒《こしょう》五百斤・蘇木《そぼく》三百斤」と王子武寧からの「馬一十匹・硫黄二千斤・胡椒二百斤・蘇木三百斤」を進貢し、通事屋之結《うっち》も「胡椒三百余斤・乳香十斤」を進めた（『明実』洪武23正庚寅）。馬・硫黄に加えて、胡椒・蘇木・乳香があらたに登場した。胡椒は香料や薬材に、蘇木は赤色の染料や巻物の軸木に用いられ、乳香は香料の一種だ。これらは琉球では産せず、中国が「南海」とよんだ東南アジア海域の特産物だ。

また、高麗と、一三九二年に高麗に替わった朝鮮に対しても、一三八九年に察度が方物として「硫黄三百斤・蘇木六百斤・胡椒三百斤・甲二十部《よろい》」を献じ（『高麗史』叛逆伝・辛昌・元年八月条）、一四一八年には「琉球国王二男賀通連《かつれん》」が「丹木五百斤・白礬《はくばん》五百斤・金襴《きんらん》一段・青磁器十事・深黄五十斤・川芎《せんきゅう》五十斤・藿香《かっこう》五十斤・青磁花瓶一口・沈香《じんこう》五斤」を献じた（『朝実』世宗即位年8辛卯）。甲はヤマト産かと思われ、金襴と青磁は明からの輸入品だが、他の多くは東南アジア産の香料・薬材・染料だ（丹木は蘇木、白礬は明礬《みょうばん》の別名）。朝鮮に対する貿易も、東南アジア・中国・ヤマトの産物を中継する性格のものだった。

東南アジアで琉球が早くから通交していた国にシャム（現在のタイ）がある。一四二五年に中山王尚巴志が「暹羅国」に送った咨文に、「洪武より永楽に至る年来《としごろ》、曾祖（察度）及び祖王（武寧）・先父王（思紹）より今に至るまで、逓年累《まいとしかさ》ねて使者を遣し、菲儀《ひぎ》（粗末な礼物）を賫《もた》らし捧《ささ》げて、貴国に前《すす》み詣《いた》りて奉献すること、蓋《けだ》し今に多年なり」とある（『歴代宝案』第一集巻四十・一号文書（以下『歴宝』40―01のように略記））。中山王察度は、洪武年間（一三九八年まで）より始めて、毎年のようにシャムへ使者を送っていた。前記した東南アジア産品の出現から考えて、両国の関係はおそくとも一三八〇年代に遡る。シャムから琉球へ船が来ていたことも、一四〇四年にシャム船が福建の海岸に漂着したさいに、「暹国は使を遣し琉球と通好す」「暹国の琉球と修好するは是れ番邦の美事なり」と言われたことからわかる（『明実』永楽2壬寅）。

『歴代宝案』に収載されたなかではもっとも古い一四二五年の対シャム外交文書に、つぎのような文章がある（『歴宝』40―02）。この文章は固有名詞の部分を除いてほとんど決まり文句のように、十六世紀後半まで使われつづける。

琉球国中山王、進貢の事の為《ため》にす。切照するに、本国は貢物稀少《きしょう》なり。此が為、今正使浮《ふ》那姑是《なくし》等を遣し、仁字号海船に坐駕し、磁器を装載して貴国の出産地面に前《すす》み往《ゆ》き、胡椒・蘇木等の貨を収買して回国し、以て大明御前に進貢するに備へんとす。

琉球は、明から進貢のみかえりに入手した磁器をシャムに運び、シャムで胡椒・蘇木等を買い付けて帰国し、それを明へ進貢品としてもっていく。同様のサイクルはシャム以外の東南アジア諸国とのあいだにも結ばれていた。琉球の産物が介在しないこのような貿易のあり方を「中継貿易」という。のちにみる「大交易時代」の琉球の繁栄を支えた最大の要因は、東南アジアと明をつなぐこの中継貿易だった。

手厚い助成策

琉球は明にとって海外産品入手の貴重な窓口だったから、明は琉球の交易活動に手厚い助成策を施した。この面では、琉球は明の国内制度に準じる扱いを受けており、明直轄の貿易公社のような観を呈した。

(1)琉球から明への朝貢については、洪武帝の遺訓「皇明祖訓」に「朝貢不時」とあるように、当初回数・頻度の制限がなかった。受け入れ港もいちおう泉州が指定されていたが、他の港に入っても拒否されなかった。また、日本・シャム・チャンパ（ベトナム南部）・真臘《しんろう》（カンボジア）などの船に携行が義務づけられた「勘合」という入港・入京許可証制度も、琉球船に対しては適用されなかった。琉球船が用いた勘合は、渡航先で提示すべく琉球自身が発給し貿易船にもたせたライセンスだった〔岡本二〇一〇、第三章〕。これは琉球が明の出先官庁という性格をおびていたことのあらわれだ。

(2)明は華人の琉球渡航を奨励する策として、品帙《ひんちつ》を昇授し冠帯を給賜した。琉球では明の親王の家政機関である「王相府」(「王府」ともいう)を模倣して、その長官王相と次官長史をおき、渡来華人がこれらの地位について外交を担った。一三九四年、明は琉球の王相を明の「王相府長史」と同格とした。この処遇は、この前後にたびたび明に使者として赴いた(一三八一年から九八年にかけて一〇回)「琉球国王相亜蘭匏」に、中山王察度の推薦により、正五品の秩と冠帯を与えたことに連動していた(『明実』洪武27 3己酉)。この冠帯賜与の制は、九八年には王および臣下のすべてに拡張された。このとき帝は「彼の外夷、能く我が中国の礼儀を慕ふ。誠に嘉尚すべし。礼部(外交担当官庁)其れ冠帯の制を図し、往きて之に示せ」と命じている(同洪武31 3癸亥)。

(3)明は一三八五年に山南王・山北王に鍍金銀印を賜与するのとあわせて、中山王・山南王に海船を一艘《そう》ずつ与えた(同洪武18正丁卯)。この後も海船の賜与はつづき、一四三九年の中山王の明礼部宛咨文に「比先《さきごろ》洪武・永楽年間、数ふるに参拾号船有りしも、逓年往来して多く破損を被《こうむ》り、止《た》だ海船柒《しち》隻を存するのみ」とあって(『歴宝』17―07)、永楽年間までで三〇艘にのぼった。琉球は朝貢貿易にさいして自前で船を建造する必要がなかったわけで、他国に対して圧倒的に有利な条件だった。ちなみに日本も、永楽帝と義満の蜜月時代の一四〇六年に、倭寇禁圧の賞として海船二艘をもらっている(『明実』永楽4正癸酉)。賜与された船は「天字号船」「仁字号海船」など字号でよばれたが、「巴年之《はねじ》船」「小梯那之麻魯《こてなしまる》」など琉球風のよび名もつけられた（『歴宝』16―21）（岡本二〇一〇、第四章）。

(4)「皇明祖訓」が「大琉球国」について「王子及び陪臣の子、皆太学に入りて読書す」と述べるように、明は国立大学にあたる「国子監」に琉球の支配層の子弟を受け入れ、中国の制度や文化を学ばせた。琉球人からも外交＝貿易を担いうる人材を育成しようというのだ。一例をあげると、一三九二年に中山王察度の従子「日孜毎濶八馬」と寨官（有力按司）の子「仁悦慈」、山南王承察度の姪《てつ》「三五郎尾《さんぐるみい》」と寨官の子「実他盧尾賀段志《したるみがなし》」が、国子監に入学している（『明実』洪武25 5癸未・12庚申）。一五四六年、済州人朴孫は漂到先の琉球の風俗について、「卿相《けいしょう》の子弟の年少《わか》き者を択び、多く銀両を齎らし、渡海して南京に入りて遊学せしめ、兼《ま》た南北両京の語音を習はしめ、力《つと》めて其の学の就《な》るを俟《ま》ちて、船を遣して率還し、其の学ぶ所を試し、能き者は之《これ》に授くるに職を以てし、否なる者は銀両を徴還す。故を以て子弟の南京に入りて遊学する者、自ら其の学の就らざるを知らば、則ち敢へて還らざる也」と語っている（『朝実』明宗元2戊子）。

朝鮮・ヤマトとの関係

冊封・朝貢貿易の体制は、中国と周辺諸国のあいだを放射状に結ぶのが基本で、周辺諸国間のヨコの関係は不可欠の要素ではなかった。しかしそれは中国の側から見てあるべき姿ではあっても、国際社会という観点で見れば、周辺諸国間にそれなりの関係がなくては、全体として安定したシステムとはなりえない。軸と輻《や》だけでは車輪という安定した形態が作れないのと似ている。そこで周辺諸国は、みずからを中国に似せて「小中華」とする衝動をいだきつつも、基本的には対等の関係（敵礼）を結びあっていた。

琉球は十四世紀後半以降、とりわけ三山の統一された一四二〇年代以降、ヤマト、高麗・朝鮮、西域諸国、東南アジア諸国と伍《ご》して、明皇帝を盟主とする国際社会でメンバーシップを得ていた。アジア諸国からの使者たちは明から基本的に横ならびの待遇をうけており（むろん席次などで序列はあったが）、それは琉球からの使者とヤマトからの使者のあいだでも例外ではない。同様の様相は朝鮮を訪れた両国の使者においても見られる。一四三一年、朝鮮政府は入国した琉球国王使を「日本国王使臣の例に依《よ》り、三品《さんぴん》の班次《はんじ》に序」した（『朝実』世宗13 11庚午）。琉球は、陸地面積は極小ながら一人前の国家として処遇されており、朝鮮からも、自国について明との君臣関係に忠実な国と評価されていた。

そのいっぽうで、高麗・朝鮮との関係には、冊封体制のタテマエでは説明しきれない状況もみえる。前述のように（九九頁）、一三八九年八月、琉球国中山王察度の使節玉之《うっち》が高麗に来て、「表《ひょう》を奉りて臣と称し、我（高麗）に倭賊の虜掠《こうむ》を被る人口を帰し」た。明皇帝の冊封を受けている中山王が、ほんらい同列のはずの諸国の王に臣下の礼をとるのは異例だが、察度はそれをあえてしたうえで、高麗が希求する倭寇の被虜人の返還を実行した。これに対する返書は「高麗権署国事王昌」から「琉球国中山王殿下」にあてた書簡で、基本的に対等者間で応酬される様式だ。表への返事だからといって、明の冊封国を臣下とみなす文書を送ることは、明に対して憚《はばか》られたのだろう。

また、一四五〇年に漂流し、三年後に博多商人道安によって琉球から送還された朝鮮人万年・丁禄は、朝鮮・琉球間の民間交流について、「朝鮮人六十余、琉球に漂到して皆物故し、只《た》だ年老の五人生存する有るのみ。其の女子は皆国人と交嫁し、家産富饒《ふじよう》なり。老人等は略《ほ》ぼ朝鮮語に暁《あか》るし」という貴重な証言を残した（『朝実』端宗元5丁卯）。

琉球・朝鮮間の往来は、洪武～永楽年間には媒介者なしになされていたが、一四三一年には対馬の客商早田六郎次郎、一四五八年には吾羅沙也文（五郎左衛門）、一四六七年には博多商人道安、一四七〇年には新右衛門尉平義重が外交文書の運び手だった。いずれもヤマト人で、博多・対馬の人間が中心だ。一四七〇年の通信にいたっては、琉球出発から朝鮮到着までのあいだに、使節の名も外交文書の内容も別物にすりかわっていた。その後十五世紀末にかけて、しばしば朝鮮を訪れた琉球国王使は、すべて倭寇的勢力が仕立てた「偽使」だった。

琉球とヤマトとの関係も、ともに明の被冊封国としては横ならびの位相にある。琉球がヤマトの統治のおよばない独自の領土をもっていたことは、ヤマト中世国家が自己の範域を「鬼界が島」までとかぎっていたことにより、裏側から照明される。しかしながら、万国津梁鐘が「日域を以て唇歯と為《な》し」と謳《うた》いあげる十五世紀にあって、両国関係は史料的にはあんがい影が薄い。そのおもな原因は、『歴代宝案』にヤマトとの往復文書が一通も入っていないことにある。琉球とヤマトとのあいだには、琉球と朝鮮・東南アジア諸国とのあいだを往復したような、中国国内で用いられたのとおなじ様式の漢文文書は、やりとりされていなかった。『歴代宝案』に対ヤマト文書が見えないことは、対ヤマト外交に久米村の居留華人が関与しなかったことを示す。ではヤマトとの往復文書は、だれが管轄したのだろうか。

京都五山と同様の禅林組織が琉球にも存在し、その頂点に立つ僧録は、ヤマトと同様、国王のブレーンの役割を果たしていた。琉球とヤマトの禅林間には人事交流があり、琉球僧が京都五山で修行したり、ヤマト僧が琉球の禅寺の住持に任じたり、という状況がふつうに見られた。文書をふくめヤマトとの外交全般を担当したのが、ヤマト指向の教養集団である琉球の禅僧たちだったことは想像にかたくない。

では琉球とヤマトとの関係は、具体的にどのようなものだったか。それを端的に示すと期待されるのは、双方の首長である琉球国王と足利将軍との往復文書であろう。残された史料はわずかで、すべてがヤマト側に残った写しである。

よのぬしと将軍

足利将軍から琉球国王あて文書は五通知られている。すべて返書で、その一通目は将軍足利義持から中山王思紹にあてたものだ（元亀二年京大本『運歩《うんぽ》色葉集《いろはしゅう》』）。

（封紙）
りうきう国のよのぬしへ

御ふミくハしく見申候。しん上の物ともたしかにうけとり候ぬ。

応永廿一年（一四一四）十一月廿五日

りうきう国のよのぬしへ

封紙ウハ書と本紙宛所にある「りうきう国のよのぬしへ」という文字中、「きう国」の三字が朱の四角で囲まれており、この場所に朱印が捺されていたことを示している。『蔭凉軒日録』長禄二年（一四五八）十二月十四日条に「琉球国返章御印」についての記事があり、印文が「徳有鄰」であったこと、①「御書之後年号第二字之上」②「封章上畏琉球国和字之第二字之上」③「折紙賜物之後」の三か所に捺したこと、が記されている。③の「折紙」は別紙の賜物目録で『運歩色葉集』には写されていない。②は『運歩色葉集』とほぼ一致するが、①は明らかに異なっている。外交文書の朱印は、宛所ではなく年号の上に捺すのが通例だから、『運歩色葉集』の誤りと考えられる。

『運歩色葉集』は古辞書なので、文書写以外に「公方《くぼう》様より流球へ御返事如レ斯ニ候、仮名也、小高檀紙上下縮《ツヽムル》也」という解説が施されている。文字は原則としてかなで書き、料紙は小高檀紙を用い天地を少し切り縮めるのが作法だった（二〜四通目の料紙についても同趣旨の注記あり）。これは、琉球側から届いた文書の料紙のサイズに合わせた結果と考えられている（黒嶋二〇一二）。また、三通目の注記に「上下はひねらずして、たゝおしかへす斗《ばかり》也」とあり、本紙を包んだ封紙の天地を三角形に捻《ひね》って折りこむ「捻《ひねり》封」ではなく、裏むきに折り返すだけにとどめる「折《おり》封」の封式が用いられていた。

以下、二〜五通目を一通目と比較してみよう。二通目は応永二十四年（一四一七）十一月二

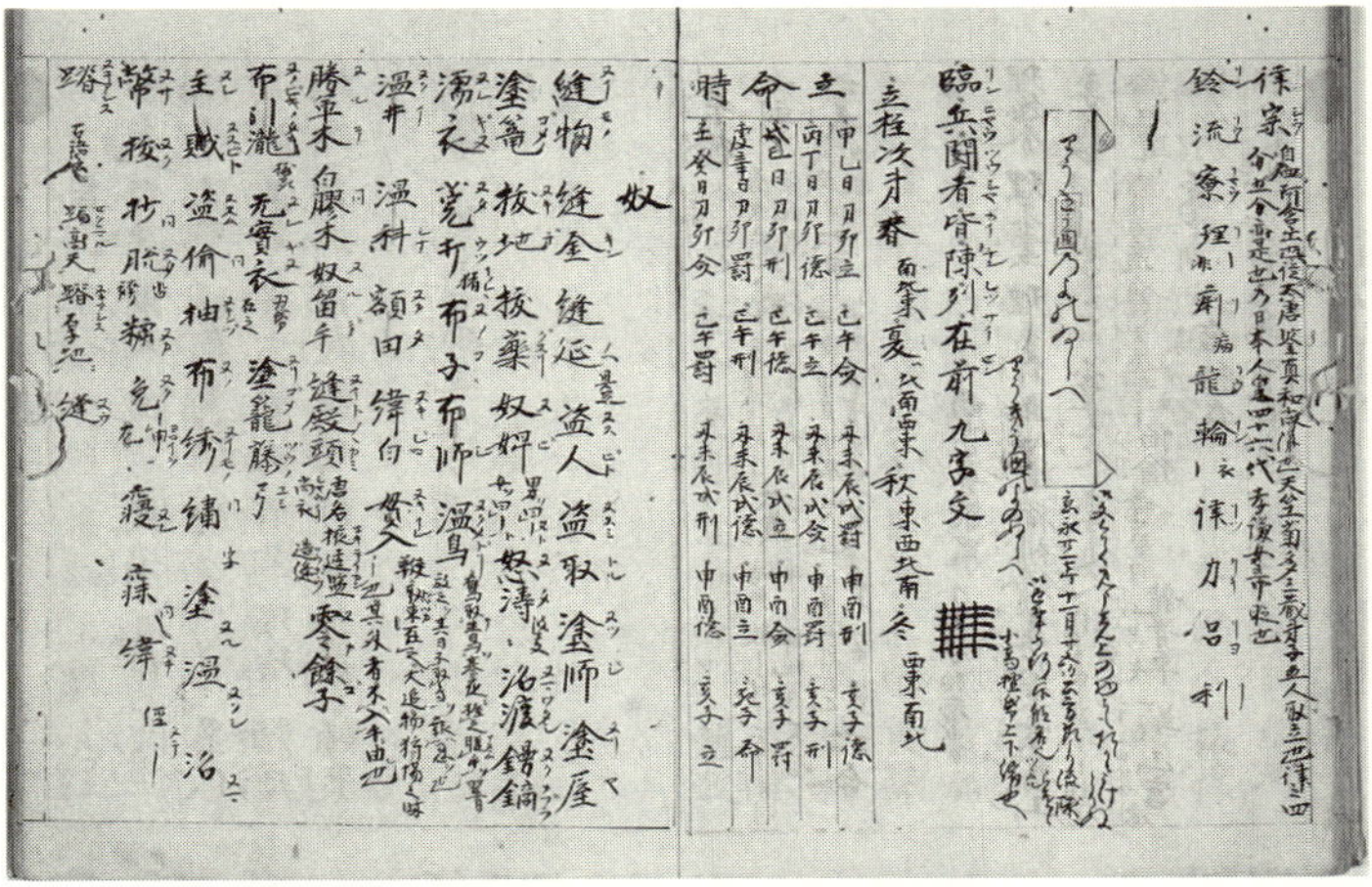

「よのぬし」『運歩色葉集』（京都大学附属図書館所蔵）

十五日付で足利義持から尚巴志にあてたもので、本文の「うけとり」のつぎに「申」、末尾に「めでたく候」が加わる（東京大学附属総合図書館南葵《なんき》文庫本『伊勢貞久書札抄』）。三通目は永享八年（一四三六）九月十五日付で足利義教から尚巴志に宛てたもので、「しん上の物」が「進物」に代わったほか、末尾に「めでたく候、まいねんふねをも人をもあまたわたさるべく候」が加わる（『大館記《おおだちき》』、『後《のち》鑑《かがみ》』にも収める）。四通目の永享十一年（一四三九）三月七日付の文書も義教から尚巴志あてで、書き出しの「御」と「しん上の物とも」の「とも」がなく、末尾に「めでたく候」が加わる（『御内書引付』）。五通目は大永七年（一五二七）七月廿四日付で足利義晴から尚清にあてたもので、末尾に「又この国と東・〔東《か》〕羅《ら》国とわよ（和与）の事、申と丶のへられ候、めでたく候」が加わる（『室町家御内書案』

下）。
五通目の文書を引用した後に、「そうじ《(惣)》ては此御もん言にては有まじく候、うけとり候ぬ、めでたく候、此分」とあって、二通目・四通目の文言が通例だったことがわかる。つぎに、「舟などをりうきう国よりわたし色々の物進上時ハ、又もんごんかハり候」として、「うけとり候ぬ、まいねんに舟をも人をもわたさるべく候」と、三通目の文言を引用する。最後に、「一番の御文言ハ、から・日本のわよ《(和与)》りうきうよりあつか《(曖)》ひにつき候て、かくの分候」とあって、五通目が一五二三年の寧波《ニンポー》の乱後の日明復交交渉で仲介の労をとってくれた琉球に謝意を表したものであることを解説する。

田中健夫は、以上の文書（二通目は洩《も》らしているが）について、①かな書き、②御内書《ごないしょ》様式、③年号使用、④印章使用、⑤相手を固有の称号「よのぬし」でよぶ、という五つの特徴をあげる。そして、「かな文化圏」のかもしだす一体感のなかで（①⑤）、ヤマトは琉球を、なかば外国（③④）、なかば家臣（②、国内の大名と同等）とする、「曖昧かつ親近の態度」で扱っていた、と評価する〔田中健一九八二、一二四頁〕。「見申候」「進上の物ども」という言葉づかいからも、〝上から目線〟が感じられよう。かな書き、日本年号、「りうきう国のよのぬし」という琉球国王呼称のいずれをとっても、『歴代宝案』に収められた漢文外交文書とは似ても似つかない。

このような東アジアの正統的な外交形態から大きく異なった姿は、琉球がヤマトの一部であることを意味するように見える。だがいっぽうで、国家意思の形成や領土・人民支配において、琉球が独立国家だったことも明白だ。つまり古琉球の時代、明を中心とする公的な国家間関係の外枠のなかに、ヤマト中心のかな文化圏が孕《はら》まれており、そこでは琉球国王は将軍の臣下に準じて扱われ、琉球側もそれをうけいれていた。そのことは、ヤマトへの旅を「やまとたびのぼて、やしろ（山城）たびのぼて」と歌う『おもろさうし』の歌にもあらわれている。

それにしても、通常の御内書のように和様漢文でなく、なぜかな文なのだろうか。これについて田中は、故実家貴族三条西実隆《さねたか》の日記に、参議阿野季綱《すえつな》が「琉球国書状の事、大略疏《そ》為《た》り、又将軍の御書は仮名為《た》り、其の故は最初の通事女房也、仍て其の例に任せて此の如し」と語った、とある（『実隆公記』永正六年（一五〇九）四月二十九日条）ことを根拠に、「琉球国王から足利将軍にあてた文書（疏）が仮名書きであったことにもっとも大きな原因があったのではないか」と説明した（同、一一二頁）。

ところが、その後佐伯弘次《こうじ》が発見した琉球国王から将軍あての文書は漢文で書かれていた（天理図書館所蔵『大館記』所収「昔御内書符案」）。琉球国王がヤマトの中央政権にあてた文書として、今のところ唯一の事例だ（佐伯一九九四）。

従琉球国書云
畏言上
毎年為御礼令啓上候間、如形奉捧折紙候。随而去年進上仕候両船、未下向仕候之間、無御心元存候。以上意目出度帰嶋仕候者、所仰候。諸事御奉行所へ申入候。定可有言上候。誠恐誠惶敬白。

（一四二〇）
応永廿七年五月六日　　代主印

進上　御奉行所　十月到来。

《畏まって言上す。毎年御礼として啓上せしめ候間、形の如く折紙を捧げ奉り候。随って去年進上仕《つかまつ》り候両船、未《いま》だ下向仕らず候の間、御心元なく存じ候。上意を以て目出度《めでたく》帰島仕り候はば、仰ぐ所に候。諸事御奉行所へ申し入れ候。定めて言上あるべく候。》

文体はヤマト中世文書にありふれた和様漢文だ（「疏」とは禅宗界で文筆僧が作成する本格的な漢文文書のよび名で、かな文の文書を「疏」とよぶことはそもそも考えにくい）。日本年号を使用し、差出書は「代主《よのぬし》」、宛先は「進上　御奉行所」となっている。花押でなく印章を用いている点を除けば、臣下の将軍あて文書としてごくふつうの様式で、「御奉行所」というのは直接主君を名指しする非礼を避けるための仮の宛所《あてどころ》だ。内容的には、ヤマトへの貿易船の派遣を「進上」、その帰還を「下向」とよんでおり、文書様式と似あっている。

この文書が紹介されて、琉球国王から足利将軍あての文書がかな文だったという田中の想定は崩れ、それにつれて「最初の通事女房也」という記事もかえりみられなくなった。しかし、本書の随所でふれているように、古琉球の国制において女性のプレゼンスは想像以上に大きく、琉球使節の通事が女性だったとしても不思議はない。そしてそれを語る阿野季綱の言には、一五〇九年時点でのかれのポジションからみて、かなりの信憑性《しんぴょうせい》が認められる。季綱は一四九三年の明応政変で将軍の座を追われた足利義稙《よしたね》と昵懇《じっこん》で、一五〇八年義稙が将軍に復帰すると、参議・左中将に推挙され、将軍の側近として朝幕の取次に任じた。過去の将軍家の外交について良質の情報に接しうる立場にあったといえる。

3　王国機構の整備

王相と長史

琉球の「国家」としての成長は、分野としては外交・交易が先行し、人的資源としては渡来華人に依存するところが大きかった。制度としては、明の親王のために設けられた制度を引き写した「王相府」(「王府」ともいう)が、外交を中心に国王を補佐した。その長官が王相(国相ともいう)、次官が長史(左・右の二人制)である。

本章2で明による助成策の一つとして華人の琉球渡来にふれたが、後年になると、その起源が洪武二十五年(一三九二)に皇帝が琉球に「閩人三十六姓」を賜った、というように語られ(『中山世鑑』等)、明の最大の恩恵とされるようになる。しかしこの年以前から、ことによると明の建国以前から、渡来華人の活動は認められ、みながある時期いっせいに来たわけではない。一三九二年にある程度まとまった賜与があった可能性は残るが、多くは自主的な渡来であり、皇帝の命があったとしても個々の事例ごととみなすべきだろう。

たとえば、江西饒州《じょうしゅう》の人程復は、渡航後四十余年も通事として中山王に仕え、長史にまで昇進したが、八一歳になった一四一一年、中山王思紹を通じて永楽帝に致仕帰郷を乞うて許された（『明実』永楽9 4癸巳）。逆算すると、かれの渡航時期は琉明国交成立以前の明建国前後にまで遡るから、洪武帝による賜与とは考えがたい。那覇港口にあった臨海寺に沖縄戦まで祀《まつ》られていた元《げん》・至正二年（一三四二）銘の薬師三尊石像は、渡来華人が中国から将来したか、琉球で造らせたものである可能性がある〔上里二〇一〇〕。

三十六姓の賜与があったとされる一三九二年、中山王察度は洪武帝に「程復・葉希尹二人、寨官を以て通事を兼ね、進貢に往来す。労に服すること居多なり。職を賜ひ冠帯を加へ、本国の臣民をして景仰する所あらしめ、以て番俗を変へんことを乞ふ」と願って許された（『明実』洪武25 5庚寅）。程復ら通事は「寨官」とよばれる在地領主の地位を築いていたが、察度はかれらに明の官職と冠帯を帯びさせることで、琉球人に中国文化への憧憬を植えつけ、これを通じて固有文化を改めようとしたのだ。

一四一一年、長史程復を帰郷させるにさいして、永楽帝はかれを「琉球国相兼左長史」、長史王茂を「琉球国相兼右長史」にそれぞれ昇進させた（『明実』永楽9 4癸巳）。このように国相（王相）や長史の人事は皇帝を任命権者としており、王相府は琉球の国制であると同時に明の出先機関という性格をもっていた。こうした流れのなかで程復・王茂ら渡来華人は、何十年琉球王に仕え高官に昇っても、本貫《ほんがん》（原籍地）はあくまで中国にあり、帝命を奉じて一時的に来ているにすぎない、という意識を保ち続けた。

また、一四六九年に中山王尚徳の貢使として渡明した長史蔡璟《さいけい》は、祖父が琉球に渡って通事となり、父がこれを襲い、自身に至って長史に昇ったことを述べ、父母に「賜誥封贈《しこうふうぞう》」せられんことを奏請したが、先例なしとして認められなかった（同成化5 3壬辰・『明史』琉球伝）。蔡璟は「祖の本《もと》福建南安県人なるを以て、洪武の初め、命を琉球国に奉じて、進貢を導引し、通事を授けらる」と、帝命による渡航だと説明するが、洪武二十五年（一三九二）を「洪武の初め」とはいわないだろうから、同年に一斉賜与されたという閩人三十六姓の一人とすることはできない。そのいっぽうで、皇帝の臣下という意識が琉球渡航から世代を重ねても薄らいでいないことがわかる。

上里隆史はこうした王府制度の意義を、「明朝の冊封・朝貢関係を媒介にした琉球王権と華人集団の君臣関係が結ばれ、「王府制度」をモデルに国内における政治体制の整備をもうながす結果となった」とまとめている〔上里二〇一〇、一四八頁〕。

皇帝の人事権のもとにあった琉球の官職は王相と長史だけではない。福州長楽県の人潘仲孫は、一三九〇年に「梢水に欽報せられ」、すなわち帝命により琉球船の水夫となり、一四〇五年火長《かちよう》（船長）に昇進した。明へ渡航する船のおもな役職は皇帝から任じられていたわけで、おそらく前述した海船の賜与と深く関連するだろう。潘は八一歳となった一四三一年、老耄《ろうもう》を理由に「原籍に回《かえ》りて住坐せんと欲」し、尚巴志王はかれを進貢船に乗せて本国へ送還した（『歴宝』16―19、明礼部宛尚巴志咨）。程復のばあいと酷似している。本人も王も「欽報の人数に係る」ゆえに送還を当然としており、これを信ずれば洪武二十五年以前の個別の賜与例ということになる。また一三九二年に程復とともに皇帝から冠帯を賜った通事葉希尹は、二年後に「千戸」という海軍衛所の武官職を与えられている（『明実』洪武27 3己酉）。これも琉球に与えられた海船が衛所所属の船だったことと関連するかもしれない〔赤嶺守二〇〇四〕。

躍動する王相懐機

前出の程復・王茂のあとを追うように、長史から王相へと昇ったのが懐機である。出自は不明だが渡来華人とみて誤りないだろう。一四一八年に長史の肩書で中山王思紹の使者として入明し（『明実』永楽16 2乙未・3壬子）、尚巴志王のとき王茂の跡を承《う》けて王相となり、尚金福まで五代の中山王に仕えた。第一尚氏王朝を支えた最大の功労者で、かれの死後王朝は内紛がつづき、瓦解への道を歩むことになる。

古琉球碑文でもっとも古い宣徳二年（一四二七）建立の「安国山樹華木之記」によれば、「中山国相」の懐機は、「永楽丁酉（一五年＝一四一七年で『明実』と一年のずれがある）……王命を奉じて天京に朝し、中国の礼楽文物之盛を観《み》、名山大川之荘を覧《み》」たことを機に、首里にその壮観を再現しようと、王城の南に築山を築き池を鑿《うが》って「政暇遊息之所」とし、「諸国に奇花・芳卉・嘉果・名木・益樹を求め」て王の庭園を造った（沖縄県教育委員会文化課編『金石文　歴史資料調査報告書Ⅴ』以下『金石文』と略す）。いまも残る安国山と龍潭《りゅうたん》である。

一四五一年ないし五二年には、尚金福王の命により、那覇港の立地する浮島を長大な海中道路橋「長虹堤《ちょうこうてい》」で陸地と繋《つな》ぎ、首里方面との往来の便をはかった（『蔡温本中山世譜』巻五・『遺老説伝』)。土木工事に通暁していたことがうかがわれる。懐機は浮島の東端、長虹堤のたもとのイベガマに「私宅」を構え、同地にはかれが創建した長寿寺や長寿宮もあった(『琉球国由来記』巻十「壺宝山長寿禅寺記」)(高橋二〇一五)。

懐機で特筆すべきは、個人で琉球を代表する外交主体となったことだ(第三章3で詳述)。懐機は一四二八年から四〇年にかけて、スマトラ島にあった港市国家「旧港」(パレンバン)の首長にあてて、九通の外交文書を送っている。これは相手が広東出身の華人施氏で、明から「国王」より格下の「旧港宣慰使」に任じられていたため、琉球国王を表に出さず、おなじ華人で琉球ナンバーツーの懐機が当事者となったものだ。

さらに懐機は、一四二八年と三二年に宣徳帝から直接頒賜品の目録を受けとっている(『歴宝』43—05・12)。明の帝室と親密だった道教天一教の教主「大明天師府大人」に対しては、三六年に尚巴志王と自身の瞻仰《せんぎょう》を伝え奉献品の目録を送り(43—13・14)、三八年に王と自身に符《ふ》籙《ろく》(おふだの類)を賜ったことを謝して奉献品の目録を送り(43—18・19)、三九年に尚巴志の死を告げて世子尚忠と自身に符籙の加授を願っている(43—20・21)。琉球の道教受容の一端を示す史料としても注目される。さらに三八年、「暹羅国中人密讃知道」から懐機に書簡と酒が送られてきたのに対して、秘書官らしい「琉球国執礼等事官烏魯古《おろく》結制」が礼状を出している(43—17)。

以上、『歴代宝案』に収められた懐機関係文書は一八通にもおよぶ。そのおかげで、国王相互間の定型的な往復文書からはうかがい知れない、一ランク下の外交当事者の活動が見えてく

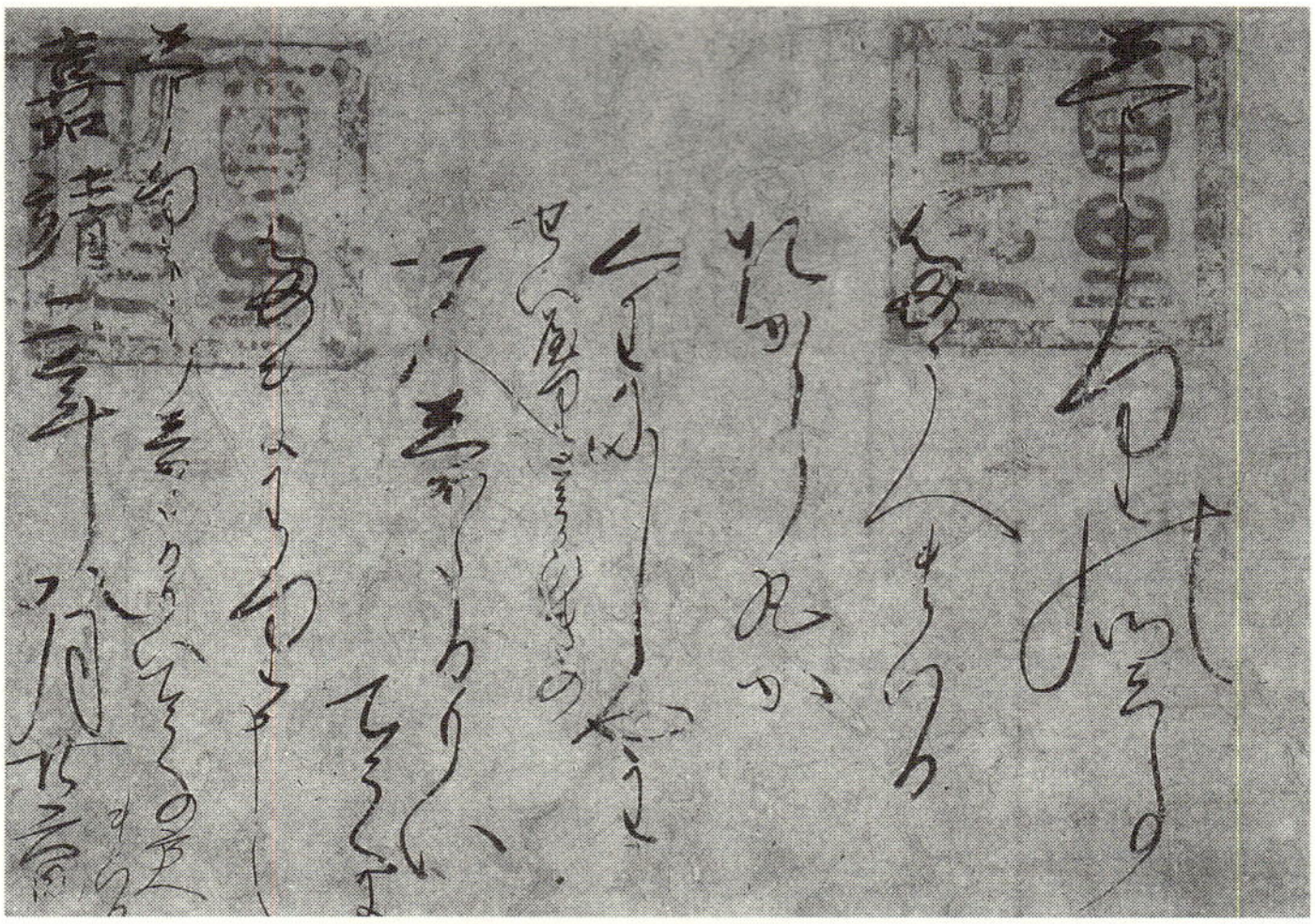

進貢船の官舎職を「シホタルモイ」に任命する辞令書
（琉球王国辞令書[田名家文書]、個人蔵、沖縄県立博物館・美術館寄託）

る。その大半は華人ネットワークとして特徴づけることができる。

辞令書という史料

尚真王代（一四七七～一五二六）の末期より、「辞令書」とよばれる公文書の様式が登場する〔以下主として高良一九八七による。矢野二〇一四も参照〕。辞令書は、〝王のおことば〟を意味する「しより（首里）の御《お》ミ《み》事《こと》」という書き出しをもち、袖と奥（と紙継ぎ：二紙以上のばあい）の上部に「首里之印」と彫られた大ぶりの朱印が捺されている。王を発給者とし官職叙任や得分授与に用いられたこの文書は、国政文書の頂点に位するもので、同時代史料では「御朱印」「御印判」とよばれた。首里王府の旧士族田名《だな》家に伝来した「田名家文書」は、一五二三年から一八五〇年にいたる三二通の辞令書を擁し、国の重要文化財に指定されている。写もふくめて現在確認される古琉球期辞令書六一通のうち一一通を占める。そのうち最古の文書をつぎに掲げる（「田名家文書」一号）。

しよりの御ミ事　（首里の御詔）
たうへまいる　（唐へ参る）
たから丸か　（宝丸が）
くわにしやわ　（官舎は）
せいやりとミかひきの　（勢遣富がヒキの）
一人しほたるもいてこくに　（一人シホタルモイ文子に）
たまわり申候　（賜り申し候）
しよりよりしほたるもいてこくの方へまいる
嘉靖二年八月廿六日

文書の内容は、国王が、嘉靖二年（一五二三）八月二十六日付で、シホタルモイ文子《ティクグ》を、貿易船に乗って中国へ出張する官舎職に、任命したもので、シホタルモイは勢遣富ヒキの一員から宝丸の官舎職に異動になった。貿易スタッフは民間人でなく国家の役人であり、宝丸は国王所有の官船であった。琉球の国営貿易の姿が如実に表現されている。

辞令書の地域的分布に眼を移すと、奄美諸島にかかわる古琉球辞令書が二九通あり、全六一通の四八パーセントを占める。これに対して先島諸島には宮古島に一通あるのみだ。奄美関係は、年代分布でも一五二九年から一六〇九年にわたり、沖縄諸島と遜色がない。これは奄美諸島に対する首里王権の支配が、沖縄諸島に対するそれとほぼ同等の質を備えていたことを物語る。一例をあげよう（「末吉文吉氏所蔵文書」）。

しより の御ミ事　（首里の御詔）
やけうちまきりの　（屋喜内間切の）
なおんのおきてハ　（名音の掟は）
一人たらつゐはんに　（一人タラツヰハンに）
たまわり申候　（賜り申し候）
しより よりたらつゐはんの方へまいる
嘉靖三十三年十二月廿七日

間切《まぎり》はヤマトの郡郷に相当する行政単位で、このころ登場して近世にひきつがれる。屋喜内間切は奄美大島の中西部北側にあり、宇検《うけん》・大和浜・名柄《ながら》などをふくむ。嘉靖三十三年（一五五四）に当間切内の名音《なおん》の「掟」職にタラツヰハンという者を任じる、という内容だ。辞令書という様式が尚真王代に初めてあらわれるのは、奄美諸島が王国の安定的な支配下に入った結果、より整った支配体制が求められたことの結果かもしれない。だとすれば、辞令書の登場と奄美への版図拡大とは、深い部分でかかわりあっていたことになる。

これに対して先島諸島への首里の支配ははるかに未熟で、貢納制の段階をさほど出ていなかった。そうしたなかで例外的に見いだされるのが、宮古島にかかわるつぎの一通だ。叙任型と対となる得分規程型（土地に対する権利を付与するもの）の辞令書のサンプルとしても適当なので、あげておこう（「沖縄県立美術館・博物館所蔵文書」）。

しよりの御ミ事
　大ミやこまきりの／もとのしましりのしよりの大やこかちのうちより
一　三かりやた《田》に十三まし／あかつちはる又さちはる又たまちやらはる／又いちへミちや
　はる又かミたてたはるともニ
又　百ぬきちはたけ《畠》六おほそ／たらま大はる又しろいはる又うしはる／又なるかわはる又
　もいくほはる又［　　］はるともニ
一　七人のすかまくちたわら／又一年になかこはらのわくこな一人か／三すかまつゝ又し
　よりの大やこかまきりの／わくこなの一人か一すかまつゝ給候／このふんのいろ〳〵
　のミかない《御貢》ハ／御よるしめ《許》され候／これよりほかにしまくに《島国》の人のてま《手間》／つかい《使》又と
　りあわ物しめて／ゑりハ御きんせい《禁制》にて候
　一人しもちの大しよりの大やこに／たまわり申候
しよりよりしもちの大しよりの大やこか方へまいる
萬暦二十三年八月廿九日

万暦二十三年（一五九五）に宮古島「下地の大首里大屋子」に対して、「大宮古間切の元の

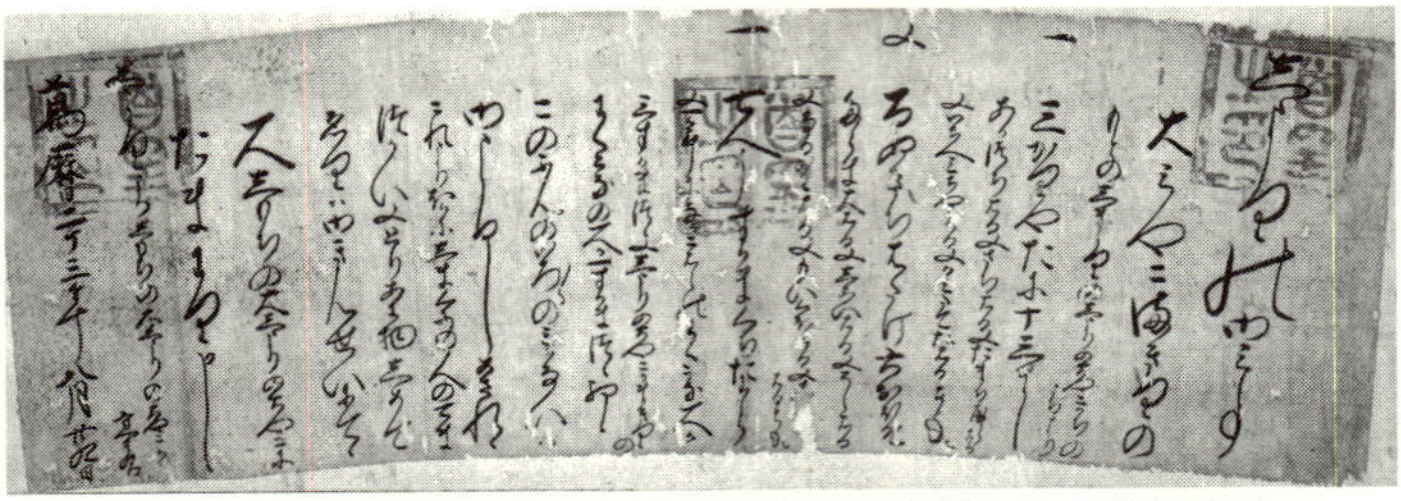

「宮古島下地の首里大屋子への辞令書」（沖縄県立博物館・美術館所蔵）

島尻の大屋子が地の内より」、列記された土地の得分権を賜与するという内容で、「首里大屋子」とは首里王権が地方有力者を「頭」として地域支配を委ねたもの。カリヤ・マシは田の、ヌキ・オホソは畠の丈量単位で、スカマは人別の労働力徴発権らしい。こうした経済単位は沖縄・奄美の辞令書にもあらわれるので、古琉球期の王国に通用した制度である。これらの給与の見返りとしての王権に対する「ミカナイ（貢納）」は免除されている。

叙任型との折衷一通をふくむ得分規程型辞令書は二一通が知られているが、先島一通、奄美四通、沖縄一六通で、いちじるしく沖縄諸島に偏っている。また、島津氏征服以後には一通もなく、古琉球独特の経済単位も、あらたに導入された石高《こくだか》表示にとってかわられてしまう。古琉球期の沖縄で独自の経済制度が根づき、奄美、先島へと拡大しつつあった瞬間に、島津氏征服により成熟の暇もなく姿を消してしまったのだろうか。

「地上の海船」——辞令書の語る王国の国制

先に見た最古の辞令書で、「勢遣富ヒキ」に属する人物が渡唐船宝丸の官舎職に任じられていたが、この「ヒキ」とならんで王国の中核をなす制度として、「コオリ（庫理）」という役所があった。つぎの辞令書を見よう（「田名家文書」八号）。

しよりの御ミ事　（首里の御詔）
ふさいとミかひきの　（相応富がヒキの）
けらゑあくかへの　（家来赤頭の）
せんとうハ　（船頭は）
はゑのこおりの　（南風の庫理の）
一人大ミねの大やくもいに　（一人大嶺の大屋子もいに）
たまわり申候　（賜り申し候）
しよりより大ミねの大やくもいか方へまいる
嘉靖四十一年十二月五日

嘉靖四十一年（一五六二）、大嶺の大屋子もいは、南風の庫理所属の役人から相応富ヒキの船頭（主任）に異動となった、という内容だ。高良倉吉によれば、庫理は首里城内にある主要官衙《かんが》で、南風《はえ》の庫理、北《にし》の庫理、Xの庫理の三つあり、それぞれの長官の総称が「三司官」である。いっぽうヒキは庫理の下部組織で、古琉球期には一二あり、四つずつ庫理に分属した。ヒキの名称には例外なく末尾に琉球語の美称辞「トミ（富）」をつける。諸史料から、一二のヒキのうち一〇の名称が判明している。『おもろさうし』01―38の歌には、六つのヒキ名が船名としてあらわれる（03—95にほぼ同文あり、「舞《ま》やい富《とみ》」が「歓《あま》へ富《とみ》」となっているので、合計七つ）。

一　聞得《きこゑ》大君《ぎみ》ぎや／鳴響《とよ》む精高子《せだかこ》が／御《み》島祈《しまいの》られ／……／又　ゑそこ（＝大型の船）名《な》よ乞《こ》ゆわちへ／み御船名《おうねな》よ乞《こ》よわちへ／……又　世引《ひ》き富押《とみお》し浮《う》けて／せぢ新富剗《あらとみく》り浮《う》けて／又　世付《つ》き富押《とみお》し浮《う》けて／雲子富剗《くもことみく》り浮《う》けて／又　舞《ま》やい富押《とみお》し浮《う》けて／押《お》し明《あ》け富剗《とみく》り浮《う》けて／……

各庫理に属する四つのヒキのうち、ひとつがヒキ頭になった。その関係は

南風の庫理——酉日番の四ヒキ（ヒキ頭＝セヂアラトミ・ヒキ）
北の庫理——巳日番の四ヒキ（ヒキ頭＝ヂャクニトミ・ヒキ）
Xの庫理——丑日番の四ヒキ（ヒキ頭＝セイヤリトミ・ヒキ）

と図式化される。各ヒキの組織は、〈船頭《せんどう》（勢頭《せどう》とも。主任）——筑殿《ちくどの》（筑登之とも。副主任）——家来赤頭《げらゑあくかべ》〉の三階層からなっていた。「＊日番」という名称から想像されるように、これは四か日ごとに交代して王城や那覇港を守る軍事組織であって、ヒキは国軍の編成体という性格を備えていた。その一端はつぎの辞令書からうかがえる（「中村家文書」）。

しよりの御ミ事　（首里の御詔）
ミやきせんまきりの　（今帰仁間切の）
へなちのめさしハ　（辺名地の目差は）

ミやきせんのあんしの御まへの　（今帰仁按司の御前の）
一人うしのへはんのあくかへのさちに　（一人丑日番の赤頭のサチに）
たまわり申候　（賜り申候）
しよりよりうしのへはんのあくかへのさちの方へまいる
萬暦三十二年閏九月十八日

万暦三十二年（一六〇四）今帰仁間切辺名地の目差職を与えられたサチは、今帰仁按司の家来出身で、セイヤリトミ・ヒキをヒキ頭とする丑日番の某ヒキの家来赤頭として、おそらくは首里城で軍務に就いていた。

最後に、つぎの辞令書を見よう（「田名家文書」四号）。

しよりの御ミ事　（首里の御詔）
　まなはんゑまいる　（真南蛮へ参る）
せちあらとミかちくとの八　（せぢ荒富が筑殿は）
　□□のかねこほりの　（□□のかね庫理の）
一人まさふろてこくに　（一人真三郎文子に）
たまわり申候　（賜り申し候）
しよりよりまさふろてこくの方へまいる
嘉靖廿年八月十日

嘉靖二十年（一五四二）に真南蛮（東南アジア）へ派遣された貿易船が、ヒキ名と同じ「セヂアラトミ」とよばれ、ヒキの副主任「筑殿」がここでは船に乗り組む役職として登場し、それに「□□のかね庫理」（これが高良のいう「Xの庫理」で本文書が唯一の所見）に属する真三郎文子が任じられている。この船は正徳十二年（一五一七）に真南蛮への使者を乗せて那覇湊を出帆したが、このとき尚真王がみずから作ったとされる「ゑと」（オモロの一種）が『おもろさうし』13―17にある（注）。

一大君《きみ》は　崇《たか》べて　（聞得大君が　神に祈って）
せぢ新富《あらとみ》　押《お》し浮《う》けて　（せぢ新富を　押し浮かべて）
大君《きみ》に　（聞得大君に）
追手《おゑちへ》　乞《こ》うて　走《は》りやせ　（追い風をお願いして　走らせよ）
又精《せ》高子《だかこ》は　崇《たか》べて　（精高子が　神に祈って）
又按《あ》司《ぢ》襲《おそ》いぎや御《お》想《さう》ぜや　（国王様のおぼしめしで）
向《む》かう方《かた》　撓《しな》て　（めざす方向は平穏で）
又おぎやか思《も》いが御想《さう》ぜや　（尚真王のおぼしめしで）
向《む》かう方《かた》　撓《しな》て　（めざす方向は平穏で）
又按《あ》司《ぢ》襲《おそ》いぎや親御《おやお》船《うね》　（国王様の親お船を）
押《お》し浮《う》け数《かず》　守《まぶ》りよは　（押し浮かべるたびに守り給え）
又げらへせぢ新富《あらとみ》　（立派なせぢ荒富を）

刳《く》り浮《う》け数《かず》　守《まぶ》りよは　（刳り浮かべるたびに守り給え）
又群《ぶ》れ島《しま》の神々《かみがみ》　（慶良間《けらま》の神々よ）
肝《あよ》　揃《そろ》て　守《まぶ》りよは　（心をそろえて守り給え）
又君南風《はへ》は　崇《たか》べて　（君南風神女が　神に祈って）
せぢ新富《あらとみ》　押《お》し浮《う》けて　（せぢ新富を　押し浮かべて）
又のろ〳〵は　崇《たか》べて　（ノロたちが　神に祈って）

（注）オモロの歌い方は、「対句部《ついく》」（「一」と「又」のつく行、「連続部」ともいう）に挟まれた「反復部《リフレイン》」を、「又」のつく行の後に入れていくのが基本である。この作では、「大君は崇べて／せぢ新富押し浮けて」以下各節（スタンザ）の二行目までが対句部で、おなじ句が続くばあいは省略されることがある（第二節と最終節で「せぢ新富押し浮けて」が省略されている）。「大君に／追手乞うて走りやせ」が反復部で、全員で唱和する囃子《はやし》詞《ことば》と推定され、第二節以下ではすべて省略されている。以上のようなルールに従って、詞句がじっさいにどのような順番で歌われたかを復元することができ、これを「展読法」とよんでいる。また、精高子は大君の、おぎやか思いは按司襲いの、げらへせぢ新富は按司襲いぎや親御船の、それぞれ言い換えで、こうしたペアを「対語」とよぶ。本書では、外間守善校注の岩波文庫『おもろさうし』の体例に従って、かなに漢字をあてたテキストを掲げ、原本のかなをルビの形で示した。なお、カッコ内に付した現代語訳はあくまで私案で、かならずしも外間訳に従ってはいない。

地上のヒキ組織を海に浮かべると航海体制となり、海の航海体制を陸に上げるとヒキになる。それゆえヒキと貿易船は共通の名をもつ。ある人物が、一定期間ヒキに所属し地上勤務をしたのち、海船に乗って貿易に出かけるという例もある。高良はこの状態をたくみな比喩で「地上の海船」とよんだ〔高良一九八七、一一三頁以下〕。

聞得大君と神女たち

古琉球では国家組織が聖俗の二本立てになっていた。国王のもとにおゑか人とよばれる男性の官人各層がおり、最高神女「聞得大君」のもとに「君々」「大あむ（阿母）」「のろ」などとよばれる神女各層がいた。

一五四六年、朝鮮の承政院が、琉球に漂流して帰国した済州人朴孫らから聴き取った「琉球国風俗」のなかに、「且《ま》た女に官職有り、凡そ女政は皆女官に於《おい》て決す、朝衙は国王に於てせずして、独り王妃に於てする也」とある。朝衙とは宮廷内の政務をさすらしい。女官は外出時は両足を揃えて鞍《くら》に横むきに腰掛け、馬首の人払い役も僕従たちも、ことごとく女人だったという（『朝実』明宗元2戊子）。

神女も辞令書で任命される一種の役人であり、神女組織は官僚制的な性格をもっていた。神女の任命権は聞得大君ではなくあくまで王にあったから、聖・女と俗・男が対等に並び立っていたわけではないが、同時代のヤマトにくらべて女の領域が格段に広かったことはたしかだ。一五六六年から一六六三年までに神女の辞令書が二二例知られている（全体のほぼ四分の一）。そのうちの一通、万暦十一年（一五八三）に奄美大島焼内間切の名柄ノロを前任者の姪ツルに与えたものを掲げる（「吉久文吉氏所蔵文書」）。

しよりの御ミ事　（首里の御詔）
やけうちまきりの　（焼内間切の）
なからのろハ　（名柄ノロは）
一人《もとののろのめい》つるに　（元のノロの姪、一人ツルに）
たまわり申候　（賜り申し候）
しよりよりつるか方へまいる
萬暦十一年正月十七日

神女の役割の中核は国王や国家を霊的に守護することにあり、その霊力は神に由来するものだった。一六〇五年に来琉した冊封使夏子陽《かしよう》の観察に、「国中神を敬ふ、神に女王なる者有り、乃《すなわ》ち王宗姉妹之属なり、世よ神に由《よ》り選ばれ以て相代る、選ぶ時神之《これ》に言を附し、女王宮に送入す、遂《つい》に倏然《しゅくぜん》（たちまち）霊異あり、配者に適《あ》ふと雖《いえど》も、亦再び合はず焉」とある（原田禹《のぶ》雄《お》訳注『夏子陽使琉球録』群書質異・大明一統志）。聞得大君は王の姉妹であることが理想的で、「女王」ともよばれ、代々神から選ばれて神のことばを伝え、配偶者がいたとしても就任後は交合しなかった。

聞得大君の原形は俗人の男性をその姉妹が守護する「おなり神」の信仰にあった（伊波普猷・柳田国男）。『おもろさうし』のつぎの歌に、おなり神が美しくも奇《あや》しい蝶に姿を変えてあらわれ、兄である王を守るという、鮮やかなイメージが見られる（13―220）。

一吾《あ》がおなり御神《みかみ》の
　守《まぶ》らて丶　おわちやむ（守らんとて来ませり）
　やれ　ゑけ（＝囃子詞）
又妹《おと》おなり御神《みかみ》の
又綾蝶《あやはべる》　成《な》りよわちへ（おなりになって）
又奇《く》せ蝶《はべる》　成《な》りよわちへ

聞得大君による国王の守護はこの信仰の行きついた姿で、『おもろさうし』冒頭の一首に典型が見られる（01―01）。

一聞得《きこゑ》大君《ぎみ》ぎや（が）
　降《お》れて　遊《あす》びよわれば（神遊びをし給うたからには）
　天《てに》が下《した》
　平《たい》らげて　ちよわれ（ましませ）
又鳴響《とよ》む精《せ》高子《だかこ》が
又首里《しより》杜《もり》ぐすく
又真《ま》玉杜《だまもり》ぐすく

聞得大君は天上から降って神遊びをし、その霊力を受けて王は天下を安んじる。聞得大君に

つぐ
神女
に続
に
へや
（煽り

い。
永遠
土）
りや
守り
れより

う。「世持《も》つせぢ」の句に王位と霊力の不可分性が息づいている。

神と神女、神女と王とは、ことばやまなざしや、君手摩《きみてず》りとか見物遊《みものあす》びとかよばれた所作ないし舞踊を通じて、セヂを授受した。オモロに、聞得大君や「照《て》る雲《くも》」「照《て》るきしやけ」という神女が首里杜・真玉杜に降って、「又てるかは（太陽）と 十声《とこゑ》 遣《や》り交《かわ》ちへ（交わして）／又てるしの（てるかはの対語）と ゑりちよ（声、言葉） 遣《や》り交《かわ》ちへ／又てるかはも 誇《ほこ》て」とあり（01―16）、また「いけな君《きみ》（現世の神女）」「成《な》り子君《きよきみ》（神の憑依《ひようい》した神女）」が首里杜・真玉杜に降って、「又按司襲《あぢおそ》いと 行《よ》き合《や》て／眼《あまこ》 合《あ》わちへ 遊《あす》で／又王《わう》にせと 行《よ》き合《や》て／御顔《みかう》 合《あ》わちへ 遊《あす》で」とあり（03―25）、また聞ゑ煽りやへが「又君手摩《きみてづ》り 珍《めづ》らしや／**せぢ** 勝《まさ》て 降《お》れわちへ／又見物遊《みものあす》び 珍《めづ》らしや／**せぢ** 勝《まさ》て 降《お》れわちへ」（12―85）とある。

神女と軍事、王位継承

神女による王の守護は軍事にもおよぶ。一四六二年に朝鮮を訪れた琉球使普須古・蔡璟は、宣慰使李継孫の質問に対してこう答えている（『朝実』世祖８２癸巳）。

左右長史二人、王命を出納す。凡そ王挙動せんに、女官杖剣もて侍衛す。闕内は常は軍士無く、只城外に於て軍士更日直宿するのみ。

首里城内の日常における王の侍衛はもっぱら武装した女官に委ねられており、男性の軍士は城外で交代制の宿直についた。ここには「女官」とあるが、のちに見る『女官御双紙《にょかんおそうし》』に登場する女官たちはことごとく神女といってよい。

軍事力としての神女はむろん『おもろさうし』にも登場する。「一聞得《きこゑ》大君《ぎみ》ぎや／**せぢ**鳴響《とよ》み精軍《せいくさ》（軍隊の美称）／島討《しまう》ちの鳴響《とよ》み」の句が端的に語るように、島討ちすなわち離島への版図拡大戦争を、聞得大君の霊力が強力にあとおししていた。そのパワーは、続きの句に「又ゑそこ（＝兵船）通《かよ》わぎやめ（＝通う所まで）／**せぢ**遣《や》りやり襲《おそ》う／又み御船《おうね》通《かよ》わぎやめ／**せぢ**遣《や》りやり襲《おそ》は」とあるように、軍船にまでおよんだ（01—17）。また聞得大君は、「又精軍吉日《いくさゑか》取《と》りよわちへ／島討《しまう》ち**せぢ**もちよろ（＝煌《きら》びやかに美しい）／又精百吉日《せひやくゑか》取《と》りよわちへ／国討《くにう》ち**せぢ**もちよろ」とあるように、島討ち、国討ちのいくさにふさわしい吉日を占った（01—34）。

さらに、神女みずからが霊的な兵士でもあった。「一聞得《きこゑ》大君《ぎみ》ぎや／赤《あけ》の鎧《よろい》召《め》しよわちへ／刀《かたな》うちす（刀を佩《は》いて）／大国《ぢやくに》鳴響《とよ》みよわれ」のように、美しい兵具をまとって出陣し、その威力は首里大国をどよませた（03—36）。さらに直接的な表現が、つぎのオモロに見られる（01

―25）。

一聞得《きこゑ》大君《ぎみ》ぎや
初《はぢ》め軍《いくさ》　立《た》ちよわちへ（軍の先頭にお立ちになり）
合《あ》おて　行《い》きやり（ぶつかりあって）
敵《かたき》　治《ひぢ》めわちへ（敵を平らげなさるよ）
又鳴響《とよ》む精高子《せだかこ》が（＝聞得大君の対語）

さらに別のオモロ（01―35）では、「一聞得《きこゑ》大君《ぎみ》ぎや／押《お》し遣《や》たる精軍《せいくさ》／按司《あんじ》襲《おそ》いしよ　世添《そ》ゑれ」、すなわち、聞得大君が遣した霊的な兵の力で、王こそが世を治められよ、という歌い出す。「押し遣たる」の主語を外間守善は「国王様」と解する（岩波文庫版、上三六頁）が、文脈上不自然なうえ01―25の解釈とも整合せず、疑問だ。そして続けて、①高級神女たる「あはれ愛《かな》し君南風《きみはゑ》」、②部将たる「守《も》り合《や》へ子達《こた》」とその対語「大ころ達《た》」、③「ゑそこ（および対語「み御船《おうね》」）数《かず》　ころ達《た》」すなわち多くの兵船に乗りくんだ兵士たち――が、この順で紹介され、その皆に対して、「島（国）討ち　しちへす　戻りよわれ（してこそお戻りあれ）」とよびかける。ここに霊的な軍隊編成のイメージを読みとることができよう。

王位の継承にも神女の霊力は不可欠だった。

一首里《しより》大君《きみ》ぎや

末《すゑ》　選《ゑら》びやり　降《お》れわちへ
君《きみ》ぎやせぢ
もちよろ成《な》ちへ　みおやせ（美しく煌めかせて奉れ）
又鳴響《とよ》も国守《も》りぎや
真《ま》末《せ》　選《ゑら》びやり　降《お》れわちへ
又首里《しより》杜《もり》　ちよわる（まします）
英祖《ゑぞ》にや末《すへ》按司《あぢ》襲《おそ》い（英祖の末裔《まつえい》の王）
又真《ま》玉杜《だまもり》　ちよわる
てだが末《すへ》按司《あぢ》襲《おそ》い（下略）（04―55）

この歌で神女首里大君（鳴響も国守り）は、末・真末すなわち神の末裔たるつぎの国王を選んで降臨し、セヂを奉る。こうして首里城の王座に即いた王は（察度や尚巴志や尚円でなく）英祖の末であり、かつテダすなわち太陽の末と意識された。また、一六五〇年成立の『中山世鑑』では、「キミテズリト申スハ天神也、国主世継ノ後、一代ニ一度出現有テ、国主万歳ノ寿ヲシ給神也。二七日ノ託遊也、ヲモル（オモロ）ハ其時ノ託宣也」と解説し、「嘉靖廿四年乙巳八月十九日、天神キミテズリ出現有テ、尚清王ノ御即位ノ寿ヲゾシ給ヘケル」として、『おもろさうし』（12―43）の歌を掲げている（巻一「琉球開闢《かいびやく》之事」）（注）。さらに、一五七九年来琉の冊封使蕭崇業《しようすうぎよう》は、王位継承の完了を告げる冊封儀礼に神女が降臨したという伝聞を、疑いを挟みつつも「琉俗鬼《き》を尚《たっと》び、王を封ずるの日、女君有りて夜庭中に降る、庖丁《ほうてい》及び閩《びん》訳語人（料理人と福建語通訳）倶《とも》に聞く、其の声嗚嗚たり焉」と紹介している（『使琉球録』巻下「群書質異」中『大明一統志』への按文）。

（注）ただし、『おもろさうし』に収める「君手摩《きみてず》り百果《もゝが》報事《ほうこと》の時」のオモロは、作成年月日を明記するが、その時期は在位の初めでも一代一度でもない。要検討。

『女官御双紙』にみる女と歌

十八世紀初頭に王府の女官たちの職名や職掌を書き上げた『女官御双紙』（琉球大学図書館に田島利三郎・仲原善忠《なかはらぜんちゅう》の筆写になる二本がある）巻中には、「御たかへ（崇べ＝祝詞。寿詞）の意趣」あるいは「御立願の意趣」という見出しのもとに、二五点のオタカベが引用されている（『南島歌謡大成　沖縄編上』26～50号）。そのうち、「三平等《みひら》（首里を構成する三行政区）の大あむしられ」の項目にみえる「初御願之事」のオタカベ（27号）はつぎのようなものだ（以下オタカベとかな碑文の引用にあたってカッコ内に補った語釈のうち、頭に＝を付けたものは現代語訳、付けていないものは漢字へのおきかえである）。

かわるめ（＝首里城内の拝所名）の御いへつかさ（イベ司）かなし／あけま年／むかふ年（＝両語とも新年）／けふ（今日）のよかるひより（日撰）に／御祝物、おしあけ（押上）て（二字擡頭）／三平等し（為）ちへ／こんで（組手）／御袖、あ（合）わちへ／首里天かなし美御前（＝

尚貞王）／乙年おすて（お孵で）はし（始）まりめしよわちやる／水性《みずしよう》の酉の御年の御為に（＝王は順治二年乙酉の生まれ）／初御願、おか（拝）みやへるけに／御すいち（＝セヂ）まさりめしよわちへ／天ぢ（地）とを（通）しめしよわちへ／御月／御てたの御前／三つ星／七つ星の御前と／あいちへ（相手）なりめしよわちへ／御命のつな／いぢよ（強）く／まちよ（真強）く／御守めしよわちへ／十百年／十百歳／おかまれめしよわちへ／御日の内の御やく（厄）ハ／おひのうちに、かへ（返）しめしよわちへ／御月のうちの御やくハ／御月のうちに、かへしめしよわちへ／御年のうちの御やくハ／御年の内に、かへしめしよわちへ／おもひくわ（思い子《ぐわ》）／御すてもの（孵で物＝愛児）／ひたり／みきり（左右）／百《もも》かほう（果報）のあるや（様）に／御守めしよわちへ／おさうづい（お想ぜ＝叡慮《えいりよ》）めしやうら事や／もた（盛）い／さか（栄）へ、めしよわるやに／御守めしよわれ／き（来）ふるしぢ（師走）に、御祝物おしあけて／ほと（解）きみち（満）へて／おしあけやへらに（＝しませんか）

解しきれない部分もあるが、おおよそは、年の始まりのよき日に、祝物を奉って、王のセヂ（霊力）がますます盛んになって、天地に通じ日や月や星とむきあい、王の生命力がいよいよ強くなって、永遠に礼拝され、いかなる災厄にも侵されず、王子たちや側近らにも幸せのありますように、という祈願の詞句である。オモロと共通する、かわるめ・いべ・すいぢ・孵で物・百果報のような単語や、明けま年・向かふ年、組手・御袖、い強く・ま強く、十百年・十百歳、思い子・御すで物、左り・右り、もたい・さかへといった対語が、ちりばめられている。
さらに、二五首のオタカべのうち、三平等の大あむしられ（28・29号）、祖辺《そべ》の大あむ（39号）、泉崎の大あむ（42号）、久米村いるいの大あむ・あかるいの大あむ（43号）、泊の大あむ（44号）、諸間切諸島ののろくもい（49号）の六項目・七首の末尾に、多少精粗のバラツキはあるものの、つぎのような定型句があらわれる。祖辺の大あむの「毎年三八月四度御物参の時の御立願」の例を示そう。

又、島国の作物《つくりもの》（＝農作物）も／のふ事（何事《なおごと》＝すべての事象、万事）も、百かほうのあるやに／御守めしよわちへ／御たほ（給）いめしよわれ／又、唐、大和の御船／宮古、八重山の船／諸浦の舟々／のふ事も、百かほうのあるやに／御守めしよわちへ／おたほいめしよわれ

39号の前半部には「首里天（二字擡頭）かなし美御前／水性の酉の御歳御ため／のふ事も、もゝかほうのあるやに／御守めしよわちへ／御たぼいめしよわれて（衍カ）ゝ／又、思子／おすてものの御為／のふ事も、百かほうのあるやに」という、「初御願之事」のオタカべを要約したかのような、王と王子の果報、加護を祈る詞句があり、他の六首でもほぼ同様だ。くりかえされる「御守りめしよわちへ／御給いめしよわれ」という対句表現に、オモロとの共通性がある。それに続いて、第一の「又」では農業を始めとする諸生産、第二の「又」では対国外をふくむ交易に対する果報、加護が同様に祈られる。女官（古琉球に遡れば神女）の公務であるオタカべによる予祝の

対象が、王や王子の身体にとどまらず、国政の広い範囲にわたっていたことがわかる。

　オタカべは一七一三年成立の『琉球国由来記』にも四七首が引用され（『南島歌謡大成 沖縄編上』52〜98号）、うち一七首に類句がある。「島々／国々／のふごとも、百がほうのあるやに／御守めしよわちへ／をたぼへめしよわれ」という簡略な例（53・58・67号）から、「毎年十二月大勢頭部《せどべ》御使之時知念 巫《かんなぎ》御崇《たかべ》」の「又、島国の毛作り（＝農作）／き（毛）づくりのため／百がほうのあるやに／御守めしよわちへ／あぶしまくら（畦枕＝豊壌の形容）／石実／金実、あるやに／御守めしよわちへ／唐、大和／宮古、八重山の舡《ふね》々／上り／下り／おはつき（＝天気）やゝと（＝静かに）／百がほうのあるやに／御守めしよわちへ／那覇の湊に、御引付（＝着岸）めしよわちへ／御たぼへめしよわれ」という内容豊富な例（70号）まで、多様なバリエーションがある。70号でしめくくりに謡われる那覇湊は、61号「長月の御崇（首里南風之平等）」にも同一の詞句がみえる。ほかに、「唐《とう》、大和御取相《とりあい》（＝交際）／又は嶋嶋御使の船船／波風思様に有之／湊湊押付めしよわちへ」（84号）、あるいは「又、異国船は、千万里の外／島中に、参着不致様に／御守めしよはれ」（96号。88号に類句あり）のように、内容・文体ともに近世色濃厚な作もある。

　以上のように、羽地朝秀の改革政治をへて琉球の近世化がほぼ完成の域に達していた十八世紀初頭の時点でさえも、国制における女の領域、歌の呪力は、まだまだあなどれないものがあった。これを古琉球に遡らせれば、抽象的な祈りというより、実体的な力をともなうものとして意識されていただろう。

4　朝鮮史料の語る古琉球社会

朝鮮王朝は「地図編修センター」

一三九二年に成立した朝鮮王朝は、宗主国の明に対して以外は、積極的に外交使節を送り出すことが少なかった。「凡そ倭国に奉使すること四十余行」と称された李藝〔村井二〇一四b〕は例外中の例外で、十五世紀後半には乱世の日本へ赴くことを忌避する風潮が強くなる。日本と琉球の二国については「海東諸国」とよんで交隣の相手に位置づけていたが、主要な関心は到来する外交使節をどのような基準で処遇するかにあった。しかしそれとうらはらに、十五世紀の朝鮮は国外の地理情報の蒐集《しゅうしゅう》には異様なほど熱心で、それをいくつかの優れた地図にまとめあげた。

一四八二年、朝鮮国王成宗の重臣梁誠之が「管見十二事」を上奏したなかに、「地図は官府に蔵せざるべからず、又民間に散在すべからざる也」という一項があり、高麗中葉から成宗朝にかけて入手・作成された地図の名称がおびただしく列記され、緊関なるものは官に収めて弘文館に蔵し、その他もすべて官収して議政府に蔵すれば、「軍国幸甚なり」と結ばれている（『朝実』成宗13２壬子）。こうした朝鮮王朝の姿を、人文地理学者応地利明は「地図編修センター」と形容した〔応地一九九六〕。

このセンターが総力を注ぎこんだ作品が、朝鮮の廷臣権近の建文四年（一四〇二）八月付題《だい》跋《ばつ》をもつ「混一疆理歴代国都《こんいつきょうりれきだいこくと》之《の》図《ず》」で、京都の龍谷大学と長崎県島原市の本光寺に所蔵されている。題跋によれば、上級官僚たちが、中国元代の李沢民「声教広被図」と僧清濬《せいしゅん》「混一疆理図」に精細に比較を加え、朝鮮を大きくフィーチャーし、日本を付加してまとめあげたもの。中央に巨大な中国大陸が鎮座し、左端には圧縮されてはいるがインド、アフリカ、地中海、ヨーロッパもあり、この時点で知られていた全世界を描く〔宮二〇〇七〕。龍谷大本と本光寺本で日本部分の描出が大きく異なることにもあらわれているように、現存本は一四〇二年時点での姿をそのまま伝えているのではなく、いくたびかの改訂・追記が加えられている。

龍谷大本では、日本列島が朝鮮半島の真南に九州を上にして倒立しており、九州の左隣に大琉球・琉球が文字を丸で囲んだだけの書式で配されている。これに対して本光寺本では、日本列島はやや東に移動して東西方向に延び、琉球は朝鮮半島の真南に尾を西にむけたタツノオトシゴのような形で描かれ、そのなかに赤い円で囲んだ「国頭城」と赤い円が三つ重なった「琉球国都」、その他の文字が書きこまれている。前者から後者への改訂は、梁誠之の上奏文に名が挙げられている「倭僧道安日本琉球国図」に基づいてなされた。

一四五三年、琉球国中山王尚金福の使者として博多商人の道安が朝鮮にいたり、漂流者の送還とあわせて、「博多・薩摩・琉球相距地図」を献上した。十七世紀末に太宰府天満宮に奉納された「琉球国図」（以下「天満宮本」とよぶ）は、記載内容が道安の図ときわめて近いものと

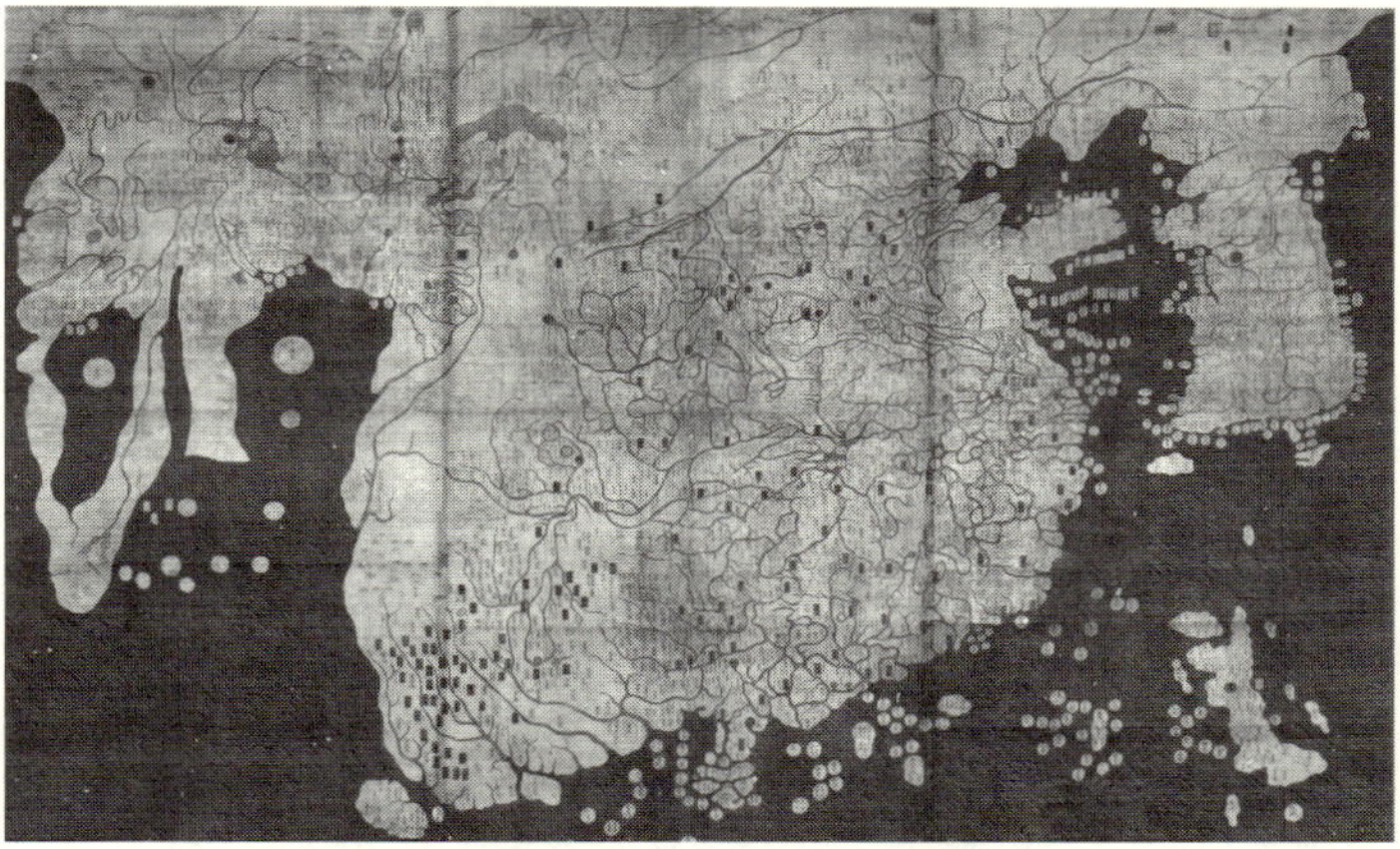

「混一疆理歴代国都之図」（龍谷大学図書館所蔵）

考えられる〔深瀬・渡辺二〇〇四〕。これを簡略化してとりこんだのが本光寺本の琉球部分であり、さらに、一四七一年に成立した『海東諸国紀』所掲の「琉球国之図」もおなじ流れのなかにある。三図における琉球の形状がよく似ており、島のなかおよび周囲に記された文字も一致するものが多いことが、その証左だ。

さらに、一四六二年の琉球国使普須古・蔡璟に対する朝鮮側の質問にあらわれる「琉球国図」も、「扶桑・瀛洲《えいしゅう》・羅《ら》刹国《せつこく》・大身・大漢・勃楚・三仏斉・黒歯・渤海《ぼっかい》・尾渠等国」が記載されていた（『朝実』世祖８２癸巳）ことから、『海東諸国紀』所掲の「海東諸国総図」「日本本国之図」と同系統のもので、梁誠之のいう「倭僧道安日本琉球国図」そのものではあるまいか。

六つの陳述

地図の蒐集・編修とおそらくおなじ動機のも

とに、朝鮮政府は帰国した漂流者や琉球の外交使節から、琉球情報を根ほり葉ほり聞き出して、その内容を文字化した。『朝実』には、おもな陳述として以下の六例が見いだされる（池谷望子・内田晶子・高瀬恭子編訳『朝鮮王朝実録琉球史料集成・訳注篇』榕樹書林、二〇〇五年、を参照した）。

(1)一四五〇年、万年（卜麻寧とも）・丁録（田皆とも）ら四名は、吐噶喇列島臥蛇島に漂泊し、加沙里島《かさり》（奄美大島）で奴として使役されていたが、うち万年・丁録が琉球国の王弟に買い取られ、首里の王宮に滞在した。三年後、尚金福王の使者として朝鮮を訪れた博多商人道安に伴われて帰国、琉球事情を語った（『朝実』端宗元5丁卯）。以下「**万陳述**」とよぶ。

(2)一四五六年正月、朝鮮全羅道羅州住の船軍梁成、忠清道錦山住の私奴高石寿ら一〇人は、済州島の済州から発船して風に逢《あ》い、二月に久米島に漂着した。うち八人は六一年六月以前に送還され、残る梁・高（「孔佳等二名」とも）が六一年六月に尚徳王の使者徳源に伴われて帰国し、翌年二月十六日に琉球事情を語った（『朝実』世祖7 5己巳・6丁丑・同8 2辛巳前半）。以下「**梁陳述**」とよぶ。

(3)一四六一年正月、羅州から発船して二月に宮古島に漂着した肖得誠ら八人（「姜廻等八名」とも）は、同年十二月に朝鮮に来た尚徳王の使者普須古・蔡璟らによって送還され、翌年二月十六日、梁成らとともに琉球事情を語った（『朝実』世祖7 12戊辰・8 2辛巳後半）。以下「**肖陳述**」とよぶ。

(4)一四六二年二月二十八日、普須古ら琉球使自身が宣慰使李継孫に「琉球国風俗」を語った

（『朝実』世祖8 2癸巳）。以下「普陳述」とよぶ。

⑸一四七七年、済州人金非衣らは与那国島に漂着し、西表島・宮古島・沖縄島等を経て、七九年、尚徳王の使者を名乗る博多商人新伊四郎らに伴われて帰国し、経過した島々のようすを語った（『朝実』成宗10 6乙未）。以下「金陳述」とよぶ。

⑹一五四二年、済州人朴孫ら一二人は琉球国に漂到し、滞留四年目に北京へ送られ、冬至使として上京した金伯醇に伴われて四六年二月に帰国し、「琉球国風俗」を語り（『朝実』明宗即位年12癸卯・同元2戊子）、聞き取りにあたった柳大容が「琉球国風土記」を作成した（その大略が魚叔権撰『稗官雑記』に載る）。以下「朴陳述」とよぶ。

以上の陳述は、とくに一四五〇年代から七〇年代にかけて集中しており、王朝の交代があったこの時期の琉球社会を語る絶好の史料となっている。それらは、政治・外交に偏った明の史料や、あまりにも断片的なヤマトの史料とくらべて、社会の具体相や細部にわたる得がたい観察記録といえる。またそれらは、史料に恵まれない沖縄島以外の離島に関する情報をもたらしてくれる点でも、貴重だ。

「万陳述」は、琉球と薩摩の境界にあって「半ばは琉球に属し半ばは薩摩に属す」る臥蛇島の情報を伝えた（第一章4）。「梁陳述」は、久米島について「島は周回二息なるべし。島内に小石城有り（宇江グスクか）、島主独り之《ここ》に居し、村落は皆城外に在り。島は其の国（琉球）を距《へだ》たること、順風二日程なり。梁成等、島に留まること一月、貢船に載りて国に到る」と語った。「肖陳述」は、宮古島について「島人酒肉を載せて来たり饋《すす》め、此の島に引き留む。島人

臥蛇島（著者撮影）

輪弁（まわりもちで）供給す。島は長さ二息、広さ一息許《ばか》り。二月に大麦已《すで》に収め刈り、小麦皆熟し、瓜・茄亦た已に実を結ぶ。四月十六日に至り、琉球国の商船に附趁《ふちん》（便乗）して、本《その》月二十七日、本国（琉球）に到る」と語った。そして、先島諸島について他に求めがたい情報をもつ「金陳述」については、少しあとでくわしく紹介したい。

国制と軍事

以下、六つの陳述から読み取れる古琉球社会の姿を、大きく「国制と軍事」・「社会と習俗」にわけて見ていこう。まずは王とその周辺から。「万陳述」によれば、王は一～二か月に一回、ときにはひと月に二回、朝を受けた。朝会にさいして、王は三層の殿上に座し、群臣は冠帯して庭下より拝礼した。「梁陳述」によれば、朝会には「遠方の邑長」が吉日を選んで宴会を準備し闕庭《けってい》に供進したが、音楽や献盃《けんぱい》はなかった。朝会の頻度は、「肖陳述」によれば五日に一回で、左右に一本ずつの大旗が立てられ、朝官は庭に入って合掌参拝し、人民は酒桶《さかおけ》と生芋を王宮に納めた。明に対する拝礼については、「朴陳述」に「王は紅錦衣を具し、平天冠を戴《いただ》き、一僧と対坐《たいざ》し、望闕礼《ぼうけつれい》を行ふ。百官は職次を以て班を分かち、庭下に拝す」とある。外交文書受領時の儀礼は「梁陳述」にくわしい記述がある（原漢文）。

中原（明）の詔勅及び我が国（朝鮮）の書契、国に到らば、船を初面に泊し、旗・纛《はたぼこ》・蓋《きぬがさ》等の物を以て儀仗《ぎじょう》と為す。又軍士、甲冑を具して出迎す。詔勅・書契を轝轎《よきょう》（肩に担ぐ輿《こし》）に安んじ、傍《かたわ》ら従《よ》り鼓錚《こじょう》（太鼓と銅鑼《どら》）を撃ち、太平簫《たいへいしょう》を吹きて、王宮に迎入す。王は絳《あか》衣を服し冠を着して之を拝し、坐して開読す。国王、常は層閣に在りて下らず、婦人をして命を伝へしむ。俗に冠服無く、皆膜拝《もはい》（両手を挙げ地に伏して拝する）を行ふ。此《ここ》に至りて庭に下り拝跪《はいき》すること、略《ほぼ》礼の如し焉。

「肖陳述」によれば、王には一五歳を筆頭に四人の王子がおり、王とは別の邸に住む長子が王宮に出入りするときは、軍士十余人が付き従った。王の葬礼については、「梁陳述」に「巖を鑿《うが》ちて壙《つかあな》を為《つく》り、壙内の四面に板を編みて之を立て、遂に棺を窆《ほうむ》る。板門を作り鑰鎖《やくさ》を以て之に使ひ（鍵をかける）、墓前及び両傍に屋を構へて守墓人を之《ここ》に居《す》ゑる。墓を環りて石城を築き、城に一門有り」とある。

つぎに国家行政にかかわる記事を見よう。「普陳述」によれば、王城の内部に五軍統制府・

議政司・六曹が設けられ、各四人の堂上官が詰めていたが、郎庁（一般職員）は統制府に二員がおかれた以外はいなかった。行政の組織や設備については「梁陳述」にくわしい。役人は位階をもつ人から薦挙され、奴婢《ぬひ》・土田・家舎・軍器が官給され、不成績で免職になると給与物はすべて没収された。闕内には常時百余人が勤務し、五日で交代したが、四、五人はより長期間在番して退出しなかった。もし自己都合でくりかえし出入りしたら免職となった。番に就く者はみな公の扶持《ふち》を受け、うち一人が首任として総理した。島内には郡県がおかれ、中心には石城が築かれて官守の者一人が赴任した。隣りあう郡県を結ぶ道路の距離は半息〜二息程度で、郡県ごとに居民の稠密《ちゆうみつ》なところも希薄なところもあり、里ごとに長がいた。建物は公私による大小はなく、その構造は「一」の字のように屈曲がなく、屋根は茅葺《かやぶ》きだった。

つぎに武器・武具についても「梁陳述」に細かい説明がある。火筒は大小・体制とも朝鮮とおなじである。弓は桑木、弦は苧で造り、矢は朝鮮の磨箭《ません》に似るが鏃《やじり》に竹を使うこともある。紙のように薄くした鉄片を甲の襟《よろい》に付けて項《うなじ》を保護し、仮面のような鉄の面を被《かぶ》る。環刀・楯《たて》・槍《やり》は朝鮮と異ならないが、四枝の屈曲した鉄の刃を長さ二丈ばかりの木の柄に取り付けたものを、俗に「拘」とよび、遠処の罪人を斬る武具に用いた、等々。ただし「普陳述」には、弓箭・甲冑《かつちゆう》・刀剣の制はもっぱら日本とおなじ、とある。さらに「肖陳述」に、人びとは常時、朝鮮の環刀と同形の大小二刀を佩《は》き、飲食起居、身から離さない、とあり、「普陳述」に、琉球の俗は死を軽んじ、進むを知って退くを知らず、戦えば負けを知らず、とある。同陳述によれば、一年に一回全軍を集めて、臨時に王族一人に命じて講武させたが、王みずからは講武しなかった、という。

軍事力が発動されるようすに移ろう。王宮の警衛については、「梁陳述」に、軍士百余人を一団として日替りで宿直するが、兵の原数はよくわからず、ただ、軍装や甲冑は朝鮮と異ならない、とある。「万陳述」に、明の使船が到来すると、中山王弟が軍士を率い、旗・太鼓・雨傘を備えて、郊に出迎し、殿内に導いて宴慰した、とある。「肖陳述」によれば、王が宮闕の南にある旧宮に赴いて二〜五日ほど滞在するときは、侍衛の軍士約三百余名が、みな甲冑を着け馬に乗って、弓矢、槍、剣、あるいは鉤《かぎ》のようなかたちの武具（前出の「拘」か）を手に執り、轎《こし》か馬に乗った国王の前後に隊列をなして進みながら農歌のような曲節の唱歌をうたい、年少の三子は王の前に、長子は後ろに陣取った。

さいごに刑罰については、なぜか盗賊ばかりが言及される。「普陳述」によれば、刑はもっぱら『大明律』によるが、盗賊は即時斬刑に処したので、道に物が落ちていても拾う者はいなかった。「肖陳述」によれば、盗賊は国王がみずから取り調べたのちに軍士が城外に連行して殺すか、さもなくば官府で役人が尋問して殺すか、いずれにせよ死罪となった。「梁陳述」によれば、盗賊は日本から売られてきた者ばかりで、取り調べの結果、大ならば死罪、小ならば他島への流罪に処され、拷問には笞《むち》や杖を用いず、二枚の板の間に罪人の脚を挟んで板の両端をゆわえ、板の端に人が乗って揺らす、という方法がとられたが、片側に乗る人数は三人以内だった。治安はたいへんよく、「朴陳述」によれば、国俗は寛厚正直で狡詐欺罔の習いがなく、公私とも刑杖を用いることなく、村里では罵りあったり殴りあったりがなく、罪を犯した者は役人が記録して、三度重なると絶島に追放され終身帰れなかった。市店に貨宝を並べておき、用事があってその場から目を放しても、だれも盗む者はいなかった、という。

社会と習俗

産業経済について。金銀は産しないため南蛮（ルソンか）・日本から買う（梁陳述）。土産としては黄金・珊瑚《さんご》・琥珀《こはく》・硫黄・鑞鉄《ろうてつ》（錫《すず》）があり、とくに硫黄は採掘後一年でまた穴に満ち、尽きることがなかった（普陳述）。製糸は奨励されているが絹織物を産するにいたらず、麻はあるが布に織ることなく縄として用いるのみ。紵《ちょ》（麻の一種）は丈が一丈あまりで、手間がかかるので一家が一年に闊細布一匹を織るのが精一杯である（同）。牛馬の皮はみな官に納めて甲《よろい》に造る（梁陳述）。日本人は親族でも奴婢として売るので、王に親近の守令たちはみな買っており、女国人で奴婢を贈る者もいる（同）。升《ます》は朝鮮と同様で、斗は五升《しょう》入り、十升入り、三十升入りなどまちまちである（同）。銭は中国からの輸入に頼るが、一四五七年に初めて中国人から鋳成の法を教えられた。銭十文が米一升に相当する（同）。一五四六年の「朴陳述」では銭百が米二升に相当としており、十五世紀から十六世紀にかけて銭の価値が下落したらしい。

身なりについて。「肖陳述」によれば、衣服制度はもっぱら倭服とおなじだが、袴《はかま》は着けず、服の生地には段子《どんす》・絲《し》綃《しょう》・苧布《ちょふ》が使われ、男女同服である。上下男女を問わずはだしで靴鞋はないが、首里城外では倭鞋（わらじ）のようなはきものを着し、城内では、あるいは城外でも尊長に会ったときは、それを脱ぐ。「万陳述」は、男女の常服について、男は「袖広く長衫《ちょうさん》（上下が一体の長衣）の如し。尊者は袖口及び衣の上に五色の糸を以て獣形を繍《ぬいとり》し、衣色は則ち或《ある》いは黒或いは白或いは紅」とし、女は「或いは広袖の衣の長衫の如きを着し、或いは短襖《たんおう》及び裙《くん》（上着とスカート）を着す。繍無し。短襖の制、我が国に似れども差《や》や長し」とし、僧侶の長衫は朝鮮のものに似るという。また髪型についても、「男子は頭髪を左耳の上に結《ゆ》ひ、余髪は右耳の上に環らし結ひ、白布を以て之を裹《つつ》む。回回《イスラム》の形の如し。婦人は髪を後ろに向けて髻《まげ》を作る。我が国の郷吏の髻の如し。小女は後ろに向けて之を垂らす」と観察している。「梁陳述」では、男服は朝鮮の直領の制におなじく、ただ袖口が広く色は黒白をたっとび、女服は朝鮮の衣裳《いしょう》の制と変わりがない、また君臣上下男女を問わず、頭に巾《きん》を被らない、とある。

婚嫁について。「梁陳述」に「婚姻の時、男家先づ媒し（結納）、約定まれば日を択《えら》び、男家の族女、婦家に帰《ゆ》き、新婦を率《い》て家に還り礼を行ふ。其の日の夜、両家の族、聚飲して散る」とあり、「普陳述」にもよりくわしく、「男家幣帛《へいはく》を以て聘礼《へいれい》を行ひ、定約の後、男先づ宴を女の家に設けて還り、女も又宴を男の家に設く。仍りて夫婦の礼を行ひ、畢《おわ》りて媒人と席を別房に設け、共飲の後、女の母と同《とも》に白帕（白い布）を取りて花を取る。若《も》し婦人花無くば、官に告げて赶出《かんしゅつ》し（追い出し）、聘物を取り回《かえ》し、妻の母は妻の坐罪（連座）に問ふ」とある。「花」とは処女のしるしをさす。十六世紀の「朴陳述」になると、「夫家、先づ銭を婦家に輸《おく》り、宴飲凡礼は皆婦家自《よ》り之を設け、夫家は一つも措《お》く所無し。期至らば、夫は衣服を盛《かざ》りて馬に上《の》り、諸族後を擁して行き、二銀榼《こう》（酒器）を用《もっ》て、盛るに幣物を以てし、植ゑるに花萼《かがく》を以てし、馬首に当てて前導すと云ふ」とあって、ヤマトの結納《ゆいのう》の儀に近づいているように見える。

葬儀について。「万陳述」では「父母死するも喪に服せず、肉を食すること常の如く、哭するも哀せず祭らず、仏事を作《な》さず」とないないづくしだが、「梁陳述」では「凡そ民、父母の喪に遭はば、族親喪家に聚まりて弔哭《ちょうこく》す。喪人は白衣を着し、皆三日の後肉を食ひ、七日の内は殺生せず」とある。さらに「普陳述」では、「送終之礼」についてつぎのようなくわしい観察がある（原漢文）。

山上の巖下に於て室を作り、女人・家人死せば則ち焼き、骨を収めて函に盛り、次次に巖室に置き、春秋に日を択びて、開門入室して之を祭る。且《ま》た家の正庁に於て神主《しんしゅ》（儒教式位牌《いはい》）を奉安し、朝夕食する所の物を以て、祭ること平生の如く、白衣を以て三年を終へる。中朝福建の俗の若《ごと》きは、則ち死に臨むの時、左右をして体を持たしめ、之をして坐死せしめ、水銀を用て口に灌《すす》げば、顔色平生の如し。正庁に奉安し、奉祀《ほうし》すること常の如く、三年の喪畢《おわ》りて後、或いは焼葬す。喪葬の礼、此《かく》の如く其れ厚し。故に世人云はく、〈生は楊州に在り、死は福建に在り〉と。

福建地方の習俗が押し寄せているようすがうかがえる。墓の造成を「梁陳述」は「壙《つかあな》を鑿《うが》ちて棺を窆《ほうむ》る」と表現し、「朴陳述」ではよりくわしく、「其の葬たるや、巖を斲《そ》ぎ削りて、宮屋の形を作為し、其の内に空曠を鑿ち、木板を以て戸と為し、柩《ひつぎ》を其の中に置く。……力能はざる者は、巖穴の屋の如き者を求め得て、柩を焉《ここ》に置き、埋瘞《まいえい》（埋めること）を用ゐず」と解説する。

その他の民俗については、「梁陳述」に「元日は藁《わら》を以て左索して（左綯《な》いの縄）門上に懸け、又木を剖《さ》きて束と為し、積沙の上に置き、餅器を其の中に加へ、又松木を以て束木の間に挿《さ》し、五日に至りて乃《すなわ》ち止む。其の俗、之を祈禳と謂ふ」とあり、「普陳述」に「祀神之礼」について「国に神堂有り、人之《これ》を畏れ、近づきて之を視《み》るを得ず。若し嫌人有らば、則ち巫人に憑みて神に祝《いの》り、巫、神の語を伝へて〈当《まさ》に其の家を焚《や》くべし〉と曰ひ、即《すなわ》ち神火を起こす」とある。この呪詛《じゅそ》が妻から夫へむけられると、「若し男夫酒に因りて妻を虐げ、妻即ち神堂に入らば、則ち国家、即ち其の男夫を斬り、斬らざれば則ち諸《これ》を遠島に投ず。故に男夫の妻を畏るること虎の如し。且《ま》た神怒らば則ち国内に大風起《た》ち大疫興り、国・人共に心を斉《ひと》しくして祈禱せば乃ち止む」というたいへんな事態になった。古琉球の神、ひいては国家は、かくも心強い女の味方だったらしい。

済州～与那国～琉球～塩浦

ここからは、「金陳述」のたぐいまれな観察を見ていく。一四七七年二月、済州人九人の搭乗する貢納品の柑子《こうじ》（柑橘類《かんきつるい》）を積んだ船が、楸子島で逆風に遭い、西南方へ漂流すること一四日、「閏伊是《し》麼《ま》」に漂着した。漂流中に一人が飢病死し、接岸にさいして船が破れ五人が溺死し、金非衣［金非乙介とも（注）］・姜茂・李正の三人が生き残った。閏伊［允伊］はユニの音写で、琉球列島西端の与《よ》那《な》国《ぐに》島に比定される。

（注）金非衣らの漂流から帰国までの経緯については、二種類のテキストが『朝実』に載る。①一四七八年五月三日に塩浦に到着した漂流者から、塩浦に派遣された宣慰使李則が聴取した内容を馳啓（急ぎ報告）したもので、馳啓が漢城に到着した成宗十年五月辛未（十六日）に懸けられている。②その後上京した漂流者から弘文館があらためて作成した聴き取りで、同年六月乙未（十日）に懸けられている。固有名詞や日数・人数の表記が①と②で異なる箇所が多い。②のほうがはるかに長文で、しかも①独自の内容はわずかなので、本文では②をメインとし、①における表記を［ ］内に付記した。

かれらは島人の手厚い世話で島に六か月滞在し、七月末に島人十三名が乗る船に同乗して行くこと一昼夜半、「所乃是麼［所乃島］」に着いた。祖納《そない》島の異名をもつ西表《いりおもて》島である。ここで五か月を過ごし、十二月末に島人五名の船で「捕月老麻伊是麼［悖突麻島］」＝波照間《はてるま》島へ送られた。以後リレー式に、波照間島人五名で「捕刺伊是麼［勃乃伊島］」＝離《ぱなり》島＝新城《あらぐすく》島へ、同島人五名で「欻尹是麼［后伊島］」＝黒島へ、同島人八［十］名で「他羅馬是麼［脱羅麻島］」＝多良間《たらま》島へ、同島人五［八］名で「伊羅夫是麼［伊羅波島］」＝伊良部《いらぶ》島へ、同島人五［六］名で「覓高是麼［悖羅弥古島］」＝宮古島へと送られ、さらに宮古島人十五［十］名の船で荒天下を二昼夜半、ついに「琉球国」＝沖縄島にたどり着いた。この間、波照間島・新城島・黒島・多良間島・伊良部島・宮古島ではそれぞれ約一か月滞在し、「琉球国」到着は一四七八年の五月になっていた。

　このリレー式送還は、担い手は民間人で、しかもきわめて悠長ではあるが、それなりに古琉球の国家システムの性格を備えていた。船乗りたちは「護送人」とよばれ、宮古島人以外はかならず到着の翌日引き返している。宮古島人については、国王から褒賞として青紅綿布と酒食が与えられ、ひと月逗留《とうりゅう》ののち島へ還っていった。このように、往来する船は人・物・情報を運ぶ公的メディアとして機能していた。

漂流者の観察によれば、宮古島までの言語・衣服・飲食・居室・土風はおおむね与那国島とおなじだが、宮古島の言語は小異があったという。観察は各島間の経済的依存関係にもおよぶ。波照間島・新城島・黒島は水田なく稲米は西表島から貿易する、波照間島・多良間島は材木なく西表島から取り寄せる（逆に西表島は材木に恵まれ他島に輸載して売りさばく）、宮古島は炊飯用の鉄鼎がなく琉球国から貿易する、などとある。現在八重山諸島の経済的中心である石垣島を素通りしていることが注目される。一四六二年の「肖陳述」は、「本（宮古）島人と隣近の屈伊麻（来間）島・日南浦（伊良部）島・時麻子（下地）島・于甘（池間?・大神?）島、五島の人民互相に往来して酒を飲む」と証言している。

漂流者は琉球国では三か月滞在したが、その間少年国王（尚真）とその母后（オギヤカ）の出遊に遭遇したり（第五章1で述べる）、盆行事を見聞したりした（原漢文）。

七月十五日、諸寺刹、幢蓋《ばんがい》を造る。或いは彩段を用ゐ、或いは彩繒《さいそう》（繒は絹のこと）を用ゐ、其の上に人形及び鳥獣の形を作りて、王宮に送る。居民は男子の少壮なる者を選び、或いは黄金の仮面を着し、笛を吹き鼓を打ち、王宮に詣《いた》る。笛は我が国の小管の如く、鼓の様も亦我が国と同じ。其の夜、大いに雑戯を設け、国王臨観す。故に男女の往観する者、街を塡《うず》め巷《ちまた》に溢《あふ》る。財物を駄載して宮に詣る者も亦多し。

この行事については、「梁陳述」にも「仏寺に上《まい》り、亡親の姓名を記して案上に置き、米を床に奠《そな》へ竹葉を以て水を地に灌ぐ。僧は則ち読経し、俗は則ち礼拝す」と見える。

このころ那覇港には、前年十月以来博多商人新伊四郎〔新時羅〕らの一行百余人〔二二九人〕の貿易船三艘が碇泊していた。王は漂流者の朝鮮送還を新伊四郎らに委託することにし、その経費として布・銭・胡椒・米・食糧などを支出した。貿易船は一四七八年八月一日〔七月二十八日〕に出港し、四日四夜で薩摩にいたってひと月逗留、三昼夜〔二日二夜〕で肥後の高瀬浦、さらに陸行二日で博多に着いたが、大内氏と少弐氏の合戦により六か月〔五か月〕もの滞留を余儀なくされた。一四七九年二月に博多を出港し、志賀島《しかのしま》、壱岐島を経て対馬島で二か月逗留し、慶尚道の塩浦に到着したのは五月三日だった。漂流者は塩浦で宣慰使の聴取を受け、六月に漢城に上って弘文館で詳細な供述を行なった。

以上の経緯からは、新伊四郎らは琉球王の命を受けた正式の外交使節として朝鮮を訪れたかに見える。ところが、一四七九年六月二十二日に開読された新伊四郎ら持参の書契は、「琉球国王尚徳」の名義になっていた（『朝実』成宗10・6丁未）。尚徳は第一尚氏最後の王で一四六九年に死去し、その後第二尚氏初代尚円の即位があり、一四七九年時点での国王尚真は尚円の嫡子だ。この王位交代は『明実録』にはそのまま反映し、一四七一年三月に「中山王世子尚円」が尚徳の薨逝を告げ、七三年四月から七七年四月にかけて「中山王尚円」の来朝があり、七八年四月に「中山王世子尚真」が襲封を乞い、八〇年三月に「中山王尚真」が授封の恩を謝している。尚真王が朝鮮に対してあえて尚徳の名義を用いる動機は皆無で、新伊四郎らは偽使と断ぜざるをえない。

もとより、尚真王が新伊四郎らに漂流者の送還を委託したことは事実で、尚真王の書契が発給されていた可能性もある。しかし新伊四郎らが朝鮮側に渡した尚徳王名義の書契は明らかに偽作だった。偽作の動機は、書契の「寡人（尚徳）の所望は大蔵経一部・綿紬木綿若干匹なり」という下りに露呈している。新伊四郎らは漂流者護送への謝礼として大蔵経を獲得し、それを琉球へ運ぶ気などさらさらなく、ヤマトの顧客に売りさばこうとしたのだ。そのさい、朝鮮通交の先例がある尚徳の名義のほうが安全で、それを事実に合わせて変更することはやぶ蛇になりかねなかった。残念ながら、今回の新伊四郎らのもくろみは結果としては失敗におわった。

目撃された先島社会

「金陳述」では、最初に半年をすごした閏伊是麼（与那国島）について詳細な記述があり、その後経由した宮古島までの島々については、「其の言語・飲食・衣服・居室・土風は大概閏伊島と同じ」というぐあいに省略されることが多い。そこでこの項では、与那国島に代表させて先島社会に関する記述を見ていく。まず総論的部分を掲げる（原漢文）。

人家は島を環《めぐ》りて居す。周回は二日程なるべし。島人は男女百余名なり。草を刈り廬《ろ》を海浜に結ぶ。俺等を将《ひき》ゐて住止す。……島人、稲米の粥《かゆ》及び蒜《さん》本（野菜）を将《もつ》て来饋す。其の夕より始めて、稲米の飯及び濁酒・乾海魚を饋す。魚の名は皆知らず。留まること七日、人家に移置し、輪次饋餉《きしょう》す。一里饋し訖《おわ》れば、輙《すなわ》ち次里に逓送す。一月後、俺等を三里に分置し、亦輪次饋餉す。凡そ酒食を饋《おく》ること一日三時なり。

この「輪次饋餉《きしょう》」については、那覇で滞在した「一館」においても、「俺等を供饋すること日に三時、亦酒有り。一家、五日の糧米・酒醪《ろう》（醪も酒）・魚醢《かい》（しおから）を官庁より受け、供饋訖《おわ》れば、次家、又受けて輪次供饋す。率《おおむ》ね五六日に、守令一たび俺等に見《まみ》えて酒肴《しゅこう》を饋り、又館人をして常時饋餉を豊厚にせしむ」とあって、「官庁」「守令」が深く関与しつつも、なお共通する形態が見られる。また「梁陳述」にも、那覇で「毎家をして輪日成（梁成）等に餉せしむ」という簡潔な記述がある。

総論のつぎに箇条書きで与那国島情報が列挙される。かなりの長文だが、へたに要約せず、全文を読み下しで紹介しよう。

一、島人の容貌は我が国と同じ。
一、其の俗、耳を穿《うが》ち、貫くに青き小珠を以てし、垂らすこと二三寸許《ばか》り。又珠を貫きて項《うなじ》に繞《めぐ》らすこと三四匝《そう》（回）、垂らすこと一尺許《ばか》り。男女同じきも老者は否《しか》らず。
一、男女皆徒跣《はだし》にして鞋《くつ》無し。

一、男子は髪を絞《くく》り屈《ま》げて之《これ》を畳み、束ぬるに苧縄を以てし、髻《まげ》を項〔頂カ〕辺に作り、網巾を着せず。鬚《あごひげ》は長くして臍《へそ》を過ぎ、或いは絞りて髻を繞らすこと数匝。婦人の髪も亦長く、立てば則ち跟《かかと》に及び、短き者も膝に及ぶ。髻を作らず環らして頭上に統《たば》ね、横ざまに木《き》梳《ぐし》を鬢《びん》に挿《さ》す。

一、釜・鼎《かなえ》・匙《さじ》・筯《はし》・盤《さら》・盂《わん》・磁瓦器無く、土を塼《こ》ねて鼎を作り、日に曝《さら》して之を乾かし、熏《くす》ぶるに藁火を以てす。飯を炊くこと五六日にして輒《すなわ》ち破裂す。

一、専ら稲米を用ゐ、粟《ぞく》（雑穀）有りと雖も種《ま》くを喜ばず。

一、飯は盛るに竹笥《け》（竹製食器）を以てす。摶〔塼〕ねて丸《がん》と為すこと拳《こぶし》大の如し。食案（テーブル）無し。小木几（お膳）を用ゐ、各おの人前に置く。毎食時、一婦人笥を司《つかさど》りて之を分く。人ごとに一丸なり。先づ木の葉を掌上に置き、飯塊を以て葉上に加へて之を食す。其の木の葉は蓮の葉の如し焉。一丸尽くれば又一丸を分かち、三丸を以て度（限り）と為す。能く食する者は、丸数を計《かぞ》へず、尽くるに随ひ随《まま》に給ふ。

一、塩醬無く、海水を以て菜に和し羹《あつもの》を作る。器は瓢子（ひょうたん）を用ゐ、或いは木を刳《く》りて之を為《つく》る。

一、酒は濁有りて清無し。米を水に債〔漬《ひた》〕し、女をして嚼《か》ましめて糜《かゆ》を為り、之を木《き》桶《おけ》に醸《かも》す。麴蘖《きくげつ》（こうじ）を用ゐず。多く飲みて然る後微《かす》かに酔ふ。酌するに瓢子を用ゐる。凡そ飲む時は、人ごとに一瓢を持ち、或いは飲み或いは止め、量に随ひて飲み、酬《しゅう》酢《さ》の礼（盃《さかずき》の応酬）無し。能く飲む者は又爵《さかづき》を添ふ。其の酒甚だ淡く、醸後三四日にして便《すなわ》ち熟し、久しければ則ち酸す。蒭・〔篘《さけこし》〕を用ゐず。

一、肴《さかな》は乾魚を用ゐ、或いは鮮魚を聶切《しょうせつ》（ぶつ切り）して膾《なます》を為り、蒜菜《さんさい》を焉《これ》に加ふ。

一、或いは米を漬して歩臼に擣《つ》き、摶ねて餅を為る。椶《びろう》大の如し。椶の葉（熊笹《くまざさ》か？）に裹《つつ》み、藁を以て之を束ね、烹《に》て之を食す。

一、其の居は、率《おおむ》ね一室に作り、房奥（奥の間）・戸・牖《まど》無し。前面は稍《や》や軒《のき》挙がり、後面は簷《ひさし》地に垂る。蓋《ふ》くに茅《かや》を用ゐ、瓦無し。外に藩籬《はんり》（垣根）無し。寝るに木床を用ゐ、衾褥《しとね》無し。藉《し》くに蒲席《ほせき》（むしろ）を用ゐる。居る所の室前に別に楼庫を立て、以て収むる所の禾《いね》を貯ふ。

一、俗、冠帯無し。暑ければ則ち或いは椶葉を用《もつ》て笠を作る。状は我が国の僧笠の如し。

一、麻・木綿無し。亦蚕を養《か》はず。唯だ苧を織りて布と為し、衣を作ること直領の如し。而して領《えり》及び襞積《ひだ》無し。袖は短くして濶《ひろ》し。染むるに藍青を用ゐる。中裙《ちゅうくん》（はだぎ）は白布三幅を用ゐ、統ねて臀《しり》に繋ぐ。婦人の服も亦同じ。但だ内に裳《も》を着して中裙無し。裳も亦青に染む。

一、家に鼠《ねずみ》有り、牛・雞・猫を畜《か》ふ。牛・雞の肉を食せず。死すれば則ち輒《たちまち》ち之を埋《うず》む。俺等云ふ、「牛・雞の肉、食すべし、埋むべからず」と。島人唾《つば》して之を哂《わら》ふ。

一、山に材木多し。雑獣無し。

一、飛禽《きん》は惟だ鳩《はと》と黄雀のみ。

一、昆虫は亀・蛇・蟾《ひきがえる》・蛙・蚊・蝿《はえ》・蝙蝠《こうもり》・蜂・蝶・螳蜋《かまきり》・蜻蜓《とんぼ》・蜈蚣《むかで》・蚯蚓《みみず》・蛍・蟹《かに》有り。

一、鉄冶有れども耒耜《すき》を造らず、小鍤《すき》を用《もつ》て田を剔《おこ》し草を去り、以て粟を種《ま》く。水田は則ち十二月の間、牛を用て踏ましめ、種を播《ま》き、正月の間秧《なえ》を移し、草を鋤《す》かず。二月稲方《まさ》に茂り、高さ一尺許り、四月大いに熟し、早稲《わせ》は四月に刈り畢《お》へ、晩稲《おくて》は五月に方《まさ》に刈り畢ふ。刈る後根荄《ひこばえ》復《ま》た秀で、其の盛んなること初めに愈《まさ》り、七八月収穫す。未だ穫さざる前、人皆謹慎し、言語《かた》ると雖も声を励まさず、口を蹙《すぼ》めて嘯を為さず（口笛を吹かない）。或いは草葉を捲きて之を吹くもの有らば、杖を以て之を擬して禁《いまし》む。収穫の後乃ち小管を吹く。其の声甚だ微細なり。

一、穫する所の稲は、稭《わら》を連ねて之を束ね、楼庫に置き、竹枚《えだ》を以て之を鑷《ぬ》き（脱穀）、舂《つ》くに歩臼《ふみうす》を以てす。

一、草及び禾を刈るに鎌を用ゐ、斫《き》るに斧《おの》・錛子《ぼうし》を用ゐる。又小刀有り、弓矢・斧戟《ふげき》（おのとほこ）無し。人、小槍を持ち、起居に於て舎《お》かず。

一、人死すれば則ち棺中に坐置し、厓厂《がけ》の下に置き、之を埋むるに土を以てせず。若し厓厂広くば則ち五六棺を幷べ置く。

一、其の土、温燠《おんいく》にして（暖かく）、冬も霜雪無し。草木彫《か》れず、又氷無し。島人単衣《ひとえ》二を着し、夏なれば則ち只一を着するのみ。男女同じ。

一、蔬《そ》（野菜）に蒜《にんにく》・茄子《なす》・真瓜《まくわ》・蹲鴟《いも》・生薑《しょうが》有り。茄子は茎の高さ三四尺にして、一たび種けば則ち子孫に伝へ、実を結ぶこと初めの如し。太《はなは》だ老ゆれば則ち中ほど之を斫《き》るに、又芽蘖《ひこばえ》を生じて実を結ぶ。
一、木は烏梅・桑・竹有り。
一、果は青橘・小栗・橘あり、四時開花す。
一、燈燭無く、夜は則ち竹を束ねて烜《たいまつ》と為し、以て之を照らす。
一、家に溷廁《こんし》（便所）無く、野に遺矢《いし》（用便）す。
一、布を織るに筬杼《せいちょ》（おさとひ。機織りの道具）を用ゐる。模様は我が国と同じ。其の他の機械は同じからず。升数（織物の密度）の麁細《そさい》は亦我が国と同じ。
一、地を掘りて小井を作り、水を汲《く》むに瓢罌《おう》を用ゐる。
一、舟は柁《かじ》・棹《さお》有るも櫓《ろ》無し。但だ順風に帆を懸くるのみ。
一、其の俗、盗賊無く、道に遺《のこ》るを拾はず。相《たが》ひに詈罵《りば》喧闘《けんとう》せず。孩児《みどりご》を撫愛し、啼哭《ていこく》すれども手を加へず（泣いても叩かない）。
一、俗、酋長《しゅうちょう》無し。文字を解せず。俺等、彼と言語通ぜず。然るに久しく其の地に処《お》り、粗あら言ふ所を解す。俺等郷土を思念し、常常涕泣《ていきゅう》す。其の島人、新しき稲茎《ひこばえ》を抜き、旧稲に比して之を示し、東に向きて之を吹く。其の意、蓋し新稲、旧稲の如く熟せば、当《まさ》に発還すべき也。

5　首里と那覇

浦添城から首里城へ

中山の本拠地ははじめ浦添にあった。浦添の語源は「うらおそい（浦襲）」で、浦々を支配する所の意という〔伊波二〇〇〇〕。伝説上の王舜天《しゅんてん》、実在が認められる最初の王英祖、そして明との通交をひらいた察度は、みな浦添から身を起こしたとされ、『おもろさうし』にも「聞《きこ》ゑ浦襲《うらおそい》や／按司《あぢ》の孵《す》で親《おや》国（産まれた尊い国）」と謡われている（15―20）。なかでも英祖は、「一伊祖《ゑぞ》の戦思《いくさも》ひ／月の数《かず》　遊《あす》び立《た》ち／十百年《ともゝと》　若《わか》てだ　栄《はや》せ／又意地気《いぢき》戦思《いくさめ》い……」（12―20）と武勇を讃《たた》えられ、「又首里《しより》杜《もり》　ちよわる（いらっしゃる）／英祖《ゑぞ》にや末《すへ》　按司《あぢ》襲《おそ》い／又真玉《まだま》杜《もり》　ちよわる／てだが末《すへ》　按司《あぢ》襲《おそ》い」（03―10・04―55・06―02（注））のように、第二尚氏の起源に位置づけられ、「てだ」＝太陽と対比されている。

（注）類作01―40、05―30、05―34、05―45、09―15。

英祖は、咸淳年間（一二六五～七四年）にヤマトから渡来した補陀洛《ふだらく》僧禅鑑のために、浦添城下に極楽寺を建立して仏教に帰依したという（『琉球国由来記』）。浦添城西北隅の城壁下にある墓地「浦添ようどれ」は、十三世紀には造営が始まっていたことが判明している。ここには英祖王とともに、十六世紀末に浦添を知行し、子のなかった尚永を嗣いで即位した尚寧が祀られている。一五九七年、尚寧は首里・浦添間の往還を整備した。この工事の完成記念碑において、尚寧は「そんとん（舜天）よりこのかた、二十四代の王のおくらゐ（位）をつ（継）ぎめしよわちへ（＝なさって）、うらおそひ（浦添）よりしより（首里）にて（照）りあが（上）りめしよわちや」と紹介されている（「浦添城の前の碑文」『金石文』）。察度、第一尚氏、第二尚氏と世が代わっても、浦添を中山王権の聖地とする記憶は生き続けた。右の往還整備や、「一首里《しより》杜《もり》ぐすく／だりじよ げらへわれ（見事にお造りになった）／……又聞《きこ》ゑ浦襲《うらおそへ》ど／国《くに》の弟者《おとぢや》成《な》しよわちへ」というオモロ（09―02）からは、浦添を副都に位置づけようとする意図が感じとれる。

察度王統を倒した尚巴志は浦添から首里への遷都を断行した。『球陽』によれば、「王、鼎都（首里を指す）を定め、丕《おお》いに教化を敷き、万民を制御す、而して国中の里数を改定し、以て広狭・険易・遠近を紀《き》む、且つ亦駅郵を創建し、以て命令を伝ふる也」という事蹟《じせき》が、永楽年間（一四〇三～二四年）のこととされている。ここに記された事蹟のすべてが同時に生起したとは考えがたいが、遅くとも尚巴志の即位した永楽末年には、遷都がなされていたことは認めてよい。

『おもろさうし』に「首里《しより》 おわる てだこ（王）が／百浦襲《もゝうらおそ》い げらへて（首里城正殿を造って）／玉走《たまはし》り 玉遣《たまや》り戸《と》（美しい引き戸） 見物《みもん》」（13―10）、あるいは「首里《しより》 おわる てだこ（王）が／玉石垣《たまいしがき》 げらへて／玉金《たまこがね》 持《も》ち満《み》ちへる ぐすく」（05―06）とあって、首里城の正殿や城壁の建設、豊かな富の蓄積を伝える。「首里《しより》杜《もり》 げらへて／げらへたる 清《きよ》らや／上下《かみしも》の世／揃《そろ》ゑ

る ぐすく」（05―07）は、首里城の建設が島の上下、国中を平均に治める根本だと謡いあげる。「一聞得《きこゑ》大君《ぎみ》ぎや／十《と》嶽《たけ》勝《まさ》りよわちへ／見《み》れども飽《あ》かぬ首里親《おや》国」（01―07）や「一首里杜《もり》ぐすく／島金《しまこがね》ぐすく／十《と》百《も》末《すゑ》／十《と》百歳《ひやくさ》す ちよわれ（千年までも末永くましませ）／又真《ま》玉杜《だまもり》ぐすく／国金《くにこがね》ぐすく」（05―23）にいたっては、気恥ずかしくなるほど手放しの賛歌だ。なお真玉杜は首里杜の対語である。

外国人の見た首里城

十六世紀の地理学者鄭若曾の著『琉球図説』が掲げる「琉球国図」（以下「鄭若曾本」とよぶ）は、明の冊封使の眼に映った琉球だ。図の大部分を沖縄島が、そのまた大部分を首里城が占める。諸要素は基本的に冊封使の動きに沿って配置され、沖縄島内では動線が点線で示される。説明の文字を冊封使の動きに沿って並べると、「西南福建梅花所開洋、順風七日可レ到二琉球一」「那覇港口一里九曲」「泊舟之所」「迎恩亭至二天使館一五里」「天使館至二歓会門一三十里」「中山牌坊、此牌坊在二歓会門五里一」とあって、王城の正門歓会門に至る。城内は上下二段の郭に分かれ、下段の御庭《うなー》の中央奥に描かれる龍首の背後に、上段の入口「漏刻門」がある。上段には二階建ての正殿を中心に五つの壮麗な建物が描かれている。冊封使の動線は王城の左右脇にある「天界等寺」「円覚等寺」にも分かれて伸びている。以上が沖縄島の記述のすべてで、その周りには、南に先島諸島、東北に伊平屋島等、西に慶良間諸島、久米島、尖閣諸島、小琉球＝台湾、澎湖島が適当にちりばめられている。

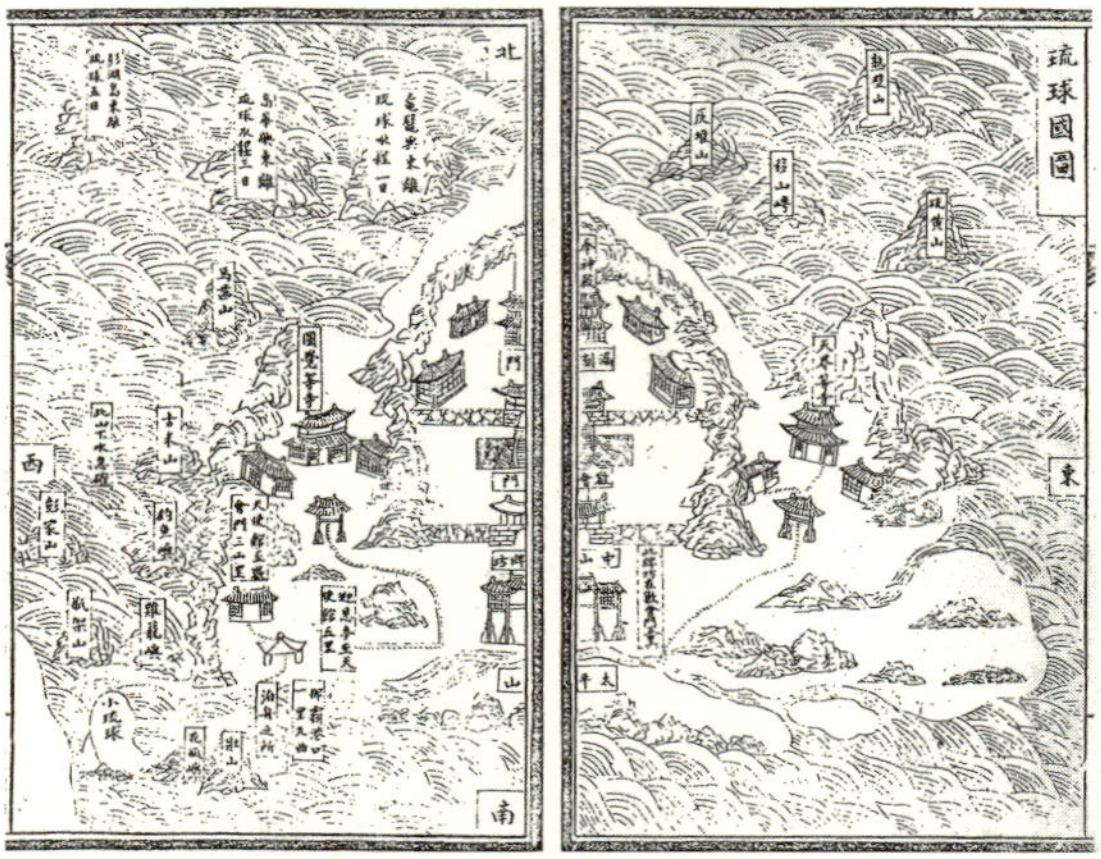

『琉球図説』が掲げる「琉球国図」（京都大学文学研究科図書館所蔵）

これに対して、十五世紀に活躍した博多商人道安所持の「博多・薩摩・琉球相距地図」（『朝実』端宗元5丁卯）をもとに作られ、十七世紀末に太宰府天満宮に奉納された「琉球国図」（以下「天満宮本」とよぶ）は、まったく描き方を異にする〔深瀬・渡辺二〇〇四〕。こちらの首里城は簡略で、那覇に関する豊富な記載（後述）と好対照をなす。中心部に固有名を欠く「門」の字が南北に二つ並び、ほかに城壁西南部に開いた「門」がある。郭内の西北隅に「太倉、執政人在所」とあるのが目をひくが、それ以外は王城を囲んで西方から右回りに、龍潭をさす「蓮池」、十四世紀後半に浦添城下に創建された「護国寺」、「浦傍《うらそえ》城、自二内裏一至レ此一里」、「自レ是至二国頭《くにがみ》山一峯嶮」、「皆人里」、「自レ是西皆田畠也」という付随的な記載があるのみだ。

道安が一四五三年に朝鮮政府に贈った地図（『朝実』端宗元7己未）をもとにした『海東諸

国紀』所収「琉球国之図」（以下「海東紀本」とよぶ）では、三つある「門」、「大倉、王弟大臣所レ居」、「蓮池」、「浦傍城」、「自レ此至二国頭一皆山」「自レ此至二島尾一皆由田（田畠カ）」の記載が「天満宮本」と対応する（護国寺と皆人里に対応する記載はなし）。「執政人」とは具体的には「王弟・大臣（王相を指すか）」であり、「大倉」がその執務の場だったことがわかる。

　首里を訪れた朝鮮人の見聞に眼を移そう。「梁陳述」によれば、天使館と思われる「水辺の公館」に住んでひと月、漂流者らは「王城」を訪れた。城は三重構造で、「外城は倉庫及び厩《うまや》有り、中城は侍衛軍二百余之《ここ》に居し、内城は二三層閣（外見は二層、内部は三層という意味か）有りて大概（漢城の）勤政殿の如し」だった。王が吉日に政務をとるこの建物は、鑞《すず》をかぶせた板で葺《ふ》かれ、上層に珍宝を納める蔵、下層に酒食をおく厨房《ちゅうぼう》があり、中層は王の居所で侍女百余人が詰めていた。また、「肖陳述」によれば、やはり城は三重で、城壁は漢城のそれよりやや高くて曲水のようにうねっているが、城門は漢城のと変わらなかった。王の居する二層閣は丹雘《たんわく》（紅色の塗装）で彩られ、屋根は板葺きで鷲頭ごとに鑞がかぶせてあった。廊がぐるりと回り、部屋数ははかりしれず、軍士が宿衛していた。外城の内には倉庫と内厩があり、つねに大きな馬六匹が飼養されていた。「普陳述」からは、王宮の名を「乾清殿」といい、正門には「紫丹城」の額が掛かっていたことがわかる。なお、首里の城下町については、「肖陳述」では「民居は稠密にして、屋を比《なら》べ墻《かき》を連ね、街路甚だ狭し、人家は松・棕《しゅろ》の二樹を種植するを好む」、「金陳述」では「人家或いは瓦を蓋くも、然して板屋甚だ多し」と観察されている。

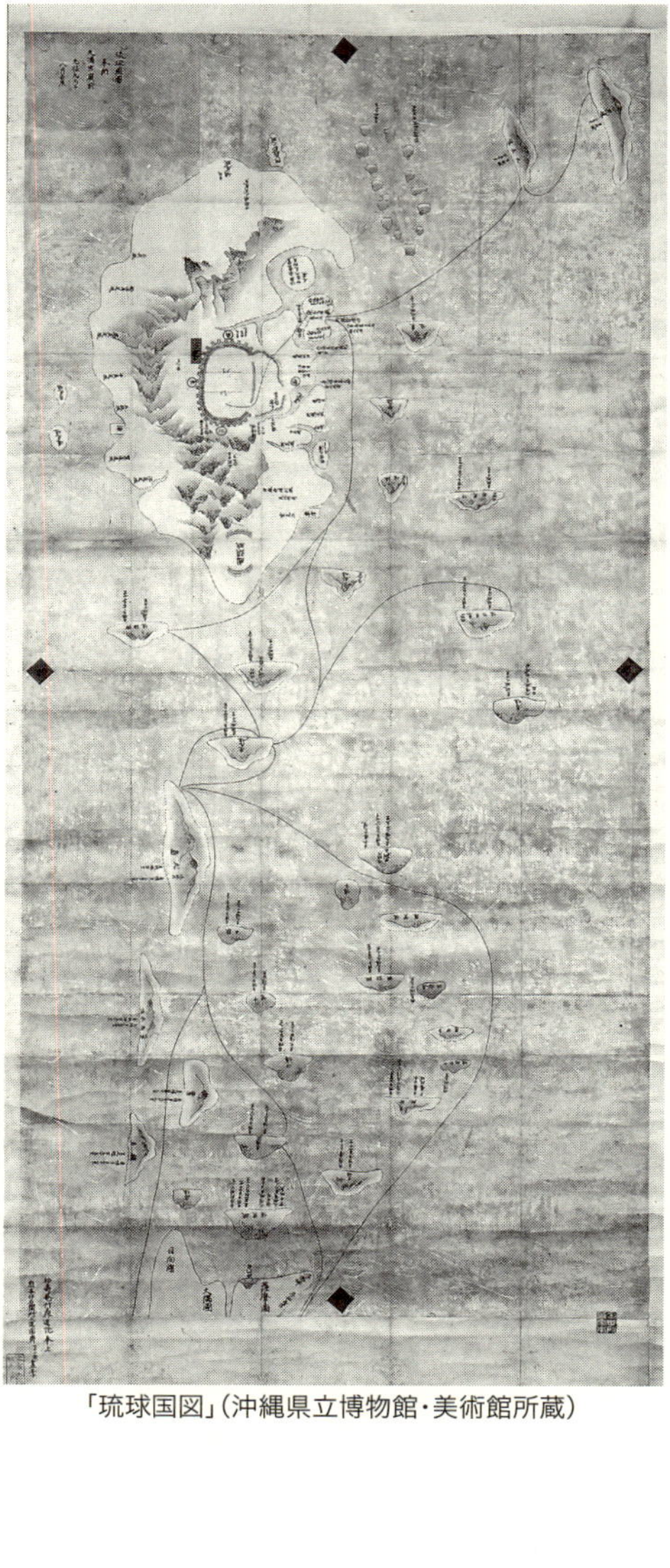

「琉球国図」(沖縄県立博物館・美術館所蔵)

海の玄関口、那覇

首里への遷都に、察度王統以前のしがらみから自由になろうとする尚巴志の意思が働いていたことは、想像にかたくない。それに加えて、王城の外港をどうするかという問題があり、こちらのほうが切実だったと思われる。浦添城の外港は牧港、ついで泊だったとされる〔伊波二〇〇〇〕が、一三七二年に琉明外交が成立して明の官船が往来するようになって以来、とりわけ一三八五年に中山と山南が明から大型海船を賜与されて以来、牧港や泊では、港の入口が狭く規模も小さいことがネックとなっていた。

そこで注目されたのが、国場《こくば》川・饒波《のは》川・久茂地《くもじ》川の河口に浮かぶ島（浮島）だった那覇だ。「鄭若曾本」に「一里九曲」とあるように、港口が狭く屈曲の多いのが難点だが、港内の水面が広く、流れこむ淡水で珊瑚礁《さんごしょう》が発達せず、島は平坦《へいたん》で施設が造りやすい、という好条件がそろう場所は、沖縄本島唯一といってよい。これに引かれて那覇の背後の丘上に都が移動してきたともいえよう。

那覇港の建設については、つぎのオモロがよく引用される（13―08）。

一首里《しより》　おわる　てだこ（王）が
浮島《うきしま》は　げらへて（造成して）
唐《たう》　南蛮《なばん》　寄《よ》り合《や》う　那覇泊《なはどまり》
又ぐすく　おわる　てだこが

高橋康夫は、当初から浮島全体が那覇だったのではなく、その一角を狭義の那覇が占めていた浮島に、王権が大規模な土木工事を施すことで、中国や東南アジアの船も輻輳《ふくそう》する国際貿易港を創出していった、とこのオモロを読み解く。こうして狭義の那覇の港湾施設、華人居留地久米村、そして長虹堤が整備されていくが、華人が住み着いた原初的な船着きは波上《なみのうえ》にあったのではないか、という〔高橋二〇一五〕。

那覇が『おもろさうし』に登場する回数は、王国にとっての重要性のわりには首里の足もとにもおよばない。右掲以外で私の見つけたすべてを列挙しよう。

・又那覇泊《なはどまり》　ぬき当《あ》てゝ（目あてにして）／親泊《おやどまり》　ぬき当《あ》てゝ（13—24）

・又那覇泊《なはどまり》　走《は》り合《や》へば／又親泊《おやどまりは》　走り合《や》へば（13—47）

・又金比屋武《かなひやぶ》（今帰仁城中の拝所）にから／那覇泊《なはどまり》かち（まで）（13—123）

・一今帰仁《みやきぜん》の親御船《おやおうね》／銀《なむぢや》　金かく富《とみ》／艫《ともま》巻き上《や》げ／那覇泊《なはどまり》　走《は》りやせ（13—124）

・一按司襲《あぢおそ》いぎや親御船《おやおうね》／島見《しまみ》らば久米《くめ》あら（岳名）／明日《あちや》わ那覇泊《なはどまり》（13—155）

・一安里掟《あさとおきて》　親御蒲《おやみかま》（人名）／貢積《かまゑつ》む首里《しより》親国《おやぐに》／又天久口《あめくぐち》　親泊《おやどまり》／又那覇泊《なはどまり》　親泊《おやどまり》（15—01）

・又那覇港《なはみなと》／橋渡《はしわた》ちへ　道渡《みちへわた》ちへ／又那覇渡《なはわた》て／いなそ嶺《みね》（地名、南城市稲嶺か）淀《よど》しよわ（留まり給え）（20—24）。

首里と那覇は、丘上の政治的中心と水際の経済的中心が緊密に結ばれた双子都市だ。喜界島の城久遺跡から見下ろす湾集落の眺めは、首里城から見下ろす那覇とそっくりで、前者は後者

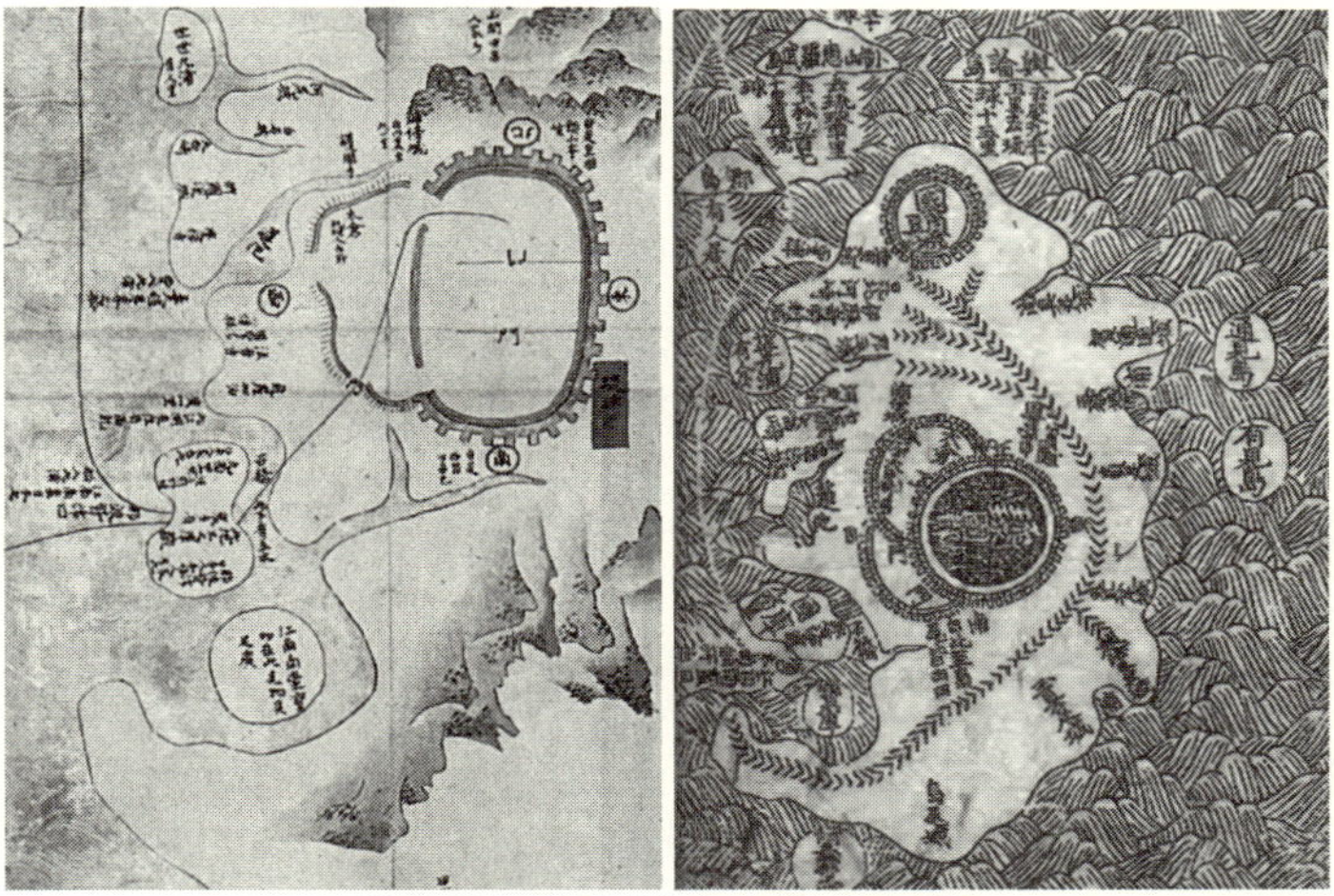

「海東紀本」と「天満宮本」に描かれた那覇

の原型のように感じられる。しかしこの双子は二卵性で、琉球社会のなかでの位置はまったく異なる。那覇はどのオモロでも水陸交通や貢納との関係で登場している。とくに首里と併出する15―01「安里掟……」においては、天久すなわち泊港についで、首里に「貢」を搬入する主要な入口にすぎない。

　神女と王権の結びつきを軸とするオモロの世界では、聖地首里に対して那覇は俗地ゆえ登場回数が少なくなった。一五三四年に明の冊封使陳侃《ちんかん》が著した『使琉球録』によると、神の憑依した「女君」たちは隊列を組んで宮中に入り神遊びをするが、「唯だ那覇港等の処へは至らず、此れ不良者の家多く、兼《ま》た漢人有るが故を以て」だという（巻下「群書質異」中『大明一統志』への按文）。那覇の担った経済機能や対外関係は、神女の領域とはなはだ折りあいがよくなかった。

十五世紀後半の那覇

那覇には明建国以前の十四世紀なかばには華人居留地が形成されつつあり、琉球三山の対明、対東南アジア通交はかれら華人の力に頼るところが大きかった。同一人が中山王と山北王、あるいは中山王と山南王双方の「臣」として入明したような事例（『明実』洪武21 9丁亥・同27正乙丑）は、山北・山南を中山による擬装ととらえる見方もあるが、むしろ、その航海を支えたのが三王のいずれにも専属しない華人集団だったことをうかがわせる。とはいえ、都を那覇至近の場所に移した中山の優位性は明らかで、引き続く三山統一の過程で、那覇の華人集団はしだいに中山の王権のもとに取りこまれ、「久米村《くにんだ》（唐栄）」とよばれた居留地は王国の外交部局の性格を強めていく。

「鄭若曾本」の描く那覇は港口・船着き・迎恩亭・天使館のみだったが、「海東紀本」と「天満宮本」、とりわけ後者では、那覇とその周辺について詳細な記載がある。まず「那波皆津口、江南・南蛮・日本之船入二此浦一」（「海東紀本」では「湾口、江南・南蛮・日本商船所レ泊」）を抜けて浮島に船を着けると、「那波皆津《みなと》」（「海東紀本」おなじ）の情景が広がる。

「唐船グムイ（池）」とよばれた船溜《ふなだま》りのある島西南部には、港湾機能の中核を担う「親見世《おやみせ》」をはじめ、冊封使の迎接儀礼を行なう「迎恩亭」、冊封使の滞在する「天使館」、朝貢品の硫黄を保管する「硫黄グスク」、船の建造・修理の場である「スラ所《じょ》」など、朝貢・交易関連施設が集中していた（高良一九九八）。「肖陳述」に「船隻、常に蛆食《むしくい》を患《うれ》え、江辺に於て草舎を作り入れ置く焉」とあるのは、スラ所のことだろう。

　親見世は近世には那覇の市政を掌《つかさど》る役所となるが、古琉球では見世＝店という名称にふさわしく貿易取引の市場だった。「肖陳述」に「市は江辺に在り、南蛮・日本国・中原の商船来りて互市す」とあり、「金陳述」に「江南人及び南蛮国人、皆来りて商販し、往来絶えず、俺等皆目覩《もくと》せり」とある。市では「綵段・繒帛・苧布・生苧・梳・剪刀《せんとう》・針・菜蔬・魚肉・塩・醢・南蛮国班繒・班縣布・檀香・白経黒緯縣布・藤唐青黒白綿布・磁器等物」などが取引されていた（金陳述）。「肖陳述」によれば、江辺には城壁で囲まれた倉庫エリアもあった。「天満宮本」に「此地王之庫蔵《くら》衆多《あまた》有」（「海東紀本」では「国庫」）とあるのがこれに相当しよう。そのなかの「酒庫房」には大甕《おおがめ》が所狭しとならび、庫ごとに熟成年数を示す額が掲げられ、「軍器庫」は「鉄甲・槍・剣・弓矢」で充満していた。

　船溜りの先の湾内に浮かぶ小島には、明や東南アジアから輸入された宝物の倉庫である「御物グスク」があった。「天満宮本」では実際よりはるかに大きな島として描かれ、「江南・南蛮宝物在レ此、見《み》物具《ものぐ》足《すく》広」という説明が付いている（「海東紀本」では「宝庫」）。第二尚氏王統を開いた金丸＝尚円が、その管理者である「御物城御鎖側《おざすぬすば》」から立身したことからも、重要な施設であることがわかる。

　浮島の中央部には土塁で囲まれた久米村があり、華人のほか朝鮮人も居留していた。「天満宮本」に「九面里《くめ》、江南人家有レ此」とあり（「海東紀本」では「九面里」）、「梁陳述」に「館（天使館）傍の土城に百余家有り、皆我が国（朝鮮）及び中原の人之《ここ》に居す」とあり、「金陳述」

に「唐人の商販に来たりて因りて居する者有り、其の家は皆瓦を蓋《ふ》き、制度は宏麗なり、内に丹雘を施し、堂中に皆交倚《こうい》（イス）を設け、其の人は皆甘套《かんとう》（毛皮のコート？）を着す、衣は則ち琉球国の如し」とある。現存する痕跡は、天妃小学校の敷地内に残る上天妃宮の石門と、「大門《うふじょう》」「西武門《にしんじょう》」の地名のみだ。また、「天満宮本」に「日本人・本嶋人家有レ此」とあるように、浮島ではヤマト人と琉球人が雑居しており、久米村北隣の「若狭町」は上方出身者によって開かれたという。その西北端の海に突き出た小高い山の上には、「天満宮本」の記載する「波上熊野権現」が勧請《かんじょう》されていた。この社は「波上宮」とよばれていまも繁盛している。

一五六一年久米村に冊封使郭如霖が上天妃宮を創建する以前、浮島内には波上と那覇の二か所に天妃宮があった〔高橋二〇一五〕。天妃は媽祖ともいい、福建に発祥する海の守り神だ。「普陳述」に「海辺に於て天妃娘娘殿を作る、若し船を発すれば則ち馬・猪を斬りて之を祭る、舟を大洋に泛《うか》べ、或いは風浪に遇へば、船中の人共《ひと》に斉しく心に天妃を念じ、筆を懸くれば則ち其の筆自《みずか》ら落ち、自書して〈平安無事〉と云ふ」とある。一四五七年に「上天妃宮」と「天妃宮」に和式の梵鐘《ぼんしょう》が掛けられたが、前者は波上の天妃宮、後者は那覇の下天妃宮と考えられる。前者はしだいに久米の上天妃宮にとって替わられ、鐘も波上から久米に移された〔同〕。

浮島の周辺に眼を転じよう。首里方面へは懐機の造った「長虹堤」が延びていた。「天満宮本」には「石橋、此下有二五水一」と記され〔「海東紀本」では「石橋」〕、水の通り道として五つのアーチが設けられていたことがわかる。以下の記述は「海東紀本」にはなく、「天満宮本」による。浮島の北に面する陸地には泊港を指すと思われる「飛羅加泊《ひらか》」があり、その先の海中に「此江湖来往有㆓満乾㆒、広一里」という説明がある。那覇の港口とは異なって、干潮時には船の通行ができなかったという意味だろう。その北の海中に「毒（徳之島）・大嶋（奄美大島）・鬼界（喜界島）之船皆入㆓此浦㆒」とあるのも、少し位置がずれているが泊港の説明だ。「飛羅加泊」の北の陸地に「法音寺」と「国聖寺、僧禄」がある。法音寺は一四三八年の礼部宛尚巴志王咨文に「本国十刹内」としてみえる「報恩寺」だろう（『歴宝』17―05）。国聖寺は禅宗寺院を統括する僧録だった点注目されるが、天王寺・円覚寺以前の僧録については、この記載以外に手がかりがない〔深瀬・渡辺二〇〇四〕。

なお寺院や仏教信仰に関しては、那覇にかぎった記事ではないが、「朴陳述」に「其の俗、盛んに僧仏に事《つか》へ、私居及び官府に皆仏像を列《なら》ぶ」とあり、「金陳述」に「寺刹有り、板を以て蓋《やね》と為し、内に漆を施し、仏像有り、皆黄金なり、居僧は髠首《こんしゅ》（剃髪《ていはつ》）し、或いは緇衣《しえ》（黒衣）、或いは白衣《びゃくえ》、其の袈裟《けさ》は我が国（朝鮮）と同じ」とある。

第三章　冊封関係と海域交流

1　久米村と『歴代宝案』

朝貢・中継貿易

琉球の国家としての存立を支える軸は明との朝貢—回賜の関係にあった。明は周辺諸国の朝貢に対して何年に一回という制限を設けており、安南やジャワは三年一貢、日本は十年一貢といったぐあいだった。そのなかで琉球は、通交開始当初は制限がなく、その後も一年一貢が認められ、一四七五年に二年一貢とされたが、それでも他の諸国に比して群をぬく進貢回数を誇った。『明史』によれば、——これは朝鮮の回数に疑問があるなど絶対的な数字ではないが——琉球がトップで一七一回、以下二位安南八九回、三位チベット七八回、一三位日本一九回などとなっている。これはすでに述べたように、海禁体制を布《し》く明が、自国商人に頼らず海外産品を入手するために、琉球という国家に貿易公社のような位置づけを与えていたことの結果だ。

琉球の朝貢使節団は、琉球むけの市舶司がおかれた福建の泉州に入港して入国手続きをすませ、おもだったメンバーはひきつづき北京（一四二一年以前は南京）までのはるかな旅路についたが、残りは市舶司内の来遠駅（泉州琉球館）に滞在して貿易取引を行ないつつ、上京勢の帰還を待った。市舶司は一四七二年に二〇〇キロほど東北の福州に移転して客館名も柔遠駅と変わり（福州琉球館）、明治維新期まで続いた。この移転は、琉球使が泉州より上京に便利な福州に好んで入港したことを追認したもので、市舶司による入国管理も琉球に対しては緩いものだったことがわかる。上京勢は北京の会同館に滞在し、至近距離にある紫禁城に外交儀礼や賜宴のため赴いたり、会同館で御用商人を介して貿易を行なったりしつつ、四、五十日ほど滞在した。

琉球の外交相手国として明についで重要なのが朝鮮と日本だった。朝鮮は明の被冊封《さくほう》国としては、のちに述べる東南アジア諸国と同様、琉球の傍輩《ほうばい》で、被冊封国相互の外交関係があった。他方、奄美諸島、九州西岸、壱岐・対馬という海路を通じて、明中心の国際秩序を前提としない接触が古くからあり、それにともなって、三山時代に山南の王や王子が朝鮮へ亡命するといった事態も生じた（第二章2）。ただし朝鮮から積極的に琉球へ働きかけることはなく、琉球による朝鮮漂流民の送還に答礼する程度にとどまった。十五世紀なかば以降になると、琉球使として朝鮮を訪れる者の多くが博多商人などの倭人となり、それも時期を下るごとに偽使の割合が多くなっていく。

日本との関係は、前章に述べたように史料上はきわめて希薄だが、そのおもな原因は、被冊

万国津梁鐘(沖縄県立博物館・美術館所蔵)

封国相互の外交がまったく存在しなかったことにある。そのいっぽうで、倭人勢力をおもな担い手とする民間レベルの往来は、かなり密なものがあったらしい。一四七一年に朝鮮で成立した『海東諸国紀』琉球国之図の那覇湾口に、「江南・南蛮・日本商船所レ泊」という説明があること、那覇の一角に中国人居留区「久米村」ほど稠密《ちゅうみつ》ではないものの、日本人居留区が存在したこと〔上里二〇〇五〕、がそうした想像の根拠だ。これは、朝鮮の商人や船が積極的に琉球を訪れた形跡のないことと、対照的だ。

万国津梁鐘

明・朝鮮・日本三国との多彩な形態による往来が、琉球王国に莫大《ばくだい》な富と繁栄をもたらした。一四五八年に首里城正殿前面の軒下に掛けられた大鐘、通称「万国津梁《しんりよう》鐘」(沖縄県立博物館・美術館に現存)の銘は、誇らしげに謳《うた》いあげる（原漢文）。

琉球国は南海の勝地にして、三韓（朝鮮）の秀を鍾《あつ》め、大明を以《もつ》て輔車《ほしや》と為《な》し、日域（日本）を以て唇歯《しんし》と為し、此《こ》の二中間に在りて湧き出づるの蓬萊《ほうらい》嶋なり。舟楫《しゆうしゆう》（海船）を以て万国の津梁（かけ橋）と為し、異産至宝は十方の刹《さつ》（寺院）に充満せり。地霊・人物は遠く和夏の仁風を扇《あお》ぐ。

「三韓の秀を鍾め」の句については、第一章1でふれた。「輔車」は頬骨と歯牙の下骨、「唇歯」は唇と歯で、ともに切っても切れない関係のたとえ。明および日本とのそうした関係は、「和夏の仁風を扇ぐ」の句にも表出している。ややひっかかるのが、「異産至宝」が「刹」にみちるという部分だ。俗の領域の頂点に位するはずの首里城の鐘に、なぜ寺が謳われるのだろうか。

右に引いたのは銘文の頭から三割弱で、続いて当時の尚泰久王が、王位を継いで人民を育み、仏教を興隆して四恩に報いんと、巨鐘を新鋳して殿前に掛けたことを語り、さらに、「憲章を三代の後に定め、文武を百王の前に戢《おさ》め、下は三界の群生を済《すく》ひ、上は万歳の宝位を祝ふ」という凝った対句表現で「序」は結ばれる。後半は相国寺住持渓隠安潜《けいいんあんせん》が王命を承けて詠んだ四言一二句からなる「銘」で、形式上はこれが銘文の本体だ。銘の内容は序とさほど変わらないが、「堯風永く扇ぎ、舜日益ます明るし」といった儒教的な嘉句も盛られている。末尾は「戊寅（一四五八年）六月十九日辛亥、大工藤原国善、住相国渓隠叟之《これ》を誌《しる》す」と結ばれる。

古琉球期の梵鐘《ぼんしょう》は佚亡をもふくめ二二点が知られているが（『金石文』）〔杉山一九九八〕、尚泰久王代の一四五六〜五九年に一八点が集中している。その銘のすべてが渓隠安潜の撰《せん》になり、「万国津梁鐘」以外の一七点の銘は、鐘が設置された施設および造立関係者の固有名詞をのぞいて、ほぼ同文だ。念のため掲げておくと、「華鐘鋳就、掛着珠林、撞破昏夢、正誠（または禱）天心、君臣道合、蛮夷不侵、彰鳧《ふ》氏（鐘匠）徳、起追蠡《たいれい》（多くの人が用いるさま、鐘の縁語）吟、万古皇沢、流妙法音」。渓隠は確証はないが京都五山からの渡来僧と考えられ、一八点にあらわれる鋳物師は藤原国吉（国義、国善とも）・同国光のふたり、ともに北九州に出自する鋳物師だ〔高橋二〇一五〕。これらの鐘は、王権周辺のヤマト系仏教信仰圏という狭い世界のなかで、短期間だけ盛行した文化の所産で、琉球の風土にさほど深く根づいたものではなかった。「万国津梁鐘」をより深く理解するには、こうした観点も忘れてはなるまい。

鐘の通称の典拠である「舟楫を以て万国の津梁と為す」の句から、琉球の繁栄をもたらしたのが、明・日本・朝鮮との関係だけではなかったことがわかる。首都の外港として王国を代表する対外貿易港那覇を起点とする交易ルートは、右に引いた「江南・南蛮・日本商船泊する所」が語るように、シャム・パレンバン・ジャワ・マラッカ・スマトラ・パタニ・安南・スンダなどの東南アジア諸国に延びていた。これらの国々から買い付けた胡椒《こしょう》・蘇木等の産物を明に朝貢として搬入し、回賜として得た磁器等の中国特産品をこれらの国々に運ぶ中継貿易こそ、琉球の最大の収入源だった。

かけがえのない『歴代宝案』

そうした琉球の外交・貿易活動を支える人的資源として、第二章2で述べたように、東アジア外交のノウハウをもつ華人（主として福建人）が明から送りこまれた。かれらは、自主的に琉球に移住した同胞ともども、王国の外交・貿易業務を担う専門家集団となり、「閩《びん》人三十六姓」の名でよばれた（閩は福建の異称）。かれらは、那覇の一角に「久米村」とよばれる居留区を形成し、また、そのトップは王国内に明の制度にならって設けられた「王府」の長官である「王相」の地位に就いた。

那覇市中心部の一角に、久米《くめ》一丁目、同二丁目の町名があり、その南端に大門《うふじょう》、北端に西武《にしん》門《じょう》の地名がある。久米一丁目の天妃《てんぴ》小学校敷地の東隅には、久米上天妃宮の石門が残っている。久米の西北に隣接する若狭一丁目の護国寺・波上宮の隣接地には、日本にはめずらしく規模の大きな孔子廟があり、大成殿・明倫堂・天尊廟・天妃宮と久米村人蔡温・程順則の記念碑がある。ここは、高橋康夫がその存在を明らかにした波上天妃宮（第三の天妃宮）の故地の可能性がある。さらに新しい施設として、久米二丁目に中国風の庭園や建物を詰めこんだテーマパーク「福州園」があり、その北側隣接地に二〇一三年にあらたな大成殿が建設された。もともと大成殿のあった地は国道五八号線で削られてしまい、国道沿いの那覇商工会議所隣に民国六十三年（一九七四）に建てられた孔子像がある。松山通りをはさんで福州園の東側にある松山公園には、進貢船をかたどった「久米村発祥地」の碑がある。以上が、かろうじて残った久米村の痕跡だ。

久米村天妃宮石門（著者撮影）

程順則頌徳碑（写真提供 岐阜女子大学デジタルミュージアム）

孔子像（写真提供 那覇市経済観光部観光課）

久米村発祥地の碑（著者撮影）

京都五山の文学僧月舟寿桂《げつしゆうじゆけい》が一五三〇年ころに作った「鶴翁字銘并びに序」という文章に、「此者《このごろ》僧智仙字鶴翁なる者有り、琉球より来り、名を東福に隷す、頗《すこぶ》る芸に遊び、予に就きて鶴翁の義を述ぶるを覓《もと》む」とあり、鶴翁は琉球の風俗について、つぎのようなことを月舟に語った。古琉球時代の久米村を知る希有《けう》な史料といえよう（原漢文）。

一聚落有りて久米村と曰ふ。昔大唐の人百余輩、此の地に来居して村を成す。頗る文字有り、子孫相継ぎて学ぶ。彼の文有る者をして、鄰国往還の書を製せしむ。

「頗る文字有り」すなわち中国語に堪能だった久米村人は、おのずと「鄰国往還の書」すなわち外交文書の作成を専門の業務とするようになり、なかには明の大学に留学する者もいた。中国を中心とする東アジア・東南アジアの国際社会では、外交文書は共通の文字・言語である漢文で書かれ、文書様式も純粋に中国国内の公文書の様式が用いられた。久米村人は外交文書の作成業務を滞りなくはたすために、みずからが起草した外交文書の控えと、相手国から到来した外交文書の写しとを、参考資料として蓄積した。ある時期に琉球王府の命でこれが一書にまとめられ、『歴代宝案』と命名された。

『歴代宝案』には、一四二四～一八六七年の四四四年間にわたる文書約四五九〇通が収められている。外交・貿易を重要な存立基盤とした琉球の歴史にとって、不可欠の史料であることはいうまでもないが、明・清代の朝貢貿易体制にともなう漢文外交文書の実例を、これほどの規模と継続性をもって見わたせる史料は、中国にも類例がない。原本二部は関東大震災および

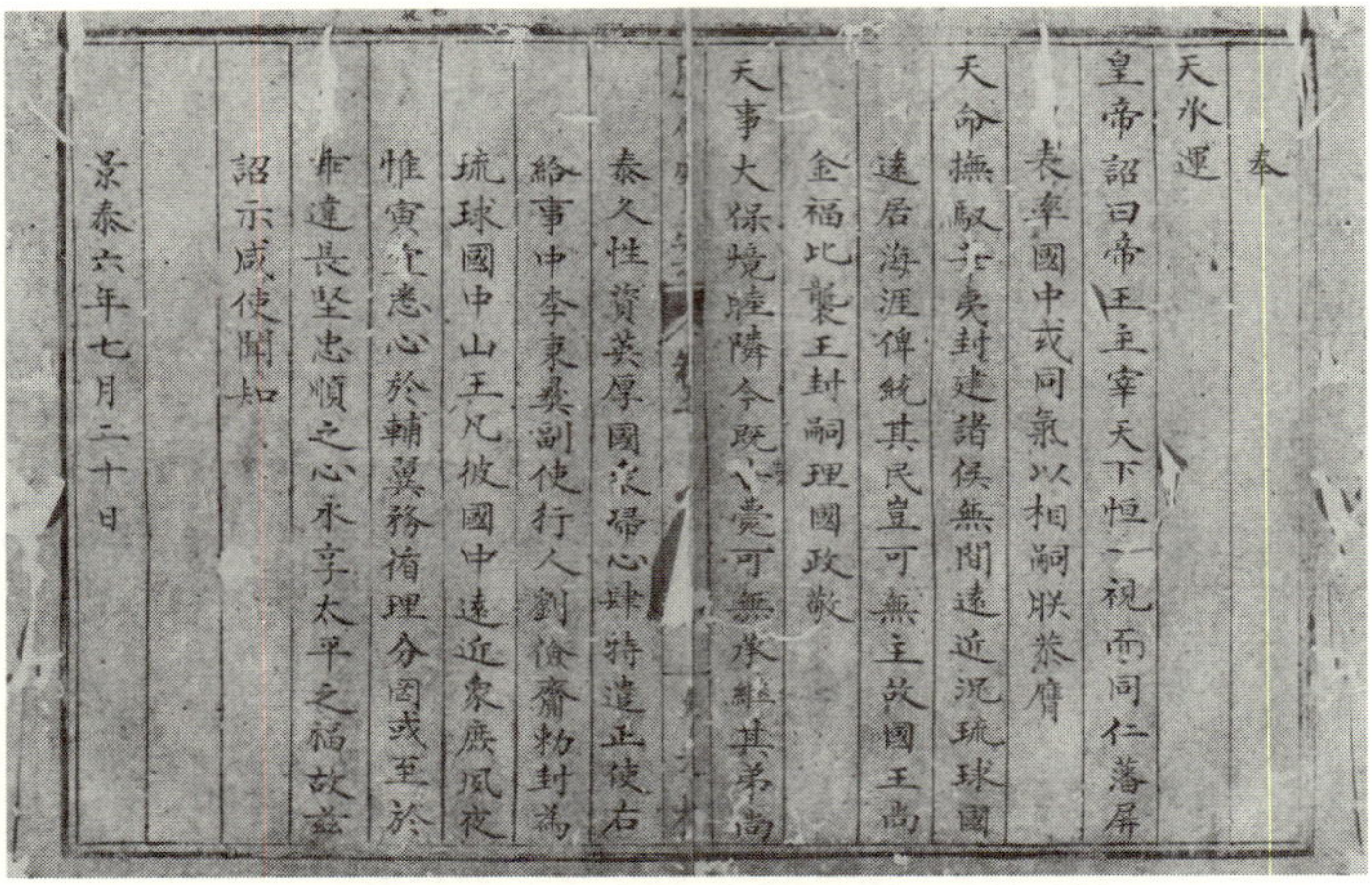

奉
天承運
皇帝詔曰帝王主宰天下恒一視而同仁藩屏
表率國中或同氣以相嗣朕恭膺
天命撫馭華夷封建諸侯無間遠近況琉球國
遠居海涯俾統其民豈可無主故國王尚
金福比襲王封嗣理國政敬
天事大保境睦隣今既[illegible]豈可無承繼其弟尚
泰久性資英厚國人歸心肆特遣正使右
給事中李秉彝副使行人劉儉齋勅封為
琉球國中山王凡彼國中遠近衆庶夙夜
惟寅尤悉心於輔翼務循理分固或至於
非違長堅忠順之心永享太平之福故茲
詔示咸使聞知
景泰六年七月二十日

『歴代宝案』影印本第1集第1巻(沖縄県立図書館所蔵)

太平洋戦争の沖縄戦で失われたが、さいわい写真版といくつかの写本によって、もとのかたちをほぼ復元することができた。その成果は沖縄県史編纂《へんさん》の一環として出版された『歴代宝案校訂本』『歴代宝案訳注本』で見ることができる。

『歴代宝案』は、文章という一次元の情報だけでなく、字配り・改行・擡頭《たいとう》など二次元の姿までも忠実に写している点で——印章に関する情報は残念ながら省かれているが——、いっそう史料的価値が高い。さらに、文書の様式は中国国内で用いられたものに準拠しているから、外交という領域にかぎらず、中国古文書学全般についても一級の史料だ。また史料に恵まれない東南アジア諸国の国制や外交体制をかいま見せてくれる点でも、アジア史レベルでの貴重な財産といえる。

暹羅国宛国王咨を読む

『歴代宝案』に収められた外交文書の姿を、シャムにあてられたもののなかでもっとも古い洪熙元年（一四二五）の咨（『歴宝』40―02）を例として見てみよう。

琉球國中山王爲
進貢事切照本國稀少貢物爲此今遣正使
浮那姑是等坐駕仁字號海船裝載磁器
前往
貴國出産地面收買椒蘇木等貨回貨〔國カ〕
以備
進貢
大明御前仍備禮物
詣前奉献少伸遠意幸希收納仍煩聽今
差去人員及早打發趕趁風迅回國庶使
四海一家永通盟好今将奉献礼物数目
開坐于後須至咨者
今開
織金段五匹　素段貳拾匹

《琉球国中山王、進貢の事の為にす。切照するに、本国は貢物稀少なり。此《これ》が為、今正使浮那姑是《ふなこし》等を遣はし、仁字号海船に坐駕し、磁器を装載して貴国の出産地面に前《すす》み往き、胡椒・蘇木等の貨を収買して回国し、以て大明御前に進貢するに備へんとす。仍《な》ほ、礼物を備へて詣《いた》り前みて奉献し、少しく遠意を伸ぶ。幸希《ねが》はくは収納せられよ。仍ほ煩聴《ねが》はくは、いま差去せる人員は、及早《すみや》かに打発し、風迅に趕趁《かんてん》して（季節風に乗って）回国せば、四海一家をして永く盟好を通ぜしむるに庶《ちか》からん。今、奉献せる礼物の数目を将《もつ》て後に開坐す。須《すべか》らく咨に至るべき者なり。》

腰刀五柄　摺紙扇参拾柄
硫黄五阡斤今報貳阡伍伯斤正
大青盤貳拾箇　小青盤肆伯箇
小青碗貳阡箇
右　咨
暹　羅　國
洪熙元年　月　日
咨

咨は同等の官庁間でやりとりされる公文書の様式名で、琉球とシャムが明の被冊封国として横ならびだったことに対応する。明皇帝にかかわる「大明御前」で二字擡頭、明の国家にかかわる「進貢」で一字擡頭、相手国にかかわる「貴国」で改行（平出《へいしゅつ》）している。これらは尊敬の度あいを視覚的に表現する作法で、皇帝を戴《いただ》く外交世界での国家間関係をあらわしている。書き出しの「為某某事」は当該文書の主題を示し、本文末尾の「須至咨者」は咨という様式の定型句である。「今開」は次行以下が一覧であることを示す句で、このばあいはシャムにもちこむ「礼物」の名称と数量になっている。織金段（緞＝どんす）・素段・各種青磁は明、腰刀・摺紙扇はヤマト、硫黄は琉球の産物と思われる。ただしこれが船積みされた交易品のすべてではなく、乗員が個人的な取引のために携えた品もあった。明を盟主とする外交世界を律する理

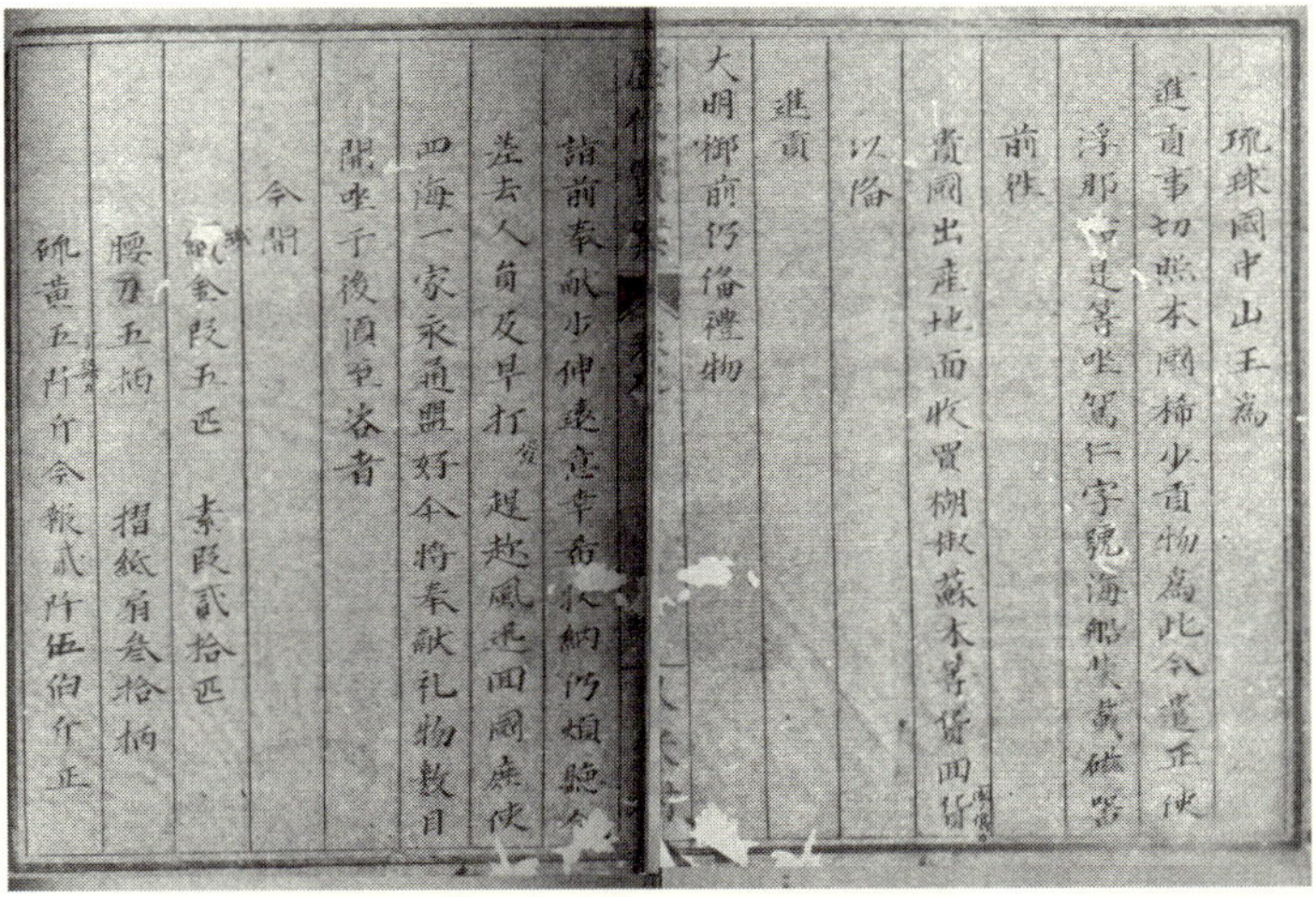
琉球國中山王爲
進貢事切照本國稀少貢物爲此今遣正使
浮那古是等坐駕仁字號海船壹隻裝載磁器
前往
貴國出産地面收買胡椒蘇木等貨回國
以備
進貢
大明御前仍備禮物
詣前奉獻少伸遠意幸希收納仍煩聽今
差去人員及早打發趁起風迅回國庶使
四海一家永通盟好今將奉獻礼物數目
開坐于後須至咨者
今開
織金段五匹　素段貳拾匹
腰刀五柄　摺紙扇叁拾柄
硫黃五斤今報貳斤伍伯斤正

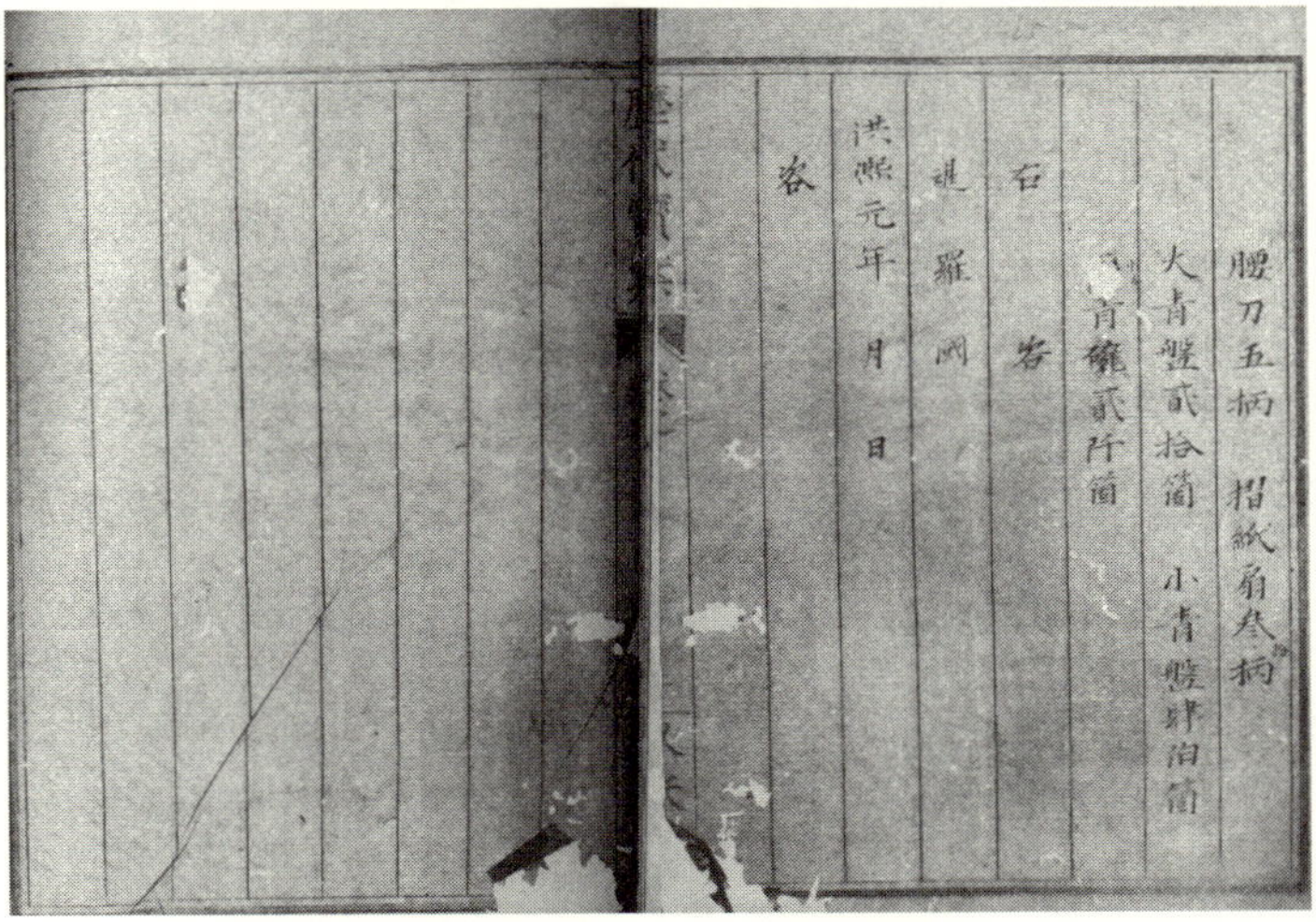
腰刀五柄　摺紙扇叁柄
大青盤貳拾箇　小青盤肆拾箇
青碗貳斤箇
右　咨
暹羅國
洪熙元年　月　日
咨

『歴代宝案』影印本第1集第40巻（沖縄県立図書館所蔵）

念として、「四海一家」が掲げられていることにも留意したい。

以上をふまえて、シャムとの外交文書でもっともあたらしい嘉靖四十三年（一五六四）の執《しっ》照《しょう》（『歴宝』42—37）とくらべてみよう。咨は国王間で交わされる公文書だが、一五〇九年ころ以降は発給されなくなり、使節団にもたせる通行手形である執照がそれに替わる外交文書として機能した。このことは、通事が使節団のなかで重要な役割を担うようになることとあいまって、使節行が商業的性格を強めたことを推測させる。執照では、「今開」以降に使節団の人名簿が付されるいっぽう、礼物のリストはない。つまり、執照という様式のほうが使節団の人的要素に関する情報量が多い。

しかし、書き出しの王名に続く文は「見為《げんに》進貢等事、切照、本国産物稀少、缺乏貢物、深為未便」でほぼおなじく、つぎの使者名は当然変わるが、そのつぎの核心部分は「坐駕海船壱隻、装載磁器等貨、前往暹邏等国出産地面、両平交易、収買蘇木胡椒等物回国、預備下年進貢大明天朝」となっていて、咨の傍線部分と比較すると、文章表現も登場する品目もほとんど変化がない。その間一四〇年の歳月が流れており、しかもこの後まもなく琉球の東南アジア通交自体が跡を絶ってしまう。それなのに双方のあいだで貿易の内容が不変だったとは考えがたい。さらに咨・執照とも、固有名詞部分以外ほとんど同文の定型文書が『歴代宝案』中に多数見いだされる。

以上の事実は、「明皇帝への進貢」という表看板から外れた部分をうかがい知ることの困難さを思わせる。『歴代宝案』に収録された文書群は、対明進貢品の調達という枠の外で琉球と東南アジア諸国とのあいだを往来した物品や人間類型については、おおむね寡黙である。『宝案』は外交・貿易研究にとってかけがえのない史料だが、けっして万能ではない。以下では、『宝案』が直接には語らない部分を、さまざまな手立てを駆使して探り出していくことになる。

2　海外雄飛を支えたマン／ウーマンパワー

使臣・頭目・通事

成化三年（一四六七）満剌加《マラッカ》国王の琉球国王宛書簡（『歴宝』39―04）はつぎのように述べる。

蓋《けだ》し聞く、「土有れば此《ここ》に生有り、生有れば此に用有り。苟《いやしく》も貨生の闊殖（広く植える）を以てせざれば、又奚《いずく》んぞ生用の足自（必需品の調達）を得んや矣」と。稔知（熟知）するに、上国（＝琉球）の民生富庶にして物産豊登なるは、此れ賢王の仁徳の之《ここ》に至れるに由《よ》る。天下は九天（天の最高所）の下、天下を知る也。弊邦（＝マラッカ）の相去《ゆ》くも、交遠の情愈《いよ》いよ堅く、既に数載の余にして、使臣・頭目・通事等を差《つか》はし、宝物を装載して到来するを蒙《こうむ》るに因《よ》る。

マラッカは琉球が東南アジア貿易で繁栄を謳歌《おうか》するようすを謳いあげ、宝物をもたらす琉球船の帰国にさいして礼物とこの書簡を託した。冒頭の「土有れば此に生有り、生有れば此に用有り」は、『大学』伝第十章に「是の故《こ》に君子は先づ徳を慎む。徳有れば此に人有り、人有れば此に土有り、土有れば此に財有り、財有れば此に用有り。徳は本なり、財は末なり。」とあるのを踏まえている。明をはさまない被冊封国どうしの往来であっても、意思疎通を支えたのは中国起源の文化の共有だった。

書簡は、琉球の貿易船に乗りこんで対外通交を担った人間類型を、「使臣・頭目・通事」の三つに整理する。これに即しながら、琉球〜東南アジア通交を支えた人的資源の実態にせまってみたいが、論述の都合上、使臣、通事、頭目の順にとりあげる。

女外交官、三五郎亹

十四世紀末から十五世紀初にかけて、当初山南王派遣の留学生として、ついで中山王の使臣として、対明通交に大活躍した人に、「三五郎亹《び》（五は吾とも、郎は良とも、亹は尾とも表記）」がいる。三五郎亹の中国語音は san-wu-lang-wei で、サングルミーの音写かと思われる。初出は『明実録』洪武二十五年（一三九二）十二月庚申条で、山南王承察度が朝貢使の派遣とあわせて「姪三五郎尾及び寨官の子実他盧尾賀段志《したるみがなし》等」を国子監に留めて読書させた、とある。明の国立大学ともいうべき国子監に琉球の支配層の子弟を受け入れたことは、明が琉球に施した優遇措置の一つだった（第二章2）。四年後、明は「国子監琉球生三五郎亹等」に白金等を賜って帰省させ（『明実』洪武29 2戊申）、山南王は代わりに麻奢理《まさり》等を留学させることを明に求めた。このとき、いったん帰省していた三五郎亹は、麻奢理らと同行して入明、再度国子監への入学を乞うて許されている（洪武29 11戊寅）。

一四〇三年、今度は中山王察度が「従子三吾良亹等」を表賀使として明に送り、使者は会同館で宴を賜った（『明実』永楽元 2己巳・3丙戌）。一四〇四年、察度の世子武寧が「姪三吾良亹等」を送って明に察度の卒を告げ、明は弔問の使者を送るとともに武寧を襲爵させ、翌年武寧は「姪三吾良亹等」を遣して襲封の恩を謝した（永楽2 2壬辰・3 3甲辰）。琉球三山の王が正式に冊封されるのはこの武寧が最初だ。中山王の代替わりにともなう対明関係の再設定という、重要な任務を担った使節団の長こそ、もと山南王の「姪」で国子監に長期留学した三五郎亹だった。かれは一四〇六年まで武寧の朝貢使として見える（永楽3 3癸亥・4 3壬辰）。

一四〇七年には「中山王世子思紹」の使臣として馬と方物を貢じたが、同年別の琉球使が「其（思紹）の父中山王武寧の卒を告げ」、永楽帝は思紹の中山王襲封を認めて冊封使を派遣した（『明実』永楽5 4乙未）。思紹が武寧の子だというのは虚構で、これこそ第一尚氏への王朝交代にほかならないが、ここでも三五郎亹が一枚かんでいた。その後もかれの名は、一四一六年まで中山王思紹の朝貢使や賀正使として散見する（永楽8 3辛未・12丙辰・9 2癸巳・11辛巳・11 4己巳・12閏9乙巳）。終見の記事では、一四一五年に思紹の使臣直佳魯が福建で「海舡を擅奪《せんだつ》し官軍を殺死し中官を殴傷し」て誅《ちゅう》された不祥事（永楽13 11己酉）をうけて、「遣使不謹の罪」を謝している（永楽14正庚申）。そしてかれと入れ替わるかのように、一四一八年以降活躍を始めるのが、第二章3で紹介した王相懐機である。

さて、一三九八年三月に中山王察度と世子武寧が亜蘭匏らを朝貢使として派遣した記事に続けて、「是れより先、其の国、女官生姑魯妹を遣して在京読書せしむ。是に至り、恩を謝して来たり貢ず」とある（『明実』洪武31 3戊申）。傍線部が一三九二年から九六年まで国子監で「読書」に勤《いそ》しんだ三五郎亹と符合する。「女官生姑魯妹」は「女官生の姑魯妹」とも読めるが（官生は国子監の学生のこと）、「女官の生姑魯妹」かもしれない。生姑魯妹の中国語音は sheng-gu-lu-mei だから、これもサングルミーの音写と解しうる。つまり、九八年の中山王使臣亜蘭匏らは、明が山南王の姪三五郎亹を国子監に長期留学させてくれたことへの謝恩使だった（同一人が中山・山南をまたいで外交の場で活躍することは、この時期多くの例がある）。「女官生の姑魯妹」にせよ「女官の生姑魯妹」にせよ、三山時代に対明外交で活躍した三五郎亹は女性だったことになる。

まさかこの時代の外交に女が……といぶかるむきもあろう。しかしこの時代、明の周辺諸国では他にも例がある。華僑《かきょう》勢力がスマトラ島に建てた港市国家パレンバンでは、一四三〇年代、「旧港管事官」という国家元首が「本頭娘」「施氏大娘（仔）」とよばれた女性だった。彼女たちは一四〇七年に明から「旧港宣慰使」に任じられた施進卿の娘で、一四二一年時点での管事官施済孫の姉妹だ。一四六一年に朝鮮に来た琉球使普須古・蔡璟の陳述に、「永楽年間、暹羅《シャム》国の女官中朝に朝す、外人知らず、誤りて女国人と以為《おも》へり」とある（『朝実』世祖8 2癸巳）（注）。琉球でも、「凡《およ》そ王挙動するに、女官杖剣もて侍衛し、闕内に常は軍士無し」（同）、あるいは明帝の詔勅を王宮に迎えて開読する際、「国王は常に層閣に在りて下らず、婦人をして命を伝へしむ」（『朝実』世祖82辛巳）というように、王権の中枢部に女性の姿があった。

（注）一四五六年に済州島から琉球へ漂流した梁成の証言に、「奴婢《ぬひ》、……女国人の来りて奴婢を贈る者有り」「商売、沿江の船泊する処《ところ》に在り、日本・女国の人、亦且《また》つ来り市《か》ふ」「交隣、中原及び日本国・女国と相通ず、然して数数ならず」とある（『朝実』世祖82辛巳）。この「女国」も暹羅（あるいは東南アジア諸国）のことをさすのかもしれない。

尚巴志王の使臣―歩馬結制と南者結制

思紹の子尚巴志の治世（一四二二～三九）に使臣として大活躍した人に、歩馬（阿勃馬）結制と南者結制がいる。「結制」は琉球語「掟（うきてぃ＞うっち）」の漢字による音写で、地域領主按司《あじ》の下にいる行政責任者の名称らしい。こうした内政官が外交・貿易に起用されるところに、海洋国家琉球の特徴が見られる（ただし尚巴志没後は結制は外交官としてあらわれなくなる）。

歩馬は、一四二四年、二五年以前、二八年、三二年、三四年、三九年の六度にわたって琉球国使臣として明都に赴いたほか、一四二六年以前、三一年、三四年、三七年の四度、国王の正使としてジャワに、一四三〇年に王相懐機の正使として旧港（パレンバン）に、一四三八年に国王の正使としてシャムに、それぞれ赴いている。以上のうち、一四二四年、二八年、二九年は山南王他魯毎の使者としてである。山南はもともと自立性が弱く、とくに外交面ではもっぱら中山に依存していた。

また南者も、一四二五年に正使浮那姑是のサブとして、二八年に正使鄭義才のサブとして、三二年に国王の正使として、計三度明都に赴いたほか、一四二六年と二九年に国王の正使としてシャムに、一四三〇年に国王の正使としてジャワに、それぞれ赴いている。ジャワとはこれが国交のはじめだった。

一四二九年の南者のシャム往きと翌年の歩馬の旧港往きは、興味ぶかいからみあいを見せている。南者は一四二九年十月に尚巴志王の正使としてシャムへ進発した（『歴宝』40―08）。シャム側で対応した貿易管理官「管事頭目」は、磁器等を一点一点運ばせて選別買付をし（これを「官買」という。のちに詳述）、代価も減額されてしまった（40―11）。翌年六月南者は帰国し、琉球政府で対策が議論されたが、南者は「遼遠《りょうえん》な海道を風波を冒して渡航しても、以前のような寛大な対応はしてもらえず、かえって損失が出てしまいます」と述べて、ふたたびの使節行を再三辞退した。

そうしたおり、歩馬が一四三〇年十月に王相懐機の正使として旧港に赴き（『歴宝』43―08）、翌年帰国して、シャムの管事頭目が国王の処罰を蒙り、きびしい貿易管理は停止されたとの情報を伝えた。南者らの出国後にシャム政府の姿勢に変化があったのだ。一四三一年九月、歩馬の情報を得た琉球はシャムへの使節行を再開することに決した。しかし南者は、歩馬が旧港へ進発したのと同日にジャワへ正使として赴いており（40―09）、まだ帰国していなかったらしい。そこで正使には郭伯茲毎《こはちみー》が起用され、「四海一家もて念と為し、官買を寛免し、自ら両平に蘇木等の貨を収買するを行なはん」ことを要請させた。

右の二人の事例からつぎのことがわかる。

(1)外交使節の正使・副使には久米村人でなく生粋の琉球人が起用されている。琉球の朝貢貿易に居留華人のはたした役割の大きさがしばしば強調されるが、いっぽうで琉球が主体的に行なう国事という性格も厳然として存在した。中国周辺諸国間の通交・貿易関係を華僑相互の関係に還元してしまうのは行きすぎである。

(2)渡航相手国によって専門化することはなく、明および複数の東南アジア諸国に赴いている。相手国の担当者とのコミュニケーション手段は漢文外交文書だから、使臣は相手国の言語に習熟する必要はなかったと思われる。口頭でのやりとりが必要なばあいは、久米村出身の通事が中国語を用いて仕事をした。おそらく相手国にもおなじような性格の居留華人がいて、問答に臨んだことだろう。

火長と通事

使臣が琉球人の仕事だったのに対して、通事は居留華人の専門職だった。琉球・東南アジアを包含する外交世界の共通語は中国語だったから、当然のことだ。

通事の前職として相当数確認されるのが、羅針盤を中心に航海技術を担当する「火長」である。この職を経ることが必須だったとまではいえないが、たとえば久米村金氏具志堅家四世金鼎のばあい、一五三六年に火長としてシャムへ渡航した（『歴宝』42―29）のち、四一年には都通事としてシャムへ（42―33）、四三年には都通事としてパタニへ（42―34）、五〇年には都通事としてシャムへ（42―35）、渡航している。他にこの昇進ルートをたどった者として、林椿・高義・蔡迪・紅瑞・沈祥・陳継章をあげることができる〔赤嶺誠一九八八〕。

では火長とは、どんな存在だったろうか〔高瀬一九八三〕。一四三一年、琉球国王尚巴志は明礼部にあてた咨文《しぶん》で、火長潘仲孫を福建福州府長楽県へ帰郷させるよう願い出た。仲孫の呈した請願には、一三九〇年に帝命によって琉球の梢水（水夫）となり、一年おきに進貢船に乗って往来し、一四〇五年に火長の身役を受け、八一歳の現在にいたった、とある（『歴宝』16―19）。琉球は仮住まいで終始明皇帝の臣下でありつづけたかのような物いいを、鵜《う》のみにすることはできないが、かれらが一〇〇パーセント琉球国王の臣下にはなりきらず、意識と活動の両面で琉球の国家から自立した領域を保持していたことは、事実だろう。

他方、通事を経歴後使臣に昇進する道は閉ざされていた。唯一の例外が高義で、かれは一五〇九年に火長として安南へ渡航したのを皮切りに、一三年に副通事としてシャムへ、一五年に副通事として仏大泥《パタニ》へ、一七年に副通事としてシャムへ、一八年に都通事としてシャムへ、赴いた（『歴宝』42―05・09・12・15・16）。右の最後のシャム渡航では二隻が同時に進発したが、高義の乗船は仏大泥へも回る予定になっていた。この仏大泥行きの任務について、副使の二人目に高義の名が見える（42―18）。

火長→通事という昇進コースの存在は、通事の職務が言語上の意思疎通に特化されてはいなかったことを語っている。通事を輩出する居留華人層は、言語能力のみを買われて王国に奉仕するのではなく、航海をもふくめた外国渡航の総合的専門家集団だったのであり、貿易に必要なノウハウを自立的に保有していた。実態面からこれを見れば、貿易商人という姿があらわれてくる。

一四八〇年の琉球国王あて満剌加国王咨文（『歴宝』39―09）に、「（琉球国王が）専ら使臣沈満志・通事鄭珞等を差《つか》はし、宝船に坐駕して方物を装載し、前来賚捧《らいほう》す。商旅踵《きびす》を接して継ぎ至る」とある。方物の捧呈《ほうてい》をおもな任務とする「宝船」に多くの「商旅」がくっついて来ていたことがわかる。後者の中心がじつは通事だったのではあるまいか。

また、『歴代宝案』中の東南アジア関係文書は、一四八一年までは国王間の咨文が中心だったが、しばらくのデータ欠落期をはさんで、一五〇九年以降は執照のみとなる。こうした文書様式の大変化は、国王間の通交がますます看板と化し、渡航目的が商業化の度あいを増したことを反映している。

執照の奥、年月日の次行には「右執照、付㆓正使勿頓之玖・通事梁敏等㆒、准㆑此」といった付与文言がしるされる（『歴宝』42―02の例）。ここに正使とならんで（副使ではなく）首席通事の名が書かれることも、業務全体への通事の関与が深かったことを思わせる。さらに興味ぶかいことに、一五二九年の暹羅むけ執照（42―26）を初見として、「右執照、付㆓通事程儀等㆒、准㆑此」のように被付与者が通事のみという事例が出現する（本文中の使節団名簿には正使・副使の名が明記されているにもかかわらず）。使臣の形骸化がいっそう進み、一行の中心が通事になっていったことがうかがわれる。

通事の家系〔村井二〇一四c〕

『歴代宝案』とならぶ通事研究の有力史料に、久米村に籍をおく士族家の「家譜」がある〔『那覇市史』資料篇第一巻六上・下〕。家譜の古琉球期に関する記載は、ほとんどが『宝案』を参照して作られている。とはいえ、『宝案』に登場する通事たちの族的関係は家譜でしかわからないし、『宝案』に対応する文書のない渡航事例が家譜にしるされているばあいもある。ここでは、東南アジア渡航の事例が豊富な三つの家譜——「紅氏家譜・和宇慶家」「蔡氏家譜・儀間家」「呉江梁氏家譜・亀嶋家」——を選んで、『宝案』の記載とつきあわせてみよう〔表A・B・C〕。データの抽出にあたっては、前記の理由により「通事」だけでなく「火長」として見えるものも対象とした。通事の職務は家業として代々伝えていくものだったから、個人別よりは家別の表のほうが有用であろう。

表A　久米村紅氏家譜・和宇慶家〔家譜上一九六～二三四頁〕

歴代宝案	紅氏家譜（和宇慶家）
41—04（天順8・1464↓暹羅）：通事紅英	1世　英（201）「為交易事」
41—10（成化3・1467↓蘇門答剌）：通事紅英	1世　英（201）「為礼儀事」
41—13（成化4・1468↓蘇門答剌）：通事紅英	1世　英（201）「為礼儀事」
39—11（成化16・1480↑暹羅）：通事紅錦	〈欠〉
39—12（成化16・1480↑暹羅）：通事紅錦	〈欠〉

〈欠〉	2世　錦（201）「弘治三年（1490）庚戌九月初三日為交易事奉使為通事同正使嘉満度前往仏大泥国収買方物回国預備下年進貢」
42—09（正徳8・1513↓暹羅）：火長紅瑞	〈欠〉
42—13（正徳10・1515↓暹羅）：通事紅瑞	3世　瑞（201）「為交易事」
42—24（嘉靖5・1526↓仏大泥国）：火長紅芝	4世　芝（201）「火長」↓「総管」／「為交易事」
42—27（嘉靖9・1530↓仏大泥国）：火長紅芝	4世　芝（201）「火長」↓「総管」／「為交易事」
42—37（嘉靖43・1564↓暹羅）：副通事紅文綵	5世　文綵（202）「為交易事」

表B　久米村蔡氏家譜・儀間家（家譜上二三五～二九二頁）

歴代宝案	蔡氏家譜（儀間家）
41—05（天順8・1464↓満剌加）：通事蔡回保	3世　回保（250）「天順八」↓「天順七」／「礼儀通事」
41—08（成化1・1465↓満剌加）：通事蔡回保	3世　回保（250）「交易通事」
41—09（成化2・1466↓満剌加）：通事蔡回保	3世　回保（250）「礼儀通事」
41—11（成化3・1467↓満剌加）：通事蔡回保	3世　回保（250）「為礼儀事」
41—12（成化4・1468↓満剌加）：通事蔡回保	3世　回保（250）「為礼儀事」
42—02（正徳4・1509↓暹羅）：通事蔡樟	5世　樟（252）「交易通事」
42—06（正徳5・1510↓満剌加）：火長蔡迪	6世　迪（255）「交易火長」
42—08（正徳7・1512↓暹羅）：通事蔡樟	5世　樟（253）「交易通事」

42―10（正徳8・1513→巡達）：通事蔡樟	5世　樟（253）「巡達等」→「暹羅」／「交易通事」
42―14（正徳11・1516→仏大泥）：通事蔡樟	5世　樟（253）「交易通事」
42―17（正徳13・1518→暹羅）：通事蔡迪	6世　迪（255）「交易通事」
42―18（正徳13・1518→巡達）：通事蔡樟	5世　樟（253）「交易通事」
42―22（正徳16・1521→暹羅）：通事蔡樟	5世　樟（253）「交易都通事」
42―22（正徳16・1521→暹羅）：通事蔡迪	6世　迪（255）「交易都通事」
42―23（嘉靖5・1526→暹羅）：通事蔡樟	5世　樟（253）「交易都通事」
42―31（嘉靖17・1538→暹羅）：通事蔡朝慶	7世　朝慶（255）「交易通事」
42―32（嘉靖19・1540→暹羅）：通事蔡朝慶	7世　朝慶（255）「交易都通事」
42―32（嘉靖19・1540→暹羅）：火長蔡廷貴	6世　廷貴（255）「交易火長」
42―33（嘉靖20・1541→暹羅）：都通事蔡朝慶	7世　朝慶（255）「交易都通事」
42―34（嘉靖22・1543→仏大泥）：都通事蔡朝慶	7世　朝慶（255）「交易都通事」／「仏大泥」→「大泥」

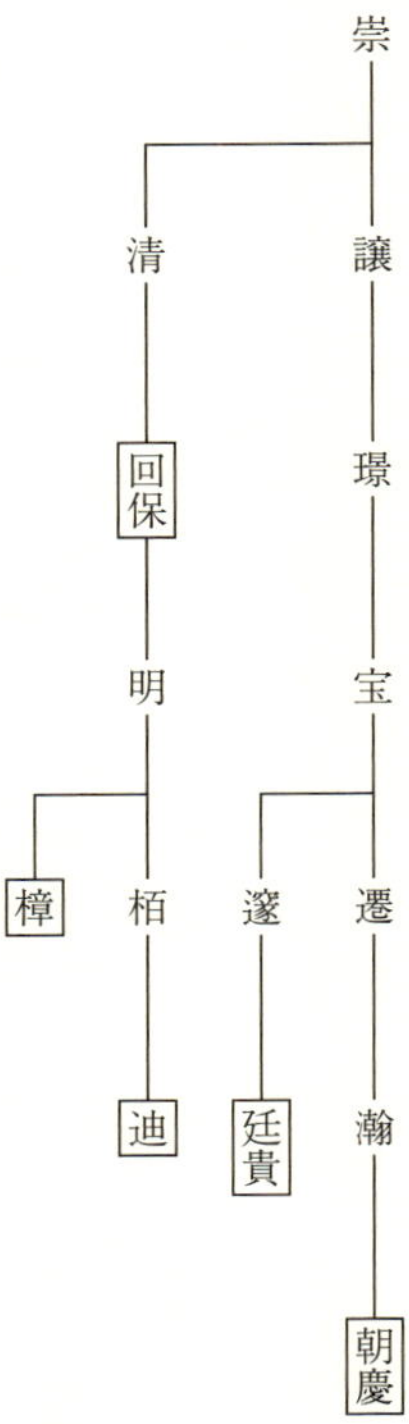

表C　久米村呉江梁氏家譜・亀嶋家（家譜下七五二～七七九頁）

歴代宝案	呉江梁氏家譜（亀嶋家）
40—01（洪熙1・1425↓暹羅）：通事梁復	×世 復（753）「為収買進貢貨物事」
40—13（宣徳7・1432↓暹羅）：通事梁徳仲	×世 徳仲（753）「為礼儀事」
40—16（宣徳8・1433↓暹羅）：通事梁袖	×世 袖（754）
40—20（正統1・1436↓暹羅）：通事梁徳仲	×世 徳仲（753）「為礼儀事」
40—21（正統2・1437↓暹羅？）：通事梁徳仲	×世 徳仲（753）「為礼儀事」
40—28（正統6・1441↓爪哇）：通事梁琦	〈欠〉
40—30（正統7・1442↓爪哇）：通事梁崎	×世 琦（754）「為礼儀事」
〈欠〉	×世 敏（756）**「弘治五年（1492）壬子九月為預備下年進貢貨物事奉使為通事同正使裴楊那前往暹羅国収買蘇木胡椒等物回国」**
42—02（正徳4・1509↓暹羅）：通事梁敏	×世 敏（756）「為預備下年進貢貨物事」
42—04（正徳4・1509↓暹羅）：副通事梁俊	×世 俊（756）「為収買進貢方物事」
42—05（正徳4・1509↓安南）：副通事梁俊	×世 俊（756）「為収買進貢方物事」
42—07（正徳6・1511↓満剌加）：通事梁傑	3世 傑（762）「為預備下年進貢貨物事」
42—09（正徳8・1513↓暹羅）：通事梁傑	3世 傑（762）「前往暹羅等国」↓「到閩」／「為進貢事」
42—10（正徳8・1513↓暹羅）：火長梁瑞	×世 瑞（757）「為預備下年進貢貨物事」

42―11（正徳9・1514→暹羅）：通事梁傑・火長梁敬	3世 傑（762）×世 敬（758）「為預備下年進貢貨物事」
42―15（正徳12・1517→暹羅）：通事梁傑	3世 傑（762）「為預備下年進貢貨物事」
42―16（正徳13・1518→暹羅）：通事梁仕	×世 仕（758）「為預備下年進貢貨物事」
42―18（正徳13・1518→巡達）：通事梁仕	〈欠〉
42―24（嘉靖5・1526→仏大泥）：通事梁傑	3世 傑（762）「為預備下年進貢貨物事」
42―25（嘉靖8・1529→仏大泥）：都通事梁傑	3世 傑（762）「為預備下年進貢貨物事」
42―27（嘉靖9・1530→仏大泥）：都通事梁椿・通事梁顕	×世 椿（757）4世 顕（763）「為預備下年進貢貨物事」
〈欠〉	4世 顕（762）**「嘉靖十五年（1536）丙申八月十四日為預備下年進貢貨物事奉使為通事同正使呉実達魯前往仏大泥国収買蘇木胡椒等物回国」**
42―31（嘉靖17・1538→暹羅）：火長梁棟	×世 棟（758）「為預備下年進貢貨物事」
42―33（嘉靖20・1541→暹羅）：都通事梁顕	4世 顕（763）「為預備下年進貢貨物事」
42―36（嘉靖33・1554→暹羅）：火長梁明	×世 明（758）「為預備下年進貢貨物事」

表の上段は『歴代宝案』文書番号、年次と相手国名、通事・火長の人名である。下段は家譜の世代と実名、刊本の所出ページ、『宝案』との異同（↓の前が宝案、後が家譜）および注意すべき記述である。太字は『宝案』・家譜のいずれかだけに見えるデータを示す。A・Cの下段にある三か所の太字部分は、短い要約ではあるが『宝案』の欠を補うことができる。

表Aに出現する紅氏の人びとは、〔1世 英―2世 錦―3世 瑞―4世 芝―5世 文綵〕という直系で結ばれている。この家譜で火長は「総管」の別名で記載されるが、四世の芝のみが総管どまりで通事に昇っていない。明以外の渡航先はシャム・スマトラ・パタニの三つ。康熙二十九年（一六九〇）に書かれた家譜の序によれば、先祖は閩人で、洪武・永楽の間に中山に遷《うつ》り、洪武帝の命で来琉したとされる三十六姓とともに唐栄（久米村）に住み、出使の選に備えた。B・Cの序はより長文だが、成立時期も内容もほぼ似かよっている。

表Bはすべての行について家譜に対応する『歴代宝案』文書が見いだされ、家譜が『宝案』をもとに作成されたことが明瞭だ。族縁関係は表の左に付した系図（罫囲いの人が表Bに所見）のようにやや複雑で、「世系総図」からも一族が繁衍《はんえん》していくようすがうかがえる。三世では璟・璋・璇・斉・曩は明だけに赴いているが、回保のみマラッカに使いした経験がある。五世では遷・進・邃・栢・権・模は明だけで、樟のみシャム・パタニ・スンダに使いしている。六世でも瀚・澄・廷美・廷会が渡明、浩が南京国子監に入学するいっぽう、廷貴・迪の二人はシャム・マラッカに使いした。同世代のなかで、明へ赴く人と東南アジアへ赴く人とに明瞭な分担関係が見られる。氏を代表

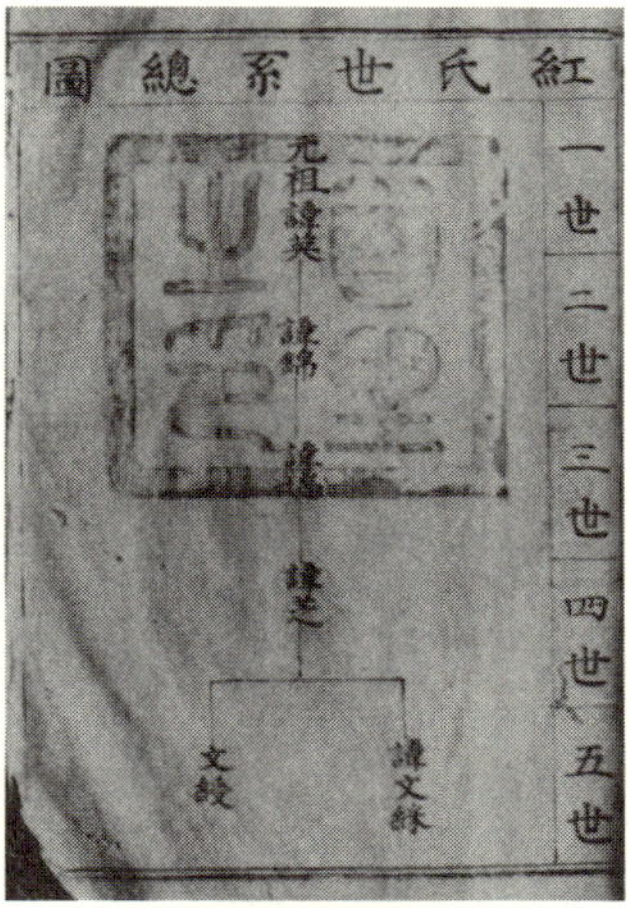

「久米村紅氏家譜」
（『那覇市史資料編』1巻6より）

する人は前者に、比較的自由な立場の人は後者に属したように見てとれるが、五世権のように前者でも火長どまりの人もいるから、前者が後者に対して明瞭に優位だったわけではない。

表Ｃのもとになった「呉江梁氏家譜」は、他の家譜が血のつながりの明瞭な「家」構成員だけを載せるのに対して、序文のあとに「呉江梁氏見二於旧案中一而祖譜無レ徴者録」と題して、諸記録から梁姓の人を拾って四四名の事蹟《じせき》を記述する。表で「×世」としたのがそれで、これらの人びとは亀嶋家にはつながらない梁氏である可能性も少なくない。つまりＣ表は梁という同姓集団を母集合とするもので、そのなかで確認できる族縁は〔3世 傑—4世 顕〕の父子関係のみだ。梁姓の人びとは、進貢・謝恩等の目的でたびたび明へ赴く（家譜上では多く「入閩」と表現される）いっぽうで、シャム・ジャワ・安南・マラッカ・スンダ・パタニなど、琉球が関係を結んだ東南アジア諸国のほとんどに赴いている。

本国頭目実達魯

三類型のうち残った「頭目」の実態をさぐる有力な事例が、一四二八年旧港との通交を開くにさいして「正使」に任じた実達魯《したるー》だ。かれの父は洪武年間に琉球に渡来した福建人で、子蔡璟は長史に任じた。旧港へ赴くより先、朝貢使節に通事として加わって福州の女性を娶《めと》っており（『歴宝』17—15）、一四二五年には明へ謝恩使として（16—01）、一四二七年にはシャムへ正使として（40—04）、赴いている。

実達魯に託された宣徳三年（一四二八）九月二十四日付の「琉球国中山王」名の旧港あて咨

文（40―06）は、暹羅あて咨文とほとんど同文の定型文書だが、相手の肩書きがしるされず、日付の下にただ「往旧港」としるす点が異例である。十日ほど後に「琉球国王相懐機」名の「旧港管事官」あて書簡（43―04、後掲）が発給されており、旧港の元首が王より格下であることが判明したため、咨文のほうは使われなかったのだろう。

他方、この咨文とまったくおなじ日付をもつ別様式の文書があって、隠れた事情を知ることができる（42―01、原漢文）。

琉球国中山王、船隻の事のためにす。宣徳三年九月内、王相懐機の呈に拠《よ》るに称《いわ》く、「本国頭目実達魯等の告有りて称く、『便ち ⓐ海船一隻に駕使し、磁器等の貨を装載して、旧港に前《すす》み往きて買売せんと欲するも、未《いま》だ敢《あ》えて擅便せず。文憑（公的証書）なきに縁《よ》り、誠に所在の官司の盤阻（盤《しら》べて阻む）して便ならざるを恐る。告して施行を乞ふ』」とあり。此を准《う》くるに、王府（琉球王国の異称）除外《ほか》に今、義字七十七号半印勘合執照を給し、本人等に給付して、収執（受領）して前《すす》み去《ゆ》かしむ。もし ⓑ経過の関津の去処を把隘し、および沿海の巡哨官軍の験実するに遇はば、即便に放行（通過を許す）して、留難して不便を得ること勿《なか》れ。所有《みぎ》の執照は須《すべか》らく出給に至るべき者なり。

今開す。

宣徳三年九月二十四日

執照

これは「執照」という文書様式で、傍線部（b）からわかるように、途中の関津で足止めされたり、コースト・ガードの臨検があったりしたさいに、提示して通してもらうための通行手形だ。本文中に王相懐機が王に奉った「呈」が引用され、さらにそのなかに「本国頭目実達魯等」の「告」が引用されている。実達魯の目的は、傍線部（a）にあるように、磁器などの貨物を旧港に運んで貿易することにあった。懐機はこの告をそのまま自己の「呈」に引用して王にとりつぎ、この呈を受けて王府は執照を実達魯に交付した。実達魯の貿易への欲求が先行しており、かれを正使に起用することで国交があとおいで成立したことがわかる。咨文が「正使」としるす実達魯は、執照と懐機書簡では「頭目」とよばれている。前者は外交官の顔、後者は商業資本家の顔に対応する。

3　四海一家、両平交易

官買をめぐる攻防：第1ラウンド

洪熙元年（一四二五）の暹羅国宛琉球国中山王咨文（『歴宝』40―01）は、『歴代宝案』第一集に収められた東南アジア関係文書のうちもっとも古い年紀をもつだけでなく、いったん中止した通交の復活にあたって、中止前の通交状況と中止にいたった経緯にふれており、一四二四年以前の状況についての貴重な情報をふくんでいる（原漢文）。

琉球国中山王、朝貢の事の為にす。

近ごろ使者佳期巴那《かきのはな》・同通事梁復の告に拠るに称《いわ》く、❶「永楽十七年（一四一九）の間、使者阿乃佳《あらかー》等を差し、海船三隻に坐駕し、礼物を齎捧し、暹羅《シャム》国に前《すす》み到《いた》りて奉献し、事畢《おわ》りて国に回《かえ》り、告するを蒙るに称《いわ》く、❷『所在の官司の言を蒙るに称《いわ》く、❸〈礼物短少なれば、以て磁器を官買するを致す。又禁約ありて本処にて蘇木を私売するを許さず。倶《とも》に官売を蒙り、其の船銭を補ふを要《もと》む〉と。切照するに、事に艱緊あり。深く是れ□（遣カ）使往来の人員を損ふあり。告して施行を乞ふ』と。当《とき》に敬んで王の令旨を奉ずるを蒙るに、❹『何ぞ早く説《い》はざるか。惶恐これ甚し。今後去《い》く船は、礼物を加感（加増）して奉献し、以て遠意を表せよ』と。此れを敬しむの外除《ほか》、永楽十八年（一四二〇）より今に至るまで、礼物を加感（加増）し、使佳期巴那・通事梁復等を遣し、船隻に坐駕して、海洋を経渉せしむ。ややもすれば数万余里、風波を歴渉して十分艱険なるあり。彼に至到《いた》るに及び、礼物を将《もっ》て交進するを除くの外、所在の官司の仍《な》ほ磁器を官買するを行ふを蒙ること更に甚し。因りて盤纏《ばんてん》（旅費）の欠乏を致し、深く靠損《こうそん》（靠は違うの意）を為し、以て命を奉じて往復し難し。告して施行を乞ふ」と。告に拠ること再三なり（再三告が呈された）。

此れに因り、永楽二十二年（一四二四）船隻を停止したる除外《ほか》、参照するに、「洪武より永楽に至る年来《としごろ》、曾祖及び祖王・先父王より今に至るまで、逓年累《まいとしかさ》ねて使者を遣し、菲儀《ひぎ》

（粗末な礼物）を齎捧して、貴国に前《すす》み詣《いた》りて奉献すること、蓋し今に多年なり。貴国の親愛して四海を以て一家と為すを懐念《おも》ふを荷蒙《こうむ》り、累《かさ》ねて珍貺《ちんかん》（貴重な贈り物）を回恵し、及び遠人を寵愛《ちょうあい》し、常に復《ま》た貿易を従容《ゆる》して、並びに官買の事なきを蒙る。切に思ふに感戴これ甚し」と。今、告の事理に拠り、合《まさ》に貴国に咨すべし。煩《ね》為《が》はくは、前に照らして、遠人航海の労を矜憐し、磁器を官買するを免行《や》め、蘇木・胡椒等の貨を収号（受け取ること）せしめ、国に回《かえ》るを容《ゆる》さるれば、永く往来を通じ、遠人悦服し、異域懐柔せしむるに庶《ちか》からん。……

この咨文は、❶佳期巴那・梁復の「告《こく》」の引用から始まり、その内部に❷阿乃佳等の『告』と❹王の『令旨』の二つが引用され（❶❷はともに「告乞施行（告して施行を乞ふ）」という文言で閉じられる）、さらに、❷の内部に❸所在官司の〈言〉が引用される、という三重の引用構造をもつ。そして文書の後半、「参照するに」以下で開始当初の両国関係が回顧される。すなわち、洪武年間の察度王（曾祖）に始まって、武寧王（祖王）・思紹王（父王）を経て現在の尚巴志王に至るまで、毎年琉球船がシャムに赴き、つねに「官買の事」なく貿易が許されてきたという。こうした関係を咨文は「四海を以て一家と為す」と表現している。

ところが、一四一九年に到来した使節阿乃佳らの船三隻に対して、シャムは「礼物短少」を理由に官買を強要した。官買とは国定価格による優先的な買付をいう。明を中心とする国家間貿易において、民間の取引に優先して官買が適用されるのは普通だったが、琉球にとっては貿易利潤が大きく損なわれることになる。一四二〇年、阿乃佳らは帰国してシャムの態度変更を尚巴志王に告げた。驚いた王は、今後シャムへ送る船には礼物を加増するよう指示し、同年、使者佳期巴那・通事梁復が渡航したが、持参した中国産磁器はまたも官買の対象とされてしまい、旅費にも事かく始末だった。その後も毎年のように貿易船は派遣されたが、そのつど官買停止の要求は却下され続けたらしい。佳期巴那らの「告」の引用が終わった直後にある「拠告再三」という文言がそれを示唆する。結局、一四二四年は派遣が中止されたが、早くもその翌年には右の咨文を携えた使者が送られた。

シャムは今回は要求を受け入れたらしく、一四二六年から二八年まで毎年一隻派遣された貿易船に託された咨文は、定型的表現に終始しているので、官買停止は継続していたものと思われる（『歴宝』40―03・04・05）。

官買をめぐる攻防：第2ラウンド

一四二九年には南者結制を正使として二隻がシャムへ派遣された（『歴宝』40―07・08）。南者らは翌年帰国して官買の復活を告げ、一四三〇年の貿易船派遣は停止された。この事態を受けて、宣徳六年（一四三一）九月三日に琉球国中山王が暹羅国に発した咨文（40―11）に、つぎのようにある（原漢文）。

宣徳五年、正使南者結制等の告に拠るに称《いわ》く、「差来を蒙れる各船の使臣等、暹羅国に到りて、礼物を奉献する外、各船に装載せる磁器等の物は、所在の管事頭目、多く官買に拘《こだ》はり、磁器を将《もっ》て逐一搬選し抽取するを蒙るに縁《よ》り、遷延して日久しきに致るに及ぶ。又、貨物の価銭を給するも亦虧剋《きこく》（減額）を加ふ」と。切に思ふに、海道の窵遠《ちょうえん》（はるかに遠い）なること数万余里、風波を経歴すること十分艱険にして、方《はじ》めて彼に到るを得るも、前の如く寛柔に撫恤《ぶじゅつ》する若《ごと》きにあらず、甚だしきは虧剋して不便なるに至る。再三告辞して、使を奉じて前来するを肯《がえん》ぜず。此が為停止するの外……

右の記述から官買の具体的なようすが知られる。それは「管事頭目」のさじ加減に左右される部分が大きく、頭目は琉球船の積んできた陶磁器を一つずつ運ばせては、選定したうえで買い付けるので、際限もなく時間がかかってしまう。また、貨物（陶磁器以外の物品か）も正当な価格を下回る代金しかよこさない。「価銭」という表現からして、シャムにおける琉球船の搬入品と搬出品との交換は、銭貨を媒介としたらしい。使節は陶磁器などの代価を銭でうけとり、その銭で胡椒・蘇木などを買うわけだが、官買では両方の取引とも役人の管理下で行なわれた。

　このような状況は、意外なところからもたらされた情報によって、転機を迎えることになる。おなじ咨文は、前引部分に続けてこう述べている（原漢文）。

　近ごろ三仏斉国旧港の公幹に差往せられて回《かえ》り来る正使歩馬結制等の告に拠るに称《いわ》く、「旧港に在《お》るに遇たま暹羅国の船隻の来るあり。人言説するに、『前年の間、管事頭目は国王の之《これ》を責むるを蒙り、管事を立つること已《すで》に訖《おわ》んぬ』」、と。告に抛り切に念《おも》ふに、貴国の交通も亦た往来の義を尚ぶ。人を行《や》り命を伝へ、用《もっ》て和好の望みを堅くす。合《まさ》に今、正使郭伯茲毎等を遣し、礼物を齎捧して、船隻に坐駕し、前《すす》み詣《いた》りて奉献せしめ、少しく芹忱《きんしん》の意（粗末な誠意）を伸ぶべし。幸希《ねが》はくば海納せられよ。更に煩《ねが》はくは、今去《い》く人船は四海一家もて念と為し、官買を寛免し、自ら両平に蘇木等の貨を収買するを行なはんことを。国に回《かえ》りて応《まさ》に大明御前に進貢するに備ふべし。

シャムへの使者派遣が停止された一四三〇年、歩馬結制らが三仏斉国旧港（パレンバン）に発遣された（『歴宝』43―08）。歩馬らは旧港に滞在中の同年末か翌年の初めころ、たまたま入港したシャム船の乗員から、シャムの「管事頭目」が国王の譴責《けんせき》をこうむって更迭された、という情報を得た。歩馬らは宣徳六年（一四三一）二月三日付の旧港からの返書（43―11）を携えて帰国した。シャムの方針が変わるきざしを察知した琉球は、さっそく郭伯茲毎らをシャムに送って、官買の「寛免」を要請させることにした。このとき、「四海一家」に加えて「両平」（両者平等に利益があること）というスローガンが登場している。

ついで宣徳七年九月九日付の暹羅国宛琉球国中山王咨文（『歴宝』40―12）に、「近ごろ貴国の咨文を准《う》く。内に開《しる》すに、備《つぶ》さに本国の咨文（40―11のこと）の事理を准《う》けて、官買を免行《や》め、自ら両平に貿易を行ふを寛容す、とあり」とあって、シャムが琉球の官買停止要求をうけいれたことを知る。以後、官買が長期にわたって復活することはなかった。

管領細川氏による「官買」

一四五一年、兵庫津に入港していた琉球船の商人のもとへ、摂津守護細川勝元が人を送り、商物を選《よ》って取得しながら、代金の支払いが滞っていた。そこで琉球商人は「先年以来の未払い分が四、五千貫文にもなるうえ、今回また売物を抑留されては、嶋人として堪えがたい」と幕府に訴えた。将軍足利義政は三人の奉行人を兵庫へ送って究明させたが、なお勝元は押し取った物を返さず、奉行人はまだ上洛《じょうらく》していない……。ある人からこの話を聞いた中流貴族中原康富は、「前管領《かんれい》ともあろう者がこんな希代の所行におよぶとは何たることか」と日記にしるしている（『康富記』宝徳三年八月十三日条）。

兵庫津を管轄する摂津国守護の行動は、日本側の史料では「点検」とよばれているが、「官買」の一種たる先買い権の行使である。極端なばあい、権力を笠に着た略奪と大差ない行為となる。琉球商人は、摂津守護の任命権者である将軍に提訴して、船載品を商物として市場価格で売ることを求めた。

この時の顚末《てんまつ》は史料不足で明らかでないが、一四六六年七月に王舅《おうきゅう》とヤマト出身の禅僧芥隠《かいいん》承琥《じょうこ》で構成される琉球使が上洛したさいの史料は豊富に残っている（以下、宮本一九九五による）。幕府官僚斎藤親基は日記に「琉球人参洛、当御代六个度目」としるしており（『親元日記』文正元年七月二十八日条）、一四四三年に足利義政が室町殿となって以来六度目だった。それが今回は芥隠の訴状を携えて特別な意気ごみでやってきた。訴えの内容は、幕府の「点検」をやめて琉球側で「内点検」を実施すること、公物以外の貨物を「随意」に貿易すること、の二点につき合意を得ることだった（『蔭凉軒日録』同年八月四～八日条）。用語はちがうが「官買」停止と「両平」貿易にほかならない。

この要求は、幕府内で権勢をふるう政所《まんどころ》執事伊勢貞親と蔭凉軒主季瓊真蘂《きけいしんずい》が、義政の上意をとりつけて、幕府の容《い》れるところとなった。宮本義己は「まさしく、琉球側の望み通りの沙汰と見做《みな》すことができよう」と評している。ちなみに、芥隠と季瓊は京都五山で机を並べた「旧識」だった。

しかしこの決定は琉球奉行飯尾《いのお》元連《もとつら》が欠席した席でなされ、兵庫における「点検」がもたらす細川勝元の権益を大きく損なうものだった。宮本は、勝元派と貞親派の板挟みになった元連が意図的に欠席したものと見ている。同年九月、貞親らが勝元の後見する義政の養嗣子義視《よしみ》を排除しようとして返り討ちに遭い、貞親・季瓊はじめ一党八人が京都から逐電する仕儀となった（文正の政変）。琉球使のかちとった貿易品「点検」停止は、政変と道づれにお流れとなってしまう。以後琉球使が京都まで来ることは絶えてしまった。

王相懐機の対旧港（パレンバン）外交

一四二〇～三〇年代における琉球と旧港との通交では、通常は〈明帝の冊封を前提とする国王間関係〉というたてまえのかげに隠れて姿をあらわさない、一ランク下の者どうしの往来が露出している。そこからは、琉球をめぐる地域間交流の姿だけでなく、東南アジア諸国の内部状況までが、おぼろげながら浮かんでくる〔以下主として小葉田一九六八、第三篇第二章による〕。

『歴代宝案』第一集巻四十三「山南王併懐機文稿」に収める文書二三通のうち、山南王関係を除く一八通が懐機関係、さらにそのうち九通が琉球・旧港間の外交にかかわる文書だ。そのうちもっとも早い宣徳三年（一四二八）十月五日付の旧港管事官宛琉球国王相懐機書簡（『歴宝』43―04）は、一四二一年ころ、琉球が旧港との間に通交を開こうとしたことを伝えている。その背景には、前述のように、一四一九年以降官買問題をめぐってシャムとの関係が冷えこんでいたという事情があった（原漢文）。

琉球国王相懐機、端粛して書を旧港管事官閣下に奉る。永楽十九年（一四二一）の間より、准《う》くるに、「日本国九州官源道鎮、旧港の施主烈智孫の差来せる那弗答鄧子昌等二十余名の国（九州）に到れるを送到す。告して逓送回国せしむるを乞ふ」とあり。此を准くるに、能《よ》く諳《そら》んずるの火長なきに縁《よ》り、遠人以て久留し難きに係るを思ふも、未だ敢えて擅便せず。国王に啓して、敬んで即便《ただち》に正使闍那《じゃな》結制等を差令《つかわ》して、海舡一隻に駕使して、已に暹羅国に到れば、仍《な》ほ行乞《ぎょうこつ》して転送を為さしむるを蒙るを除くの外、未だ到れるや否やを知らず。今、本国頭目実達魯等、小船一隻に駕使して、磁器等の貨を装載して、貴国に到りて買売するあり。仍《な》ほ尺楮《せきちょ》（手紙）を実達魯等に付して、旧港管事官の前に前《すす》み到り、告稟回報せしむ。今、礼物を備へて馳送し、少しく遠意を伸ぶ。万望むらくは笑留せられよ。所有《みぎ》の今去《い》く人船は、煩為《ねが》はくは、買売を寛容し、風迅（季節風）に趕趁《かんてん》（走る）して国に回《かえ》らしめば、四海を一家と為し、永く往来を通ずるに便益なるに庶《ちか》からん。今、礼物をもつて后《のち》に開坐す。草字《そうじ》不《ふ》宣《せん》。

一四二一年、日本国九州官源道鎮（九州探題渋川義俊の父満頼）が、九州に来た旧港の施主烈智孫（施亜烈済孫が正しい）の使者那弗答（マレー語で船主を意味するnakhādaの音訳）鄧子昌ら二〇余名を、琉球に送到し、琉球の手で本国に送り届けてくれるよう乞うた。琉球の王相懐機は、旧港までの海路を諳《そら》んじる火長がいないので、送還をためらっていたが、尚巴志王にその旨を啓したところ、「海船一隻に乗ってシャム国に赴くことになっている正使闍那結制らに、シャム国に着いたら旧港人を本国に転送してくれるよう願わせよ」との仰せであった。その後、旧港人が無事本国へ帰ったという情報が得られなかったので、一四二八年琉球は旧港との貿易を願った「本国頭目実達魯」を正使に仕立てて旧港へ送り出した。ここにも「四海一家」のスローガンが見られる。

　実達魯が携えた右の書簡からは、鄧子昌らの本国送還ルートにそって、①九州探題渋川氏—②琉球国王相懐機—③（シャム国）—④旧港管事官施済孫という四者の連携がうかがえる。①②④はいずれも国王から一段下がる地位だった。①が日本国王である足利氏の、②が琉球国王の、臣下であることはいうまでもない。

　当時の旧港は、形式上爪哇《ジャワ》国（マジャパヒト朝）に服属していたため王が存在せず、一四〇七年に明から「旧港宣慰使」に任じられた広東出身の施進卿の子済孫（④）が、二四年に宣慰使の地位を嗣《つ》いでいた。旧港という国家の実体は、「爪哇国旧港宣慰司」（『明実』洪熙元閏7丙午）とよばれる華僑集団で、そのリーダーが宣慰使を世襲する施氏だった。琉球が国王を表に立てて旧港と通交することは格のうえでつりあいがとれない。そこで王相の懐機が対旧港外交を担うことになった。この書簡からは③シャム国の実態がつかめないが、琉球の例からみて国王がかかわったとは考えにくく、懐機のような、王につぐ地位にあって対外的な窓口となっていた華人が関与した可能性が高い。

実達魯らの訪問を受けた旧港側は、その帰国に使者蔡陽泰（察陽とも）を同行させて箋文・礼物を琉球に送り、一行は一四二九年六月に琉球に到着した。旧港の箋文は残っていないが、琉球側が旧港使の帰国にあわせてふたたび送った使者に携えさせた二通の懐機書簡によって、右の経緯が知られる。二通はともに宣徳五年（一四三〇）十月十八日付で、正使歩馬結制に託されたものが「三仏斉国旧港僧亜剌呉」あて、正使達旦尼《たたに》に託されたものが「三仏斉国宝安邦（Palembang の音訳）本目娘」あてになっている（『歴宝』43—08・09）。

二通は同年十二月十一日に旧港に届き、翌六年二月三日付で返信が書かれ、琉球使の帰国に託された。返信も二通あって、一通の差出は「三仏斉国宝林邦（これも Palembang の音訳）粧次（女子名に添える敬語。竄入《ざんにゅう》か）本頭娘」、もう一通の差出は「三仏斉国宝林邦愚婦俾那智（pinatih の音訳で王妃ないし第一夫人の意）施氏大娘仔」となっている（『歴宝』43—10・11）。

その後、懐機から旧港に対して、正統三年（一四三八）十月二十六日付で二通、同五年九月から十月にかけてまた二通、書簡が送られた。前者のセットは、「三仏斉国旧港管事官」あて（正使阿普尼是《あふにし》）と「三仏斉国宝林邦施氏大娘仔」あて（正使不記載）で（『歴宝』43—15・16）、後者のセットは、「三仏斉国宝林邦本頭娘」あて（正使伍実《ぐし》佳勃也《かーうふや》）と「三仏斉旧港宝林邦施氏大娘」あて（正使不記載）となっている（43—22・23）。これを最後に旧港との交渉はとだえたらしく、以後の『歴代宝案』文書にその名を見いだすことはできない。

以上のように、懐機の相手となった旧港側の人間は、つねに二人一組で多くは二人ともが女性だった。一四二八年と三八年の懐機書簡の宛先は「旧港管事官」だが（『歴宝』43―04・15）、その該当者は「本頭娘」だ。「頭目たる女性」の意味で、一四二一年当時の管事官施済孫の姉妹、すなわち施進卿の二女と推定されている。他方の「施氏大娘（仔）」は、進卿の長女だが他家に嫁していたため妹の後見人を勤めた人で、「大娘仔」とは奥さん、おかみさんの意味だという。鄭和《ていわ》の遠征に随行した馬歓の著『瀛涯勝覧《えいがいしょうらん》』旧港国の条に、「就《すなわ》ち施進卿に冠帯を賜ひ、旧港に帰《い》きて大頭目と為《な》り、以て其の地に王たらしむ。本人死し、位は子に伝へず、是《ここ》に其の女《むすめ》施二姐王と為る」とある。これによれば、旧港の支配者の地位は進卿から男子済孫には伝えられず、二女が襲ったことになる。済孫と姉妹とのあいだで地位をめぐる争いがあったのかもしれない。

きわだつ琉球の能動性

前述の経過から、当時のシャム市場における貿易取引は、官買よりはるかに高利潤だったことがわかる。いずれかの国の「官」が権力をふりまわすことを排除し、「四海一家」「両平」をスローガンとして、地域社会で合意しうるような交易のありかたが求められた。その主唱者こそが琉球だった。官買をめぐる攻防のなかで、琉球が「市場価格での取引でこそ双方が潤う」と主張し、シャムがそれをうけいれたことは、明と諸国とのあいだの冊封関係を絶対的な存立条件とはしないような、地域間の交流が、琉球の首導のもとに芽ばえつつあったことを物語る。もちろん琉球の中継貿易は国営事業で、民間主体とはいいがたい。しかしなお、明への進貢品の買い付けという琉球船の目的はあくまで看板で、民間ベースの商取引が主流となりつつあった。その証拠に、琉球が東南アジアから買い付けた南海産品のすべてが、明への進貢にあてられたのではなかった。

当時、倭人勢力が南海産品を携えて朝鮮に渡航していた。ほんの一例のみ示せば、一四二三年にソウルに来た日本九州前摠官源道鎮（渋川満頼）の使者の持参した礼物には、犀角《さいかく》・麒麟《きりん》血《けつ》・陳皮《ちんぴ》・丁香《ちょうこう》・草菓《そうか》・黄芩《おうごん》・藿香《かっこう》・蘇《そ》合油《ごうゆ》・蘇木などがふくまれていた（『朝実』世宗５９丙申）。これらはほぼまちがいなく、倭人勢力が琉球から入手したものだ。琉球は、国家自身が地域間交流を担う民間の交易主体としての側面をもっていたのである。

琉球の「大交易時代」の説明にしばしば使われる地図がある。琉球と東アジア・東南アジア諸国とを航路（推定）でつないだもので、高良倉吉作成の「琉球王国交易ルート」と題する図は〔高良一九八七、二四頁〕その一例である。現在のタイ・マレーシア・インドネシア方面への航路が、かならず福州・広東・安南を経由していたように描かれるなど、ルートについても疑問が多いが、より問題なのは、どの国との関係も濃淡なく、かつ双方向だったかのようなイメージを与えてしまう点である。

琉球と諸国との関係は双方向だったか。琉球・東南アジア間を往来した船の素性を洗うことで、この問題を検証してみよう。一般には、先述の地図の与える印象などもてつだって、双方

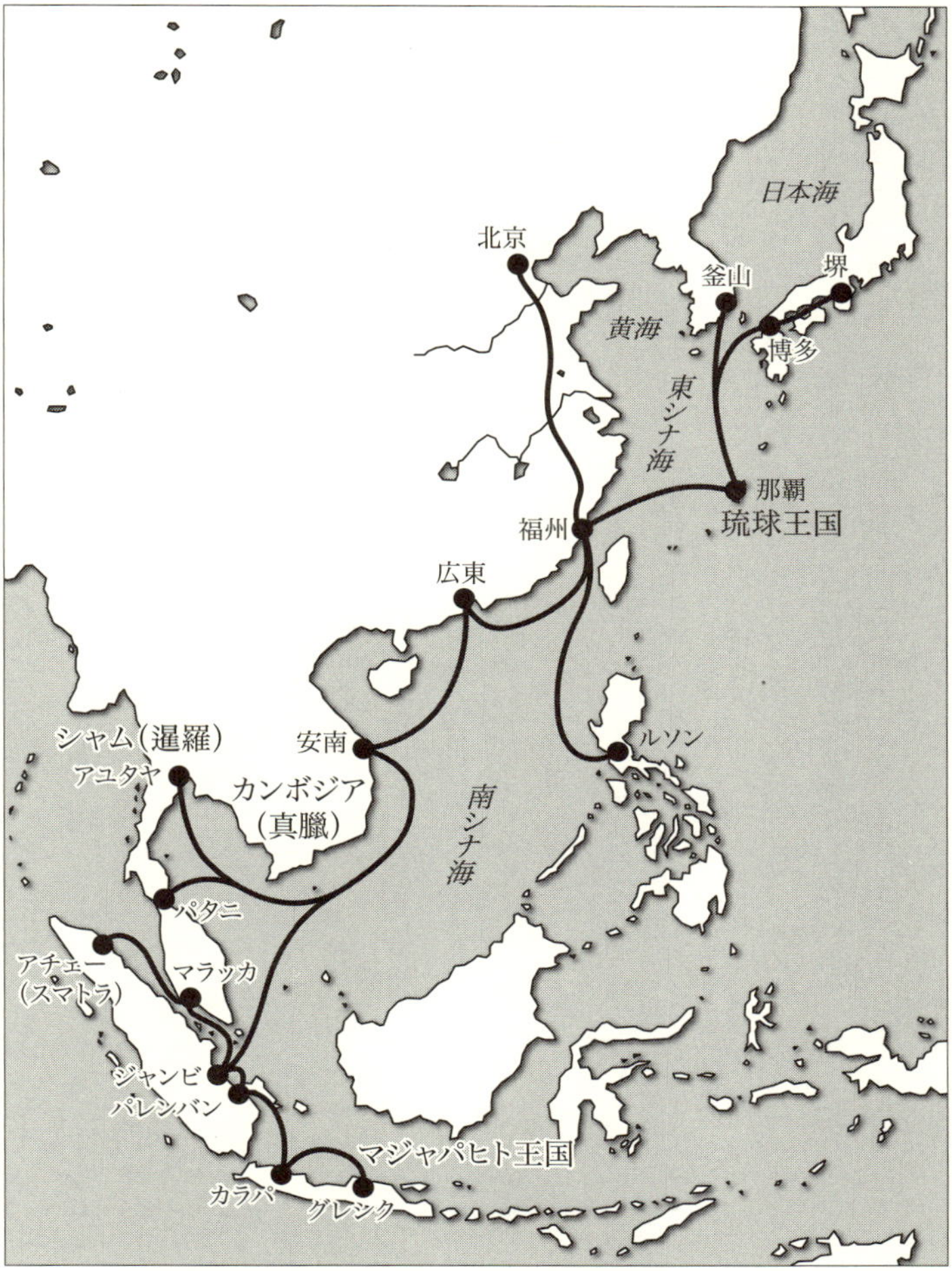

琉球王国交易ルート 14世紀末〜16世紀(高良倉吉作成)

に帰属する船が行き交ったかのように思われているが、『歴代宝案』によるかぎり、相手国の使節と外交文書は、ことごとく琉球船の帰航に託されて琉球に到来している。大交易時代の琉球・東南アジア間の国家間通交は、ほとんど一方的に琉球からの働きかけによって行なわれたもので、東南アジア諸国は受け身の対応に終始した。

わずかな例外として、第一に、一四二〇年代に琉球に来た旧港（パレンバン）船がある（前項参照）。しかし、これは九州に漂着した同船が琉球、シャムとリレーされて本国に還送されたという特殊な事例で、琉球はほんらいの目的地ではなかった。第二に、一四七九年に海上で炎上した琉球船の乗員を、シャムが正副使を立て新造船に乗せて送還した例がある。しかしこれも琉球近海で難船して目的地に到達できなかった（『歴宝』39—12）。

こうした琉球側の積極姿勢は、相手国とのあいだでトラブルをひきおこすこともあった。成化八年（一四七二）琉球国王尚円の満剌加国王あて咨文（『歴宝』41—18）に、「旧年差去せる通事林昌・陳泰等の二隻の船、時月の期を過ぐるも未だ回還するを見ず。倘《もし》や風水の不虞《ふぐ》或いは船隻の損壊有りて、人口（乗員）の所属（マラッカ領）に漂在せるか、或いは彼処の客商と不睦等の事あらんか」とある。事実は、件《くだん》の船はマラッカからの帰途西沙群島付近で難破して溺死者多数を出したが、林昌らは生還した（12—25）。また、成化十六年マラッカの楽系麻拿（ラクサマナ、海軍長官で王の補佐役）から琉球国王尚真にあてた書簡（39—10）には、「宝船一隻打されて交趾《コーチ》にあり、水を失ひ交趾人とあい殺す」という事件が起き、ラクサマナは人を現地に送って琉球人を保護した、としるされている。

「瑣砕方物」と「微貨」

一四七一年に琉球からマラッカにむかった通事林昌らの使節団が還《かえ》らず、翌年琉球はマラッカに状況を問いあわせる咨文を送った（『歴宝』41—18）。その終わり近くに、つぎのような文面がある（原漢文）。

四海を見て一家と為し、共に万々年太平の福を享《う》くるを庶《ねが》ふ也。其の船内に装載せる瑣砕の方物を、互相に宝貨と易換せん。乞ふ、行属（貿易担当官）をして両平買売を作成（実行）せしめんことを。

行方不明者の捜索依頼に便乗して、琉球はここでも「四海一家」「両平買売」を掲げて自己の望む方式での貿易を願ったが、そのさい交換に供する手もちの品を「瑣砕方物」と表現している。おなじ意味で「微貨」「薄物」ということもあった（これは相手側の品をよぶ「奇貨」「宝貨」の対語であろう）。ともに「とるにたりない」という謙譲表現だが、じつは国王に捧《ささ》げる正式の「礼物」よりも、こちらのほうが商売の面では重要だった。

「瑣砕方物」「微貨」文言は、十五世紀前半には見られず、『歴代宝案』がデータを欠いている一四四三〜六二年の直後、一四六三年から七二年までのあいだの、琉球からシャム・マラッカ・スマトラあての文書に集中して見られる。東南アジア通交が外交よりもますます貿易・商業へと傾斜を強めてきていることのあらわれとみてよいだろう。管見に入ったすべての事例を

表　「瑣砕方物」「微貨」文言をもつ文書一覧

No.	文書番号	年号（西暦）	相手国	本文
1	41－01	天順7（1463）	満剌加	有**微貨**載装前来貿易殊方土産煩令行属早与買売趕趁風時回還利便
2	41－02	天順7（1463）	蘇門答剌	有**鎖砕物貨**装載来船貿易殊方土産乞令行属作成買売早与回帰利便
3	41－03	天順8（1464）	暹羅	船内亦有**微貨**乞令行属早与買売趕趁風時回還利便
4	41－04	天順8（1464）	暹羅	馳献**薄物**致聘之外相与貿易殊方土産乞令行属聴従早与回帰便益
5	41－05	天順8（1464）	満剌加	有**微貨**前来尚望寛洪遠人買売早与回帰利便
6	41－09	成化2（1466）	満剌加	船内仍有**瑣砕方物**前来互相易換殊方土産煩令行属作成早与買売回還利便
7	41－10	成化3（1467）	蘇門答剌	船内亦有**微貨**乞令行属作成早与買売趕趁風迅回還利便
8	41－11	成化3（1467）	満剌加	其船内亦有**微貨**望賜賛成早与貿易回帰利便
9	41－14	成化5（1469）	満剌加	其来船亦有**微貨**乞令概管早与貿易趁風回還利便
10	41－15	成化5（1469）	暹羅	其船内亦有**瑣砕方物**前来乞令行属作成早与買売趕趁風信回帰順便
11	41－16	成化6（1470）	満剌加	其船内装載**瑣砕方物**適彼互相易換奇貨乞令行属作成趕趁風信回還利便
12	41－18	成化8（1472）	満剌加	其船内装載**瑣砕方物**互相易換宝貨乞令行属作成両平買売趕趁風信回帰利便
13	41－19	成化8（1472）	満剌加	其船内装来**鎖砕方物**前至貴国互相易換奇貨煩令行属作成早与買売趕趁風信回帰利便

まとめて表に掲げる。

「船内に亦微貨有り」（№3・7・8）・「船内に仍《なお》（亦）瑣砕方物有り」（№6・10）といった文言から、「微貨」「瑣砕方物」が礼物のほかに積載してきた貨物であることがわかり、これを相手側の「殊方土産」（№1・2・4・6）・「奇貨」（№11・13）・「宝貨」（№12）と、「互相易換」（№6・11・12・13）することが、琉球側の願望であった。「互相易換」が市場価格での取引を意味することは、№5の「遠人を寛洪して買売せんことを望む」や、№12の「行属をして両平買売を作成せしめんことを乞ふ」という表現から明らかだ。

4　『歴代宝案』の彼方へ

那覇港に碇泊する南蛮船

『歴代宝案』に収められた外交文書から、国王間の公的通交のみならず、その背後にある海域交流の姿を見てきた。しかし、『宝案』が語るのは、あくまで漢文の外交文書がなんらかのかかわりをもった領域でしかなく、そこで見えたものが琉球の海域交流のすべてではない。先に、東南アジア諸国から琉球へ積極的に船を送った例が、『宝案』にはほとんど見いだせないことを指摘した。ところが、別系統の史料には、「南蛮」とよばれた東南アジアから来た船が十五〜十六世紀の那覇港に碇《いかり》を下ろしている姿が見られる。

①一四三〇年代ころの那覇港建設を歌った『おもろさうし』（13―08）の歌に、「たう　なばん　よりやう　なはどまり（唐・南蛮寄り合う那覇泊）」とある。

②一四五六年に朝鮮の済州島から久米島に漂着した船軍梁成らの帰国報告に、「（琉球は）金銀を産せず、日本・南蛮より買ひて之を用ふ」とある（『朝実』世祖82辛巳）。

③一四六一年に朝鮮の全羅道から宮古島に漂着した肖徳誠らの帰国報告に、「（那覇の）市は江辺に在り、南蛮・日本国・中原の商船来りて互市す」とある（同）。

④一四七一年に朝鮮で成立した『海東諸国紀』所収「琉球国之図」の那覇付近に「湾口／江南・南蛮・日本商船所レ泊」という文字があり、同書「琉球国紀」国俗の条にも「日本・南蛮の商船亦《また》其の国都の海浦に集まる。国人肆《みせ》を海辺に置きて互市を為す」とある。

⑤一四七七年に朝鮮の済州島から与那国島に漂着した金非衣らの帰国報告に、「（琉球は）江南人及び南蛮国人、皆来りて商販し、往来絶えず。俺等皆目覩《もくと》せり」とある（『朝実』成宗106乙未）。

⑥浄土僧袋中《たいちゅう》の『琉球神道記』序（一六〇五年）に、「若《も》し国中に所作（製造）無く者《ば》、他方より必ず之を運送す。金銀珠玉は陶冶《とうや》無《な》くして籯《はこ》に満ち、綾羅錦繡《りょうらきんしゅう》は擣染《とうせん》（叩き染める）せずして桁《こう》（衣掛け）に余る。甘蔗《かんしょ》は瓶に盛り、浄茗（茶）は壺に収む。書籍・筆硯《ひっけん》・絵賛・団扇《うちわ》、随《まま》に意《おも》ひ随に取る。都《すべ》て唐山・倭国・朝鮮・南蛮の商客の致す所也」とある。

⑦古琉球時代の琉球を描いた一六九六年の彩色地図「琉球国図」（太宰府天満宮旧蔵、沖縄県

御物城（著者撮影）

立博物館・美術館蔵）に、「那波皆津口《みなと》、江南・南蛮・日本之船入㆓此浦㆒」「江南・南蛮宝物在㆑此、見《み》物《もの》具《ぐ》足《すく》広」という文字がある。

以上七つの史料のいずれにおいても、「南蛮」の存在感が大きいことに驚く。那覇港に入る貿易船や商人を列挙した部分をぬきだすと、「たう・なばん」「日本・南蛮」「南蛮・日本国・中原商船」「江南・南蛮・日本商船」「日本・南蛮商船」「江南人及南蛮国人」「唐山・倭国・朝鮮・南蛮之商客」「江南・南蛮・日本之船」となり、唐・江南か日本が欠けている例はあるが、南蛮はすべてに入っている。国立の宝庫御物城に納められるのも「江南・南蛮宝物」であった。『歴代宝案』文書が語る世界と史料①〜⑦とのあいだには、明らかな落差がある。

琉球という国は、国設の貿易市場兼倉庫「親見世」に象徴されるように、もっぱら「海船行商」をなりわいとしていた。那覇港に入る「商船」のなかで、『歴代宝案』に収めるような外交文書を携えた公的性格の船は、むしろ少数派だったのではないか。『宝案』に日本とのあいだで応酬された文書は一通も見いだせない。南蛮・江南につぐ存在感を示す日本船はすべて公的性格のものではなかった。とすれば、南蛮船や江南船も、その大半は民間ベースの商船だったのではないか。

さらに、『歴代宝案』には出ないが琉球船が訪れていたことがたしかな東南アジアの地域に、ルソンがある。

①英訳フィリピン関係史料集『フィリピン群島』に収められた一五二五年ころの史料に、「ズブ（セブ島か）から五〇レグア行ったところにチピット（未考）がある。そこから北西に二日間の航海でルソンとよばれる大きな島に着く。そこには毎年琉球人の所有する六～八艘《そう》のジャンクがやってくる」とある。

②藤原惺窩《せいか》の「南航日記残簡」によれば、一五九六年、惺窩は中国渡航をもくろんで大隅国内之浦を訪れ、地元の役人竹下宗意や船頭たちと葡萄酒《ぶどうしゅ》を酌み交わし、ルソンや琉球の風土について歓談した。竹下は琉球に家や妻子があり、異国の事情に通じていた。惺窩はそこで「呂宋琉球路程記録之冊」や南蛮系と思われる「世界図」を実見した。

③琉球士族の「那姓家譜」によれば、万暦年間（一五七三～一六二〇）に、琉球人新垣筑登《ちくど》之親雲上《うんぺーちん》善房が、王の命を受け、ヤマト人の「自安大円宋治」とともに、交易のため「南蛮属島呂宋」に渡航したという。

②③にあらわれる「ルソン」は、一五七一年にマニラを占拠したスペイン人勢力が中心であ

ろう。しかし、それ以前から倭寇《わこう》勢力がマニラを訪れており、占拠当時にも日本人二〇人と中国人四〇人が在住していた。①はマゼランのフィリピン群島到達後ほどない時期のもので、ルソンにヨーロッパ勢力が定着する以前の状況を示す。フィリピン群島から遠くない琉球人は、倭寇勢力の一翼としてルソンを恒常的に訪れていたのである。

非日常的できごとと頭目

以上のように、琉球・南蛮交流の全貌は、『歴代宝案』文書の彼方に、いいかえれば国家外交の領域の彼方に、茫漠《ぼうばく》と広がっていた。とはいえこの問題をさらに掘り下げようとしたとき、『宝案』以上に有力な史料があるわけではない。国家外交と民間交易との落差を念頭において徹底的に読みなおすならば、『宝案』文書からでも民間交易を間接的にうかがうことはできる。

琉球と東南アジアの交流のなかで、日常的なルーティンからはずれたできごとが生じたとき、その処理の過程で、通常の『歴代宝案』文書にはあらわれない海域世界の実態がかいま見えることがある。そこで重要な役割を演じていたのが、さきに示した第三の人間類型、すなわち「頭目」だった。

一四六九年に琉球からマラッカに派遣された使節団は、マラッカで「勧諭を聴かず争闘を行なはんと欲し、実に是れ州府を攪擾《かくじょう》す」という事態をひきおこした。翌年マラッカが琉球に送った咨文に、「毎歳差来の使臣・通事は供に好し。只《ただ》是れ以下の頭首、甚だしきは非を為すに至る」とあって（『歴宝』39—08）、使臣・通事ではなく「頭首」（「頭目」におなじか）が張本人だったことがわかる。琉球はこの抗議に「咨文到るの日、聞知し随即に区処せり（迅速に対応した）」と回答したが、その咨文中に「下人の故に禁令に違ひ事を作《な》す」とあって（41—16）、「頭首」は「下人」ともよばれたことがわかる。

さらに、一四七一年に琉球からマラッカにむかった通事林昌・陳泰らの使節団が、「時月の期」を過ぎても還らず、翌年琉球はマラッカに状況を問いあわせたが、その咨文のなかで「或いは彼処の客商と不睦等の事あらんか」と推測している（『歴宝』41—18・12—25）。事実は、林昌らはマラッカからの帰途、難所「七州洋」（西沙群島周辺の海）で暴風のため座礁し、貨物をことごとく失ったのだった。かれらは明の地方官の手で、広東から福建を経て本国に送還された（『歴宝』12—25・『明実』成化９４丁卯）。

琉球の「頭首（＝頭目）・下人」とマラッカの「客商」は、貿易取引の場で向きあう同類の人間類型であり、具体的には貿易商人だったと考えられる。つまりこの事例には、通常の『歴代宝案』文書にあらわれにくい商人相互の取引が顔を覗《のぞ》かせており、それが国家間のあるべき体制・秩序を攪乱しはじめていることが読みとれる。

一四三〇年にシャムへ赴いた琉球使に官買を強要した者を、琉球国王の咨文は「所在の管事頭目」とよんでいる（『歴宝』40—11・12）。また、旧港あての王相懐機書簡の宛先に見える「旧港管事官」（43—04・15）や、シャムの外交部局が発した文書に見える「管事官列位」「管事列位」も（39—12・14）、それぞれの国で実質的に貿易を仕切る存在らしい。前出の『瀛涯勝覧』旧港国条は、「（永楽帝は）就《すなわ》ち施進卿に冠帯を賜ひ、旧港に帰《い》きて大頭目と為《な》り、以て其の地に王たらしむ」と述べている。

右の「管事頭目」「管事官」「大頭目」などは、政治・外交よりは経済・貿易の領域に近接した存在だといえよう。シャムの管事頭目のばあい、王権を笠に着て市場価格による取引を抑圧する役回りを演じたが、その強権がほかならぬ王権によって排除されたことは、かれらが貿易にからむ独自の利害に従って行動する存在だったことを暗示する。

「能く海道を諳んずる火長」

一四四〇年に琉球王相懐機が旧港の「本頭娘」にあてた書簡に、「先に宣徳六年（一四三一）の間に於《おい》て、甚だ好信に謝し、書に憑《よ》り収め訖《おわ》れり。向後却《かえ》りて能く海道を諳んずる火長を少《か》き、以て疎曠を致すこと多年なり」という文章がある（『歴宝』43―22）。対旧港関係文書において類似の表現は、「前年の間、貴処の人船彼に到る。本より使を差《つか》はして直送せんと欲するも、火長を欽無すれば、暹羅国に致送す」（43―09：一四三〇年）、「累《かさ》ねて遣使して屢《しばしば》貴国に達せんと欲するも、火長を少《か》くの為に、以て疎広を致すこと年深し」（43―16：一四三八年）、「累ねて回謝して屢貴国に達せんと欲するも、却りて航海の火長を少きて、以て疎曠を致すこと多年なり」（43―23：一四四〇年）など、多く見いだされる。

一四二〇年代、琉球は日本の九州探題から送られてきた旧港人を本国に送還しようとしたが、しかるべき火長がいなかったので、使者に付して直送することができず、すでに国交のあったシャム行きの使者に旧港人を託し、本国送致をシャムに依頼させた。その後一四二八年に「頭目」実達魯が旧港への途を開いたが、三一年以降数年にわたって、また「能く海道を諳んずるの火長を少き、以て疎曠を致す」という仕儀になった。実達魯が開いた琉球—旧港ルートは維持できなかったわけだが、それは国交というレベルにおいて琉球政府がしかるべき火長を確保できなかった、という以上ではない。実達魯のような商才ある人物であれば、独自に火長を確保することができたと考えられる。

以上より、火長のような航海技術者のすべてが国家のお抱えだったわけではないことが見えてくる。かれらは琉球であれば那覇の久米村に居を構えていたと思われるが、琉球の国家からはある程度自立した社会勢力として存在し、おそらくは琉球外の諸地域にいる同業者との連携をもっていただろう。海洋アジアには、港市国家が形成されるより以前から、「能く海道を諳んずる火長」のネットワークが存在し、各港市国家が結びあう「国交」もそのネットワークに依存することで成立しえたのである。

このことを旧港以外の事例からも考えてみよう。一四三〇年、琉球からジャワへの初度通交が試みられたが、そのさい発せられた琉球国王咨文（40—09）はこう述べる（原漢文）。

久しく遣使して来賀せんと欲するも、奈《いか》んせん、微国は海道を諳んずるの師を欽き、以て斯くの如く大儀を失ふに致る。今、頗る水道に暁《あか》るきの人有り。聊《いささ》か菲儀《ひぎ》を備へ、特に正使南者結制等を遣し、船に駕して礼物を賚送《らいそう》し（もたらし送り）、貴国に前詣し、奉献して少しく芹忱《きんしん》（微誠）の意を伸ぶ。

このときはたまたま「頗る水道に暁るきの人」が得られたために、ジャワへの遣使が可能になったのであって、琉球がそうした人材を主体的に養成したり、積極的に給養したりということはなかった。「海道を諳んずるの師」の既存のネットワークに接触する偶然の機会を得てはじめて、未知の国との通交が可能になったのである。

右の「既存のネットワーク」を今すこし具体化するために、琉球と朝鮮との関係に眼を転じよう。宣徳六年（一四三一）六月、琉球国王尚巴志から朝鮮国にあてた咨文（40—10）は、両国間で洪武～永楽年間に累ねられた使節交換に触れたあと、「厥《その》後、能く海道を諳んずるの人無きが為に、以て疎曠を致すこと多年なり」という例の文言をならべる。それが今回、正使夏《か》礼《ね》久《く》らを送ることになったきっかけは、「日本国対馬州客商来船一隻」の到来だった。夏礼久らはこの船に便乗して「菲儀を賚捧し（もたらしささげ）、（朝鮮）国王殿下に前詣して奉献し、少しく微誠を伸ぶ」ことになったのである。

夏礼久は朝鮮の王宮にいたって世宗王に謁見し、「我が国祖王・父王より、交好の礼を相修す。厥《その》後倭人阻隔し、久しく修好を廃す。……去る六月、対馬賊首六郎次郎の商船、国に到り、借騎して来る」と述べた（『朝実』世宗13 11庚午）。対馬州客商とは「賊首」とよばれた早田《そうだ》六郎次郎であること、琉球・朝鮮間の直接通交が途絶したのは倭人の阻隔によるものであること、がわかる。六郎次郎自身が倭人のひとりだから、今回の通交も倭人ネットワークに乗っかったものだ。とはいえ六郎次郎にとって、「日本」への帰属は二次的なものにすぎず、海洋アジアを往来する海上勢力の一翼という属性こそが基本だった。琉球の外交使節を自分の商船に乗せて朝鮮に入港するといった行動は、「日本」への帰属意識から生まれてくるものではない。

胡椒をめぐる海域交流と自由人成宗〔村井二〇一三〕

一四八一年、儒学者が王に講義する経筵《けいえん》の席で、朝鮮国王成宗が突然、「胡椒は薬剤に必須の品である。その種を倭人に求めるがよい」と発言した。外交担当の李坡が「胡椒は倭人がたくさんもってくるので、義盈庫《ぎえいこ》に充溢《じゅういつ》しており、種を求める必要はありません」と諫《いさ》めて、その場は沙汰止みとなった（『朝実』成宗12８戊辰、以下「『朝実』成宗」を略して表記）ものの、その後五年ものあいだこの件は何度もむしかえされた。当時胡椒は「暑毒を治むるに効有」る薬材として需要が多かったうえ（16 10乙酉）、成宗朝では王から臣下や官員に広く下賜する威信財として用いられていた（17３甲寅等）。そのため「良種を得て広く民間に植ゑ、以て緩急に資せん」という発想が生まれていたのである（16 10乙酉）。

右の李坡の言からうかがえるように、臣下の反応はおおむね冷淡だったが、王の意欲は衰えない。一四八二年に胡椒種を送るよう求められた日本国使臣栄弘が、「本国（日本）には産せず、乃《すなわ》ち南蛮に産す。故に琉球国は常に南蛮に請ひ、本国も又琉球国に請ふ。其の種は之を得難きに似たる也」と、難色を示したにもかかわらず、王は「彼に産せずと云ふと雖《いえど》も、然るに胡椒は日本より来《きた》れば、則《すなわ》ち日本は琉球国に請ひて以て送るべし。其れ以て送来を請ふの意を伝《でん》（王命の一種）し、並びに書契（日本国王への返書）に録して之を諭せ」と言いはった（13４乙卯）。王の眼にも南蛮─琉球─日本─朝鮮という胡椒調達ルートが映っていたことがわかる。

一四八五年の王と臣下の問答はおもしろい（16 10戊子）。経筵の席で侍講官が、胡椒種を倭使に求めるのを諌止《かんし》しようと、「日本は胡椒の産地ではないから」という理由に加えて、つぎのように言った（原漢文）。

臣、本草《ほんぞう》を攷《かんが》ふるに、胡椒は西戎に産し、或いは南海諸国に産すると云ひ、中国にも亦有る無き也。臣、物性は各おの土宜有るを謂ふなり。古に云はく、「橘《たちばな》、淮《わい》（北方地域）に渡りては枳《からたち》と為《な》る」と。我が国の済州は柑子《こうじ》を産すれども、種を此の地（漢城周辺）に移すを得ず。今胡椒種を得るとも雖も、必ずや生長せざらん矣。

王はいちおう「此の言果たして然り」と応えつつ、なお反論を試みる。「水牛は琉球より来たりて、我が国に蕃育す。胡椒も安《いずく》んぞ必ず生長せずと知らん乎。」

一四八六年には、対馬国分寺住持崇統の使者が、対馬で三〇年を過ごした被虜明人潜巌を伴って朝鮮を訪れた。この潜巌の言にも「胡椒は倭国の産する所に非《あら》ず、南蛮より出づ。琉球国の商販人、南蛮に入りて求め得、諸島の倭人収買して来り、本国（＝対馬）に転売す」と、胡椒調達ルートがあらわれている（17 10丁丑）。ここでとくに注意すべきは、南蛮→琉球→諸島（九州）→対馬のどの段階の胡椒の移動も、琉球国営の中継貿易とは異質な、民間の商業取引によって担われていたことだ。

もし朝鮮が冊封関係の原則にのっとって自国用に胡椒を入手しようとするなら、その方法は二つあったと考えられる。一つは、シャム等の「南蛮」から明に進貢された胡椒を、朝鮮が明に捧げる進貢物の回賜として賜ることだ。もう一つは、琉球と同様、「南蛮」諸国との交隣関係に基づいて胡椒を対明進貢品として入手し、その一部を自国の用にあてることだ。しかし現実の胡椒入手ルートはどちらでもなかった。

倭人たちは大量の胡椒を、朝鮮国王への進貢という名目で実際は貿易品としてもちこみ、巨利をあげていた。その胡椒を倭人は琉球から入手していた。倭人は、琉球国王使またはそれを騙《かた》る偽使として、あるいは対馬の対朝鮮通交権益を利用して、朝鮮を訪れていた。

倭人や在外中国商人（いわゆる華僑）といった商業集団は、アジア海域世界をとりまくいずれかの国家になかばは属しつつ、複数の国家のはざまを活動空間とする境界人だ。民族的出自は朝鮮人だが、北九州の武士勢力に仕え、朝鮮から官職をもらい、琉球国王の使者として朝鮮にあらわれる、といった者もいた。こうした人間類型に担われつつ、南蛮—琉球—九州—対馬—朝鮮という海上の道をリレー式に人と物が動くという海域世界の実相。それを成宗の胡椒種求請一件という偶発的なできごとが明るみに出した。

一件が明るみに出したのはそれだけではない。冊封関係の原則を無視した王の提案は、臣下たちにとって、とりわけ儒教主義の権化《ごんげ》である司諫院・司憲府・弘文館などを拠点とする諫官《かんかん》にとって、容易にうけいれられるものではなかった。一四八五年、大内氏の使僧に胡椒種入手を請う件を議題として、政府の要人たちを招集した会議において、賛成論はたったひとり。圧倒的多数は口々に「胡椒は軍国の所用に非ず、人を遣して求請するは、大体未便《だいたいみべん》なり」「往者《さきごろ》大内殿の通信を請ふ者《こと》屢《しばしば》なり矣、而《しか》るに国家従はず、今只だ胡椒種の為に使を遣すは、大体を妨ぐる有り」などと言いつのった（16 10甲申）。「軍国」云々《うんぬん》は軍事物資の入手のためならば例外がありうる、という考え方に立つもので、「大体」とは国家のあるべき姿をいう。

　こうした議論において、皇帝から臣下に封じられている王が、冊封関係を超えるあらたな試みに熱心なのに対して、朝鮮官僚たちの多くは頑固な原則主義者だった。冊封関係外の海域交流がしだいに優勢になりつつある趨勢《すうせい》は、「自由人」としての王の眼に、より早くよりリアルに映っていたようだ。

倭人の描き出す虚像

　成宗王の胡椒種求請に接して、倭人たちは、琉球や東南アジア通交を現実とは異なった姿に描き出すことで、自分たちの利益が最大になるよう計った。

　一四八三年、対馬島主宗貞国の特送使は、「使を南蛮に遣して、以て胡椒種を求めんと欲するも、南蛮の地は遠く、動《やや》もすれば三年を経《ふ》。其の往来の糧は尽く米穀を以て之を載すべからず。銅銭二万〔一カ〕緡《びん》を賜はらんことを請ふ」た（14 2甲申）。東南アジア通交を実際よりも困難なものと印象づけたうえで、旅糧買付のためと称して巨額の銭貨を獲得しようとしたのだ。朝鮮側がこれに応じたとしても、本気で使者を発遣する気があったかどうか、はなはだ疑わしい。

　一四八五年には一度ならず倭人に胡椒種を求める動きがあった。まず三月に少弐政尚の使者（対馬の仕立てた偽使か）が胡椒一千斤を進上すると、王は「倭人進むる所の胡椒至りて多し、必ずや其の地に産する所ならん。此より前、物を贈り種を求め書契を下諭すれども、終《つい》に未だ答へを見ず。今亦下書して之を求めんと欲す」と言った。外交担当の役人は反対したが、なおも王は、対馬に「有無相資《たす》くるは交隣の道なり。爾《なんじ》須らく椒種を琉球国に求め、以て進むべし」と言えば応じるかもしれない、という考えに固執した（16 3丁未）。

同年十月、大内政弘の使者元粛が外交担当の礼曹《れいそう》に呈した書簡に「日本国に帰到し、聖旨を以て臣政弘に諭さん。胡椒の種子を諸国に尋覓《じんべき》し（尋ね求め）、明年闕下に来朝せん」とあった。王はこれに期待をかけ、元粛の辞去にさいして、「冀《ねが》はくは良種の以て生植すべき者を得て遺《おく》らるれば幸甚なり。若し貴土の所産に非ずと曰はば、則ち商船往来の処に広く求討（探求）を行ひ以て送るも、亦冀ふ所也」という返書をもたせた（16 10甲申・乙酉）。しかし大内氏がこの約束を実行した形跡はない。

元粛辞去の当日、こんどは宗貞国の特送僧仰之梵高《ぎょうしぼんこう》が到来し（16 10乙酉）、王は礼曹につぎのように通達させた（16 11戊午、原漢文）。

胡椒は多く貴土に産し、而して暑証を治むるに堪《た》ふ。故に殿下、民間に広布せんと思欲し、此より前《さき》、屢次《るじ》種を求めき。今聞く、島主専使もて種を求むると。其の誠款嘉《よみ》すべし。苟《いやし》くも此《かく》の如からずんば、交隣事大・有無相資の所以《ゆえん》の義に非ざる也。

これに対して仰之はこう答えた（同）。

胡椒種は南蛮に産す。琉球国は南蛮より貿《か》ひ、本国は琉球国より貿ふ。本国胡椒種を貿はんと欲し、閏二・三月に於て、已に南蛮に遣使せり。来歳三・四月の間に還るべし。但だ南蛮人は転売の時必ず其の種を烹《に》る。恐らくは無用為《た》らん矣。

一四八六年八月に到来した貞国の特送使の書契にも「胡椒栽（＝種）の命」のことが見える（17 8辛卯、原漢文）。

> 往歳胡椒栽の命を承《う》け、敢《あえ》て寧処《ねいしょ》せず（怠らない）。此れ南蛮の産にして、琉球を経て此《ここ》（対馬）に到る。初め船を南蛮に遣さんと欲すれども、費用甚だ多く、力能《よ》く及ばず。去歳、幣帛《へいはく》を厚くして琉球に遣使し、以て款懇を致すに、其の報に云はく、「胡椒栽は、本邦之を欲すると雖も得る所無し。大明豈に之を求めざらん。実に有るを聞かず。今船を遣すと雖も、其の費え甚だ多くして、求むる所《ところ》得べからざる也。」と。

一四八三年の特送使が口にしていた南蛮への派船が実行されなかったことを、はからずも暴露している。引用された琉球の回報は、大量の胡椒を進貢物として明へもちこんでいた琉球のものとは思えず、虚構だろう。

つぎに、大蔵経を求めて朝鮮に到来した琉球使に眼を転じよう。一四六二年に普須古・蔡璟が大蔵経を恵与されて帰ったあと、一五〇〇年に来た梁広・梁椿は「昔我が国人此《ここ》に来たりて後四十年、我亦此に来たる耳《のみ》」と語り、朝鮮側も「謄録《とうろく》を考ふるに、則ち彼の国使臣の来るは、辛巳年（一四六一）に在り」と確認した（『朝実』燕山君6 11壬戌）。ところがこの間に、一四七一、七九、八三、九一年の四回も大蔵経を求める琉球使が到来している。すべて博多の人間だ。一四五〇年代以前の琉球使の大半は、真使とはいえ対馬や博多の商人の請負によっていた。それが偽使の横行に道を開いた。

一四七一年に来た平佐衛門尉信重は、「日本要路博多の地に居し、本国（日本）及び琉球国王の親信する所と為る、亦我が国（朝鮮）の図書を受け、歳ごとに船を遣し来朝す、今又親《みずか》ら来りて官爵を受くるを願ふ」と自己紹介するように（『朝実』成宗２11辛酉）、日本・琉球・朝鮮の三国を股にかけて活躍した博多商人だ。七九・八三年の二度正使を勤めた新四郎は、「俺《われ》は本《もと》博多の人、去る丁酉年（一四七七）十月、副官人と与《とも》に、興販に因りて琉球国へ往き、貴国の漂流人の到泊せるに適《あ》ふ。国王、書契を授けて俺等をして押来せしむ」と語る（10５辛未）。七九年に押物、八三年に副使、九一年に正使を勤めた也次郎も、「博多の人道安、累《かさ》ねて琉球国王の書契を受け、貴国に使ひして来る（一四五三・五五・五七年のこと）、我れも亦博多の人なり」と語る（24６甲戌）。

朝鮮は信重についてははじめ疑わなかったようだが、さすがに新四郎・也次郎による三回の一連の使者については、「琉球国の使臣は、皆本国の人に非ず、乃ち中間興販の徒なり」「彼（也次郎）、我の琉球国使を待すること甚だ厚く、回奉も亦多きを以て、故《ことさ》らに書契を偽造して来り、以て己《おの》が利を規《はか》ること必なり矣」と見やぶった（24６辛未）。それでも三度目には、完本でないとはいえ大蔵経一部を与えている（23３癸酉）。

也次郎が疑われた最大の理由は、「汝等の持ち来たる国王書契の印跡は、己亥（一四七九）・癸卯（一四八三）両年の書契の印跡と同じからず」という点にあった。この指摘に対して也次郎は、「私は四回も書契を受けて来ているから、その印跡の同異は知らない」と供述し、「一国の主が二印を用いることがあろうか。その詐偽は明白だ」と突っこまれると、「私は他土の人だから、琉球国王の使っている印章が一種類なのか二種類なのか、それとも十種類もあるのか、知ったことではない」と開きなおる始末だった。

也次郎のいいぶんは強弁そのもので、外交の場で通用させるのに必要な形式合理性や論理性のかけらもない。それに対する朝鮮側の対応は、「琉球国の書契は修答せざるが可なり、但だ也次郎等、之を請ひて已《や》まず、今は修答するも已むを得ざるなり」ということばに集約されるように、倭人の横車に押された権宜の措置以上ではなかった。

こうした詐術の延長線上に、架空の「国」を創作してその「主」の使節だと称する者さえあらわれた。朝鮮が国家の代表者以外には大蔵経を与えない態度をとっていたことに対応したものだ。一四七八年、「久辺国主李獲」の使者と称する閔富が、国主の書契を携え、朝鮮に大蔵経を求めた。

礼曹の聴取に対して閔富は、「自分は薩摩の人で、十二年前から貿易のため久辺国で居住・妻帯しており、前年に国主の書契を受けて出発し、琉球、薩摩、対馬をへて到来した」と自己紹介している（以下911辛未による）。久辺国については、「東西六日、南北十日の大きさがある。西に五日進めば〈九重〉という中国船の泊する港に着き、東に一日進めば釣魚人の住む〈木海島〉に着く。順風に乗って南すれば七日で南蛮に、北すれば二日で琉球、八日で薩摩にいたる」と語った。『海東諸国紀』に琉球国の地界を「東西七八日程、南北十二三日程」とするから、ほぼそれに匹敵する。だが示された位置は琉球海溝上で、あたりにまったく島はない。

閔富の語る「久辺国」の国情は、稲は年に二回稔《みの》る、制度は中国に倣う、など『海東諸国紀』の琉球国記事と類似点が多い。「国都内外皆石城」もグスクを思わせる。「宮闕の体制、板瓦・沙壁にて、鑞《すず》を用て粧飾す」「婚嫁、男、女の第へ帰《い》く」「喪葬、山の高き処を択《えら》びて之を埋め、蒙白（?）三年、肉を食せず」「刑罰、罪の軽重に随ひて或いは囚禁し、其れ尤《もっと》も重き者は無人の絶島に置き、最も重き者は支解広示《しかいこうじ》す（四肢を切断して曝しものにする）」などは、第二章4で紹介した朝鮮人漂流者の琉球観察と共通する点が多い。

いくら架空の国とはいえ、無からイメージを作れはしない。薩摩商人閔富は、琉球を中心に東シナ海上で活動していたのだろう。一四八二年にまた久辺国使が来てもたらした国主李獲の書契に、「臣は不肖と雖も、已《すで》に同姓通家の好みを辱《かたじけ》なくす。爾《しか》らば吾が民は即《すなわ》ち陛下の民也。……陛下は親《みずか》ら仏を受け、以て仏法を今日まで流通す。吾が国は仏宝有りと雖も猶《な》ほ法宝を欠く。俯して一蔵を賜り、以て契仏の遺漏を□（脱字あるか）」とある（13閏8庚辰）。国主の姓が朝鮮王家とおなじ「李」であることを特筆しながら、朝鮮を仏教大国ともちあげ、あわよくば法宝＝一蔵＝大蔵経を手に入れようという底意が透けて見える。

後期倭寇と琉球〔村井二〇一七b〕

琉球王朝の起源を倭寇勢力そのものに求める説が、最近精力的に唱えられている〔吉成・福二〇〇六等〕。それによれば、第一尚氏も第二尚氏もヤマト・奄美方面から沖縄に渡来・割拠した倭寇勢力が建てた王朝だという。たしかに、以下に列挙する事例を見れば、琉明間で活動した人びとは、生粋の琉球人、琉球に渡航した福建人、琉球に居留する華人をとわず、倭寇的性格を内包していたことがわかる。

一四一五年、第一尚氏の初代思紹王の使者直佳魯は、南京からの帰途福建で「狂悖《きょうはい》を肆《ほしいま》まにし、海舡を擅奪《せんだつ》し、官軍を殺死し、中官を殴傷し、其の衣物を奪ふ」という仕儀におよび、死刑に処された。同行者の「阿勃馬《うばま》結制《うっち》等六十七人」も同罪だったが、永楽帝は処断を思紹王に委ねた（『明実』永楽13 11己酉）。「阿勃馬（歩馬とも）結制」は一四二四年から四〇年にかけて、明だけでなくシャム・ジャワ・旧港との外交にも活躍した、第一尚氏王朝を代表する外交専家だ（本章2）。

一四五二年には、「福建沿海の居民」が「中国の貨物を収販し、軍器を置造し、海船に駕して琉球国に交通し」、琉球人を「招引して寇を為す」動きがあり、直前に広東で起きて海寇が群がり集まった「黄蕭養《こうしょうよう》の乱」との類似性を指摘する声に応じて、明の礼部は榜《たてふだ》を立てて禁約を公示した（『明実』景泰3 6辛巳）。黄蕭養の乱は私年号「東陽」を立てた民乱として知られる。

一四七四年には、第二尚氏初代尚円王が明に派遣した使節団の「本船の姓名を知らざる番人」が、福建に着くなり居民を殺害し家屋を焼き財産を略奪したため、翌年、琉球はその制裁として二年一貢、使節団は一五〇人以下、私貨は携帯禁止という制裁をこうむった（『歴宝』01—21・『明実』正徳2 3丙辰）。三年後、尚円の世子尚真は一年一貢への復帰を乞うたが、「其の使臣、多くは福建逋逃《ほとう》の徒に係り、狡詐百端、殺人放火し、亦中国の貨を貿《か》ひて以て外夷の利を専らにせんと欲す」とみなされて許されなかった（『明実』成化14 4己酉）。

さらに一五四二年、福建漳州の人陳貴は、大船に乗って私に海外と通じ、琉球国の長史である通事蔡廷美の手引で那覇に入港したが、そこで広東潮陽県の海船と利を争い、たがいに殺傷におよんだ。尚清王の奏上でこの事件を知った明は、「夷使蔡廷美、本より宜《よろ》しく拘留重処すべきも、素《もと》朝貢の国に係るを念《おも》ひ、姑《しばら》く寛に従ひ放回す。後若し悛《あらた》めざれば、即ち其の朝貢を絶たん」と琉球に通告した（『明実』嘉靖21 5庚子）。

いっぽう琉球と朝鮮半島との関係を追うと、はじめは琉球使が朝鮮を訪れていたが、やがて倭人に主導権を奪われ、その請け負いとなっていく傾向が見える。一四三一年、尚巴志王の正使として夏礼久《かねく》が至り、「父祖の代には交好の礼を修めてきたが、その後久しく倭人に阻隔され、今回も琉球に到来した対馬賊首六郎次郎の商船に乗せてもらって来た。いま倭寇にさらわれた朝鮮人が百余人琉球にいるが、船が狭く風も好くないので、連れて来ることがかなわない」と述べた（『朝実』世宗13 11庚午）。倭人船に琉球使節が便乗するかたちは、琉球が外交文書を倭人に託して朝鮮に届けてもらうかたちへと移行していく。一四八〇年、礼曹判書（外相）李承召は成宗王に「琉球の使者は類其《みな》の国人に非《あら》ず、倭人行販して（琉球に）到り、因て書契《しよけい》（琉球国王から朝鮮国王にあてた書面）を受けて来る」と報告している（成宗11 6己未）。

ここまで来ると使節の真偽判定も容易ではない。一四八〇年に到来した敬宗なる琉球使も、先の使者が尚徳から尚元への「変称」を告げたのに、もとの尚徳名の書契をもたらしたこと、その書契には「成化十五年庚子」と干支をまちがえていること（己亥が正しい）など、怪しい点が多かった（同）。このような「偽使」は早い段階からあらわれていた。一四二三年、世宗王のもとでの会議で、「琉球国使送人」と称して琉球の産物を進上する者がいるが、その携える文書も捺《お》された印鑑も、はたまた使者自身も、みな琉球国のものではない、という理由で、進上品を受け取らず追い返すことが決まった（世宗5正丙戌）。

琉球が倭寇などの海賊を敵対勢力とみなし、軍事的対策をとることもあった。一五二二年の「真珠湊《まだまみなと》碑文」は、首里城と那覇港を結ぶ道・橋の完成を記念して建てられたもので、港湾機能を支える城砦《じようさい》と水源の防衛のために、各地から速やかに兵力を結集させることが謳われている。ここで想定されている敵が、海外から那覇港を攻撃する「いくさ（軍）・かぢよく（海賊）」だったことは、同碑文の軍勢結集策の拡大版がしるされた一五五三年の「屋良《やら》座森城《ざもりぐすく》碑文」でたしかめられる。

この碑文は、「国のようじ（用心）とまり（泊）のかくごのために、やらざもりのほか（外）にぐすく（城）つ（積）ませ」という王命から始まり、国内のあらゆる階層・地域がこぞって石を積んで王に献じ、完工式の場に神が聞得大君以下の神女たちに降臨して「ミせゞる（神託）」を歌いあげる情景を描く。「おきなハ（沖縄）の天ぎや下（天下）ハ、きこゑ大ぎみの御せぢ（＝霊力）のミまぶ（御守）りめしよハるげに（＝なさっているので）、むかしから、いくさ・かぢよくのきちやる（来たる）ことハ、なきや（無き）もの」という文句に、聖俗あげての国防意識を読み取ることができよう。

以上のように琉球は、ときとばあいにより、倭寇の一員であり倭寇への請託者であり倭寇への敵対者でもあった。その性格の変化を、単純に時期をくぎって把握することもむずかしい。

諸史料が語る琉球のさまざまな顔を、どれも史実の反映として受けとめなければならない。それをあえてまとめるとすれば、つぎのようになろう。

はじめ琉球は海禁を採る明により、東南アジア等の物資を輸入するための「貿易公社」として位置づけられ、手厚い優遇措置のもと「万国の津梁」の繁栄を謳歌した。福建の沿海住民の一部は琉球王に仕えて貿易の利権を確保したが（久米村人）、海賊集団に身を投じる者もおり、それが琉球使節を巻きこむこともあった。十五世紀なかばころより明は対外交通縮減策に転じ、琉球への優遇を削減した。琉球は貿易利潤にのみ頼らず、内政の充実へ重心を移動し（尚真王の盛代）、国家的な土木工事を実施して海防態勢を固めた。

第四章　和／琉／漢の文化複合

1　古琉球の文体

辞令書の三期

辞令書については、第二章3で古琉球の国制という観点からふれたが、ここでは文体論の観点から再説する。まず古琉球辞令書の実例をあげてみる（「田名家文書」二号）。

しより《首里》の御ミ事／にしはらまきり《西原間切》の／あめくのさとぬしところ《天久里主所》ハ／にしのこおり《北庫理》の／一人くわんしや《官舎》に／たまわり《給》申候／しより《首里》よりくわんしや《官舎》か方へまいる《参》／嘉靖十五年（一五三六）五月十三日

この文体の特徴は、まずは日付を除いてかな文であること、ついで、本文末に「しよりより＊＊が方へまいる」と受給者の名がくりかえされることだ。「まいる」という書き止めは、ヤマト中世で私人間のかな消息に好んで用いられた。これに対して、中国年号による日付と「首里之印」の朱印が、国家レベルの公文書であることを印象づけている。ではなぜ本文がかな文なのか。辞令書の文章は、右の例に付した「振り漢字」のように、また近世に辞令書がそう変化するように、漢字でも十分表記でき、『おもろさうし』の歌のように漢文体では表現不可能といったものではない。

辞令書の様式は明治維新期まで用い続けられるが、その文体を時系列で追ってゆくと、明瞭な画期をともないながら三つの時期が継起したことがわかる。高良倉吉はそれをI古琉球辞令書、II過渡期辞令書、III近世辞令書と名づけた（高良一九八七）。各期の継続年代と文書点数は、一九九五年時点での集計によると、Iが一五二三～一六〇九年で五八点（現在では新発見を加えて六一点）、IIが一六一二～一六六六年で三〇点（注）、IIIが一六六七～一八七八年で一一〇点、総計一九八点となっている（高良一九九五）。

（注）『沖縄タイムス』二〇一二年三月一七日付に「北中城村教育委員会は16日までに、同村島袋集落の旧家で琉球王国時代のノロ（神女）制度に関連する古文書群や衣装など史料六四点が見つかったと発表した。判読できたもののうち、王府が中城間切・島袋のノロを任命する一六五一年（隆武七年）の辞令書が最も古かった」とある。写真によれば「隆武七年□（十？）月廿三日」と読める。

I期とII期を画するのは、いうまでもなく一六〇九年の島津氏琉球征服だ。それ以降を琉球史の時代区分で「近世琉球」とよぶが、近世的特徴が征服後ただちに行きわたったわけではなく、それが過渡期の設定を必要とした。辞令書においては、奄美関係と得分規程型がなくなるとともに、本文末の「しよりより＊＊が方へまいる」が消える。II期とIII期を画するのは、一六六六年に羽地朝秀（向象賢《しょうじょうけん》）が摂政《せっせい》に就任して始めた政治改革だ。辞令書においては、発給対象が大幅に限定されるとともに、受給者の頭に付いていた「一人」の語が消え、かな表記が完全に姿を消した。ではⅡ・Ⅲの実例を示そう。

Ⅱ首里の御ミ事／八重山間切のいしかき村より／知行高弐拾石ハ／一人いしかきのしよりの大やこに／たまわり申候／天啓五年（一六二五）十月十四日（「長栄氏家譜」）

Ⅲ首里之御詔／真和志間切／儀間里主所者／儀間筑登之親雲上給之／康熙十年（一六七一）辛亥正月十七日（「田名家文書」一七号）

Ⅲ期で最古の文書は「寛文七年（一六六七）丁未四月九日」とヤマト年号を用いているが、これは唯一の例外で、一六七一年以降はすべて清年号になり様式も固定化する。これに対してⅡ期では細かい変化が複数見られる。全体的な流れとしては、「しより」→「首里」を始め漢字の割合が増える傾向があり、また、一六六四年に年号の下に干支を割書きするようになって、Ⅲ期に引き継がれる。

しかし当初の「くたされ候」が「たまわり申候」にもどるなど、Ⅰ期への揺りもどし現象も見られる。これに注目した屋良健一郎は、Ⅱ期を「過渡期Ⅰ型」「過渡期Ⅱ型」に細分し、それを画した事件を、琉球のヤマト化を先導した琉球出身の禅僧菊隠宗意《きくいんそうい》の死去（一六二〇年）に求めた〔屋良二〇一七〕。このようにⅡ期ではヤマト化をめぐって激しい葛藤があったが、それに決着をつけたのが羽地の改革で、ここに近世琉球は本格的に始動した。

それにしても、ヤマト化の象徴が国政文書としての辞令書からヤマト固有の文字であるかなが姿を消すことだった、というのは皮肉なねじれ現象だ。もちろん、ヤマトでは古代以来公文書には「真名」とよばれた漢字のみが用いられたから、その意味では当然の結果といえる。屋良は、十七世紀後半にヤマトの書札礼を修得した役人たちが「評定所筆者」「御右筆」という役所を構成し、辞令書の作成業務は御右筆が担ったことを指摘している。

漢文体とかな文体

もちろん、古琉球でも外交の領域では漢文体がもっぱら用いられた。琉球の三山が明を盟主とする国際秩序に参入したとき、意思疎通の媒体はとうぜん漢文だった。そのさいの琉球のふるまいを見ると、中華世界の外交慣例や文書作法に習熟していたようすがうかがえる。そこで用いられた文書の様式は中国国内の公文書と同一で、周辺諸国は外交の場において、それぞれの国内で用いられる文字や言語とかかわりなく、中国式公文書の作法をわきまえている必要があった。その担い手は海禁体制下の故国を離れて海外に拠点を構えた華人たちで、琉球では閩《びん》人《じん》三十六姓とか久米村人とかよばれた。

いっぽう、ヤマトとの往復文書はまったくようすが異なる。応永二十七年（一四二〇）五月六日に思紹王が「代主《よのぬし》」名で室町殿にあてた書状は、ヤマト中世文書にありふれた和様漢文だった（第二章2）。臣下が室町殿に差し出す披露状（名ざしを避けて「御奉行所」を形式上の宛先とする）の用語・文体・様式にかなっている。そのいっぽうで、第一尚氏時代に遡る五月三十日島津氏（?-）あて「代主」書状は、「御はいりやう（拝領）の御事、ひたすらたのミ入存候く、我々かふねの間事ハ、風ニより候て、しせん（自然＝万一）の時ハ御意をたのミ入候」というかな文だった（「阿多文書」四七号、『鹿児島県史料　旧記雑録拾遺　家わけ七』）。これもヤマト中世で用いられていた消息文として異和感がない。この二例から、国王のそばにヤマト中世文書を熟知した者がいたことがうかがえる。おそらくはヤマト中世の代表的な知識人層である僧侶で、琉球に渡来した者だろう。

つまり、ほぼ第一尚氏王朝に重なる十五世紀なかば以前、琉球国王は明・朝鮮・東南アジア外交には久米村人を、対ヤマト外交にはヤマトからの渡来僧を、用いていた。同時期の国内支配に文書が用いられたとすれば――そうでなかった可能性もあるが――、漢文よりは琉球語の表記になじむヤマト式の和様漢文または消息文と想像される。

そうなると問題は、尚真王代になぜかな文が国内支配において正書法の地位を占めたか、である。高良は「日本語の系統に属する琉球語を仮名文のほうが文体をも含めて表記しやすい、という言語に対する琉日間の強い親近感が横たわっていた」という説明を試みる（高良一九八七、九三頁）が、もしそうなら、右掲の琉球王から室町殿に宛てた文書のような、ヤマト公用文の書法である和様漢文が採用されてもよさそうだ。しかし辞令書のかな文は、ヤマト中世の仮名消息文とも微妙に異なり、「せんとうちひかまきりのしよりの大やこ（瀬戸内東間切の首里の大屋子）」（一五六八年）、「もとののろのくわ（元のノロの子）」（一五八四年）、「ミかないは御よるし（御貢は御許し）めされ候」（一五九五年）などのように、琉球語の発音をそのまま写したものだった。琉球かな文の源流を、田中健夫を受けて「琉球の対日外交に参与した日本僧たちにより仮名表記の文書が作成され」たことに求める高良の議論（同、九二頁）は、ヤマトからの影響に一元化しすぎる傾きがある。かな文字自体はヤマトからの受容だったとしても、それをいわば「真名」に位置づけたのは、琉球の主体的な選択だったといわねばならない。

漢文碑文の撰述者

以上のような漢文・かな文併用の状況は、碑文の文字遣いにも見られる（古琉球碑文一覧）。例外的に古い一四二七年の①「安国山樹華木之記」（ほぼ完存）をはじめ、一四九七年〜一五〇一年六月造立の七つの碑文（③〜⑨）はすべて漢文だったが、一五〇一年の⑩「玉御殿の碑文」（本章2参照）を初見としてかな碑文があらわれ、一六二〇年代まで漢文・かな文がほぼ拮《きっ》抗《こう》する。

　漢文碑文の文体は中国風の直輸入で、琉球らしさはあまり感じられない。とはいえ、碑文の撰述《せんじゅつ》に華人がかかわった事例はさほど多くない。宣徳二年（一四二七）の①「安国山樹華木之記」は、久米村出身の王相懐機が首里城外に龍潭を掘り庭園を整備した事業を顕彰した記念碑だから、撰述者の「安陽澹菴倪寅《せんあんげいいん》」も華人僧の可能性が高い。安陽はあるいは華僑《かきょう》の郷里として著名な浙江《せっこう》温州府瑞安《ずいあん》県の雅称か。弘治十年（一四九七）の⑤「円覚禅寺記（荒神堂之南之碑文）」は、「球陽天界精舎浙東大嵩鄭氏臣僧釈周雍」、すなわち寧波府鄞《ぎん》県大嵩《たいすう》の鄭氏出身で琉球の天界寺・円覚寺に歴住した熙《き》山周雍《ざんしゅうよう》の撰である。同年、正義大夫程璉《ていれん》・長史梁能・通事陳義の久米村人三名が北京へ朝貢に赴いたさい、福州出身の翰林庶吉士許天錫（一四六一〜一五〇八）に面会して、尚真王の徳を称《たた》える詞を賜わって石に刻みたいと願い、天錫はこれに応えて四言二八句からなる詞を賦した。翌弘治十一年の⑥「国王頌徳碑《しょうとくひ》（荒神堂之北之碑文）」は、以上の経緯を、三名に正義大夫鄭玖《ていきゅう》・長史蔡賓《さいひん》を加えた五名が碑文としたものだ。梁能・陳義は同年の⑦「円覚寺放生橋欄干之銘」にも「督造」者として見える。

これ以外で古琉球期の漢文碑文に撰述者としてあらわれるのは、ことごとくヤマト出身あるいはその流れを汲《く》む琉球出身の禅僧とおぼしい人びとだ。記名部分を摘記すると、扶桑散人樗《ちょ》不材（③一四九七年）、円覚住山釈氏種桂叟（④一四九七年）・種桂（⑧⑨一五〇一年）、住山円覚仙岩叟（⑬一五二二年）、大琉球国中山府天王小比丘瑞興（⑮一五二五年）・前円覚興龍雲（⑰一五三九年）、日本南禅琉球円覚精舎釈檀渓老衲全叢（⑱一五四三年）・扶桑南禅球陽円覚檀渓老衲全叢（⑲一五四六年）、円覚洞観鑑叟（㉒一五六二年）、幻住円覚菊隠閑道人（㉓一五九七年）、福源山天王寺藍玉叟（㉕一六二〇年）・天徳山円覚藍玉叟（㉖一六二四年）となる。

不材一樗《ふざいいっちょ》は「扶桑散人」とあるようにヤマト出身で、琉球天王寺に住していたときに京都大徳寺大仙院開山古岳宗亘《こがくそうこう》から道号頌《じゅ》をもらい、のち琉球円覚寺三世となった。仙岩《せんがん》はヤマト五山の文筆僧月舟寿桂の『幻雲文集』所収「鶴翁字銘幷序」に「琉球人」とあり、琉球円覚寺六世となった。檀渓全叢《だんけいぜんそう》は薩摩出身で南禅寺派雲夢崇沢《うんぼうすうたく》の法嗣《はっす》、琉球の楞伽《りょうが》寺・天王寺に歴住し、一五二六年に琉球国王使としてヤマトに赴き、その後琉球円覚寺八世にして「琉球国大僧録《そうろく》司《し》」となった。菊隠宗意（?〜一六二〇）は琉球出身で、円覚寺十世洞観《とうかん》□鑑《かん》のもとで僧となり、京都五山に十余年参学して大徳寺派の古渓宗陳《こけいそうちん》の法を嗣《つ》ぎ、帰国後天王寺住持のとき一五

表　古琉球主要碑文一覧

番号	年号 西暦	年号 中国暦	国王	金石文名	文体 平仮名琉球文	文体 漢文
1	一四二七	宣徳　二	尚巴志六	安国山樹華木之記		○
2	一四九四	弘治　七	尚真一七	小禄墓石棺銘	○	
3	一四九七	一〇	二〇	万歳嶺記		○
4	〃	〃	〃	官松嶺記		○
5	〃	〃	〃	円覚禅寺記（荒神堂之南之碑文）		○
6	一四九八	一一	二一	国王頌徳碑（荒神堂之北之碑文）		○
7	〃	〃	〃	円覚寺放生橋欄干之銘		○
8	一五〇一	一四	二四	サシカヘシ松尾之碑文		○
9	〃	〃	〃	円覚寺松尾之碑文		○
10	〃	〃	〃	玉御殿の碑文	○	
11	一五〇九	正徳　四	三二	百浦添之欄干之銘		○
12	一五一九	一四	四二	園比屋武御嶽の額文	○	
13	一五二二	嘉靖　一	四五	国王頌徳碑（石門之東之碑文）	△	○
14	〃	〃	〃	真珠湊碑文（石門の西のひのもん）	○	
15	一五二五	四	四八	識名沢岻王舅墓の銘		○

16	一五二七	六	尚清　一	崇元寺下馬碑	○	○
17	一五三九	一八	一三	宝口一翁寧公之碑		○
18	一五四三	二二	一七	国王頌徳碑（かたのはなの碑）	○	○
19	一五四六	二五	二〇	添継御門之北之碑文		○
20	〃	〃	〃	添継御門の南のひのもん	○	
21	一五五四	三三	二八	やらさもりくすくの碑	○	
22	一五六二	四一	尚元　七	君誇の欄干之記		○
23	一五九七	万暦二五	尚寧　九	浦添城の前の碑	○	○
24	〃	〃	〃	広徳寺浦添親方塚碑	△	○
25	一六二〇	四八	三二	浦添ようどれの碑文	○	○
26	一六二四	天啓　四	尚豊　四	本覚山碑文	○	○

注　△は碑文の一部に平仮名琉球文が用いられているもの。『琉球国中碑文記』より補足を加え作成。なお、『金石文―歴史資料調査報告書Ⅴ』参照。

九三年に尚寧王の使者としてヤマトへ赴き、さらに琉球円覚寺一八世を退いたのち、一六〇九年にも尚寧王に従って和睦交渉のため薩摩・江戸に赴いている。藍玉宗田《らんぎょくそうでん》（?〜一六三〇）は城間《ぐすくま》親方盛順の二男で、ヤマト五山出身の琉球円覚寺一三世春盧祖陽《しゅんろそよう》の法嗣となり、崇元・天王・円覚の住持を歴任した。

漢文碑文の文化的特徴としては、第一に、琉明外交を造立の契機とする碑が一定数存在することをあげたい。①「安国山樹華木之記」は懐機が一四一七年に「朝二于天京一、観二中国礼楽文物之盛一、覧二名山大川之荘一」て帰国したことから筆を起こしており、⑥「国王頌徳碑」も一四九七年の久米村人三人の使節行から始まっている。一五〇九年の⑪「百浦添之欄干之銘」は、尚真王の善政十一項目の第九に、三年一次の朝貢を一年一次に戻してもらったことをあげており、⑮「王舅達魯加禰《たろかね》国柱大人寿蔵之銘」は沢岻《たくし》親方が一五二二年に「至二大明一進二皇帝即位之表文一」めた功績を称えており、㉖「本覚山碑文」裏は一六二四年の王母葬送に明使が参列したことを特筆している。

第二に、一四九四年開創の「王家の氏寺」円覚寺との関係が格段に深いことだ。碑の造立が一四九七年以降に急増すること、碑文の撰述者で円覚寺との関係が確認できない人は開創前の人澹菴倪寅のみであること、の二点は、漢文碑の文化が円覚寺開創を契機にもりあがったことを推測させる。さらに、造立が直接円覚寺とかかわっている例が五つもある。⑤「円覚禅寺記」と⑥「国王頌徳碑」は、一四九七・九八年に境内荒神堂の南北に建てられたもので、前者に「創二建円覚道場一、玉殿金門・彫梁峻宇・鐘楼鼓閣、精二選良工一、尽二其巧美一、殊途異域・老若貴賤・率土之浜、共沐二恩波一、不レ課而子来」、後者に「仏刱《はじむ》二円覚禅寺一、規模宏敞（＝広く高く）、儀物備至、以為二祝禱之場一、王毎《つねに》遊豫、必与レ民同、寔《まことに》国之壌（＝玉の名）観也」とある。⑦は「円覚寺山門前之石橋欄干之銘」であり、⑧「サシカヘシ松尾之碑文」と⑨「円覚寺松尾之碑文」は、ともに一五〇一年、松尾の地に稚松千株を植え円覚寺修理の用材とするよう、子孫に言いおいたものだ。

かな碑文とオモロ

他方、かな碑文で核心部分を占めるのは、神女の口を借りて謡われる神託（ミセゼル）だった。たとえば、㉑「やらさもりくすくの碑」は、嘉靖三十二年（一五五三）五月四日に挙行された屋良座森グスクの毛祓《もうはら》い（完工式）のようすをこう描く。

きこゑ大きみ・きミ〱のをれめしよわちへ（＝お降りなさって）、まうはらひめしよわちやるミせゝるに、「やらさもり、やへさもり、いしらこは、ましらこは、おりあけハちへ、つミあけハちへ、ミしまよねん、おくのよねん、世そふもり（添森）、国のまてや、けらへハちへ、このミよハちへ、たしきやくきついさ（突刺）しよわちへ、あさかゝねとゝ（留）めわちへ、まうはらて、みよ（澪）はらて」てゝ、いのりめしよわちやるけに、「とも、すゑ、せいくさよせらやい」てゝと、わうかなし（王愛し＝尚清王）む、ミはいおか（拝）ミめしよはる。かミしものあんし（按司）・けす（下司）そろて、千万のミはいおか

（拝）てあり。又ちやうらうはうすた（長老坊主達）そろて、ちかため（地固）のおよハひ（祝）しめさしよハる。

八重座森は屋良座森の対語。石ら子・真石ら子ともに城の石垣のこと。まては「真珠湊碑文」のまたと同語で、要衝の意か。げらへる・このむはともに造るの意。ダシキャクギ・アサカガネについてはのちに述べる。式次第は神の憑依《ひょうい》した聞得《きこえ》大君《おおぎみ》や神女たちが王の御前で謡うミセゼル（神託）が中心に据わる。これを受けて王が「十百末、精軍寄せらやい（＝永遠に強敵よ寄せるな）」と唱えて拝礼し、「上下の按司・下司」がこれにならった。

『おもろさうし』13—18の詞書《ことばがき》に、右のミセゼルを尚清王の命により「やふそ（屋富祖）の大やくもい」以下四人が「ゑと」（オモロの一種）に改作した、とあり、つぎのオモロが続く〔島村二〇一四、三〇四頁以下〕。

しよりゑとの節

一　天つぎの御さうぜ　大きみは　たかべて　やらざもり　いしらごは　おりあげて
　　ともゝすへ　せいいくさ　よせるまじ
又　わうにせの御このみ　せだかこはのだてゝ　やへざもり　ましらごは　つみあげて
　　ともゝすへ〔せいいくさ　よせるまじ〕
又　きこゑ天つぎの　世のさうぜ　めしよわちへ　おくのみよう（澪）　いしらごは　おりあげて
　　ともゝすへ〔せいいくさ　よせるまじ〕
又　とよむわうにせの　世のさうぜ　めしよわちへ　おくのうみの　ましらごは　つみあげて

とも、すへ〔せいいくさ　よせるまじ〕

又　きこへ大ぎみぎや　やらざもり　ちよわちへ（来られて）　だしきやくぎ　さしよわちへ

とも、すへ〔せいいくさ　よせるまじ〕

又　とよむせだかこが　やへざもり　ちよわちへ　あざかがね　とゞめば

とも、すへ〔せいいくさ　よせるまじ〕

「御想ぜ」「御好み」は王の思《おぼ》し召《め》し、「崇《たか》べて」「宣《の》立《だ》てて」は祈願を捧《ささ》げる意。傍線を施したミセゼル中のフレーズが対句部（連続部）に、碑文中の王の唱え言を加工した「とも、すへせいいくさよせるまじ」が反復部に（「又」以下の反復部では「せいいくさよせるまじ」が省略されている）、たくみに配置され、「（きこゑ）天つぎ」「（とよむ）わうにせ」すなわち尚清王が、「（きこへ）大ぎみ」「（とよむ）せだかこ」すなわち最高神女の霊威に守られて、外敵にたちむかう姿を謡いあげている。王のプレゼンスがミセゼルにおけるそれより大きく映る。かな碑文とオモロがミセゼルをリンクとしてつながっており、オモロ作品誕生の経路の一つをうかがうことができる。同様に碑文中のミセゼルをオモロに改作した事例は、右の例ほどストレートではないが、一五四六年の⑳「添継御門の南のひのもん」と『おもろさうし』03—14とのあいだにも見いだされる。

『おもろさうし』の文字化事業

かな文表記の琉球史料の代表ともいうべき『おもろさうし』は、全一五五四首を載せるが、その成立から現状にいたる経緯は謎だらけだ。

まず、尚清王代初めの一五三一年に現状第一巻に収める四一首がまとめられたとされる。この巻だけが他に対して八〇年以上古い成立となるため、成立年代に疑問を呈する説もあるが、否定説を裏づける積極的な史料はない。逆に伊波普猷によれば、この事業はさらに遡って、尚真王代初めに断行されたという中央集権政策（按司の首里集住など）の一環として、オモロ主取《ぬしどり》を置いて各地のオモロを収集させたことに始まるという（「おもろ覚書」）。しかし、その後一六一三年に現状第二巻に収める四六首がまとめられるまで、史料上に痕跡を残すような動きはなんら見られない。

その一〇年後の一六二三年、現状第三～二十一巻に収める大半の作品が、国家事業として集中的に文字化された。伊波説はこの段階の状況を尚真王代にあてはめてしまった嫌いがある。むしろこの段階での動機は、中央集権というより、謡われ方も古琉球語の意味も忘却されかけていた状況に対する王権の危機意識に発していた。なお、現状末尾の第二十二巻に収める四七首は、国家的宗教行事にかかわる歌を他巻から抜粋したもので、その成立は一六二三年より降るとみられる。

ところが、こうしていったんできあがった『おもろさうし』は、一七〇九年の首里城火災で焼けてしまう。王府は一七〇二年から琉球古語辞書『混効験集《こんこうけんしゅう》』（一七一一年完成）や『女官御双紙《にょかんおそうし》』（一七〇六年完成か）を編纂《へんさん》中だった「女官座」（その構成員は男性官人）に命を下し、女官座や具志川家等に保存されていたテクストをもとに復元を試みた。『混効験集』・『女官御双紙』の編纂も、女性の世界に息づいていた古琉球語や古謡が失われようとしている状況への危機意識に支えられていた点で、『おもろさうし』の文字化事業と通ずるものがある。一部テクストが女官座に保存されていたことは偶然ではない。

その復元作業の結果が、一七一〇年の奥書をもつ現存『おもろさうし』だ。しかし焼失前の状態がよみがえったとはいえない。一五五四首の二割が重複しており、重複を除く実数は一二四八～九首となる。巻十一・十八・二十のように表題と内容に齟齬《そご》がある冊もある〔池宮二〇一五〕。つまり、現存の『おもろさうし』全二二巻は、一七一〇年以前の社会をストレートに語ってくれる史料ではなく、それぞれの歌がどの時代を反映しているのかは、成立年代が記されたごく少数の作品をのぞいて、一首一首吟味する必要がある。

とはいっても、一六〇九年の島津氏による征服以降に、あらたな作品を生みだすような状況が広範に存続したとは考えにくい。やはり『おもろさうし』の歌は、古琉球の社会や国家のうち、土着文化に根ざした領域を知るためのまたとない史料であることは疑いない。

2　かな碑文に古琉球を読む〔村井二〇一七a〕

かな碑文という文化

碑文は世界中でよく見かける文字史料だが、ヤマトの中世はほぼ碑文文化を欠く不思議な社会だった。そこにはおびただしい石造遺物があるが、圧倒的多数は仏教系の供養塔で、無銘のものが大半を占め、銘があっても供養される者の名前すら多くのばあい記されない。故人の事《じ》蹟《せき》を顕彰したり、建造物の竣工《しゅんこう》を記念したりという心性がきわめて希薄だった。

これに対して古琉球は、同時代の日本列島地域のなかでは例外的に碑文文化をもつ社会で、一四二七年を最古として、十七世紀初頭までに、碑の一部ないし全部が失われ文章のみ知られる事例――沖縄戦の惨禍によりこれが大半を占める――をふくめ、二十数点が知られている(古琉球碑文一覧、前掲)。そのもっとも大きな要因は、中国文化の影響が直接およぶ地理上の位置にあるが、古琉球の碑文文化は中国の単純なコピーではなかった。

琉球碑文の独自性をなによりも語るのが、前述した漢文碑文にまじって、かな文の表記がそうとうの割合で見いだされることだ。もとより同内容を複数言語の文字で刻んだ碑は、東アジアでもめずらしくない。とくに清代中国では、漢・満・蒙・蔵(チベット)・回(ウィグル)の複数の文字表記をもつ碑が多く見られる。しかし古琉球の碑文は、かな文のみのものが相当数

「玉御殿の碑文」（写真提供 那覇市経済観光部観光課）

あることに加え、表がかな文、裏が漢文の例、あるいは両表記の碑が対をなす例に即して見ると、かな文と漢文で内容にかなり大きな相異が認められる。

かな碑文の最初は、尚真王代の中期、一五〇一年の⑩「玉御殿《たまうどん》の碑文《ひのもん》」で、碑は首里城外にある王家の墓域玉陵の前庭、つまり原所在地に完形で現存している。上段に「首里おきやかもひかなしまあかとたる（真加戸樽）」すなわち尚真王以下九人の名前が列記され、下段に「しよりの御ミ事　　い上九人／この御すゑ（末）ハ、千年万年にいたる／まて、このところにおさまるへし、／もしのちにあらそふ人あらは、このすミ／みるへし、このかきつけそむく人あらハ、／てん（天）にあを（仰）きち（地）にふ（伏）してたゝ（崇）るへし／大明弘治十四年九月大吉日」とある。「すミ」は墨、「かきつけ」は書付で、ともに文書を意味するから、紙文書を石に刻んだものといえる。事実、文字遣い・文体・書体のいずれも、辞令書とそっくりだ。

内容は、王家の墓に葬られるべき者を上段の九人とその末裔《まつえい》に限定し、それに背いた者には祟《たた》りがあるぞ、というもの。九人は尚真、母后オギヤカ、尚真の妹「おとちとのもいかね」（初代の聞得大君）のほか、尚真の継承者尚清以下の子女六人で、尚真とその叔父尚宣威の娘とのあいだの子尚維衡《いこう》・尚朝栄の名が見えない。ここから高良倉吉は、オギヤカ（尚真のよびな「おきやかもひかなし」はオギヤカの思い子の意）が自分から遠い血筋を排除しようとした、という権力闘争を読みとっている（高良二〇一二）。

王家の墓の被葬者を規定するという内容は、まさしく国家的公事で、それがかな文で記されていることは、辞令書の初見を二〇年ほど遡るこの時点において、すでにかな文が国家的・公的な正書法の地位を確立していたことを物語っている。

国家的インフラ整備

かな碑文の大半は、尚真王代以降にとりくまれた道・橋・城砦《じようさい》・城壁・聖地・墓所などの国家的インフラ整備を記念して造立された。地域的には首里・那覇・浦添など、王国にとって重要な地域に集中する。軍事色濃厚な石畳道・石橋による道路網は、武田信玄の「棒道」が知られる程度の、同時代のヤマトより先進的といえる。

【イ】嘉靖元年（一五二二）の⑭「真珠湊碑文（石門の西のひのもん）」は、尚真王の「み御《お》ミ事《こと》（ご命令）」により施工された、首里城から那覇港（真玉湊）にいたる石畳道（真玉道）と国場川を跨《また》ぐ石橋（真玉橋《まだんばし》）の落成を祝って、首里城域から南へ出る石門の西側に建てられた。真玉橋と湊の中間の小禄《おろく》にある大規模な真玉御嶽《うたき》も、小禄集落に属すというより、ほんらいはこの道路と密接に関係する聖地だったと思われる。碑文の末尾に「三人の世あすたへ」すなわち三司官が撰者《せんじゃ》として名を連ねているが、これは以下の五例すべてに共通する。これに〔ロ〕以下の四例では一ないし三名の「奉行」の名が加わる。

碑文の後半に真玉橋の役割がこう記されている。

こ乃はしハ、くにのあんし（按司）・けす（下司）のため、又世の御さうせ乃ために、ねたてひかわ又とよミくすく、此くすくとミつ（水）のかくこ（格護）のために、一はんのさとぬしへ・あくかへ、はへはら・しまおそい大さと・ちへねん・さしきわ、ま玉はしおわたり、下しましりともに、かきのはなちにせいそろい。

この橋は、国家の役人たちの指令、また国王の思し召しとして、根立樋川《ねだちひーじゃー》という港を支える水源と、豊見城という港をにらむ城砦の防備のために、一番里主部・赤頭という首都防衛三部隊の一つと、南風原・島添大里・知念・佐敷という本島東南部の兵が、真玉橋を渡って、本島南部下島尻の兵と合流し、那覇港南岸の垣花《かきのはな》地に勢揃いする。王国の命綱は那覇港の防衛にあり、王宮と港を直結する道橋はなによりも軍事施設だった。ときあたかも後期倭寇《わこう》のハシリの時期で、その活動が王国の繁栄を支えた中継貿易にとって脅威だったばかりか、那覇港の占拠すら危惧される状況だった。

〔ロ〕 嘉靖二十二年（一五四三）の⑱「国王頌徳碑（かたのはなの碑）」は、聖地弁《べん》ノ嶽《たけ》への参道を整備した記念に建てられた。首里城東方の丘上にある弁ノ嶽は、「きこゑ大きみ・きミ〳〵・かミ・ほとけの御あそひ（遊び＝歌舞）めしよわる（＝なされる）ところ」なのに、そこへ行く道は「あめふる時ハとろつち（泥土）ふかさある」状態だった。これを憂えた尚清王の命に従って、国中上下の官人たちが「こゝろ一つにあわせ、ちからをそろへ、いしをはめ、まつをうへれは（＝道路に石を敷きつめ、松並木を植えたので）、ミちハきよらく、まつハすゝし」となった。その恩恵は「おひ（老）人・わか人・めとも・わらへに」までおよび、かれらは「よるもひるも御たか（崇）へし申候、ねかひ事かなひ、よろこひたのしむ事かきりなし」であった。

〔ハ〕 嘉靖二十三年（一五四四）六月、首里城の東～南面の城壁が「腰当て」を欠く一重の状態で、西～北面にくらべ手薄だったので、「石垣を積め」との王命が発せられた。そこで東～南面の城壁を二重にするとともに、東面（裏側）の赤田御門《うじょう》（美福門）の外に添継《すえつぎ》御門（継世門）を設けることになった。「くに〳〵（＝各間切）のあんしへ（按司部）・ミはん（三番）の大やく（屋子）もいた（達）・里ぬしへ（主部）・けらへあくかへ（家来赤頭）、ここより上下（＝沖縄本島）、又おくと（奥渡）より上（＝奄美諸島）、ミやこやへま（宮古八重山）のおゑか人、大小の人々、そろて御石かきつミ申候」。二年後の五月上旬、石垣は根立ての深さ二尋《ひろ》、厚さ五尋、丈八〇尋、長さ二三〇尋となり、石垣上の御倉ともども、めでたく「全備円成」となっ

真玉橋

真玉御嶽（上下とも写真提供 那覇市経済観光部観光課）

た。八月一日の毛祓いにさいして、門外の北側に漢文の⑲「添継御門之北之碑文」が建てられ、十二月三十日に、南側にかな文の⑳「添継御門の南のひのもん」が建てられた。

〔ニ〕後期倭寇最盛期の嘉靖三十三年（一五五四）、尚清王の「ミ御ミ事」により、那覇港口南側、小禄間切垣花地先の磯に、陸地と石堤で結ばれた屋良座森グスクが築かれた。その後北側におなじ構造の三重《みい》グスクも築かれ、こちらは現存している。㉑「やらさもりくすくの碑」によれば、築城の目的は「国のようし（用心）、とまり（泊＝港）のかくこ（格護）のため」で、「くに〳〵のあんしへ、ミはんのさとぬしへ・けらへあくかへ、かミしも・ちはなれ（地離れ＝離島）」が揃って奉仕し、城を築造して王に献じた。碑文は、屋良座森グスクの軍事的機能を「ミはんの御ま人（真人）、一はんのせい（勢）や、しより御城の御まふ（守）り、一はんのせいや、なはのはん（番）、一はんのせい、又はゑはら・しまおそい大さと・ちへねん・さしき・しもしましりきやめ（迄）のせいや、かきのはなち・やらさもりくすくに、よりそろて」と語る。三番に編成された王都守備隊のうち、一番は首里城の守備、一番は那覇の警備につき、残る一番に本島東南部・南部の郷兵が加わって、那覇港有事のさいは垣花地と屋良座森グスクに集結した。また裏面の碑文には、屋良座森グスクと根立樋川の格護の責任者として、小禄・儀間《ぎま》・金城《かなぐしく》の大屋子もいが指名されている。これが「真珠湊碑文」の記す軍事体制の拡大版であることは明らかだ。

〔ホ〕万暦二十五年（一五九七）の㉓「浦添城の前の碑」は、首里城から浦添城に向かう往還が平良《たいら》川（現・安謝川）を渡る地点に架かる平良橋（太平橋《たいへいきょう》はその雅名）とその取付道路の修

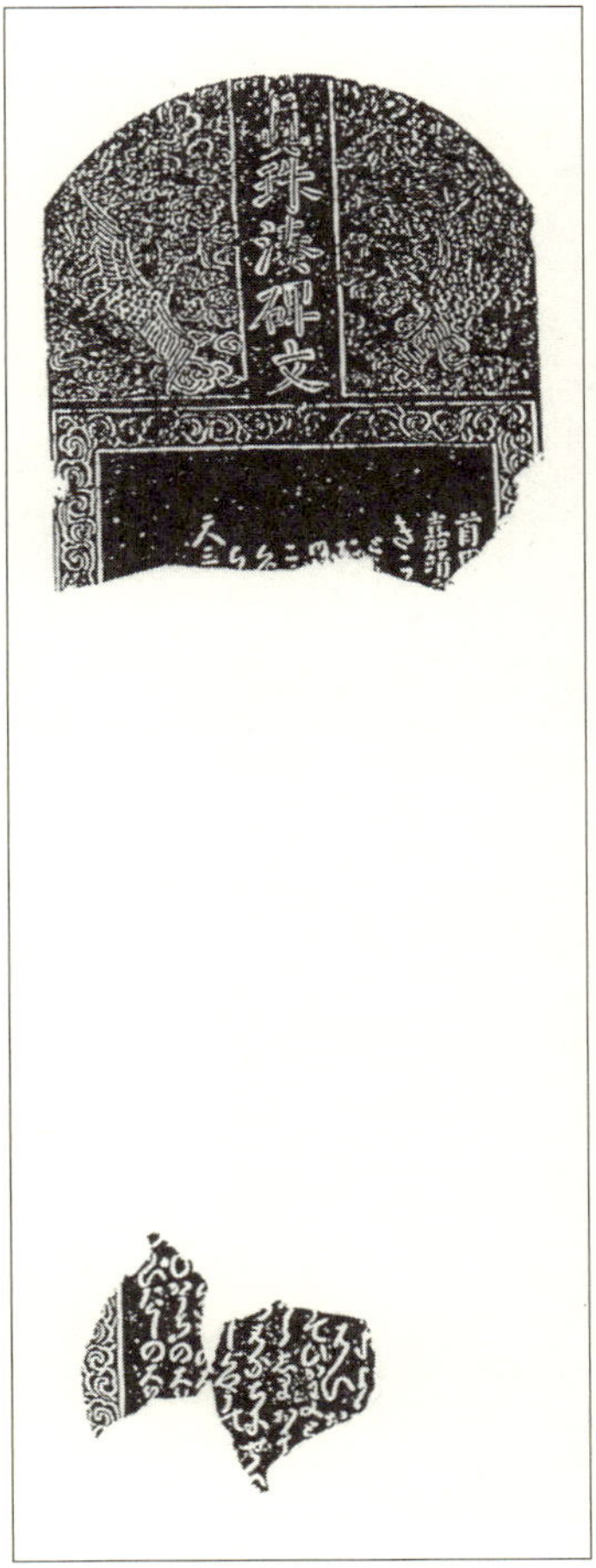

「真珠湊碑文」の現況

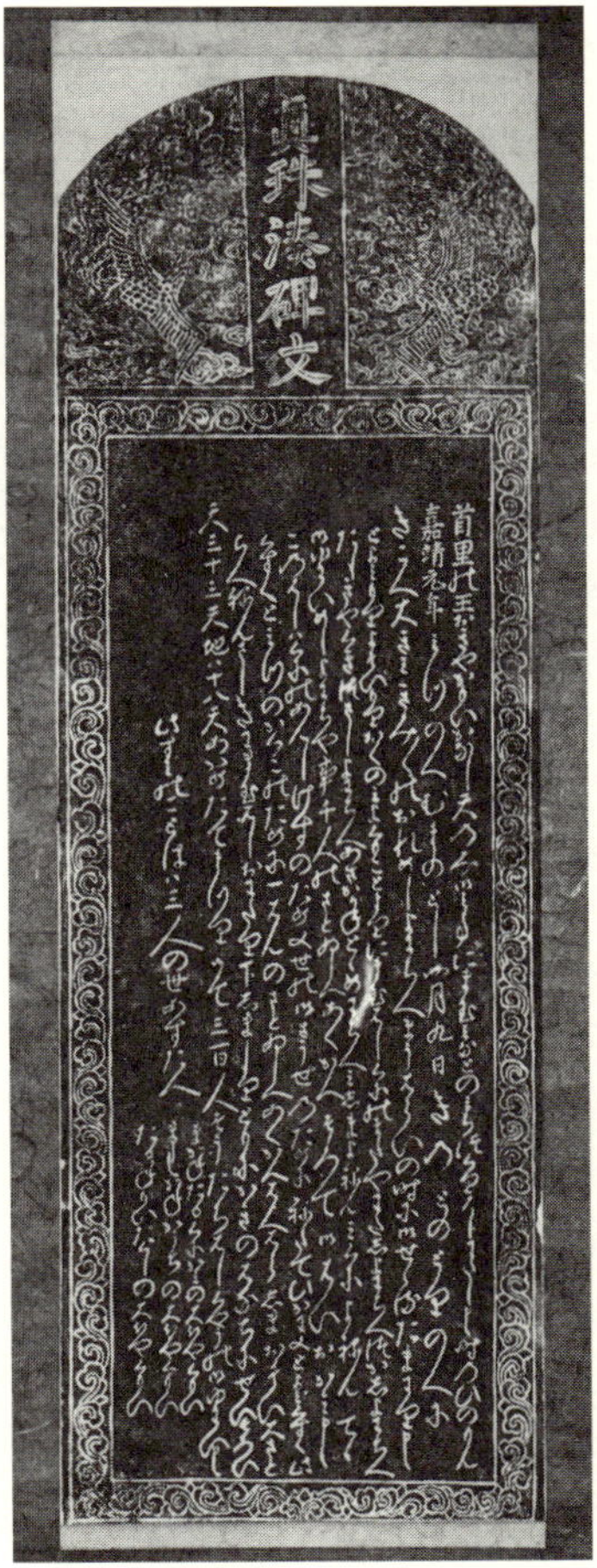

「真珠湊碑文」
（沖縄県立美術館・博物館所蔵）

沖縄戦前の屋良座森グスク（写真提供 那覇市歴史博物館）

築完成を祝うもの。「たひら（＝現・那覇市首里平良町）・おほな（大名＝現・首里大名《おおな》町）ハ、たひらのかはら（＝平良川）、雨ふる時ハとろつち（泥土）、ミつ（水）のふかさあるけに、はしかけさせ、きほ（儀保＝現・首里儀保町）くひり（小坂《こひら》）まて、みちにいしはめさせ」という王命により、「ミはんの大やくもいた・さとぬしへ・けらへあくかへ、かミしもちはなれそろて、ミちはしつミ（積）つけてミおやし（＝奉る）た」。同年八月十二日、「かミほとけ」が降臨して毛祓いが終わると、「くに〳〵のあちへ（按司部）・ちやうらうた（長老達）・あすたへ・かなそめはつまき（金染鉢巻）・はうすた（坊主達）・三はんの大やくもいた・さとぬしへ・けらへあくかへ」と、「うらおそひ（浦添）まきりの大やくもいた・さとぬしへ・けらへあくかへ・おゑか人・のろへ（ノロ部）・しまのあすた・くにのあむた（阿母達）・大小のゑくか（男）おなこ（女）とも」が招かれ、たくさんの「ミおほけ（＝賜り物）」があった。「おきなハの天か下のあち・けす・おゑ（老）人・わか人・おなこ・わらへまても」、王の「ねいし（根石）・まいし（真石）のや（様）に、いつまても御ちよ（来）わい（＝いらっしゃる）めしよわる、御かほう（果報）」を願って、昼夜拝礼した。碑文は「九月大吉日」の日付となっている。

　ときの王尚寧は、尚真の長子ながら王位から疎外されて浦添を領地とした尚維衡の曾孫《そうそん》で、尚永（尚真の曾孫）に嗣子がなかったため一五八九年に二六歳で即位したが、王位をめぐる浦添・首里両尚家の暗闘は、豊臣政権・島津氏との外交問題もからんで、長く続いた。結局尚寧は一代かぎりで、つぎの王位は一六二一年に尚永の甥《おい》尚豊が嗣ぐことになる。尚寧は在位中、浦添の仏塔・神社に三年に一度、五年に二度参詣したというが、両所を結ぶ往還の整備には、浦添を副都として聖化しようという意図が感じられる。落成式に聞得大君の浦添来臨を求めたこと（後述）や、浦添の地域住民が広く招かれて引出物をもらったことも、おなじ方向で解釈できよう。

神女が主役の毛祓い

　国家的土木工事ができあがると、「まうはらい（毛祓い）」とよばれる儀式が挙行された。その主役は神の憑依した聞得大君・君々で、彼女らが祓えの所作とともに謡うミセゼル（神託）が、式のようすを描くかな碑文の中心にすわり、官吏らや僧たちの記述は付けたりの扱いになっている。

〔イ〕前述した嘉靖元年（一五二二）四月の⑭「真珠湊碑文」は、真玉道・真玉橋の毛祓いをつぎのように描写している。

> 嘉靖元年ミつのへむまのとし（壬午歳）四月九日き乃とのとりのへ（乙酉日）に、きこへ大きミ（聞得大君）・きみ〱（君々）のお（降）れめしよわちへ（＝降臨なさって）、まうはらいの時に、御せゝるたまわり申候。「とよミもり（豊見森）、よそいもり（世添森）、おく（奥）のミよ（澪＝海の深い所）、くもことまり（雲子泊）に、ま玉はし、くに（国）のまた（＝要衝?）や、わた（渡）しよわちへ、つか（築）しよわちへ、たしきやくきつさしよわちへ、あさかかねとゝめわちへ、ミしま（御島）よねん（＝祈願）、ミくに（御国）よねん」てゝ、御ゆわ（祝）いめしよわちや事。千人のさとぬしへ（里主部）・あくかへ（赤頭）そろ（揃）て、御はいおか（拝）ミ申候。

この儀式では、聞得大君・君々に神が憑依して「豊見森……」というミセゼルを謡い、国のために祈願をささげた。その後、千人の里主部・赤頭が拝礼した。主役は明らかに神女たちで、碑文の核心も神が彼女たちの口を借りて宣《の》るミセゼルにあり、男性官人の拝礼の位置づけは従属的だ。続けて碑文は橋の軍事機能を語り、最後にとってつけたように「天三十三天、地八十八天、あか（崇）めたてまつり候て、三百人そうたち（僧達）はしくやう（橋供養）の御ゆわい申候」と結んでいる。王室と結んで隆盛を誇ったかに見える琉球仏教は、いかにも影が薄い。

〔ロ〕「真珠湊碑文」と対で、といっても八か月後の十二月に建てられた⑬「国王頌徳碑（石門之東之碑文）」は、円覚寺住持仙岩の撰した漢文碑文で、仙岩の献議により王や王母への殉死を禁ずるなど、舜《しゅん》・禹《う》にもおとらぬ尚真王の治世を称える内容だ。しかし、冒頭に「首里おきやかもいかなしの御代《みよ》に、ミやこより、ち金丸・ミこしミ玉のわたり申候時に、たて申候ひのもん」と、造立の直接のきっかけとなった宮古島からの宝剣・真珠の渡来をかな文で記し、さらに続く漢文の書き出しに「爰有二宝剣一、神仙託曰、号二治金丸一、玉称二真珠一也、欽奉二尊命一、雕レ石刻レ銘功レ名立レ碑」とある。ことの始まりはやはり神女を依《よ》り代《しろ》とする神託にあり、それを受けた王が尊命を発したのだ。

〔八〕嘉靖二十五年（一五四六）の添継御門と石垣の整備では、落成式が複雑な構成になっている。歳末十二月三十日に記された⑳「添継御門の南のひのもん」にこうある。

嘉靖二十五年ひのへむま（丙午）の年八月一日ミつのとのとりのへ（癸酉日）に、きこゑ大きみ・きミ〳〵のをれめしよわちへ、まうはらへの時に、御せゝる御たほ（賜）ひめしよわちへ、「首里もり・またまもり、けらへて（＝造って）、くもこたけ（雲子嶽）・世つきたけ（世継嶽）、おりあけ（織り上げ）わちへ、つミあけ（積み上げ）わちへ、世のこしあて（腰当）、あを（煽）りやたけ、おりあけわちへ、つミあけわちへ、すゑつき（添継）のミ物（＝見事な）いちやちや（板門）、けらへわちへ」、御ゆわひめしよわちへ、御おもろ御たほいめしよわちや事。おもひくわへ（思子部＝王子たち）・くに〳〵のあんしへ・大やくもいた・里主へ・けらへあくかへ、こくより上下、おくとより上、ミやこやへまのおゑか人、しまともに、ミはいをか（拝）ミ申候。又九月三日ひのとのミのへ（丁巳日）に、にるやの大ぬし・きみ〳〵の御のほりめしよわちへ、首里天つきのあんしおそひかなし（＝尚清王）、ミ御ミつかゐ（＝御招待）めしよわちへ、御ゆわひめしよわちへ、御おもろ御たほいめしよわちや事。そろてミはいおかミ申候。又ちやうらうそうたちそろて、御石かきの御くやうの御ゆわひ申候。

八月一日、聞得大君・君々が毛祓いに降臨してミセゼルを謡い、あわせて「御おもろ」を賜与した。雲子嶽は、前出の雲子泊が那覇港の美称であったように、首里城の石垣の美称で、世継嶽はその対語だ。拝礼を行なった人びとが、王子から家来赤頭《げらへあくかべ》にいたる垂直方向と、本島・奄美・宮古八重山という水平方向で表現されている。同月大吉日に漢文の⑲「添継御門之北之碑文」が建てられた。九月三日、「にるや（海の彼方《かなた》の楽土）の大ぬし」が君々をともなって首里城に登り、王に招かれて祝詞を述べ、また「御おもろ」を賜与した。これもおそらくは神女に憑依した神で、儀式の主役は明らかに神女たちだ。王や王子以下の男性官人たちは、神のことばであるミセゼルやオモロを賜る受身の存在であり、石垣供養の祝詞を述べた長老僧たちは、ここでも刺身のツマにすぎない。

〔二〕嘉靖三十二年の㉑「やらさもりくすくの碑」については、本章1で、神女の謡うミセゼルと王によるオモロへの改作を紹介した。ここでは、王さえも官人たちの代表として、神の憑依した神女に対して従の位置にあること、長老坊主たちによる地固めの祝いが付けたりの扱いであること、に注意したい。碑文後半の「おきなハ（沖縄）の天きや下（天が下）ハ、きこゑ大きみの御せち（セヂ＝霊力）のミまふ（守）りめしよハるけに、むかしから、いくさ（軍）・かちよく（海賊）のき（来）ちやることハ、なきやもの」という文句こそ、聞得大君以下の神女の霊威を雄弁に語っていよう。

〔ホ〕万暦二十五年（一五九七）の㉓「浦添城の前の碑」は、豊臣政権に屈服した島津氏に課せられた朝鮮侵略の軍役の一部を、琉球王国が「与力」として負担することを強いられるという、激動の時期に建てられた。表のかな文が記す八月十二日の毛祓いでは、「たひらもり（平良森）、おしあけもり（押開森）、いしらこは、ましらこは、おりあけわちへ、つミあけわちへ、くもこはし、ミ物はし、かけよわちへ、わたしよわちへ、ミしまよねん、くにのまてや、このミよわちへ、けらへよわちへ」というミセゼルが謡われ、前述のように国中の支配層と浦添間切の全住民が、尚寧王から「お労《いたわ》り」の賜り物を頂戴した。一見のかぎりでは十六世紀なかば以前と変わりないかのようだ。

しかし本碑文では、「かミ・ほとけのをれめしよハちゑ、まうはらひめしよハちやるミせゝる」と、神・仏の降臨が抽象的に語られるのみで、ミセゼルの引用の後に「きこゑ大きミかなしむうらおそひ（浦添）に御ちよわひめしよハちや（＝ご来臨なさる）事、わう（王）かなしのおほこ（誇）りめしよハちゑ、うらおそひの御くすく、世のつち（頂）に御ちよわいめしよハちゑ、御くすくのうちほか（内外）の御いへ（＝霊力）・ひのかミ（火神）、御たかへめしよハちゃ事」と文章が続いている。聞得大君は王に招かれて浦添城を訪れ、王と城を賛嘆する客にすぎない。さらに、賜り物に与《あずか》った浦添間切の住民のなかに「のろへ」「くにのあむた」という神女の姿がある。王と神女の地位は逆転したのだ。

ダシキャクギ・アザカガネ、ウヤガンと冊封使

右で紹介した⑭「真珠湊碑文」と㉑「やらさもりくすくの碑」に引用されたミセゼルのなかに、「たしきやくきついさしよわちへ、あさかかねとゝめわちへ」という謎めいた詞句がある。㉑の改作である『おもろさうし』13—18にも「だしきやくぎ さしよわちへ」「あざかがねとゞめば」の対句があった（本章1）。橋や城の完工式で謡われたことから、土木工事に用いられる釘や金具に関係づける説もあったが、ダシキャとは聖木（シマミサオ）、アザカガネとは霊草（琉球アオキとススキ）の名であることが指摘され、ミセゼルを謡う神女たちの出《い》で立ちや所作の描写だとする解釈が一般化した（高梨一二〇〇九）。

ここで話は碑文から離れるが、宮古島北部に伝わるウヤガン（親神）祭という民俗行事がある。大神《おおがみ》・狩俣・島尻・池間の各集落で行なわれていたが、今は沖合の小島である大神にかろうじて残るのみという。狩俣のウヤガン祭は、十月から十二月にかけて五回、それぞれ三日から八日間続き、幕開け、新ウヤガン選出、シマ祓い、畑祓《バリ》い、締《し》め括《くく》りの意味があるという。各回、ウヤガンたちは集落背後の西山《ニスヌヤマ》に籠ってひそかに姿を改め、行列をなして神謡《フサ》を謡いながら里に降り、ザーという集落中央の聖域で円舞する。ウヤガンはかならずオバアで、アブン

「ザーに移動するウヤガン（2回目）」（写真提供 比嘉康雄アトリエ）

マをトップとする序列があり、それが縦一列の行列に反映される。その出で立ちを、比嘉康雄による写真と観察記録（抜粋）で見ていただこう〔比嘉一九九二〕。

ニスヌヤマからウヤガンたちの祭列が音もなく忽然と集落に登場する。先頭はスバーギ。赤布をかぶり、それを白ハチマキでしめ、右手に葉のついた生木の杖《ジー》を持つ。その後方に白神衣《スーパニ》のヤマトゥンマ、ウプツカサの二人が続き、同じように杖《ジー》を持っている。その後に狩俣の最高神女アブンマである。ウプバー（グミモドキ）でつくった草冠《カフス》を深々とかぶり、右手に杖《ジー》、左手に草束《テーフサ》（琉球グミモドキ）を持っている。……

祭列は静かに進み、ウプグフムトゥ（元）などがあるムトゥ群の前道を通り、ザーに至る。ザーの庭《ミナカ》に到着すると、スバーギが杖《ジー》をふりおろして庭《ミナカ》の祓いをおこない、そのまま円陣《マンザ》がつくられる。……やがてウパラズが神謡《フサ》をうたう。ウパラズが一節うたうと他が復唱するという形式である。ウパラズはしっかりと杖を両手で握ってつき、両足を開いて土を踏みしめ、身体をゆっくりと左右にゆすりながら神謡をうたう。……単調なリズムのくりかえしの神謡《フサ》が延々とうたわれる。中心の主唱者、それをとりまく神女たち、頭の二、三倍もある生の濃緑の丸い草冠《ウイカ》、そのオブジェの群れがゆれ、神女たちの声はかすかにふるえ、集団恍惚境にある。……
もう朝である。ウヤガンたちの祭列はニスヌヤームトゥ（西の家元）を出て、同ムトゥの後方からフンムイを通り、ニスヌヤマに去って行く。移動の神謡《フサ》の声がゆっくりと森の中に入って消える。

碑文中で聞得大君・君々がミセゼルを謡うシーンは、まさしくこんな情景だったろう。そして傍線部に見える杖こそダシキャクギ、波線部に見える草冠こそアザカガネだろう。着衣をふくめ自然の恵みのみを身につけたウヤガンたちは、身体に憑依した神そのものだった。五回目の終幕、神謡《フサ》をうたい終えると、彼女らは全力疾走で森の奥に姿を消し、失神状態で保護される。これをカンピトゥ（神人）バカーズ（＝分離）とよぶという。

一五三四年に来琉した陳侃《ちんかん》を嚆矢《こうし》として、明の冊封使《さくほう》は公務として使行録を残しており〔『那覇市史』資料篇第1巻3冊封使録関係資料〕、そこに王府における「女巫」「女君」「女王」の姿や声がとらえられている。まず、徐学聚編『国朝典彙』巻百六十七兵部三十一琉球（一六〇一年序、一六二四年刊）から総括的な記事を掲げよう（原漢文）。

神は婦人を以《もっ》て尸祝《ししゆく》と為《な》す。女巫と号す。女巫の魁を女君と称す。白日呼嘯すれば、聚まること輒《すなわ》ち数百人、枝を携え草を戴《いただ》き、縦横に騎歩す。時に王宮に入りて、嬖遊狎戯す。一倡百和、音声悽惨たり。倏忽《たちまち》往来し、踪跡《そうせき》（跡をたどる）すべくも莫《な》し。淫昏に馮附《ふうふ》し、禍福を矯誣《きょうぶ》す。王及び世子・陪臣、皆頓首拝跪《はいき》す。

神女に神が憑依してミセゼルを謡い、禍福を告げ、王以下がひれ伏す、という情景だが、ウヤガンとは異なって、上位の神女は騎馬で移動したらしい。「一倡百和、音声悽惨」とはミセゼルなどの歌唱の音で、ウヤガン祭の「ウパラズが一節うたうと他が復唱するという形式」と符合する。また、一四六二年に朝鮮に来た琉球国使普須古・蔡璟が、本国の歌舞について問われて、「一人掌を撃ちて歌ひ、衆皆之《これ》に和し、手を揺らして舞ふ、朝廷に正楽無し」と答え、伴人に歌舞を実演させたが、「其の歌声は我国（朝鮮）の農歌に似、舞は野人（女真）の舞に似」ていたという（『朝実』世祖８２癸巳）。「枝を携え草を戴き」は「たしきやくきつさしよわちへ、あさかかねと、めわちへ」に相当する。ただし、「淫昏」「矯誣」などといった儒者の偏ったまなざしには注意が必要だ。

個々の冊封使録からはより具体的な観察が得られる。最初の陳侃『使琉球録』群書質異・大明一統志の項には、やや説話的だがこんな記事がある（原田禹雄訳注『陳侃使琉球録』、原漢文）。

俗、神を畏る。神は皆婦人を以て尸《よりまし》と為す。凡《およ》そ二夫を経る者は、則《すなわ》ち之を尸とせず矣。王府に事有らば、則ち哨聚《しょうしゅう》（よび集める）して来たる。王、世子及び陪臣を率ゐ、皆頓首百拝す。然る所以《ゆえん》は、国人の凡そ不善を為すを謀らんと欲するを以て、神は即《すなわ》ち夜以て王に告げ、王之《これ》を就擒（捕囚）す。聞く、昔、倭寇の中山王を謀害せんと欲する者有りしが、神即ち其の舟を禁錮し、水を易へて塩と為し、米を易へて沙《すな》と為し、尋《つ》いで就戮（殺害）せり矣。惟《おも》ふに其れ斯の土を守護するなり。是《ここ》を以て国王之を敬ひ、而して国人之を畏るる也。尸婦は女君と名づけ、首従動《やや》もすれば三、五百人に経《（至）》り、各《おのお》の草圏を戴き、樹枝を携へて、乗騎する者有り、徒行する者有り、王宮中に入りて以て遊戯す。一唱百和、声音哀惨なり。来去《らいきょ》時ならず。唯だ那覇港等の処《ところ》には至らず。此れ良からざる者の家多く、兼《ま》た漢人有るを以ての故也。閩人の王の為に倩《やと》はれて宴を作《な》す者、身親《みずから》之を見、且《ま》た伝へ聞く。

神女たちの呪力が、不善の人や倭寇に対抗して王や国家や国土を守護する実在の力をふるっている。神女の姿は異邦人には目撃することすら容易でなく、福建人の料理人の見聞が情報源らしい。不良者や華人の多い那覇には近づかない、というのがおもしろい。「草圏を戴き、樹枝を携へ」という表現は、『国朝典彙』の「枝を携え草を戴き」よりも、はるかにウヤガンたちの姿を彷彿《ほうふつ》とさせる。

以後の冊封使録は陳侃録を祖述した部分が多く、神女関係記事はすべて「群書質異・大明一統志」の項に掲載される。一五六二年来琉の郭汝霖《かくじよりん》は、陳侃録を丸写しにして、「是《こ》の年王を封ずる日、四更（夜中過ぎ）の時、女君果して降り、五更（明け方）即ち散ず矣。提調（主任）通事及び庖人、倶《とも》に其の声の嗚嗚焉たるを聞く」と按文を付すのみだ（原田禹雄訳注『郭汝霖重編使琉球録』）。一五七九年来琉の蕭崇業《しようすうぎよう》は、陳侃録の要約に続けて、「夫《そ》れ、幻迹詭誕《きたん》（そらごと）なれば、則ち理は人区に絶え、感験著章なれば、則ち事は天外に出づ。豈に其れ疏逖《そてき》（疎遠）の地にして、性道罕《まれ》に聞こえ、覡妖《げきよう》鬼祟の惑ひ、拘牽して日に久しからん」とコメントを加える。料理人や通訳に発する見聞であることが興味ぶかいが、蕭はそれゆえ詭誕にして信を措きがたいとする（原田禹雄・三浦國雄共訳注『蕭崇業・謝杰《しやけつ》使琉球録』）。

一六〇五年来琉の夏子陽《かしよう》にいたって、「女王」や「女君」の出自や仕事についてあらたな情報が見られる（原田禹雄訳注『夏子陽使琉球録』、原漢文）。

神に女王なる者有り、乃《すなわ》ち王宗姉妹の属なり。世よ神に由《よ》り選ばれて以て相代る。選ぶ時、神之《これ》に言を附し、女王の宮に送入す。遂《つい》に倏然《しゆくぜん》として霊異あり。適配者（既婚者）と雖《いえど》も亦《また》再び合はず（交合しない）焉。惟《こ》れ、国播種の先一日に当り、王其の宮に詣《いた》りて竈《かま》を拝み、女王酒を以て之に觴《そそ》ぐ。余は亦相見えざる也。五穀成る時、女王必ず渡海して孔達佳《くだか》山（久高島）に至り、成熟せる者数穂を採りて之を嚼《か》む。各山（島）乃ち敢へて穫《と》る。若《も》し女王の未《いま》だ嘗《な》めずして先に穫る者、之を食せば立《たちどこ》ろに斃《たお》る。故に盗採の奸、禁ぜざるに自《おのずか》ら息《や》む。聞く、昔倭の来り寇する有り、神輒《すなわ》ち其の米を化して沙と為《な》し、其の水を塩と為す。或《あ》る時、人忽《たちま》ち盲唖《もうあ》と為り、而して船倏《たちま》ち崩裂を為す。倭、反《かえ》り見て困解して去る。宴毎《ごと》に余輩を請ふの時、女王、夜、女君一二百人に命じ、各《おのお》の草圏を頂き、柳枝を携へ、宮に入りて遍視す。意は、物に誤毒有るを恐るるなり。所謂《いわゆる》女君なる者は、皆良家の女なり。女王之に命ぜんと欲せば、即ち降りて其の身を異にし、遂に能《よ》く去来測られず。宮に入る時に当り、闘役の王の為に倩《やと》はれて宴を作す者、親《みずか》ら之を目撃して謂はく、過ぐる声は隠隠として蚊の鳴くが若《ごと》し、と。凡そ夷官・夷人の之に遇はば、悉《ことごと》く叩首《こうしゅ》して拝す。如《も》し国に不良有らば、輒《すなわ》ち名を指して告げ、王擒《とら》へて之を罪す。

女王すなわち聞得大君は原則として王の姉妹で、神により選ばれてその地位に就く。女君すなわち君々は、良家の娘から選ばれ、聞得大君が憑依してさまを変えるのだという。聞得大君は農業においてもっとも重要な播種・収穫にかかわる儀礼の主役だ。前者の舞台の「其の宮」とは聞得大君御殿であろうか。後者の舞台久高島は、いうまでもなく琉球開闢《かいびゃく》にかかわる聖地である。聞得大君が初穂を嚙む儀式は、酒造りの始まりとも関係があろう（注）。「草圏を頂き、柳枝を携へ」る神女たちはここにも登場するが、その役目は冊封使をもてなす宴会で料理に「誤毒」がないよう「遍視」することにすぎない。島津による征服の直前という時代相にふさわしいといえようか。

（注）一四六二年に朝鮮を訪れた琉球使普須古らは、造酒法を問われて、「米を浄洗して飯を作り、麴《こうじ》を和して之を醸《かも》す。但し一日の酒は、則ち十五歳の処女を以て口を漱ぎ飯を咬み之を醸す。其の味甚だ甘な

り」と答えた（『朝実』世祖82癸巳）。

碑の表と裏

古琉球の国家機能における漢文／かな文の使い分けについて、漢文は対外的、かな文は対内的というとらえ方がある〔田名一九八四〕。たしかに対ヤマトをのぞく外交世界は完全に純中国式の漢文で覆われていたけれども、第二章2に述べたように、第一尚氏時代、室町殿からよのぬし宛て、またよのぬしから島津氏（?）宛ての文書はかな文だった。

逆に内政がすべてかな文の世界というわけでもない。本章1に紹介した円覚寺住持撰の碑文群は、対外的メッセージの要素は大きくないが、漢詩文の文体で記されていた。それは『歴代宝案』文書のような公文書の文体とは趣を異にするが、中国直輸入の色がこい文化の形だった。そのいっぽうでかな碑文も並存したから、問題は内政面で漢文とかな文がどう使い分けられていたかにある。これを考える格好の素材は、おなじ事柄がかな文・漢文二つの文体で書かれた事例だろう。

〔イ〕もっとも単純な例は、嘉靖六年（一五二七）に崇元寺石門の東西脇に建てられた⑯「崇元寺下馬碑」だ。東碑は原位置の近くに現存、西碑は残欠が沖縄県立博物館美術館にある。碑文は東西とも同一で、表は一行に「あんし（按司）もけす（下司）もくま（＝ここ）にてむま（馬）からお（下）れるへし」と大書し、左上に小さく「大明嘉靖六年丁亥七月二十五日」と造立年月日を添え、裏は「但官員人等至レ此下馬」とある。表裏まったく同趣旨で、かな文が主、漢文が従だったことがわかる。

〔ロ〕聖地弁ノ嶽の参道整備を記念する⑱「国王頌徳碑（かたのはなの碑）」の表のかな文は、嘉靖二十二年（一五四三）六月二十四日の毛祓いのようすを「きこゑ大きみ・きミ〳〵のをれめしよわちへ、天つき王にせのあんしをそひかなし（＝尚清王）、ミ御ミつかひ（＝ご招待）めしよわちへ、あまこ（眼）あわしめしよわちへ、御ほこ（誇）り（＝祝福）めしよわちや事」と記す。この碑文にはミセゼルが引用されていないが、神の憑依した神女たちの所作が中心だったことは、「神女が主役の毛祓い」で述べた諸例と変わりない。

ところが、檀渓全叢の撰になる裏の漢文では、そもそも毛祓い自体が影も形もなく、「億載万年、有レ富無レ貧、太平之期、適当二今辰一、天長地久、呼《さけぶ》二万歳一三《みたび》矣」のような、王の治世への大仰な賛辞でみたされている。表で「きこゑ大きみ・きミ〳〵・かミ・ほとけの御あそひめしよわるところ」と紹介される弁ノ嶽も、裏では「神仙来賁《はしり》降遊之霊地」と抽象化される。裏の末尾には「邦畿千里、聖躬万歳、甃《ふき》レ石修レ路、記二太平世一、植レ松蔭《たすけ》レ涼、仰二漢武帝一、達レ天大願、比レ海弘誓、琢二詞斯石一、継二慶末裔一」という四言十句の賛が掲げられている。全文きれいな対句で構成され、偶数句の末字で押韻する。檀渓が円覚寺住持として王の治世を賛嘆するこの賛こそ、裏の眼目だった。

〔ハ〕嘉靖二十五年（一五四六）の⑳「添継御門南碑」と⑲「同北碑」は、修造なった城門の南北の脇に一対として建てられたが、このときあらたに積まれたのは首里城南側の石垣だから、南碑が主、北碑が従と考えられる。「神女が主役の毛祓い」で述べたように、かな文の南碑は、嘉靖二十五年八月一日の毛祓いに降臨した神女のミセゼルと王へのオモロ賜与、同年九月三日に登城したニルヤ大主による王へのオモロ賜与を語り、同年十二月三十日時点での記述となっている。「首里天つきのあんしおそいかなし天」という尚清王の琉球名とならんで、「きこゑ大きみ」でも一字擡頭《たいとう》していることも見のがせない。

これに対して末尾に檀渓全叢が「謹記レ之」とある漢文の北碑は、「洪《ここにおもふに》惟聖朝、大ヿ統八紘一、撫ヿ育天下一、列《ならび》レ祖継レ志、丕《おほいに》承二鴻業一、祖ヿ述唐虞（＝堯・舜）三代（＝夏・殷《いん》・周）之道一、以致二雍熙至治〔道カ〕（＝北宋太宗代の年号）之化一、威光同三柔風之偃《なびかす》二樹林一、恩渥如三時雨之潤《うるほす》二大地一、偉哉盛哉」と尚清王を讃《たた》える美文で始まる。嘉靖二十三年六月二十日に王の綸旨《りんし》が大臣・官長に発せられ、王族・官人・百姓が「異体同心」に石を積み、完成した石垣の形勢は「譬如三衆星之共二北辰一」だったという。工期は「甲辰歳林鐘中浣（＝嘉靖二十三年六月中旬）」から「丙午歳盛夏上浣（＝嘉靖二十五年五月上旬）」まで二年にもおよび、同年「八月大吉日」に王が人びとにもれなく「恩ヿ賜金銀米穀財帛衣食茶果酒肴一」し、北碑が建てられた。

右の「八月大吉日」は毛祓いのあった「八月一日」とおなじ日だろう。両碑は一対とはいえ、北碑はこの日までのことを記し、南碑はこの日からのことを記している。しかも北碑は神女やミセゼルには片言すら費やさず、王の賛嘆に終始する。とはいえ碑文の末尾は、北碑では「仰祝二聖寿之無レ疆《かぎり》、以祈二国家之有レ道、克《よく》慕二仁政一、永娯《たのしむ》二壮観一、宜哉」、南碑では「この御石かきつミ申候あひたハ、日々のミ御ほけ（＝拝領物）ハかすしらす、月々におゑか（＝拝領物）をかミ申候、みはいハ、首里天つきのあんしおそひかなし天（＝尚清王）の、とももと・

とひやくさ（十百年十百歳）と、ミはいをかミ中候」と、いずれも王への賛嘆で結ばれている。

〔三〕 万暦二十五年（一五九七）の㉓「浦添城の前の碑」表のかな文の特徴については、「国家的インフラ整備」「神女が主役の毛祓い」に述べた。ミセゼルを中核に据えるという文章構造は健在であること、王名・「天」・「きこゑ大きミかなし」で二字擡頭していること、の二点だけ確認しておきたい。これとの対比で円覚寺住持菊隠宗意の撰になる裏の漢文を見ると、「帝道、縦雖二唐堯・虞舜之徳、秦皇・漢王之威一、豈過レ之乎」という王の盛徳により「橋路」が完成したことの賛嘆に終始し、神女やミセゼルはとうぜんながら見えない。なにより、表のかな文にくらべてかなり短く、「天長地久、国泰民安、至祝至禱、久立珍重」という末尾の偈にしても、おざなりの感を免れない。

かな碑文の終焉

辞令書の時期区分で過渡期とされる十七世紀前半は、かな碑文もまた大きく変質しつつ、消滅していく時期だった。実例としては、いずれも王家の陵墓にかかわる二例があるが、墓の主は一方は大昔の伝説的よのぬし、他方は同時代の王母と対照的だ。

〔イ〕 万暦四十八年（一六二〇）の㉕「ようとれのひのもん（極楽山碑文）」は、十三世紀後半の王英祖を祀《まつ》る陵墓「浦添ようどれ」を、「うらおそいよりしよりに、てりあかり（照上）めしよわちや」尚寧王の命で、「ちよ（強）くきよ（清）らくけらゑらし（＝造らせ）めしよわちへ」た工事の完成を記念したもの。神女もミセゼルもまったく登場しないいっぽうで、浦添間切が墓掃除を盆・正月の前に勧めること、碑文の文字が浅くなったら三司官が彫りなおすこと、といった実務的指示がめだつ。藍玉宗田の撰になる裏の漢文は、表の「八月吉日」が「秋時正日」だとわかることと、「仰《あおげば》弥高、鑽《きれば》弥堅、涅不緇《くろまず》、磨不磷者《うすらがざるは》、夫《それ》極楽山之風景也」という『論語』丸写し（注）の風景描写（？）がめだつ程度で、表のかな文から実務的指示を省いたものという印象だ。

（注）『論語』子罕第九に「仰之弥高、鑽之弥堅」、同陽貨第十七に「不曰堅乎、磨而不磷《ましてうすらがず》、不曰白乎、涅《でっ》而不緇《してくろまず》」とある。

〔ロ〕天啓四年（一六二四）の㉖「本覚山碑文」は、尚豊王の母金《きん》武大按司志良礼《あじしられ》（一鏡妙円皇后）の葬送を記念したもので、那覇市首里山川町の金武家墓域内に現存する。表のかな文は、

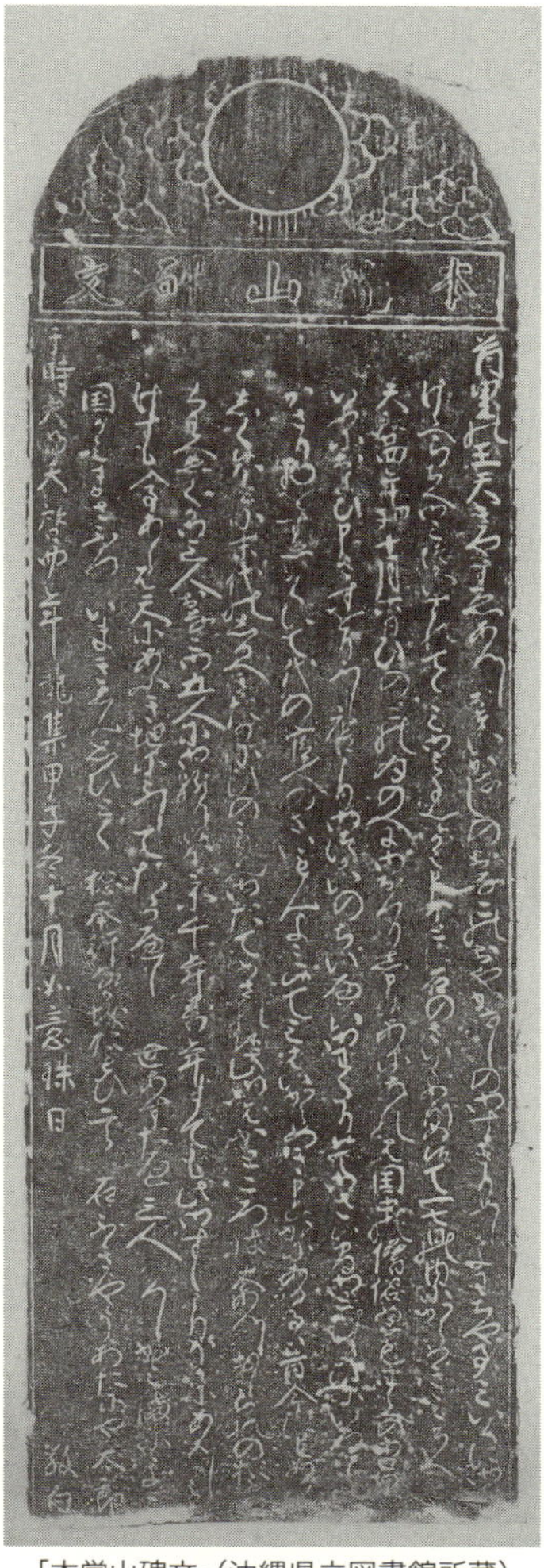

「本覚山碑文」（沖縄県立図書館所蔵）

同年十月六日のとむらいのようすを「国中の僧俗・めとも・わらへの御弔はいふにおよひ申さす、をりふし唐より御つかいのちいへい（指揮＝明最後の崇禎帝即位を琉球に告げた衛指揮蕭崇基。一五七九年来琉の冊封使蕭崇業の子か）御わたり候て御さ候間、御とむらひに、いろ〳〵のかさり物をすゑ、かくにて、代の官人のさいもん（祭文）よミ候て、ミはいからめき（＝勤め）申候」と描き、造立の動機を「かにある事ハ、昔今にもあるましく候ほとに、末代のしるへきために、ひのもん（碑文）御たてめされ候」と説明する。このかな文は「がらめき」の一語以外はほとんど琉球語の匂いがしない。神女・ミセゼルは登場せず、祭文を読む役が明使の「代の官人」の仕事になってしまった。末尾に、この墓所は被葬者の男子三人・女子五人に賜ったので、「千年万年までも、此御すし（筋）よりほかに、あんしもけすも入事あらは、天にあふき地にふしてたゝるへし」という訓戒がある。内容・文章ともに一五〇一年の⑩「玉御殿碑文」を強く意識している。裏の漢文はこれも藍玉の撰で、「大明国之欽差（＝勅使）有合故、大明之高客奏㆓涅柈楽㆒、一国之諸僧唱㆓梵相曲㆒」とある音楽関係記事が目につく程度だ。表のかな文の縮小版という印象はここでもぬぐえない。

以上二例はともにかな文を表、漢文を裏とする点で、古琉球の伝統を継いでいる。しかし、漢文はもとよりかな文からも女性の影は完全に消えてしまった。『球陽』巻一諸神出現護衛国祚に「託遊之俗、伝至㆓尚豊王世㆒、尚有㆑存焉」とあるように、神女による神降儀礼が尚豊王代（一六二一～四〇）までで廃絶したこと、王が「天喜也末按司添（てにぎやすゑあんじおそい）」といった神名をもったのも同王までであることも、関連する事象であろう。

こうした「改革」を強力に推進したのが、一六六六年に摂政《せっせい》となった向象賢（羽地朝秀、一六一七〜七五）だ。『羽地仕置』に収める一六七三年の三司官宛「口上覚」に、「国中仕置相改」の必要性を、「前々女姓巫女之風俗于レ今多候故、巫女之偽ニ不レ惑様ニ与《と》、如レ斯御座候」と説明している（『沖縄県史料 前近代1』）。神遊びの託宣や霊力《セヂ》による護持は、人を惑わす「巫女の偽り」と貶《おとし》められ、公的領域から姿を消していった。

以上のような近世への移行を「中国化」ととらえる見方がある（島村二〇一四）。羽地仕置の儒教的教化策にともなってかな文が姿を消していく状況からは、そのようにも見え、じっさい王府儀礼の「中国化」が種々図られてもいる（島村二〇一〇）。しかし、儒教的教化策は同時代の江戸幕府でも推進されているし、そもそもヤマトでは中近世を通じて公的文章は漢字で書かれていた。儀礼の「中国化」にしても幕府や薩摩藩の意図に沿う面が無視できない。琉球の近世はむしろ「ヤマト化」を基軸にとらえるべきではないか。

一七一九年に『南島志』を著した新井白石は、ある書簡で「扨《さて》倭歌は日本の本色のものに候、琉球人は南倭とて、此国と同じ地脈の国に候、故に名歌をもよみ出し候もの有之候」といっている。古琉球でオモロの書記媒体だったかな文は、近世になると「日本の本色のもの」である和歌のそれに変貌した。琉球の「ヤマト化」は、このようにして近代国民国家の前提の一角を形づくっていく。

3　ヤマト仏教界との交流

博多の偽琉球使―自端西堂

本章1で漢文碑文を論じたさいにふれたが、古琉球でヤマト文化の導入者として目立つのが、僧侶、とくに禅僧だった。そのなかで、琉球から九州西岸をへて朝鮮半島にいたる海の道（第一章4「南島～高麗の海道」）で活躍したのが、博多を根拠地とする商人的禅僧（禅僧的商人）である。

一四七一年に朝鮮で作成された日本・琉球地誌『海東諸国紀』に掲載されている日本本国・九州・琉球の地図は、一四五三年に法体の博多商人道安が朝鮮に献上した「博多・薩摩・琉球相距地図」をもとにして作られた。このとき道安は「琉球国中山王尚金福使」として朝鮮にあらわれ、薩摩と琉球の境界海域に漂流した朝鮮人の送還を表むきの目的としていた。もちろん道安側から中山王にもちかけて外交使節を託されたもので、真の目的は対朝鮮貿易の利潤にあった（『朝実』端宗元4辛亥・5丁卯）。道安が中山王の委託を受けた「真使」であることはたしかだが、こうした事情は琉球王の使節を騙《かた》る「偽使」の横行に道を開くことになる。

一四七一年十一月、琉球国王尚徳の使僧自端西堂が朝鮮を訪れ、朝鮮の先王世祖への弔辞を呈し、あわせて尚徳の亡父の遺言に基づいて一寺を建立し、「先王の絵像曁《およ》び尊号幷びに精舎の宸翰額」を安置したい、と願い出た（『朝実』成宗2 11庚子）。この書契は、著名な博多商人平左衛門尉信重のもたらした、尚徳の名で「当今（睿宗《えいそう》、実は一四六九年十一月死去）即位」を祝う書契と同日条に掲げられており、自端もおそらくは博多の僧であろう。自端も加わっていた一四六七年の琉球国王使について、司憲府大司憲梁誠之は「今彼の使は本より九州の人なり」と指摘している。朝鮮は二通の書契の到来をたいへん喜び、自端には大蔵経一部の賜与をもって答えた（『朝実』世祖13 8己亥・12庚辰）。ときに領議政兼礼曹判書（首相兼外相）の要職にあった申叔舟《シンスクチュ》は、『海東諸国紀』の編者で当時の朝鮮を代表する知識人で外交通であるが、自端から餞別《せんべつ》の詩を求められ、七言律詩二首を贈った。その序にこうある（『保閑斎集』巻九・七言詩韻、原漢文）。

　自端上人は日本禅林の秀なり。曾《かつ》て参訪に因り瑠球に至るに、瑠球国王、我が　恵荘王（世祖）を慕ひ、方《まさ》に来聘《らいへい》せんと欲す。上人の賢なるを知りて、遂に書を授けて以て送る。時に成化丁亥（一四六七年）の秋なり。我が　恵荘王、内治既に隆く、遠略を恢せんと図り、待するに殊礼を以てす。今（一四七一年）又瑠球新王の命を承《う》けて来たり、香幣を先王（世祖）に進む。我が　殿下（成宗）、一国臣民と与《とも》に　先王を悲慕し、而して上人を重んず。竊《ひそ》かに海東諸国を観るに、凡そ信礼に於《おい》ては必ず緇流《しりゆう》（僧侶）に命ず。僕久しく礼官を典《つかさ》どり、日ごろ与《とも》に相接し、且つ嘗《かつ》て東のかた日本に遊び、其の人に閲すること多かりしも、未だ上人の如き者有らず。上人命を闕下に拝し、退きて礼曹に宴し、与《とも》に従容《しようよう》たるを得たり。一夕既に之を宴するに、翼日七言近体詩一篇を以て贈らる。其の属意太だ高くして、敢《あえ》て当らざる所ありと雖も、詩は則ち実に佳作なり。受けて之を珍とす。餞別の日に及び、乃ち韻を賡《つ》ぎて別れに臨み言を贈るを徴《もと》む。敢て古人の但《ただ》上人の高雅を愛して、之の辞を為さざるを希《ねが》はんや。謹しんで荒句歩韻を綴《つづ》り、懐を叙べて以て贐《はなむけ》と為して云ふ。

序によれば、自端は一四六七年秋にも琉球国王に書を託されて朝鮮を訪れ、世祖から殊礼で遇されている。『朝実』世祖13 7丙子に「琉球国王、僧同照・東渾等を遣し来たり、鸚鵡《おうむ》・大鶏・胡椒《こしょう》・犀角《さいかく》・書籍・沈香《じんこう》・天竺酒《てんじくしゅ》等の物を献ず」とあり、この東渾が自端（東自端）にあたるかもしれない。叔舟は「海東諸国（日本・琉球）では外交の任務をかならず僧侶に命じる。私は永く礼曹の長としてかれらとあい接し、またかつて日本を訪れたこともあるが、いまだかつて上人ほどの人物を知らない」と自端を讃え、贈られた「七言近体詩」をも「実に佳作なり」と賞《ほ》めている。

詩については、別離の哀歓をすなおに詠んだ二首目だけあげておこう。

禅林挺幹独惟君　　禅林の挺幹　独り惟《こ》れ君
敦礼能詩衆所聞　　礼を敦くし詩を能くするは衆の聞く所
万里函書伝信義　　万里の函書は信義を伝へ
頻年航海策名勲　　頻年の航海は名勲を策《しる》す

幸同偉量杯盤促
更喜高懐臭味薫
一別何時還把手
洪濤浩浩隔重雲

幸《ねが》はくは同《とも》にせん　偉量の杯盤（盃《さかずき》と皿）促《せま》るを
更に喜ぶ　高懐の臭味薫るを
一別せば何《いず》れの時にか還《ま》た手を把《と》らん
洪濤　浩浩として重雲を隔つ

ところが、一五〇〇年に朝鮮を訪れた琉球使節は、一四六一年を最後に琉球使が朝鮮を訪れたことはないといい、朝鮮側もこの事実を確認している。つまり自端・信重をはじめこの間の琉球使はすべて偽使だったのである（田中健一九七五）。「瑠球国王、我が　恵荘王を慕ひ、方に来聘せんと欲す。上人の賢なるを知りて、遂に書を授けて以て送る」というかたちは、道安のばあいと酷似しており、真偽を見きわめるのは至難の業だったろう。自端の書契に「尚徳の乃翁（父）、亦成化五年八月十八日薨《こう》ず」とあるが、この年死去したのは尚徳自身だ。自端の得た情報に混乱があったのだろう。

以上自端の例から、いったんは朝鮮をも欺瞞《ぎまん》するほどの外交・文筆の技量をもち、日琉間に介在して琉球国王の名義を――真偽を問わず――自在にあやつり、利益をあげていた九州の禅僧＝商人の存在が知られる。

薩摩河辺宝福寺――字堂覚卍と山ン寺

『琉球国由来記』巻十・諸寺旧記・円覚寺の項に掲げる「開山国師行由記」（以下「行由記」と略）は、首里円覚寺の開山であり琉球禅林の祖師ともいうべきヤマト僧芥隠承琥《かいいんじょうこ》が、琉球にやってくるまでのいきさつを、こう語っている（原漢文）〔以下主として小島一九八六による〕。

師（芥隠）は……日本国平安城の人也。其の人と為《な》りは、容貌奇異にして虎視牛行也。乃ち悟心〈南禅寺塔頭《たっちゅう》也。〉始祖椿庭和尚〈字海寿。竺仙（梵僊）を嗣ぐ。〉の嗣にして、実に古林（清茂）五世孫に出づる也。師、一日衆に謂ひて曰《いわ》く、「吾れ聴く、海南の琉球は、小邦為《た》りと雖も、人廉にして根器有り矣」と。已《すで》に南邁《なんまい》せんと要《ほっ》するも、然るに風便亦稀《ま》れ也。因りて薩州宝福寺に来り、〈俗に山寺と曰ふ。〉一庵を盤結し、〈遺址猶ほ在り、琉球谷と曰ふ。〉時節・因縁を観る矣。遂に景泰年中（一四五〇～五六）、海を踰《こ》え漠を越え、遠く茲《ここ》の土に来り、法の為に人を求む。

芥隠は京都に生まれ、容貌は奇異で、視線は虎のように鋭く歩行は牛のように緩慢だった。かれの師は、南禅寺塔頭語心院を開き、明初に外交経験のあった椿庭海寿《ちんていかいじゅ》（一三一八～一四〇一）だという。椿庭の師は鎌倉末期に日本に渡来した竺仙梵僊《じくせんぼんせん》、竺仙の師は中国禅林の巨人古《く》林清茂《りんせいむ》。そうすると芥隠は古林の五世ではなく四世孫となり、しかも生没年からみて椿庭から芥隠への直伝はほぼありえないので、二人のあいだに一世代の脱漏が見こまれる。その有力候補が、芥隠が琉球をめざす途上「時節・因縁を観る」べく草庵《そうあん》を結んでしばし滞在した、薩摩宝福寺の開山字堂覚卍《じどうかくまん》（一三五七～一四三七）である。

古林清茂――竺仙梵僊――椿庭海寿――（字堂覚卍？）――芥隠承琥

字堂は薩摩伊集院《いじゅういん》の武士の出で、南禅寺で椿庭に師事すること二十余年、椿庭逝去の翌年に帰郷し、五年の庵居をへて、一四〇八年市比野《いちひの》に玄豊寺を開いた（注）。一四一三年に同郷の曹《そう》洞《とう》僧竹窓智厳《ちくそうちごん》が加賀に瑞川寺《ずいせんじ》を開くと、加賀まで赴いてその法を嗣ぎ、曹洞宗に転じた。翌年字堂はまた薩摩に帰って、谷山の烏帽子《えぼし》岳に庵を結んだが、そこから毎夜漁火《いさりび》が望まれるのを厭《いと》い、河辺《かわなべ》郡の山中に分け入って三年の荒行のすえ、一四二三年に猟人藤原氏の助力をえて熊《くま》嶽《がたけ》に宝福寺を開いた。

（注）貞享三年（一六八六）、薩摩藩家老島津主計忠雄は、黄檗《おうばく》宗万福寺五世の中国僧高泉性潡《こうせんしょうとん》に、字堂覚卍の碑銘の撰文《せんぶん》を依頼した。その依頼が寂後二五〇年を機になされたと覚しいのに、碑文が「至今余三百載」となっているのは、撰者が字堂の没年「永享丁巳」（一四三七）を一運前の「永和丁巳」（一三七七）と勘ちがいしたのかもしれない。『三国名勝図絵』巻十一に全文が翻刻されており、よく参照される『延宝伝燈録』（『本朝高僧伝』同文）所掲の字堂伝はその圧縮版だ。現在、薩摩川内《さつませんだい》市樋脇《ひわき》町市比野の玄豊寺旧跡に、この碑文を四面に刻んだ立派な石碑が立っているが、この碑は撰文直後に建てられたものではない。碑の基壇右側面に張られた銅板の「開祖道行碑銘抄解」に「……高泉和尚へ書ヲ送リテ碑銘ヲ徴ス、境内頌徳碑ハ宝暦十年（一七六〇）当時ノ庄屋米良則息ノ建設ニシテ、住持恵山ノ謹誌也」とあり、同正面の銅板に彫られた市比野修興會が史蹟《しせき》保存工事の完了を記念した文に、「名僧高泉ノ原文当寺ニ保全セラ□、更ニ七十五年ヲ経タル宝暦十年ニ及ビ、角菊地初代与市左衛門（米良則息と同人か）ノ肝煎デ、玉渕寺建《（カ）》堂外衆中廿人、名主名頭等四十一門ノ喜捨ニ因リ、一基ノ頌徳碑ヲ建立シタガ、廃寺後、徒《いたずら》ニ田畦ノ竹藪繁ルニ委シテ、一顧スルモノナキハ、村是《そんぜ》実施ヲ誇リトスル我等村民ノ恥辱デアルヲ実感シ、縁故関係者ノ共鳴ヲ仰ギテ、第一着ニ聖僧史蹟保存工事ヲ施行シ、概算三百円ヲ支出シテ、昭和七年五月吉祥

玄豊寺旧跡の碑文（写真提供 薩摩川内市教育委員会文化課）

日完了ヲ告グ、」とある。藩家老による高僧顕彰運動として出発したものが、宝暦十年に市比野村の庄屋と玄豊寺住持を中心に、玉渕寺（北隣の塔之原村所在、鹿児島福昌寺末寺）衆中や名主・名頭たちがこぞって建碑を実現させた。さらに玄豊寺廃絶後の昭和七年（一九三二）、村民の誇りを賭して史跡保存工事が実施された。歴史記憶の保存に注がれ続けた地域の底力に感銘をあらたにする。

法系の穴をうめるべく芥隠の嗣法師を字堂とするには、嗣法を字堂が臨済僧だった一四一三年以前に遡らせなければならないが、これは年代的にきついうえ、二人の出会いの場が宝福寺でなくなってしまう。しかしともに椿庭と縁《えにし》のある字堂と芥隠が、宝福寺で同宿したことは偶然とは思えない。字堂の伝記史料はすべて一六八六年撰述の玄豊寺碑銘が原拠で、不自然さを感じさせる部分がなくはない。とくに字堂があわただしく加賀へ赴いて曹洞僧竹窓から嗣法し、あわただしく薩摩に帰った事蹟は、無理に押しこまれた感じだ。かりに竹窓から字堂への嗣法があったとしても、それによって字堂が二十余年に及ぶ椿庭の弟子の立場を完全に捨ててしまった、と考えなくてもよいのではないか。

かつて宝福寺のあった場所（南九州市川辺《かわなべ》町市之瀬）は、現在国道二二五号線から西へ分かれる林道へ入りこんだ、熊ケ岳（五九〇メートル）の山ふところにある。うっそうとした山林のなかに、石垣で階段状に造成した平場が多数あり、五輪塔や板碑、陶磁器片などが散乱している。

芥隠の「行由記」によれば、宝福寺は俗に「山寺《やまんてら》」といい、芥隠が結んだ庵の跡が残っていて、そこを「琉球谷」とよんだという。芥隠が琉球で大立物になってのちに普及した呼称だろう。一八四三年の『三国名勝図絵』巻二十五に宝福寺を俯瞰《ふかん》した挿絵があり、人馬が通る街道から分岐したつづら折りの山道に沿って、無明橋・開山硯・坐禅石・千貫石・笈掛《おいかけ》石・幸有池・鎮守などを見ながら登っていくと、仏殿・方丈・禅堂・衆寮・厨《くりや》からなる最奥の伽藍《がらん》にいたる。まさに山ン寺そのものだ。これは百数十年前の景観で、それでも本格的な調査が手つかずの現状からは想像できないゆたかさだが、中世に遡れば、こうした寺院は都市といいたくなるほどの人口と社会機能を有していた。「琉球谷」をふくむ山中の「三渓」について、玄豊寺碑銘はつぎのように語っている（原漢文、『川辺名勝誌』にもほぼ同内容あり）。

師（字堂）、彩を鏟《けず》り名を蘊《うず》むと雖も、而して徳行は四方に聞こえ、衲子《のうし》（僧侶）の風を趨《おう》

宝福寺跡（著者撮影）

『三国名勝図絵』巻二十五　宝福寺（国立国会図書館所蔵）

て至る者、無慮千指、各おの茅《かや》を縛りて以て居し、以て咨叩《したく》（質疑）に便ならしむ。何ぞ其の盛んなる哉。其の山に三渓有り、曰く琉球、曰く筑前、曰く豊後《ぶんご》、皆群衲の栖《す》む所也。山下《さんげ》の吏民、其の国に於て光有るを喜び、皆之を称《たた》ふ。

開山の徳行を慕って全国から群衲がつどい、山中の谷々に庵を結んで棲《す》みついた。谷の名前から、琉球・筑前・豊後の出身者が谷ごとに集住したことがうかがえる。居住者はむろん寺庵の僧ばかりではなく、山中生活を維持するための諸種の就労者がいたはずだ。京都からここへ来て、やがて琉球へ去っていった芥隠の例のように、山ン寺は人や財や情報が集まっては散っていく「山中の港」だった。山岳宗教が隆盛を誇った中世では山ン寺はありふれた存在だったが、近世に社会の世俗化が進むと先細りとなり、近代以降、霊場や観光地として客を集めるごく一部をのぞいて、山林のなかで人知れず深い眠りについている。遺物・遺構・遺跡の再確認や分布調査、信仰形態の復元、寺院と「山下の吏民」との関係など、課題は山積みだ。その解決なしには、中世社会の基幹的要素の一つが、解明されないままになってしまうだろう。

琉球禅林の祖師——芥隠承琥と渓隠安潜

ともあれ芥隠は念願の琉球渡航を果たした。薩摩で時節・因縁を観ていた時間や、師字堂の没年（一四三七年）から考えて、四〇歳前後にはなっていただろう。ときの尚泰久王は那覇の一角に広厳寺《こうごんじ》を建てて芥隠を住まわせた。確実な足跡の最初は、「景泰七年（一四五六）歳次丙子九月廿三日／開山承琥証之」とある那覇の普門寺の鐘銘で、その後一四九五年の示寂まで、在琉は四〇年にもおよぶ。「行由記」の続きを引用する〔原漢文〕。

始め国王尚泰久、其の道風を嚮《した》ひ、召して法要を詢《たず》ぬる也。師の横談竪説、大いに旨に契《かな》ふ也。尚泰久、歓喜の余り、箇々の精舎を創《はじ》め、以て之に歴住せしむる也。広厳・普門・天龍と謂ふは是《これなり》也。

第三章1で述べたように、尚泰久王代には「万国津梁鐘」をはじめ梵鐘《ぼんしょう》の鋳造、鐘銘の作成があいついだ。それらはことごとく和鐘であり、銘文に見える大工もヤマトの鋳物師だった。その銘のすべてを作った渓隠安潜《けいいんあんせん》と芥隠の関係は、残念ながら明らかでないが、王が矢継ぎばやに禅寺を開創して芥隠を歴住させていったことと、とうてい無関係ではなかろう。渓隠は尚泰久王が治世の総仕上げとして首里城近くに建てた天界寺の開山に迎えられているが、同寺の完成をまたず王は死去してしまう〔知名二〇〇八〕。このように、芥隠と渓隠は手を携えて禅宗を王権に密着させていった。尚泰久王自身が禅宗の要点を芥隠から会得したらしいことも、そのあらわれの一つだ。

一四六六年、芥隠は尚泰久のつぎの尚徳王の正使として将軍足利義政のもとを訪れた〔『蔭凉軒日録』文正元年八月一日〜六日条〕。前管領《かんれい》細川勝元による兵庫での貿易品「点検」すなわちヤマト式官買に遭遇して、義政や政所執事《まんどころ》伊勢貞親・琉球奉行飯尾元連に救済を訴えたのは、このときのことだ〔第三章3〕。さらに芥隠は蔭凉軒主季瓊真蘂《きけいしんずい》の「旧識」であり、明が中山王家に贈った「梅月大軸」を王に乞うて持ち来たり、これを季瓊へ贈った。ここに〈明皇帝—

琉球国王―京都五山―幕府〉というつながりが見てとれ、芥隠や季瓊というヤマト系禅僧がその媒介者として浮かんでくる。小島は、尚徳没後の一四六九年に起きた金丸による王位奪取、すなわち第二尚氏王朝の樹立にも、芥隠が重要な役割を果たしたと推理している〔小島一九八六、五九〇頁以下〕。

成化己丑（一四六九）十月に作られた相国寺の鐘には、二世住持渓隠により、「琉球国君世高王（尚徳）、大願力に乗じて新たに巨鐘を鋳、相国寺に寄捨す、偈《げ》を説きて以て之に銘じ、王基の万歳を祝す。国を安んじ民を利するの聖天子は、唐虞《とうぐ》の化を継ぎ、文を全うし武を偃《や》むるの賢宰相は、霖雨《りんう》の秋を霈《うるお》す」という銘が刻まれた（『金石文』二二〇頁）。亡くなった前王に託して、王権と仏教の理想の関係が謳《うた》われている。第二尚氏初代尚円の首里の旧居（尚真の生誕地）に建てられた天王寺の開山にも芥隠が就任した。つづく尚真王代の事蹟を、「行由記」はつぎのように述べて擱筆《かくひつ》している。

> 後弘治年間（一四八八～一五〇五）に至りて、尚真王に於ても亦大いに帰仰する也。故に円覚伽藍を勅創し、延《ひ》きて以て（芥隠を）第一祖と為す也。其の平昔なる也、倹朴精勤して、克《よ》く其の業を振へり。化縁《けえん》既に尽くるに迨《およ》び、微恙《びよう》を示して遷化せり矣。時に弘治八（一四九五）乙卯五月十六日に当たる也。碑を方丈に建つ矣。

芥隠は王家の菩提寺《ぼだいじ》として首里城の隣接地に創建された円覚寺の第一祖に迎えられた。この寺に関連して、漢文碑の多くが建てられ、王権を荘厳した（本章1）。功成りとげた芥隠は、円覚寺落成の翌年五月十六日、相当な高齢をもって遷化した。

琉球の僧録司―檀渓全叢

一五二三年、将軍足利義晴・管領細川高国の遣した遣明使鸞《らん》岡瑞佐《こうずいさ》らと、大内義興《よしおき》の遣した遣明使謙道宗設《けんどうそうせつ》らとが、寧波で争乱におよんだ。大内船は第一六次遣明使から取り上げた正徳（一五〇六～二一年）勘合を携えて寧波に入港したが、無効となったはずの弘治（一四八八～一五〇五年）勘合を携え、しかも後から入港した細川船を、副使宋素《そうそ》卿《けい》が明の役人に賄賂を使って先に受け入れさせたため、大内側が憤激し、鸞岡と明側の指揮使を殺し、細川船を焼いた。寧波の乱とよばれる事件である〔小葉田一九六九〕。

琉球円覚寺開山芥隠位牌
（鎌倉芳太郎撮影、沖縄県立芸術大学附属図書・芸術資料館所蔵）

明は対日断交という強硬手段を避け、一五二六年に琉球国王に命じて、抗議と犯人引き渡しを求める使者を日本へ送らせた。使者には全叢《ぜんそう》という僧が立ち、翌年京都に来た。全叢はそのついでに文筆僧として聞こえていた彭叔守仙《ほうしゅくしゅせん》を東福寺に訪ね、「檀渓《だんけい》」という道号を授かった（『猶如昨夢集《ゆうじょさくむしゅう》』巻中・説「檀渓字説」、原漢文）。

琉球の国に一老禅有り。蓋《けだ》し日東の南禅帰雲第一祖南院国師（規庵祖円）の派下、雲夢（崇沢）和尚の令嗣なり。本貫は既に薩州に隷すると雖も、于《ゆ》きて以て彼国を化す。是れ謂ゆる虞より愚にして秦より智なるもの乎。人、琉球国王を称して、通じて世主《よのぬし》と曰ふ。世主の老禅の道に欽《つつ》しむこと、茲に月久年深なり。故に之をして滌篆《てきてん》（住持）せしむるに、初めは楞伽《りようが》を以てし、今天王を以てす。……頃者《このごろ》我が榑桑《ふそう》と大明国と、遥《はる》かに琴絃を絶つ。明国特に世主を煩はし絃膠《げんこう》（国交）を続《つ》がんとす。此により去歳丙戌（一五二六年）の夏、世主老禅（檀渓）を屈し、書を日出処の枢府源朝臣《あそん》義晴公幷びに管領細川氏道永（高国）に達せしむ。今茲に丁亥之夷則（一五二七年七月）、枢府・管領共に老禅を迎へ、続膠の策を定めたり。加之《しかのみならず》、枢府賜ふに五山之上南禅の台帖を以てし、道永賜ふに相公絵《えが》く所の補洛薩埵《ふだらくさつた》の像を以てす。老禅鼇抃《ごうべん》（喜び）に堪へず、仍《な》ほ式微を歌ふの次《ついで》、余に就きて厥《そ》の名を華し厥の説を着すを需《もと》めらる。渠《か》の臘崇《ろうたか》く吾が位卑《ひく》きも、厳命逭《のが》るべからず。其の諱《いみな》を叢と曰ふ。則ち之に字《あざな》して檀渓と称せん乎。……大永七稔（一五二七）丁亥七月吉辰

この字説によれば、檀渓は薩摩の出身で、南禅寺二世規庵祖円《きあんそえん》の派下に属し、雲夢崇沢《うんぼうすうたく》の法嗣になる。規庵の弟子で屈指の五山文学作者蒙山智明《もうざんちみん》の法嗣に南仲景周《なんちゆうけいしゆう》が出、薩摩伊集院に広済寺を開いたが、雲夢は南仲の四世の法孫にあたる。檀渓もれっきとした五山の一員で、初め楞伽寺に住し、この字説の時点では天王寺の住持だった。檀渓が日明復交に果たした役割については、「明国がとくに琉球国王を煩わして、日本との国交を続けようとした。一五二六年の夏、琉球国王は檀渓老禅の手を借りて、明の国書を日本の枢府足利義晴公ならびに管領細川高

国に伝達させせた。今一五二七年七月、枢府・管領はともに老禅を迎え、国交継続の策を定めた」と記されている。

足利義晴は檀渓の労を多として南禅寺の名目的な住持職をあたえ、さらに琉球国王に宛ててつぎの文書を発した。「この国（日本）と東羅国《から》（明）とわよ（和与）の事」という文言が、日明復交を指している（『室町家御内書案』下）。

御ふミくハしく見申候。進上の物ともたしかにうけとり候ぬ。又この国と東羅国とわよの事、申とゝのへられ候。めでたく候。

大永七年七月廿四日　　御判在之

りうきう国のよのぬしへ

また義晴は明に対しても表（皇帝への上申文書）と咨（礼部への互通文書）を送った。嘉靖六年（一五二七）八月付の表のほうを読み下しで掲げる（『幻雲文集』表、原漢文）。

日本国王源義晴。大明一統して、文王の徳を周詩に歌ひ、万歳三呼して、武帝の寿を漢史に徴す。其の封彊を論ずれば、則ち中華を隔つること千万里に幾《ちか》きも、其光賁《こうふん》を仰げば、則ち扶桑の六十余州を耀《かがや》かす。寝〔寖《ようや》カ〕く明るく寝く昌《さか》へ、典有り則有り。共《うやうや》しく惟《おも》んみるに、大明皇帝陛下（世宗）、綽々《しゅくしゅく》たる余裕、巍々たる成功、文物の盛は今より過ぐること莫《な》く、治道の興は何ぞ古に愧《は》ぢん。西より東より南より北より、孰《たれ》か苞茅《ほうぼう》を貢せざらんや。日を繋《かさ》ね月を繋ね時を繋ね年を繋ね、吾れ唯だ簡書を畏るるのみ。隣好を修し、式《もっ》て天恩に沐するを庶《ねが》ふ。茲《ここ》に琉球国より遠く勅書を伝ふ。寛宥の敦きこと、側陋《そくろう》に忘れず。感戴々々。謹んで表して以て聞す。

嘉靖六年丁亥八月日　　　日本国王臣源義晴

礼部に宛てた咨では、寧波の乱の経緯を細川側から述べたあと、拘留された「妙賀、素卿、其余の生きて存する者」を放免して、琉球を経由して帰国させてほしい、そのさいあわせて新勘合と金印を賜わりたい、と求めている。この両文書は月舟寿桂の起草になり、その作品集『幻雲文集』に収められている。また同書・銘に収める「鶴翁字銘幷序」に、「蓋し大明、中山王をして之を為さしむるの地なり。吾が王（義晴）亦欲する所なり。予（月舟）に命じて大明に遣す表を製せしむ。使僧（檀渓）欣然《きんぜん》として持ち帰る」とあり、義晴のよのぬし宛て文書だけでなく、明に宛てた表・咨をも、檀渓が琉球へ持ち帰ったことがわかる。その後琉球は、進貢使蔡瀚《さいかん》に日本の表・咨を持たせて明へ送り、瀚は一五三〇年三月北京に至った。明は日本の要請をただちには受けず、また琉球に命じて、宗設の擒献《きんけん》（捕縛連行）と、連れ去られた指揮袁璡《えんしん》の送還を、日本に伝諭させた。

遣明使に立った鸞岡・謙道も、琉球使の檀渓も、表・咨を起草した月舟も、みな五山系の僧侶だ。かれらが、ヤマト―明―琉球を結ぶ三角形の交流にいかに不可欠の存在であったかがよくわかる。

その後檀渓は、琉球最高の寺格を誇る円覚寺の第八世に昇住したが、ここでも外交に携わっていた。「大明嘉靖壬寅閏五月廿六日（一五四二・天文十一年五月二十六日）」の日付で「球陽円

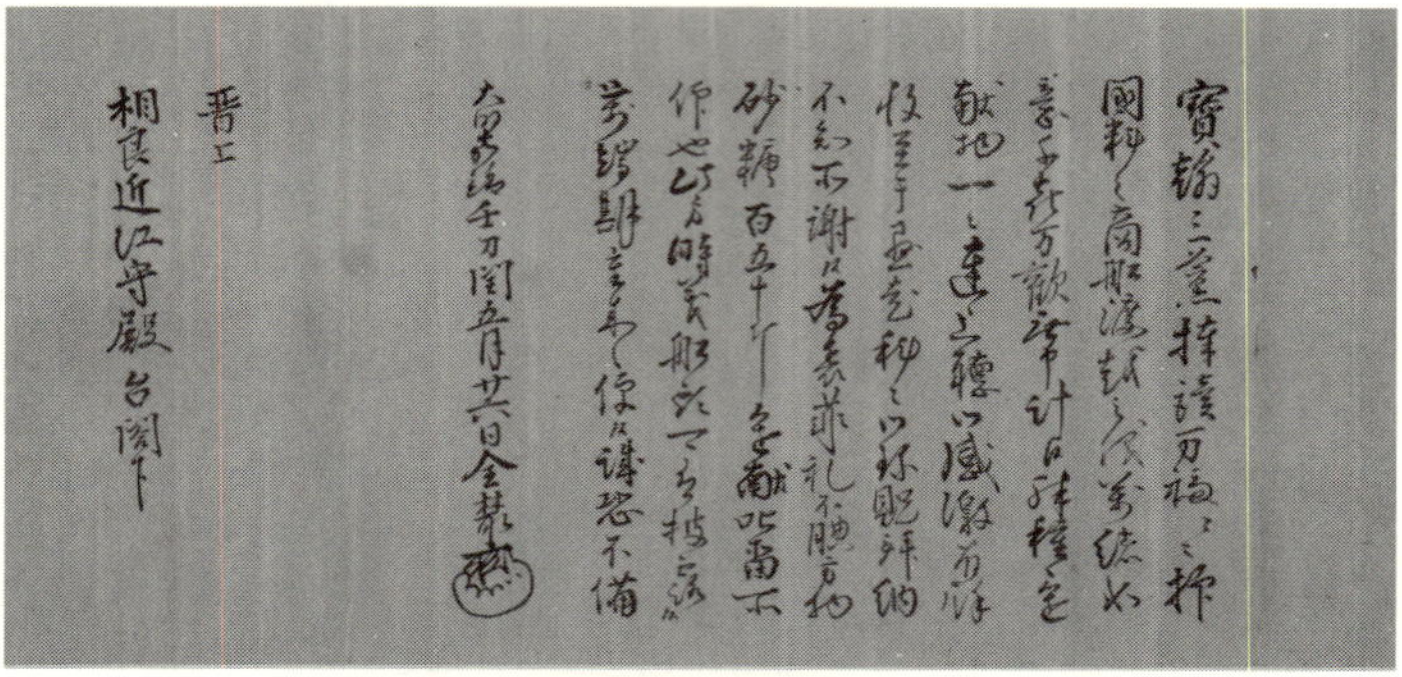

『相良家文書』（慶應義塾図書館所蔵）

覚寺全叢」から「相良（義滋）近江守殿台閣下」にあてた鄭重《ていちょう》な形式の書簡は、つぎのように読み下すことができる（『相良《さがら》家文書』、原漢文）。

宝翰（お手紙）三薫（三たびお香を薫《くゆ》らして）捧読、万福々々。抑《そもそ》も国料の商船渡越の儀、万緒《ばんちょ》（すべて）意の如し。千喜万歓、申す計《ばか》り無く候。殊に種々の進献物、一々上聴に達し、御感激余りあり。将《は》た愚老に至って科々《しなじな》の御珍貺《ちんきょう》を拝納し、謝する所を知らず候。菲礼《ひれい》（寸志）を表せんが為、不腆《ふてん》の（粗末な）方物、砂糖百五十斤進献す。叱留《しつりゅう》（笑納）仰ぐ所也。此方の時義（王の意向）、船頭披露有るべく候。万端重来の便を期し候。誠恐不備。

肥後の大名相良氏から、「国料之商船」の琉球渡航について、「種々進献物」を添えて依頼があり、承諾の旨を伝えた返書である（田中健一九九七）。ここでの檀渓の立場は、「一々上聴に達し、御感激余りあり」という文言が示すように尚清王の秘書官であり、それは円覚寺という寺院の性格に対応する。やや時代が降るが、薩摩の禅僧文之《ぶんし》玄昌《げんしょう》の『南浦文集』に「琉球大僧録司円覚精盧」という表現があり〔葉貫一九九三〕、禅林を統轄する僧録司《そうろくし》は、ヤマトの鹿《ろく》苑《おん》僧録がそうだったように、外交担当部局の性格をもっていた。

詳細は第五章で述べるが、琉球が島津氏への従属化に大きく舵《かじ》を切った事件が、「あや船一件」である。一五七五年に琉球で粗略な扱いを受けたとして怒って帰国した薩摩の使僧雪岑津《せっしんしん》興《こう》は、じつは檀渓とおなじ法系に属している。

規庵祖円――蒙山智明――南仲景周（伊集院広済寺開山）――桃隠崇悟――
海樵真超――湖月英功――天沢佐津――雪岑津興（広済寺7世）
　　　　　　└雲夢崇沢――檀渓全叢（円覚寺8世）

京都南禅寺二世規庵祖円の法孫南仲から始まり、雪岑にいたる法系は、代々薩摩伊集院広済《こうさい》寺に住した。また南仲は島津忠国の第六子、湖月は同立久の子で、俗系による島津氏とのつながりも深い。さらに檀渓の師雲夢は大隅安国寺の住持だった（『島隠漁唱』巻中）。雪岑は薩摩の使僧として琉球側の処遇を難じ、檀渓は琉球の僧録としてヤマトの大名に返書を送る。ふたりの外交僧の立場はまったく逆のようにみえるが、五山という文脈のなかではおなじ世界の住人だった。

一四七一年に朝鮮で成立した地誌『海東諸国紀』の序に、「竊《ひそ》かに海東諸国を観るに、凡《およ》そ信礼（外交）に於《お》いては必ず緇流《しりゅう》（僧侶）に命ず」とある。「海東諸国」はヤマト・琉球の両国をさす。事実、日琉間の外交はほとんど禅僧によって担われていた。しかし注意すべきは、僧録など琉球の禅林制度はヤマトの模倣にすぎず、琉球禅林を牛耳っていたヤマトからの渡海僧は、琉球国王の臣下であると同時に、あるいはそれ以上に、京都五山の一員だった。この組織的・人的ネットワークを通じて、ヤマトの宗教的・文化的・政治的影響が琉球におよんだ。

ヤマト僧の渡琉

京都や薩摩の禅僧が琉球へ渡って高い地位を得、外交上に活躍したことは、すでに芥隠と檀渓の例でみた。ここでは、もうすこし多様なヤマト僧の活動事例をあげよう。

まず檀渓の後継者とよぶにふさわしい人物に、宗長がいる。『上井覚兼日記《うわいかくけんにっき》』天正十三年（一五八五）五月十一日条に、万暦十二年（一五八四）十二月二十五日付で、宗長から島津家の重臣伊集院忠棟に宛て、「肥の六国は泰山の卵を圧《つぶ》すが如し」、すなわち同年三月に島津氏が龍造寺氏を撃破したことを祝賀する書状が引載され、すぐ続けて、「右当円覚寺者、薩州河辺之住僧也、然而渡海候て、于レ今琉へ堪忍也」との註記がある。宗長はもと薩摩国河辺郡某寺（前述の宝福寺か）の住僧で、当時は琉球円覚寺の現住だった。この書状はおそらく僧録司の立場で出したものだろう。なおこのとき、国王尚永および三司官の書状とあわせて本状を薩摩にもたらしたのは、琉球天王寺の祖庭である。

つぎに、彭叔守仙の詩集『銕酸餡《てつさんあん》』巻上・道号頌に収める「古仙」という作品に付された序によれば、筑前出身の全養は、琉球国に渡り、檀渓全叢の側に侍して星霜を経たが、国王尚清が檀渓をヤマトに使者として送ったとき（前述のように一五二六年）、檀渓は「外記（全養）の倭人たるを以て」、車馬を同じくして京都に伴い来たったという。ヤマト語および文筆の能力を買われて使節に加えられたのだろう。全養は東福寺に彭叔を訪ねて慇懃《いんぎん》に字《あざな》（道号）の賜与を乞い、彭叔は「古仙」をもって字した。

さらに、薩南学派の祖桂庵玄樹《けいあんげんじゅ》の『島隠漁唱』巻下につぎの作品がみえる（原漢文）。

董典蔵《とうてんぞう》、福地を琉球国に卜《ぼく》し、已に十霜を向ふ。今歳の春、偶たま余と席を同じうす。其の富、寒家を賑《にぎ》はさず。仍りて佳制の韻に次し、之に戯れて云ふ。

蓬莱福地十年春　　蓬莱《ほうらい》福地　十年の春
海貨蛮珍照眼新　　海貨蛮珍　眼に照りて新たなり
君不云来誰共富　　君云はずや　来たりて誰か富を共にせんと
坐談可熱満堂人　　坐談　満堂の人を熱くすべし

福地を琉球国に卜してすでに十年を経、眼もあやな海貨蛮珍を薩摩にもたらしながら、その富は寒家を賑《にぎ》わさなかった、と皮肉られた「董典蔵」とは、禅僧であると同時に富裕な商人であったにちがいない。

禅宗以外にも注目すべき事例がある。英祖王代に浦添に極楽寺を開いたとされる補陀落《ふだらく》僧禅鑑や、察度王代に薩摩坊津一乗院から来て那覇波之上に護国寺を開いたとされる頼重法印については、しばらくおこう。禅宗以外の琉球仏教は熊野信仰と習合した密教色が強かった。いずれも真言宗寺院の境内にあって「官社」とされた「琉球八社」には、安里《あさと》八幡宮以外はすべて熊野権現が祀られている。

その八社の一つ観音寺は、十六世紀前半に上野出身の補陀落渡海僧日秀が国頭《くにがみ》の金武《きん》に流れ着いて開いた真言宗寺院だ。日秀は十数年におよぶ滞琉期間に、勧進聖として広く喜捨を募り、仏像や碑をみずから刻みながら、妖怪から往還の人を守るために梵字碑《ぼんじひ》〔首里・那覇の境界の指帰〕や「金剛経」石碑〔浦添の高嶺〕を建てたり、那覇の東西町境、湧田、若狭町などに地蔵堂や夷堂《えびすどう》を建てたり、波之上護国寺の再興に尽力したり、といった活動を精力的に展開した。その特徴は、王権よりの保護や援助に期待せず、那覇を中心に庶民層の救済をめざした点にあるという〔知名二〇〇八・根井二〇一四〕。交通や境界にかかわる事蹟がめだつことも注目される。

『琉球神道記』『琉球往来』を著した浄土宗の袋中《たいちゅう》上人 良定《りょうじょう》〔一五五二～一六三九〕〔九州国立博物館・沖縄県立博物館・美術館『琉球と袋中上人展』、仏教大学宗教文化ミュージアム『海を渡った祈りと踊り─袋中上人とエイサー』〕は、陸奥岩城郡に生まれ、五一歳にして、仏典研究のため渡明を志した。結果が琉球渡航となった経緯は、弟子良閑が一六六六年に著した『飯岡西方寺開山記』にこう記されている。

此年（慶長七年、一六〇二）入唐《につとう》ノ望有テ、郷里ヲ去テ西海道ニ赴キ、商沽便船《しょうこびんせん》ヲ伺、漢土ノ著岸ヲ志ザスト雖ドモ、彼国東夷ヲ畏《おそれ》テ、堅ク旅船ヲ入レズ、故《ゆえに》呂宋・南蛮、遠流ヲ凌《しの》ギ、風ニ依テ琉球ニ至ルニ……

九州―琉球―ルソン―華南という便船（明からすれば密貿易）ルートを使おうとしたが、文禄・慶長役後の緊張と対日警戒のなかで中国に着岸できず、ルソン・南蛮にもどった。袋中の著作『寤寐集《ごびしゅう》』に、

魯宋《ルスン》ニテ着岸ノ時、此国ヨリ海中ノ船ヲ責ト云《いう》、又海中ヨリ国ヲ攻《せめん》トシテ、大ニ乱ス、敵御方サハギ乱ル、我《われ》船中ノ人々ニ告之、事有マジ、頻リニ静ム、此ノ如ク雑語シテ、明日ハ一和ス、

とあり、スペイン統治初期のフィリピンの騒然とした状況が知られる。袋中の乗船はさらに吹き戻されて、一六〇三年心ならずも琉球に上陸した。

琉球では、那覇の松山に「黄冠」馬幸明の援助で桂林寺を建てて住した。尚寧王の帰依も篤《あつ》く、一六一一年、王がヤマトから帰国を許されたさいに、みずから袋中の肖像を描き賛を加えて袋中に贈ったほどだ（檀王《だんのう》法林寺蔵）。滞琉三年でヤマトへ帰り、一六一一年に京都三条大橋東に檀王法林寺を開いた。尚寧王から贈られた品々をはじめ、袋中関係の文化財の多くがこの寺に伝えられている。袋中には琉球関係の二著作のほか百を超える著作があり、経典蒐集も精力的に行なった。現在松山公園に知恩院山下管長の撰文になる「袋中上人行化碑」が立ち、一

九七五年には旧那覇港に近い小禄《おろく》に袋中寺が再興されて浄土宗別院となっている。

袋中の滞琉はあくまで渡明挫折の結果で、一八五五年成立の伝記絵巻『袋中上人絵詞伝』に「しかるに上人、入唐の本意《ほい》遂《とげ》がたくおぼしけれバ、数〳〵《しばしば》帰錫を催し給へども、かの国（琉球）の緇素《しそ》わりなくとゞめて……」とあるような意識は変わらなかった。主著『琉球神道記』の慶長十三年（一六〇八）奥書に「此の一冊、草案有り、南蛮自《よ》り平戸に帰朝し、中国石州湯《ゆの》津《つ》薬師堂に至りて之を初め……」といった「中華思想」が表出され、そこでは琉球もルソンも「南蛮」で一括されていることも、見逃すべきではあるまい。

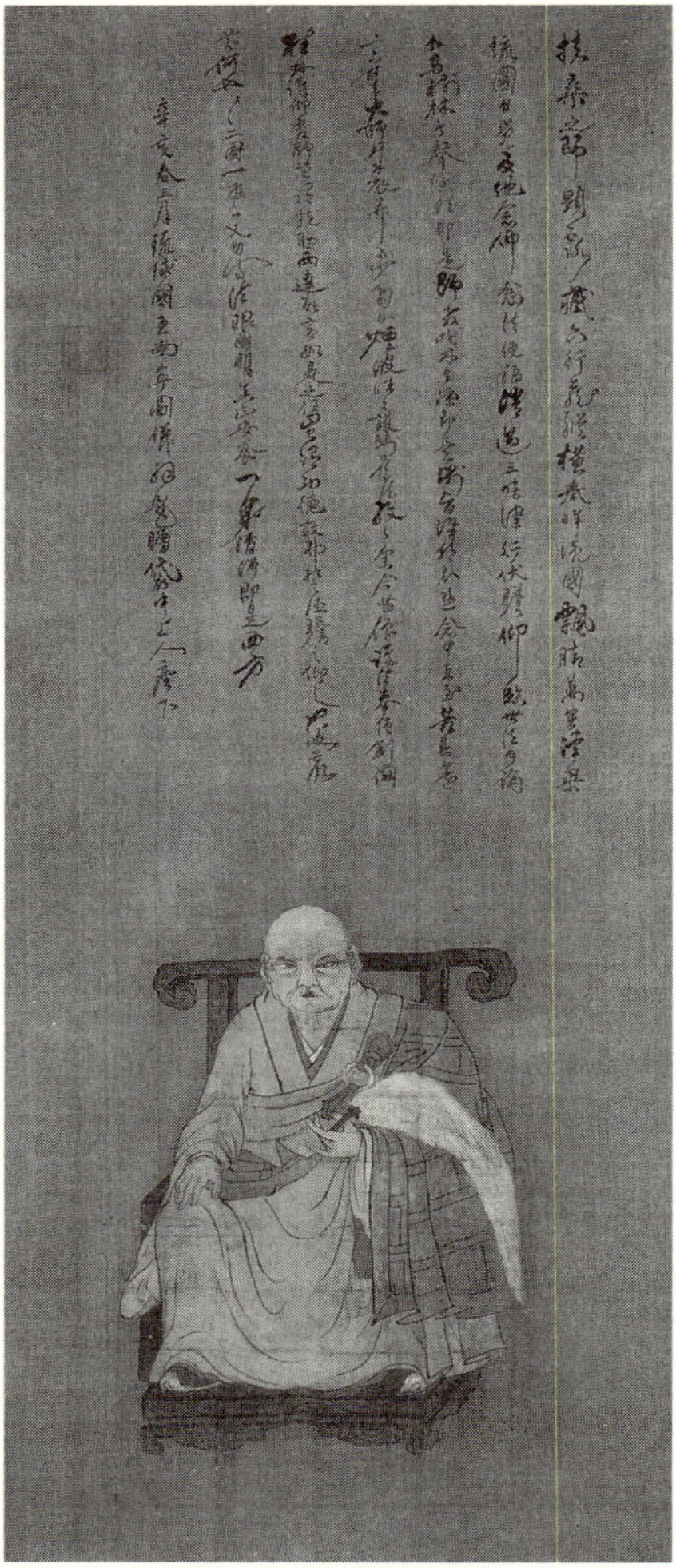
袋中上人像（檀王法林寺所蔵）

琉球僧のヤマト修学

十六世紀前半、琉球に鶴翁智仙《かくおうちせん》という禅僧がいた。建仁寺《けんにんじ》の文筆僧月舟寿桂が一五三〇年ころに書いた「鶴翁字銘幷序」（『幻雲文集』）によれば、鶴翁は琉球で「僧省を司《つかさど》り、而して其王に近侍す、紅楼供奉《ぐぶ》の臣僧なり」という枢要の地位にあった。僧省を司るとは僧録司のことと解されている〔葉貫一九九三〕。一五二〇年代、鶴翁はこの地位を捨ててヤマトに渡り、関東に赴いて「円覚仙巌和尚」の徒となった。この仙巌も琉球人で、「粗あら禅文有りて、国の龍翔寺に居るなり」という。残念ながら鶴翁、仙巌ともに法系が判明しない。一五二七年に使僧として京都に来た前述の檀渓全叢について、月舟は「使僧は即ち仙（鶴翁）の稔（熟悉）する所なり」と述べる。鶴翁が琉日禅林をつなぐ重要人物だったこと、琉球僧がヤマトの五山にとけこんでいたようすがうかがわれる。

「鶴翁字銘幷序」には同時代の琉球に関する鶴翁の批判的な証言も見える（原漢文）。

> 郡県無くして唯だ一国なり。海上に二十九島有り、皆琉球に属す。国人字を識《し》らず、商賈《しょうこ》を以て利を為す。一聚落有りて久米村と曰ふ。昔大唐の人百余輩、此の地に来居して村を成す。頗《すこぶ》る文字有り、子孫相継ぎて学ぶ。彼の文有る者をして、鄰国往還の書を製せしむ。彼近来学を為す者無し。或《ある》いは大唐に赴きて小〔大カ〕学に入る。但浅陋にして取るに足らず焉。彼の王、即位する毎に、必ず一寺を建つ。故に僧侶多し。然るに儒亦学ばず、禅亦参ぜず、

祖宗の由りて興る所を知らざるなり矣。

一五二四年ころ、鶴翁は東福寺の彭叔守仙に近侍し、その後しばしば笈を負うて恵嶠《えきょう》（東福寺）・東関《とうかん》（足利学校）のあいだを往来、修行に励んだ。彭叔はその精励ぶりを「是の故に窓蛍《そうけい》案雪《あんせつ》の業を成すこと、道《い》はずして知るべし焉」と讃えている。三七年の夏に鶴翁はまた師の庵を訪れ、秋八月にいたって帰国の途についた。師は七言絶句二首を綴ってその旅立ちのはなむけとした。その一首目には、鶴翁が東福寺で参禅するのみならず、易経の研究で知られた足利学校で学んだことが詠みこまれている。そして二首目には「此《ここ》を去る　琉球は千里の南／料知す　滌篆《てきてん》して名藍を董するを」とあって、彭叔は鶴翁が琉球に帰れば大寺の住持となる（名藍を董《とう》す）ことを予期していた（『猶如昨夢集』巻上・絶句二）。日琉両国の禅林が一つの宗教世界を作っていたことがわかる。

琉球と京都をつなぐ禅僧たちの動きは、五山派だけでなく、臨済宗大徳寺派の一翼をなす大仙院派（派祖古岳宗亘）でも多く見られた。伊藤幸司は、ともに古岳の法孫にあたる春屋宗園《しゅんおくそうえん》（一五二九〜一六一一）と古渓宗陳（一五三二〜九七）の語録、『一黙稿』と『蒲庵稿《ほあんこう》』から、つぎの事例を検出している〔伊藤二〇〇二、二四五頁以下〕。

①琉球天王寺住持祖庭禅師の弟子宗忻蔵主が春屋から、自身の道号「喜伯」を賜り、師の道号「祖庭」のための偈頌を託された。②琉球天界寺住持修翁□善の弟子宗智首座が春屋から、自身の道号「惟海」を賜り、師の道号「修翁」のための偈頌《げじゅ》を託された。③琉球国の宗沢首座

が春屋から道号「恩叔」を賜った。④琉球建善寺の紹玄首座が古渓に参じて道号「雲伯」を賜った。⑤琉球中山府の紹金典蔵が古渓に参じて道号「古剣」を賜った。

以上のほか、かつて明への渡航前に春屋から字をもらい、今回人づてに法諱を求めた「球陽之信男」、春屋のもとを観光で訪れて法諱・道号を求めた「球国儀母之信男」、人づてに古渓に法諱・道号を求めた「球之中山府」の「清信女」、古渓から道号を贈られた「琉球国官人宗玉」など、「琉球で海外貿易に従事していると思われる俗人や、俗人の女性、さらに琉球国官人の参禅者をも確認することができる」。

さらに、琉球円覚寺一八世菊隠宗意（?～一六二〇）のばあい、「師、少《わか》きより出塵の志有り、故に円覚洞観和尚（一〇世）に随ひ、剃髪《ていはつ》して僧と為《な》る。曾て日本に遊び、五山に登る。参禅して道を学ぶこと十余年、古渓和尚従《よ》り伝法して、菊隠の号を受け、本国に帰りて、円覚寺に住すること多年」（『琉球国由来記』巻十「達磨峰西来禅院記」）とあって、古渓から法を嗣いでいる。菊隠は一五九三年と一六〇九年という節目の時期に、対薩摩・ヤマト交渉の代表を勤め、薩摩の征服後は琉球のヤマト化を先導した（本章1）。

第五章　王国は滅びたのか

1　尚真王の半世紀

尚円の革命から尚寧の即位まで

第一尚氏王朝の実質的な創始者尚巴志が一四三九年に死去したのち、王位は二男尚忠、その子尚思達、尚巴志の六男尚金福、同七男尚泰久、その子尚徳と継承されたが、五人の在位年数は四～九年（平均六年）と短かった。尚金福王の死んだ一四五三年には世子志魯《しろ》と王弟布里《ふり》が跡目を争ってともだおれとなり、やはり弟の尚泰久に王位が転がりこんだ。英雄尚巴志の実子という地位の意味が重く、嫡々相承という合意ないし原理が未確立だったことが読みとれる。尚泰久王代は、かの「万国津梁鐘」が一四五八年に造られるなど、琉球が国際交易による繁栄を謳歌《おうか》した時代だが、じつにおなじ年、勝連《かつれん》按司阿麻和利《あまわり》が、王に中城《なかぐすく》按司護佐丸《ごさまる》を反逆者だと誣告して討ち、さらに自身首里に攻め上ったすえに滅亡する（これにより首里城は焼失）という事変が起きている。王権が絶対的権力として確立しておらず、国際交易の利潤をめぐって有力按司が争いあう状況だった。

一四六一年、尚泰久の子尚徳が護佐丸の娘を母とする兄を退けて王位につき、六六年には喜界島を親《みずか》ら征して版図に加え、また足利義政に使者を送るなど、対外的積極策による王権の強化を試みたが、六九年に二九歳で早世する。翌年、伊是名《いぜな》島の百姓から立身して王家の宝物庫の管理者である「御物城御鎖側《おものぐすくうざすぬすば》」に任じられていた金丸が、尚徳の悪政を憎む周囲から推戴されて王位についた……。正史はそのように語るが、真相は、職掌柄親しかった久米村人に擁立されて王権を簒奪《さんだつ》した革命であり、尚徳の死も毒殺によるものだった、という解釈が示されている〔富村一九七六〕。

一四七一年、尚円は「中山王世子」の名義で明に使節を送り、先王の死を告げ自身の冊封《さくほう》を求め、首尾よく皇帝の認可を得た。武寧から思紹への中山王継承と同様、王朝交代を通常の王位継承のようにとりつくろって国際的承認をとりつけたもので、今回は「尚」という姓もひきついでいる。こうして成立し、明治初年まで続いた王朝を「第二尚氏王朝」とよぶ。

尚円は一四七六年六二歳で死去し、弟尚宣威が跡を襲った。翌年二月、新王即位を祝賀するキミテズリの神が出現したと聞き、尚宣威は尚円の嫡子尚真を従えて、首里城正殿前の御庭《うなー》で神の祝福を待った。ところが、このとき神（の憑依《ひょうい》した神女たち）は、御庭に入る奉神門に至って東面して立つという先例に反して、西面して立ち、《首里おわる（まします）てだこ（太陽子）が／思い子《ぐわ》の遊《あす》び　見物遊び／躍《な》よればの見物》とオモロを謡った。「首里おわるてだこ」つまり故尚円王の遺志は、弟ではなく「思い子」つまり尚真にあると、婉曲《えんきょく》に告げたので

「初代尚円王御後絵」

「三代尚真王御後絵」

「七代尚寧王御後絵」

（鎌倉芳太郎撮影、沖縄県立芸術大学附属図書・芸術資料館所蔵）

ある〔高良二〇一二、二一六〜二一七頁〕。この神託を聞いた尚宣威王は、明に襲封を告げることもなく在位半年で退位し、尚真が一二歳で即位した。神女のはたらきが王位継承さえも左右した実例である。尚真の在位は一五二六年まで半世紀にもおよんだ。

尚真王の長い治世のちょうど中間点にあたる一五〇一年、王家の墳墓である玉御殿《たまうどうん》の御庭に、葬られる資格をもつ血筋を記した碑が建てられた。古琉球かな碑文の初例で、原位置にほぼ完形で現存する点でも特筆される。

首里おきやかもひかなしま《加那志真》あかとたる《加戸樽》（＝尚真）
御一人よそひおとん《世添御殿》の大あんし《按司》おきやか（＝母）
御一人きこゑ《聞得》大きミ《君》のあんしおとちとの《音智殿》もいかね《茂金》（＝妹）
御一人さすかさ《佐司笠》のあんしまなへたる《真鍋樽》（＝長女）
御一人中くすく《城》のあんしまにきよたる《真仁堯樽》（＝五男尚清）
御一人ミやきせん《今帰仁》のあんしまもたいかね《真武体金》（＝三男尚韶威）
御一人こゑく《越来》のあんしまさふろかね《真三郎金》（＝四男尚龍德）
御一人きん《金武》のあんしまさふろかね《真三郎金》（＝六男尚享仁）
御一人とよミくすく《豊見城》のあんしおもひふたかね《思武太金》（＝七男尚源道）
(以下下段)
しよりの御ミ事　い《以》上九人
このすゑ《末》ハ千年万年にいたる／まてこのところにおさまる《納》へし／もしのち《後》にあらそふ《争》人あらはこのすミ《墨》／みるへしこのかきつけ《書付》そむく人あらは／てん《天》にあをき《仰》ち《地》にふして《臥》たゝる《祟》へ

し

大明弘治十四年九月大吉日

右にみえる尚真の子女のうち、王位を嗣《つ》いだ尚清の母は思戸《もいと》金《がね》按司、長女の母は銘《め》苅子《かるしー》の娘で、それ以外の母は不明である。そして、なぜか碑文に名のみえない長男尚維衡（次男尚朝栄はこの時点で故人）の母居仁は、尚真の前の王尚宣威の娘だ。以上から、伊波普猷は尚宣威の血統を排除しようとする一貫した意思をみてとり、その中心人物を、尚真王代のはじめに後見役をつとめた母オギヤカと見立てた（「琉球史上に於ける武力と魔術との考察」）。第二章4で述べた朝鮮人漂流者金非衣らは、一四七八年那覇でオギヤカ一行を前列、尚真一行を後列とする「出遊」を目撃した。そこで尚真は「小郎あり、稍《やや》後ろを別に行く。年十余歳なるべし。貌《かお》甚だ美なり。髪は後ろに垂らして辮せず、紅綃衣・束帯を着し、肥馬に乗る」と描かれ、「国王薨《こう》じ、嗣君年幼し。故に母后臨朝す。小郎年長《た》くれば、則《すなわ》ち当《まさ》に国王と為《な》るべし」という見物人の解説が記録されている（『朝実』成宗10５辛未）。

九人以外の血統を葬ったならば「天に仰ぎ地に臥《ふ》して祟《たた》るべし」とまで宣明した碑文にもかかわらず、尚維衡と長女峯間《みねま》聞得大君の骨は、尚清王によって、「追慕の情に堪へ」ざるあまり、浦添ようどれから玉御殿に移された。尚維衡の嫡子弘業も玉御殿に葬られている。この血統は中山の旧都浦添を世襲して「浦添王子」とよばれた。オギヤカの死後、首里・浦添の両家は「後に争ふ人あらばこの墨（文章）見るべし」という戒告をよそに暗闘をくりかえし、その果てに、一五八九年、尚清の孫尚永の跡を、尚弘業の孫が「うらおそひ《浦添》よりしより《首里》にてり《照》

【第一尚氏王系図】

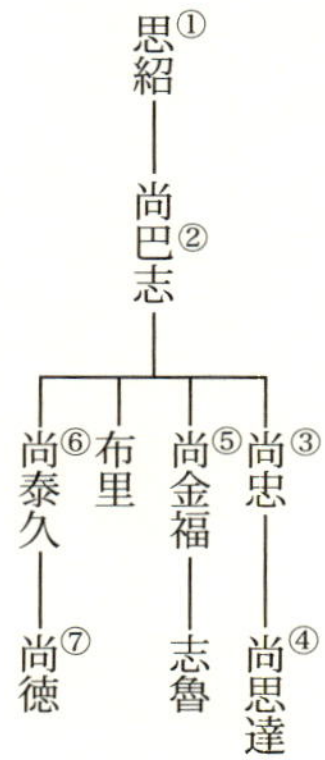

【第二尚氏王系図】

太字は「玉御殿の碑文」に刻まれている人。その子孫のみが玉御殿に葬られる資格を持つ、と碑文にある。

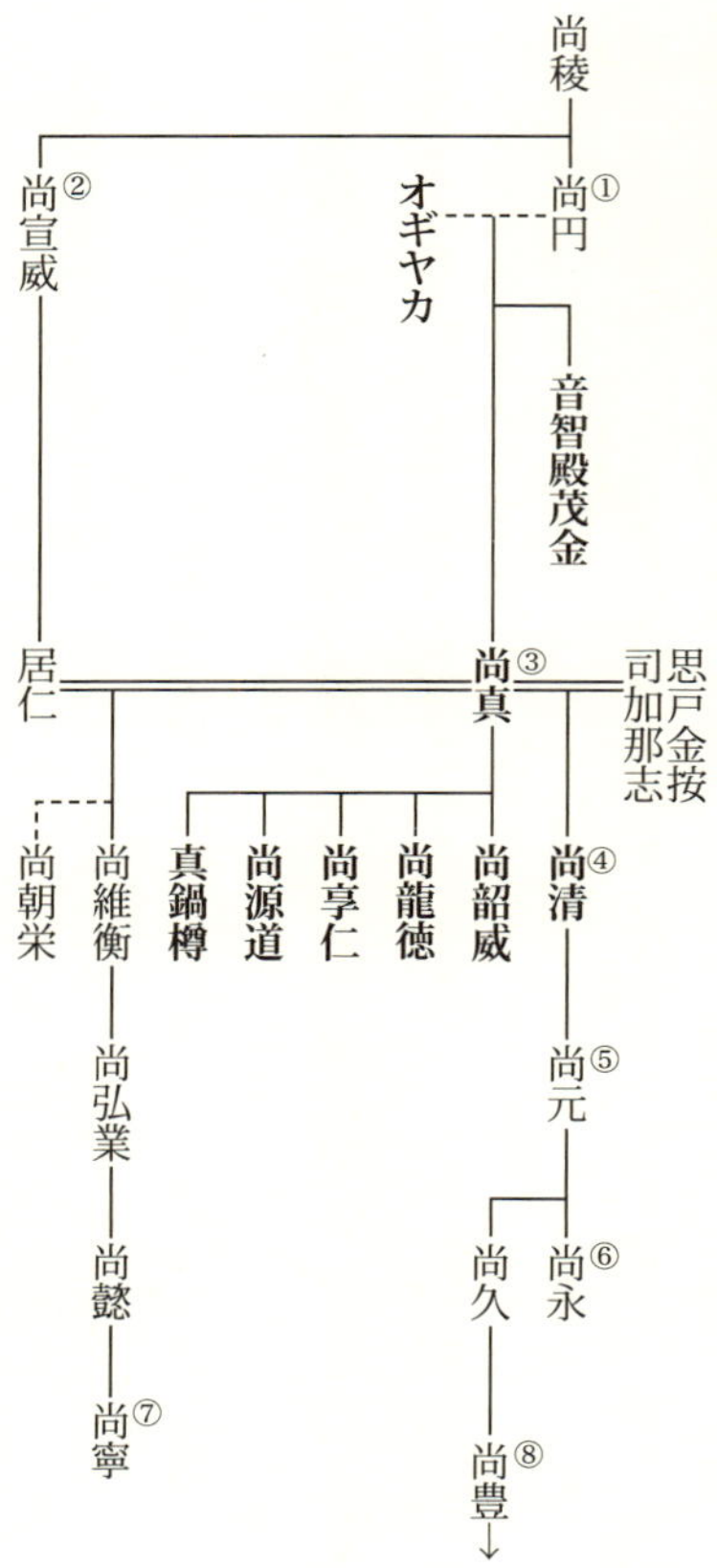

あか」って（「浦添城の前の碑文」一五九七年）、王位に即《つ》くことになる。古琉球最後の王尚寧は

こうして登場した。

版図の拡大

尚真王代は、「大交易時代」の繁栄には翳《かげ》りが差していたものの、王国の版図は、東北方では薩摩と対抗してトカラ列島を境界とし、西方では台湾島の直前、与那国島にまで達した。また内政面でも、要所要所に城を築いて按司を置き、かれらを首里に聚居させてその領地には王の代官を派遣した。また要衝をつなぐ石畳道路を整備し、とくに那覇港の防衛には力を入れた。その意味で、古琉球が一つの頂点に達した時期といえよう。

第一尚氏王朝が奄美方面への版図拡大に力を注いだことは、第二章4でふれた。その結果尚真王代には奄美諸島の内国化が進展し、辞令書の残存数が示すように沖縄本島とほぼ同質の支配がおよぶようになった。そのいっぽうで薩摩との軍事的緊張はなお続いたらしい。一五三一年に集成された『おもろさうし』第一に「一聞得大君《きこゑおほ》ぎ《ぎみ》や／天《てに》の祈《いの》り　しよわれば／てるかは（太陽神）も　誇《ほこ》て／おぎやか思《も》い（尚真王）に／笠利《かさり》　討《う》ちちへ　みおやせ（奉れ）／又鳴響《とよ》む精高子《せだかこ》が」という歌がある（4号）。笠利は古琉球時代の奄美大島の中心、鳴響む精高子は聞得大君の対語である。また、一四九三年に「琉球国王尚円」の使者と称して朝鮮を訪れた博多の僧梵慶は、「吾が陋邦（琉球）の附傭（属国）を大島と曰ふ。近来日本の甲兵来りて、これを奪はんと欲す。是れに由《よ》り戦死する者甚だ多し。然りと雖《いえど》も、戦ふ毎《ごと》にこれに勝つ者、十《こと》の

慶来慶田城翁屋敷跡（写真提供 竹富町教育委員会）

八九、千里を折衝す」という書契を携えていた（『朝実』成宗24６戊辰）。尚円は一四七六年に没しており、梵慶は明らかに偽使だが、書契の語る情報のすべてを虚偽とみなすこともないだろう。

　先島方面への拡大はかなり遅れたが、十五世紀後半に先島各地で固有名が伝えられるような首長があらわれ、相互に争いつつ、首里王府とのあいだで連携／反逆の動きを示すようになる。一七二五年の『蔡温本中山世譜』は、一五〇〇年の「オヤケアカハチの乱」をつぎのように叙述している（原漢文）。

（弘治）十三年庚申。王（尚真）、兵を発し、八重山を征す。是より先、宮古島・八重山、洪武年間自《よ》り以来、毎歳入貢し、往来絶えず。奈《いか》んせん、八重山の酋長《しゅうちょう》に堀川原《ほんがわら》・赤《あか》蜂《はち》なる者有り、心変じて謀叛《むほん》し、両三年の間、貢を絶やして朝せず。時に宮古島の酋長に仲宗根豊見屋《とゆみや》（豊見親）なる者あり、赤蜂と睦《むつ》まず。赤蜂将《まさ》に宮古を攻めんとし、二島騒動す。事、中山に聞こゆ。是《これ》に由り、王、大里等九員に命じて将と為し、並びに大小戦船四十六を撥し、仲宗根を以て導きと為し、本年二月初二日、那覇より開船し、十三日、前《すす》みて八重山・石垣の境に至る。大里等岸に上り只《ただ》見るに、赤蜂衆兵を領し、嶮岨《けんそ》を背に大海に面し、擺陣《はいじん》（陣立て）の勢を布《し》く。又婦女数十人をして各枝葉を持ち、天に号《さけ》び地に呼《さけ》び、万般呪罵せしむ。法術を行なふに似たり。大里等、軍を駆りて大いに進む。賊兵及び婦女、略ぼ畏懼《いく》無し。賊陣開く処《ところ》、赤蜂首《はじ》めに出て搦《から》め戦ふ。大里大いに疑ひて曰《いわ》く、「賊奴鋭気にして軽敵すべからず」と。遂《つい》に四十六艘《そう》を将《もっ》て分けて両隊と為し、一隊は野城（石垣島大浜のフルスト原《ばる》遺跡か）に攻め登り、一隊は新河を攻む。赤蜂、首尾相応ずる能はず。官軍勢ひに乗り、攻撃甚だ急なり。賊兵大敗し、降者無数。赤蜂擒せられて誅《ちゅう》に伏す。大里等、別に酋長を立て、百姓を撫安し、凱を奏して帰る。嗣後朝貢例の如し。

宮古・八重山が十四世紀後半の洪武年間から中山に「毎歳入貢し、往来絶えず」というのは信ずるにたりないが、一世紀後には、金非衣らの漂流記が語るように、与那国から本島へのリレー式送還システムが機能する程度の、ゆるやかな支配がおよんでいた（第二章4）。そうしたなかで、宮古島の仲宗根豊見親と石垣島のアカハチとに対立が生じ、アカハチが仲宗根を攻めんとする動きが生じた。これに乗じて尚真王が大里らを将として兵船四六艘を派遣し、仲宗根を先導としてアカハチを攻め滅ぼした。

右の史料には名前がみえないが、西表島西部に屋敷跡が残る十五世紀後半の豪族「慶来慶田《けらいけだ》

オヤケアカハチ像（著者撮影）

城用緒《ぐすくようちょ》」は、石垣島北端の平久保加那按司を攻め滅ぼし、石垣村の長田大主と兄弟の契りを結んだ。さらに仲宗根豊見親に属してオヤケアカハチの乱の平定に加わった。外間守善はその背後に八重山における長田大主・慶来慶田城とアカハチの対立を読みとっている〔外間一九八四〕。乱鎮圧後、用緒は首里王権から「西表首里大屋子」の官職を与えられたという（『慶来慶田城由来記』）。

　同様の胎動は八重山西端の与那国島でもみられた。一四七七年の金非衣らの見聞では「俗、酋長無し、文字を解せず」とあったが、その後まもなく「女酋長サンアイ・イソバ」が登場するらしい。島の中心祖納《そない》集落の南西に聳《そび》えるティンダバナに立つ同女の碑に、「略歴／一明歴《ママ》弘治十三年（一五〇〇年）代《ママ》与那国島の女酋長／四人の兄弟をドナンバラ村、ダテグ村、ダンヌ村、テバル村の按司に配置し自分は島の中央に位するサンアイ村に構えて統治し内治を良くし外患を防いでいた」とある。アカハチの乱との関係は不明だが、反乱軍のなかに「婦女数十人をして各枝葉を持ち、天に号《さけ》び地に呼《さけ》び、万般呪罵せしむ。法術を行なふに似たり」という神女＝呪的兵士がいたことと、響きあうもの

サンアイ・イソバの碑（写真提供 与那国町教育委員会）

フルスト原遺跡（著者撮影）

がある。

尚清王代の一五四六年に建てられた「添継御門の南のひのもん」に、「くに〳〵のあんし《按司》へ《部》・みはん《三番》の大やくもい《屋子》た《達》・里ぬし《主》へ《部》・けらへ《家来》あくかへ《赤頭》、こく《国》より上下、又おく《奥》と《渡》より上、ミやこ《宮古》やへま《八重山》のおゑか人、大小の人々、そろて御石かきつミ《垣積》申候」とあり、王国内の諸階層・諸勢力とならんで宮古八重山のおゑか人（役人）がみえる。成立は近世に下るが、『女官御双紙』に引用されたオタカべにも、「唐大和の御船、宮古八重山島々浦々の舟、上り下りのふ事（何事）も、百かほう《果報》のあるや《様》に、御守めしよわちへ」という定型句が頻出する（第二章3）。こうして王国の先島支配はかなりの進展をみたが、奄美群島とは対照的に、先島に残る古琉球辞令書が宮古の一通（一五九五年）のみであることは、支配の質が貢納制段階をさして出ていなかったことを物語っている。

内政の充実

尚真王代の内政を語る同時代史料は、断片的情報をもつ辞令書をのぞけば少なく、体系的に理解するには近世の編纂《へんさん》史料に頼らざるをえない。一七四五年成立の『球陽』巻三・尚真王四十八年条（一五二五）の附記に、つぎのような記述がある（原漢文）。

竊《ひそ》かに按《あん》ずるに、旧制、郡毎に按司一員を設置す。按司は各一城を建て、常に其の城に居り、教化を承敷《しょうふ》（受けて広める）し、郡民を蒞治《りち》（臨んで治める）す焉。猶《な》ほ中華に諸侯あるが若《ごと》きなり。或いは見朝の期に当たれば、則《すなわ》ち啓行して京（首里）に赴き、或いは公事

安波茶橋と石畳道（著者撮影）

あるの時は、則ち暫《しばら》く首里に駐《とど》まる。公務全く竣《おわ》れば即ち各城に帰り、仍《な》ほ郡民を治む。此の時、権重く兵戦ふや、群雄を争ひ、干戈《かんか》未《いま》だ息《や》まざりき。尚真王、制を改め度を定め、諸按司を首里に聚居し、遥《はる》かに其地を領し、座敷官一員を代遣し、其の郡治を督理せしむ。〈俗に按《あ》司掟《じおきて》と叫《よ》ぶ。〉而して按司功勲あらば、錦浮織冠を恩賜し、王子の位に高陞《こうしょう》せしむるなり。

「旧制」では地方の城主である按司が大きな統治権限をもち、朝見や公務で必要なときのみ首里に滞在した。その結果生じた「権重く兵戦ふや、群雄を争ひ、干戈未だ息まざりき」という状況は、第一尚氏末期の内乱や尚円のクーデタを念頭においているのだろう。これに対して尚真王は、按司を首里に集住させ、現地には王府から座敷官（俗称按司掟）一員を派遣して督理させるという、支配形態の転換を断行し、勲功のあった按司には「王子」の称号を賜与する栄典制度を整えた。

辞令書が登場するのも尚真王代（最古の残存例は王代末期の一五二三年）であり、そこから看取される官職制度（神女組織をふくむ）については、すでに触れた（第二章3）。按司の首里集住によりほんらいの領地から按司を移封させることが容易になった。これが辞令書という公文書システムが生みだされる第一の要因だろう。

また、按司の支配拠点だった城を結んで石畳道を整備し、渡河点にはアーチ橋を架けた。そのようすは、やや年代が下るが、一五九七年の「浦添城の前の碑」にみえる尚寧王の「御想ぜ《そう》（ご命令）」に「たひらおほな《平良大名》ハ、たひらのかはら、雨ふる時ハとろつち《泥土》、ミつ《水》のふかさあるけに、はしかけ《橋架》させ、きほく《儀保》ひりまて、みち《道》にいしはめ《石嵌》させ」とあることから想像できる。その痕跡は、沖縄本島の各所、とくに首里・浦添周辺にいまも痕跡を留《とど》めている（上里二〇一二）。

それらのうち、国防面でも重んじられたのが、首里城と那覇港を結ぶ道だった。一五二二年、古くからの首里―大道―安里―長虹堤―那覇のルート（これはいまも変わらない）に加えて、「真玉森城《ぐすく》」の別名をもつ首里城を出て、南へ金城町の石畳道を下って安里川を渡り、さらに国場川に架けた長大な「真玉橋」を渡って、那覇港南岸の垣花《かきのはな》に至る「真玉湊の道」が完成した。垣花の手前の小禄《おろく》には「真玉御嶽《うたき》」もあり、真玉という美称にこのルートの重要性がこめられている。道橋の完成を記念して首里城の城門脇に建てられた真珠湊碑文には、港に真水を供給する「根立樋川《ねだちひーじゃー》」と港の固め「豊見城《とみぐすく》」を倭寇《わこう》等の海賊の脅威から守るために、首里防衛兵と南風原・島添大里・知念・佐敷等南東部の兵が真玉橋を渡り、南部の下島尻の兵と合流して、垣花に勢揃いする、という軍事プランが記されている。

一五五四年に垣花の地先の海に突き出した屋良座森城《ぐすく》が完成した。それを記念する碑文には、目的が「国の用心、泊の格護」と明記され、兵力集結の拡大版が「ミはん《三番》の御ま《真》人、一はんのせい《勢》やしより《首里》御城の御まふり《守》、一はんのせいやなは《那覇》のはん《番》、一はんのせい又はゑはら《南風原》・しま《島》おそい《添》大さと・ちへねん《知念》・さしき《佐敷》・しもしましり《下島尻》きやめ《迄》のせい《勢》や、かきのはな《垣花》ち《地》・やらさもり《屋良座森》くすく《城》に、より《寄》そふ《添》て」と表現されている。

「百浦添之欄干之銘」

正徳四年初夏（一五〇九年四月）、首里城正殿前の階段に「中華宮室の制度に擬せんと欲」して石製の欄干が設けられた。それに彫り付けられた長文の銘（百浦添之欄干之銘）は、臣下から尚真王への奏上の形式をとり、王を「天姿秀異、睿知《えいち》聡明《そうめい》、徳は三王に侔《ひと》しく、名は四表に聞こゆ、明主と謂ふべし矣、王の仁沢は川の海に流れて寛《ひろ》く、一朝の世事、万代の奇観なり」と誉《ほ》めたたえ、前代に超出する当代の勝事として、一一項目を列挙する。その要点を現代語に釈して掲げる。

一、漢の明帝《めいてい》、梁の武帝に倣って造仏造寺に励んだ結果、壮大美麗な仏寺が甍《いらか》を連ね棟を接するに至った。

二、臣には礼義を正し、民には賦斂《ふれん》（収税）を薄くし、一日も治国斉家《せいか》に怠りなかったので、民は王を日月のように戴《いただ》き、官は王に父母のように親しみ、上下和睦した。
三、弘治庚申（一五〇〇年）の春に、戦艦百艘で西南の太平山という国（先島）を征服し、翌年から歳貢として穀布が献じられるようになった。これにより上国の勢いはいよいよ大きく盛んになった。
四、衣服は錦綉《きんしゅう》、器は金銀を用い、刀剣弓矢を蓄えて護国の利器とした。この国の財用・武器は他国の及ぶところではない。
五、臣僚を官職につけ、位階を定めて帕《はちまき》の黄赤、簪《かんざし》の金銀で表示し、後世尊卑の亀鏡とした。
六、王宮一帯を異木や珍花で美しく飾りたて、前殿・後宮に常時春の花を置いた。これは睿覧《えいらん》（王の観覧）の芳事である。
七、王宮の内園や寺刹に人工の山水を築き、宸遊《しんゆう》（王の出遊）の佳境とした。
八、贅《ぜい》を尽くした膳部をふるまい、珍しい銭帛衣帯を賜り、香り高い茶、芳醇《ほうじゅん》な酒、屏風《びょうぶ》や掛軸、管弦で、賓客をもてなし臣民を楽しませた。
九、上国は明に属し、洪武に朝貢を始め永楽に王爵を受けた。以来三年一次の遣使朝貢を続けてきたが、武宗皇帝の即位にあたって使者を送り、践祚《せんそ》を祝い朝貢を厚くしたので、一年一次に改定された。その目的は、ますます中華に通じて国盟を賢〔堅？〕めることにある。
十、中華の風を琉球に移して俗を易《か》えようと、朔望《さくぼう》（月二回）の朝儀を始め、臣下は位の

復元された首里城

順に左右に並んで王を拝した。けだし睿《えい》算《さん》（王の年齢）の長久を祝うためである。十一、中華宮室の制度に倣い、青石を削って殿下の欄干とした。これはかつてない盛事である。

尚真王代の賛歌として要をえた内容で、くだくだしい説明は無用だろうが、若干のコメントを付しておこう。全般にわたり、尚真王に「勅」「朕」「睿覧」「宸遊」「睿算」の字、琉球に「上国」の字を使っている。明に知られれば僭上《せんじょう》のそしりを免れまいが、自尊意識の昂揚が感じられる。第一条に造寺造仏を掲げたことは、王周辺の価値観を物語るいっぽう、本銘文が僧侶の手になることを示唆する。しかし第四章2でかな碑文にかかわって述べたように、仏教文化が古琉球社会にどの程度根づいたかは疑問だ。第六・七条に見られる庭園文化は、一四二七年の「安国山樹花木之記」碑文の主題で、「中国礼楽文物之盛」を象徴するものだった。「睿覧之芳事」「宸遊之佳境」の句とあいまって、中国風の帝王観を感じさせる。第三条の戦艦数には誇張があり、先に引いた『中山世譜』の四六艘が実際に近いだろう。第九条には王の業績を強調せんがための意図的な歪曲《わいきょく》がある。史実は、明初以来認められてきた一年一貢が一四七五年に二年一貢に減らされ、一四七八年尚真が明に襲封を求めたついでに復旧を要請したが却下され、一五〇七年に尚真王の求めでようやく一年一貢に回復した（『明実』成化14 4甲辰・正徳2 3丙辰）。

2　琉球中心の国際秩序

島津本宗家の弱体

従来、十五世紀なかば以降の琉球・ヤマト関係は、両地域間の通交に対する島津氏の統制がしだいに強化される過程として、単調に語られがちだった。その起点におかれたのが、嘉吉元年（一四四一）に島津忠国（一四〇三～七〇）が幕府への反逆者大覚寺義昭《ぎしょう》を討伐した恩賞として、足利義教から琉球を賜わったとする「嘉吉附庸《ふよう》説」である（附庸とはある国が他国を従属下におくことをいう）。これに対して近年の研究は、嘉吉附庸の虚構性を暴いた紙屋敦之《のぶゆき》を先駆として〔紙屋一九九〇〕、島津側史料の徹底的批判を通じて、琉球の属国化を歴史的必然とする島津史観を克服し、琉球の主体性を明らかにしてきている〔黒嶋二〇一二・二〇一六〕。

応仁・文明の乱後、島津本宗家（奥州家）は衰勢おおいがたく、「三州大乱」とよばれる混乱が続き、「薩隅日三州太守」の称号は名ばかりだった〔新名二〇一五〕。島津領国とされる「三州」のなかに、奥州家の分家相州家、薩摩出水《いずみ》の薩州家と日向飫肥《おび》の豊州家、日向都城の北郷《ほんごう》氏、薩摩の伊集院《いじゅういん》氏などの一門・庶流や、渋谷《しぶや》・禰寝《ねじめ》・肝付《きもつき》・種子島・伊東などの独立的な国人たちがひしめいて、ほとんど横ならび状態だった。奥州家の忠国から見ると、子立久が同家を嗣ぎ、その兄友久が相州家の祖となり、薩州家・豊州家はそれぞれ忠国の弟用久《もちひさ》と季久《すえひさ》を祖とし、北郷・伊集院は忠国以前の分流である。

一四七四年立久が死ぬと、その嗣子忠昌に相州家の友久が反乱を企てた。これは失敗におわったものの、一五〇八年、忠昌が肝付氏の反乱に遭って自刃し、弱冠二〇歳の忠治が家督を嗣いだ。その後忠治の弟忠隆・勝久があいついで家督についたが、いずれも弱体だった。立久の弟久逸《ひさやす》は、鎌倉時代に本宗家から分かれた伊作《いざく》家を嗣いでいたが、その孫忠良（一四九二〜一五六八）が、友久の子運久《ゆきひさ》に嫁いだ母の縁で相州家を継承した。二六年、奥州家勝久は忠良の子貴久（一五一四〜七一）を養子として家督を譲った。これに対して薩摩西北部に拠《よ》る薩州家の実久が、実権を握って守護としてふるまい、翌年勝久は貴久への家督譲与をとりけした。三九年、忠良・貴久は実久を撃破して鹿児島を掌握、勝久は母の里である豊後大友氏のもとへ逃れた。貴久が薩摩をほぼ掌握して修理大夫に任じたのが五二年、嫡子義久（一五三三〜一六一一）に家督を譲ったのが六六年、貴久・義久父子がどうにか三州の平定をなしとげたのが一

【島津氏略系図】

（新名一仁　二〇一五）　※太字は、「島津氏正統系図」に基づく本宗家家督継承者

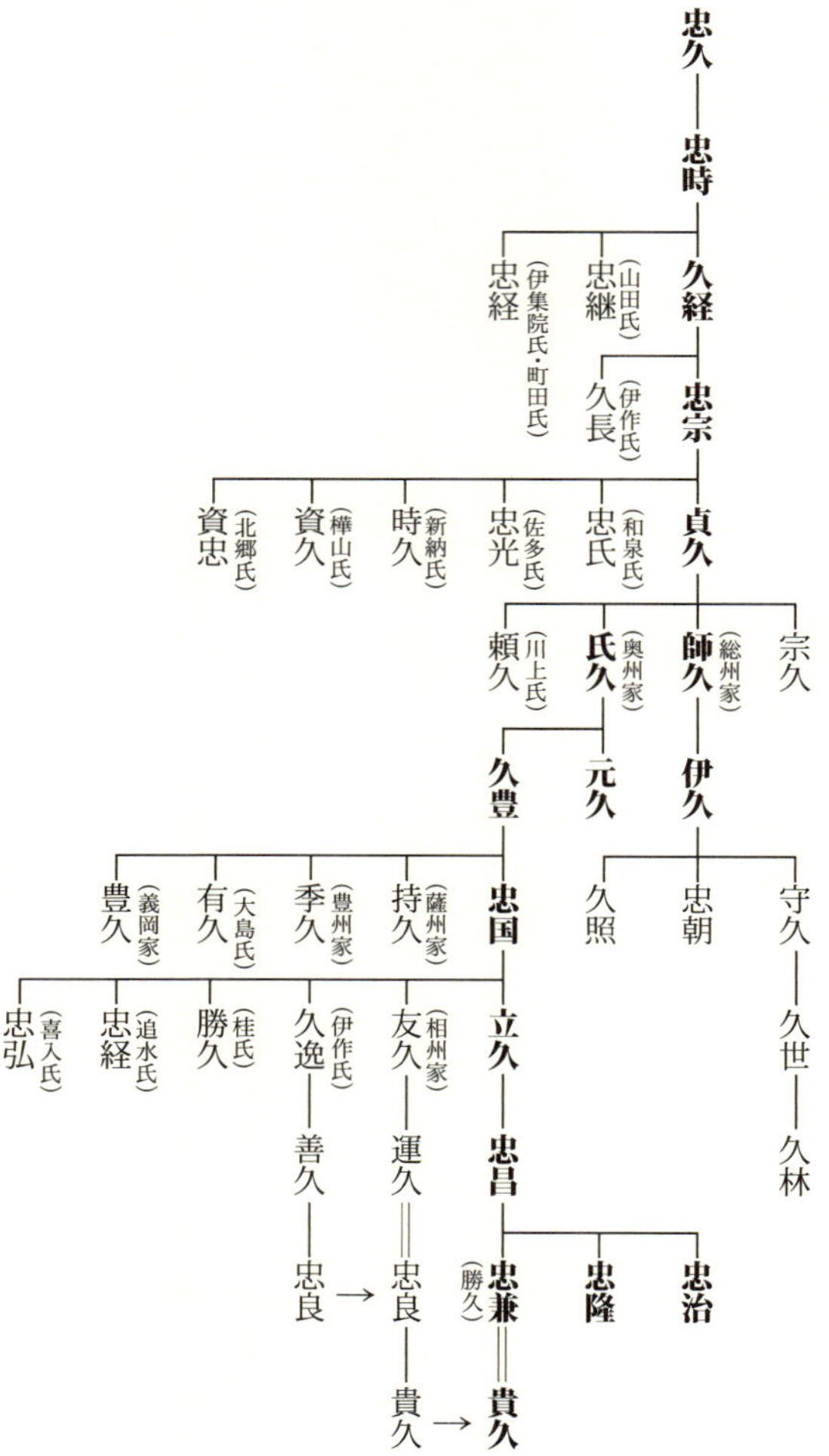

五七〇年代である。

いっぽう同時代の琉球は、尚真王の長い治世（一四七七～一五二六）からその嫡子尚清王の代（一五二七～五五）にかけて、王位の安定期にあった。その初めころに島津立久の死があり、終わりころにようやく貴久が薩摩一国の掌握に漕《こ》ぎつけたことになる。本章1に述べたように、「大交易時代」には翳りが差していたとはいえ、琉球は国内統治の面では最盛期を迎えていた。その琉球にとって、南九州における通交相手を島津本宗家に限定するいわれはない。

島津氏印判制の内実

応仁・文明の乱を境に琉球・京都間の直接の往来がとだえると、琉球渡海ルートののどもとを押さえる島津氏の存在が重みをました。同氏は自己の印判状を帯さない船の琉球渡航を禁止し、違反船の入港を拒絶するよう琉球に強要した。——通説ではそのようにいわれており、つぎの書状（『鹿児島県史料　旧記雑録前編　二』〔以下『旧前二』のように略記〕一八一六号）がそれを語る早期の史料として注目されてきた。

日本国薩隅日三州太守藤原忠治奉復。　緬望福地、瑞気日新、神徹森厳、尊候安泰、至祝至禱。抑我国以貴国為善隣焉、実非他国之可比量者。時義近出于不意、而互絶音問者、六年于茲。然使僧而年〔邇カ〕遠銜国命踰海来、説以和好事。殊　天王東堂所伝　貴命、委曲領之。愚意趣具復白于和尚、見達尊聞者歟。仍差安国住持雪庭西堂、述回礼之義、以献方物、表微志而已。専願、自今以後、不帯我印判往来商人等、一々令点検之、無其支証輩者、船財等悉可為　貴国公用(マヽ)。伏希此一件無相違、永々修隣好、而自他全国家者也。暮春過半　順時保重。誠惶恐誠敬白。

日本永正伍年(一五〇八)三月十二日　　藤原(島津)忠治

奉復琉球国王(尚真)殿下

《緬《とお》く福地を望めば、瑞気日に新しく、神徹森厳、尊候安泰たり、至祝至禱。抑《そもそ》も我国は貴国を以て善隣と為す焉、実に他国の比量すべき者に非《あら》ず。時義近く不意より出《い》でて、互ひに音問を絶つ者、茲《ここ》に六年なり。然して使僧邇年（近年）遠く国命を銜《ふく》み、海を踰《こ》えて来たり、説くに和好の事を以てす。殊に天王東堂伝ふる所の貴命、委曲之《これ》を領せり。愚意の趣、具《つぶ》さに復《ま》た和尚に白《もう》す。見《げん》に尊聞に達せん者歟《か》。仍て安国住持雪庭西堂を差《つか》はし、回礼の義を述べ、以て方物を献ず、微志を表さん而已《のみ》。専ら願ふ、自今以後、我が印判を帯せずして往来せる商人等、一々之を点検せしめ、其の支証無き輩は、船財等　悉《ことごと》く貴国の公用と為すべし。伏して希《ねが》ふ、此の一件相違無く、永々隣好を修して、自他国家を全うせん者也。》

一五〇七年、琉球使が六年ぶりに薩摩を訪れ、尚真王の命を伝えた。翌年、その返礼の使節に託されたのがこの書状である。傍線部に「島津氏の印判状を携帯せずに琉球へ往来した商人らを、琉球側でいちいち点検し、資格証明書をもたない者については、船も積荷もすべて没収して、琉球の公用にあててください」とあり、ここにあらわれた印判制をテコに島津氏は琉球渡航を一元的に掌握していく、とされてきた。

しかしこの文書で印象的なのは、島津忠治がきわめて低姿勢なことだ。琉球の王および国にかかわる語だけでなく「天王東堂」という使節名にまで欠字を施していることや、「方物を献じ、微志を表す」という表現、「誠惶恐誠（誠恐カ）敬白」という丁重な書留文言にそれが見られる。「我国は貴国を以て善隣と為す」「永々隣好を修して自他国家を全うせん」という表現からは、両者対等の関係まではうかがえても、琉球を下におくような姿勢は皆無だ。それどころか、本文書とおなじ日付・差出・宛先をもつもう一通の文書（『旧前二』一八一七号）からは、まったく逆の姿が見えてくる。

薩隅日三州太守藤原忠治

奉書

琉球国王殿下。

茲継先業於下国職、未遑達京師、早呈片書於中山王、専在修隣好。苟非比誠於傾陽之葵藿若（者カ）、敢得斉齢於閲歳之松柏乎。四海所帰、一国以富、尽善尽美、惟徳馨故。今差安国住持雪庭西堂、謹致賀忱献方物。伏望寛容。恐惶頓首。不宣。

永正五年三月十二日　　藤原忠治

拝呈

琉球国王殿下

《茲に先業を下国職に継ぐも、未だ京師に達するに遑《いとま》あらず。早く片書を中山王に呈するは、専ら隣好を修むるに在り。苟《いやしく》も誠を傾陽の葵藿《きかく》に比ぶるに非ずんば、敢《あ》へて齢を閲歳の松柏に斉《ひと》しうするを得ん乎。四海帰する所、一国以て富み、善を尽し美を尽すは、惟だ徳馨の故のみ。今安国住持雪庭西堂を差し、謹んで賀忱《がしん》（祝意）を致し方物を献ず。伏して寛容を望む。》

一通目が実務的な内容なのに対して、これは儀礼的な文書で、対句を多用する技巧的な漢文で書かれている。たとえば「比」と「斉」、「傾陽之葵藿」と「閲歳之松柏」、「四海」と「一国」、「善」と「美」などが対偶の位置にある。とすれば、「下国」と「中山」、「職」と「王」が対偶の位置にあり、「今まで私が下国の職（薩隅日三州守護職）を継いだことを、京師に達する暇をえませんでしたが、今回拙文を中山の王に呈して、隣好を修めたいと願います」という文章中の「京師」は、明らかに首里をさしている。「下国」「方物」という卑称、「琉球国王」「中山王」に施した擡頭《たいとう》、さらには、自己を太陽を慕うヒマワリに、王を樹齢を重ねた松柏に喩《たと》えたり、琉球をとりまく四海の一国として自国を位置づけたり、という修辞。すべてが、中山王を主君と仰ぐ姿勢で貫かれている。

　前述のように、忠治は当年二〇歳、内乱で戦死した父の跡を嗣いだばかりだった（尚真王は四四歳）。弱体の島津本宗家は、名君として名を馳《は》せた尚真王への臣従を求めたのであり、逆から見れば、琉球は島津本宗家までも自己を中心とする君臣秩序のもとに編成しようとしていたのである。

　一五〇八年の文書にあらわれた印判制は、一五七〇年に「近年往来の商人、印判を持たず私渡を致すは、沙汰の限りに非ず。尚以て違犯せしめば、船財等貴国の進退為《た》るべし」（〔推定永禄二三年）三月一日村田経定書状案、『旧後一』五五五号）、一五七二年に「此国に干戈休期なきに依《よ》り、近年往還の商人正躰無く候。向後正印を帯せず渡船の族は、船財物等貴国の公用為るべく候」（元亀三年琉球国三司官あて島津家老中書状案、『旧後一』六三七号）と、ほぼ同内容のまま再確認されている。その間の一五六〇年ころ、那覇主部中から島津氏老中につぎのような書状が送られた（年欠三月三日付、『島津家文書』一一〇六号、原漢文）。

> 当年は唐案士来臨し、奔走候の間、恐れ乍《なが》ら申し入れ候。自然貴邦従《よ》り商船共罷《まか》り下り候はば、先年申上候如く、先例に任せて武具・腰刀等、那覇従り請け取り収め置き候て、出船の刻《きざみ》渡し進《まい》らすべく候。是等の趣、堅固に諸船に仰せ付けられ候はば、祝着為るべく候。万一御印判無き船は、申し合はせ候様、用ゐ申す間敷《まじ》く候。其れに就き無理の子細共候はば、其の成敗を致すべく候。

田中健夫は、この文書を根拠の一つとして、「島津氏は自己の印判状を所持しない船舶の琉球渡航を禁止して、ついにそれを琉球側にも承認させることに成功した」と評価している（田中健一九八二、一五一～一五二頁）。しかし、「印判」不所持船の拒絶を双方で合意したこと、違反者は琉球側で処罰すること、のいずれをとってみても、一五〇八年の規定から特段の変化はない。「唐案士」とは、一五五六年に即位した尚元王の冊封のために来た明使だ。琉球にとって一世一度の大事であって、薩摩からの商船にもめごとを起こされては迷惑なので、那覇に滞在中は武器を琉球側で預かるから、その旨を諸船にかたく申しつけてほしい。これが書状の主旨であって、琉球から薩摩への申し入れである。付随して言及される印判制も同断で、琉球から合意事項の再確認を求めたにすぎない。

むしろ印判制のねらいは、不携帯船を琉球に処罰してもらうことで、その船を送り出した領国内勢力を琉球通交から締め出すところにあったのではないか。そう考えれば、現在残る渡海朱印状の船籍港が島津本宗家の勢力圏にかぎられる事実にも説明がつく。琉球側はこれに同意を与えるかわりに、違反船とその積荷の取得権を得た。制度は恒常的に存在していたが、琉球は、律儀に遵守して自己の手を縛る愚は犯さず、次項で挙げる例が示すように、船のうけいれの与否はケースバイケースで判断していた。右の那覇主部中書状で、処罰権の発動に「無理の子細共候はば」という条件を付していることを見のがすべきではない。

南九州領主層との君臣関係

琉球国王と君臣関係を結ぼうとする姿勢は、島津本宗家と競合する領国内諸勢力の側にも見いだされる（『旧前二』一九五三号）。

追而令啓上候。

抑貴国之御船荷口之事、妙満寺於此方御披露間、那覇之奉行此義依申述三司官候、則達上聞候。然者種子嶋前々為琉球有忠節之義、従今年御船一艘之荷口事、可有免許由承綸言候。

仍為証明進別楮候、万端不宣。

正徳十六年（一五二一）辛巳林鐘十五日　　三司官（印）

種子嶋武蔵守殿閣下(忠時)
《抑も貴国の御船荷口の事、妙満寺此方に於《おい》て御披露の間、那覇の奉行此の義を三司官に申し述べ候に依り、則ち上聞に達し候。然らば種子嶋前々琉球の為に忠節の義有り、今年従り御船一艘の荷口の事、免許有るべきの由、綸言を承り候。仍て証明の為別楮を進《まい》らせ候。》

一五二一年、琉球は種子島氏に対して、以前から琉球に対して「忠節の義」があったことのみかえりとして、「今年より御船一艘の荷口」を賜与した。「貴国の御船の荷口」とあるように、琉球は種子島を「国」として扱い、島津氏の勢力範囲とは認めていなかった。両者の関係は「忠節」「綸言」の語が示すように君臣関係で、賜与された権益は一年につき一艘の貿易船を琉球に送る権利と解される。これは、朝鮮が対馬などヤマトの諸勢力に認めた「歳遣船」の制度と酷似している。

一五五六年の琉球国中山王回章によれば、種子島時堯《ときたか》が即位したばかりの尚元王に銘茶一壺を贈り、その回礼として王自身が「種子島殿時堯公」あてに朱印状を発し、線織物五端を進呈した（丙辰二月一三日中山王回章写、『旧前二』一九五四号）。さらに一五八二年にいたってもなお、種子島久時は独自に琉球へ渡船を送り、島津本宗家から「先規に相違ひ候か、幷《なら》びに出帆毎に此方へ其の点合《てんごう》あるべき事」と譴責《けんせき》されている（天正一〇年五月二一日島津家老中連署覚写、『旧後一』一二七四号）。「此方」での「点合」とは、琉球渡航にさいして島津氏の役所に出頭し、資格審査を受け、渡海朱印状の交付を受ける手続きをいうのだろう。しだいに制約が加えられてきているとはいえ、琉球と種子島の独自の関係は織豊期までしぶとく続いていた。

以上をふまえて、島津領国に隣接する肥後南部の相良氏の事例を検討しよう（『相良家文書之二』三五〇号）。

宝翰三薫捧読、万福々々。抑国料之商船渡越之儀、万緒如意、千喜万歓、無申計候。殊種々進献物、一々達上聴、御感激有余。□至愚老科々御珍貺拝納、不知所謝候。為表菲礼、不腆方物砂糖百五十斤進献、叱留所仰也。此方時義、船頭可有披露候。万端期重来之便候。誠恐不備。

大明嘉靖壬寅（一五四二）閏五月廿六日　全叢（檀渓）（花押）

晋上

相良近江（義滋）守殿　台閣下

《抑も国料の商船渡越の儀、万緒意の如く、千喜万歓、申す計《ばか》り無く候。殊に種々の進献物、一々上聴に達し、御感激余り有り。□愚老に至り科々《しなじな》の御珍貺《ちんかん》を拝納し、謝する所を知らず候。菲礼を表さんが為、不腆の方物、砂糖百五十斤を進献す。叱留仰ぐ所也。此方の時義、船頭披露有るべく候。万端重来の便を期し候。》

檀渓全叢は首里城に隣接する円覚寺の住持で、琉球の僧録に任じ、傍線部にあるように尚清王の秘書的な役目をしていた。「国料之商船」について、田中健夫は「琉球国と通商した博多商人・対馬商人・島津氏・種子島氏、あるいは南方諸地域の商船と同類」の船と説明する〔田中健一九九七、一四九頁〕が、これでは「国料」が生きてこない。種子島氏の事例と対照させれば、「国」は相良領国を琉球がそのように把握したもの、「料」は給付物の意味であろう。また、傍線部から王と相良氏との君臣関係がうかがわれる。つまり「国料之商船」とは、琉球が臣従の代償として相良領国に認めた歳遣船ないし類似の権益と解される。相良氏はそれを領国内の「船頭」（船持商人）に給与して、琉球貿易を行なわせていた。

一五二八年、島津豊州家の忠朝《ただとも》は琉球天界寺住持の使僧にあてて、つぎのように述べた（〔大永八年〕閏九月九日島津忠朝書状写、『旧前二』二一三〇号、原漢文）。

御専対（外交使節）御往還の次《ついで》と為《し》て、拝顔を遂げ奉り候の条、祝着の至りに候。……兼ねて又、先年御光儀の時、前皇様（尚真）の御紹書、并びに済々頂戴致し候。勅答之《これ》を達せしめ候の処、慮外の次第、是非に及ばず候。当御代（尚清）に於ては先づ斟酌《しんしゃく》を加へ候。御助言に依り其の心を得べく候。

これによれば、忠朝は天界寺を介して何度も尚真王の「紹（詔）書」を頂戴していた。尚清王に代替り後「慮外の次第」があって琉球国王との関係が中絶していたが、それを修復すべく天界寺に斡旋《あっせん》を依頼したのがこの書状である。忠朝と琉球国王との関係は、前皇・詔書・勅答といった用語が示すように、君臣関係だった。また忠朝は、日向飫肥を本拠として大内氏とも昵懇《じっこん》の間柄だった。大内氏と豊州家はともに天界寺を窓口として琉球貿易にのりだしていたのであり、領国内勢力の琉球通交を統制しようとする島津本宗家にとって、大きな障害になっていた。

一五七五年、島津本宗家は琉球三司官に対して、「先年一翰を以て、日州商人の儀申し渡し候と雖も、今に一途なく、剰《あまつさ》へ地下人の品《ひん》に属して滞在候か。殊更彼等才覚に依り、日向に到り数年御膠漆《こうしつ》（離れがたいほど親しい間柄）の儀、顕然候。慮外是非に及ばす候」と詰問した（推定天正三年島津家老中書状、『琉球薩摩往復文書案』三九号、「属」の字は『旧付録二』一〇六五号により補う）。先年島津家は琉球に、日向の商人がかってに琉球へ渡航していると抗議したが、まったく反応がないばかりか、かれらは地下人に紛れて琉球に滞在し、かれらの斡旋で琉球と「日向」がここ数年きわめて親しい間柄になっている。これは島津家にとって思いもよらない事態だ。この「日向」とは、島津に敵対する日向最大の国人伊東氏をさす。

種子島氏、相良氏、豊州家、伊東氏らは、いずれも島津本宗家の領国統一事業にたちはだかる難敵だった。琉球がかれらと昵懇の間柄となり、ひいてはかれらを君臣秩序のもとに編成しようとする動きは、領国統一の障害になりかねなかった。

ヨーロッパとのであい

十六世紀前半、ポルトガルを先頭とするヨーロッパ勢力がアジア各地に貿易とキリスト教布教の拠点を確保する活動を展開した。東南アジアに到達したかれらと最初に接触した東アジア人は、マラッカやアユタヤなどの港町に居留する華人と、そこを交易のために訪れる琉球人だった。

ポルトガルの第二代インド総督アフォンソ・デ・アルブケルケは、一五一〇年にインド西岸のゴア、一一年にマレー半島のマラッカを占領した。息子の書いたかれの伝記コメンタリオス Commentaries（『大航海時代叢書Ⅴ東方諸国記』補注五七三～五七四頁）に、琉球人がゴーレスという名で登場する。それによると、琉球人の本国は島で、毎年二、三艘の船がマラッカにやってきて、生糸以下の繊維製品、陶器、銅、煉瓦《れんが》形の黄金などをもたらす。かれらは無口《むくち》で本国のことをだれにも話さず、色が白く、大胆で当地では恐れられている。真実のみを話し、誠実な取引を相手にも求め、相手がそれを違えるとただちに捕えてしまう。できるだけ短い滞在で仕事をすませ、当地には留まろうしない。一月にマラッカにむけて出帆し、八月か九月に帰っていく。

ポルトガル人トメ・ピレスは、一五一二年から一五年までマラッカの商館に滞在し、一七年には広東にいたって中国の門を開こうとしたが、果たせなかった。かれの著した地理書『東方諸国記』に、ヨーロッパ語による最初の、ある程度まとまった琉球に関する記述がある。

〔レキオの〕国王とすべての人民は異教徒である。国王はシナの国王の臣下で、〔彼に〕朝貢している。彼の島は大きく、人口が多い。かれらは独特の形の小船を持っている。またジュンコ（＝外洋船ジャンク）は三、四隻持っているが、かれらはそれをたえずシナから買い入れている。かれらはそれ以外は船を持っていない。かれらはシナとマラカで取引を行なう。しばしばかれらはシナ人といっしょに取引をし、またしばしば自分自身でシナのフォケン〔福建〕の港で取引をする。……

われわれの諸王国でミラン〔ミラノ〕について語るように、シナ人やその他のすべての国民はレキオ人について語る。かれらは正直な人間で、奴隷を買わないし、たとえ全世界とひきかえでも自分たちの同胞を売るようなことはしない。……かれらは色の白い人々で、シナ人よりも良い服装をしており、気位が高い。かれらはシナに渡航して、マラカからシナへ来た商品を持ち帰る。かれらはジャンポン〔日本〕へ赴く。それは海路七、八日の航程のところにある島である。かれらはそこでこの島にある黄金と銅とを商品と交換に買い入れる。レキオ人は自分の商品を自由に掛け売りする。そして代金を受け取る際に、もし人々がかれらを欺いたとしたら、かれらは剣を手にして代金を取り立てる。……

続けてつけたりのように、実在する国としての日本への最初の言及がある。

シナ人のいうことによると、ジャンポン島はレキオ人の島々よりも大きく、国王はより強力で偉大である。それは商品にも自然の産物にも恵まれていない。国王は異教徒で、シナの国王の臣下である。かれらはシナと取引をすることはまれであるが、それは遠く離れていることと、かれらがジュンコを持たず、また海洋国民ではないからである。レキオ人は七、八日でジャンポンに赴き、上記の商品を携えて行く。そして黄金や銅と交換する。レキオ人のところから来るものは、みなレキオ人がジャンポンから携えて来るものである。……

ポルトガル人ディエゴ・デ・フレイタスは、一五四四年に香料諸島でスペイン領メキシコ副王の艦隊の一員エスカランテに会い、シャムでの経験を語った（岸野一九八九、二五～二七頁）。それによると、フレイタスはシャムの町（アユタヤ）で、ジャンクでやってきた琉球人と親しくなった。そのころ、ポルトガル人二人がシャムからジャンクに乗ってシナ沿岸をめざしたが、暴風雨にあってレキオスのある島へ漂着した。そこでかれらは、シャムで知りあったレキオ人の友人のとりなしで国王から手厚いもてなしを受けた。これを聞いた他のポルトガル商人がシナのジャンクに乗ってふたたびそこへ行ったが、今回は上陸を許されず、商品の代価を銀で受け取り、退去を命じられた……。

この記事は、鉄砲伝来の経緯を語る日本側史料『鉄炮記』に、連年二度にわたって「蛮種の賈胡」が種子島に到来した、とあるのと符合する。琉球国王と種子島島主が君臣関係で結ばれ両島間に船が往来していたこと（前項参照）、およびレキオスが日本をふくむ広域地名だったこと（次項参照）をふまえれば、種子島が「レキオスのある島」、島主種子島氏が「国王」とよばれ、そこにポルトガル人の友人である琉球人がいたとしても、不思議ではない。また、このころのポルトガル人の東アジア渡航は、「シナのジャンク」すなわち中国人の密貿易船への便乗によっていたことも、記憶にとどめておきたい。

Lequios のなかの Iapam

ポルトガル人はアジア進出にともなってくりかえし地図を作製しており、そこから、かれらのアジア認識が徐々に、ときには急速に、塗りかえられていくようすが追跡できる。なかでも琉球に関する認識はダイナミックな展開を見せる。

フランドルの地理学者ゲルハルト・メルカトールが一五三八年に作製した「世界図」（ニューヨーク公共図書館所蔵）の、東南アジア大陸部と覚しき半島状の地形の先端部に、Leqos populi（琉球人）とある。東南アジアの港町を訪れる琉球人を眼にしていたが本国の所在は不明だった段階を反映している。いっぽう、そことはかけ離れたユーラシア大陸東北方の海中に Sipango（『東方見聞録』のジパング）という島がある。このように本図では琉球と日本はなんら関連づけられていない。

これとほぼ同時代、一五三五年ころの作とされるポルトガル製アジア図（現在所在不明）には、まったく別な琉球の姿が見られる。この地図は中国南端部をふくむ東南アジア全域をかなり実際の形に近く描いている。その広東あたりの東南方、ボルネオの東北方の海中に、多数の黒点がまるく凝集した群島が描かれ、右脇に os Leaquos の文字が添えられている。琉球のおよその位置を知りつつ、「多数の島の集まり」という以上の具体的認識はない段階と考えられる。日本はまったく描かれていない。

一五四五～五〇年ころの作製になる「無名ポルトガル製世界図」（ローマ、ヴァリチェリアーナ図書館蔵）にいたって、注目すべき変化があらわれる。中国大陸の東方海上に逆L字形にゆ

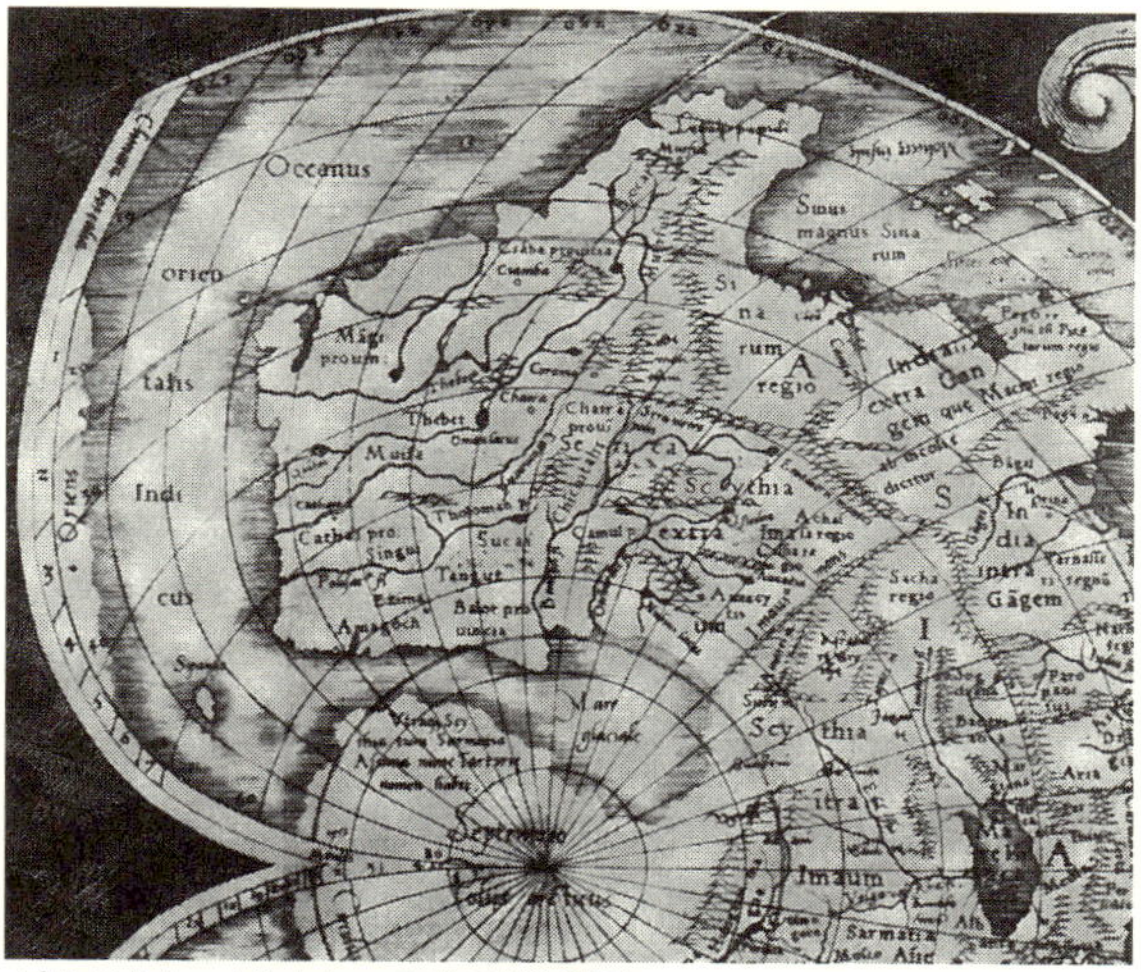

ゲルハルト・メルカトール作の「世界図」
（1538年、ニューヨーク公共図書館所蔵）

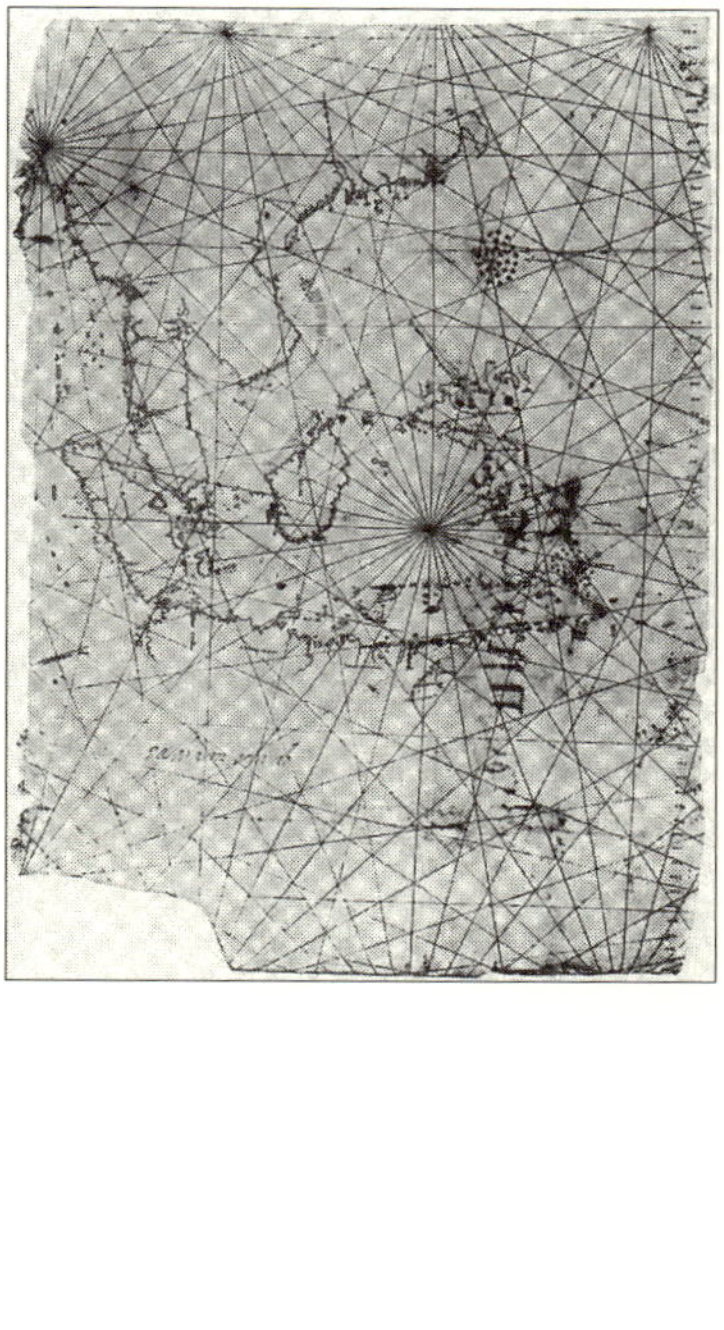

ポルトガル製アジア図（現在所在不明）

るやかに折れ曲がった列島が描かれ、西端の大きい島の右下にlequio menor（小琉球）、屈曲部の大きい島の右にlequio major（大琉球）、その北の大きい島の右にIapam（日本）と記されている。大きい島以外はほぼ二列に小さい島がつながり、その北端にIlhas de Miacoo（都群島）とある。そして列島全体の東に大きな字でLEQVIOSと記されている。

明人は現在の沖縄島を大琉球、台湾を小琉球とよんだが、その情報がとりこまれていると同時に、台湾から日本にかけて、島が南西から北東へと連なっているという地理的知識も成立していた。そして何より注目すべきは、この列島域全体の名称が琉球であり、その一部として日本および都群島が位置づけられていることだ。この地図でLEQVIOSの文字は、ARABIA、PERSIA、CHINA、NVEVA GVINEA（ニューギニア）とおなじサイズの大文字で書かれている（INDIAの文字サイズはもっと大きい）。琉球はアラビアや中国と肩をならべる大地域の名前だったのである。

これに対して、琉球に属する日本列島地域は、Iapam島と都群島をつなぐ島の連鎖にすぎず、独自のまとまりをもつ地域としては認識されていない。なお、Miacooは京都情報の反映だが、のちに日本認識の増大により日本島が大きくなり、なかに多くの地名が書きこまれるようになってからも、その北岸に接する南北方向の列島として、都群島は描かれ続ける（たとえば一五七〇年のオルテリウス「東インド図」）。

ローポ・オーメンが一五五四年に作製した「世界図」（フィレンツェ、科学史博物館蔵）は、日本に関する具体的認識が反映された初めてのヨーロッパ製地図だ。琉球列島の先に大陸から

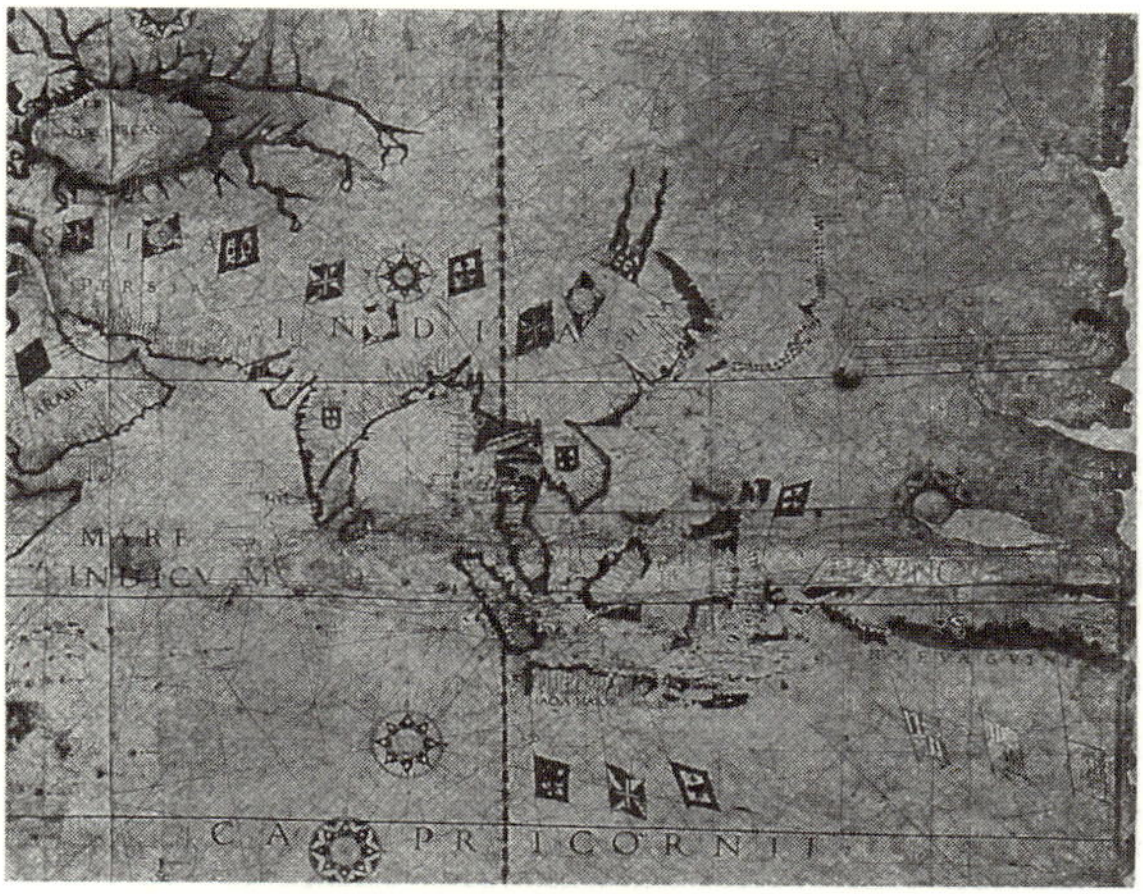

「無名ポルトガル製世界図」
（1545〜50頃、ローマ、ヴァリチェリアーナ図書館所蔵）

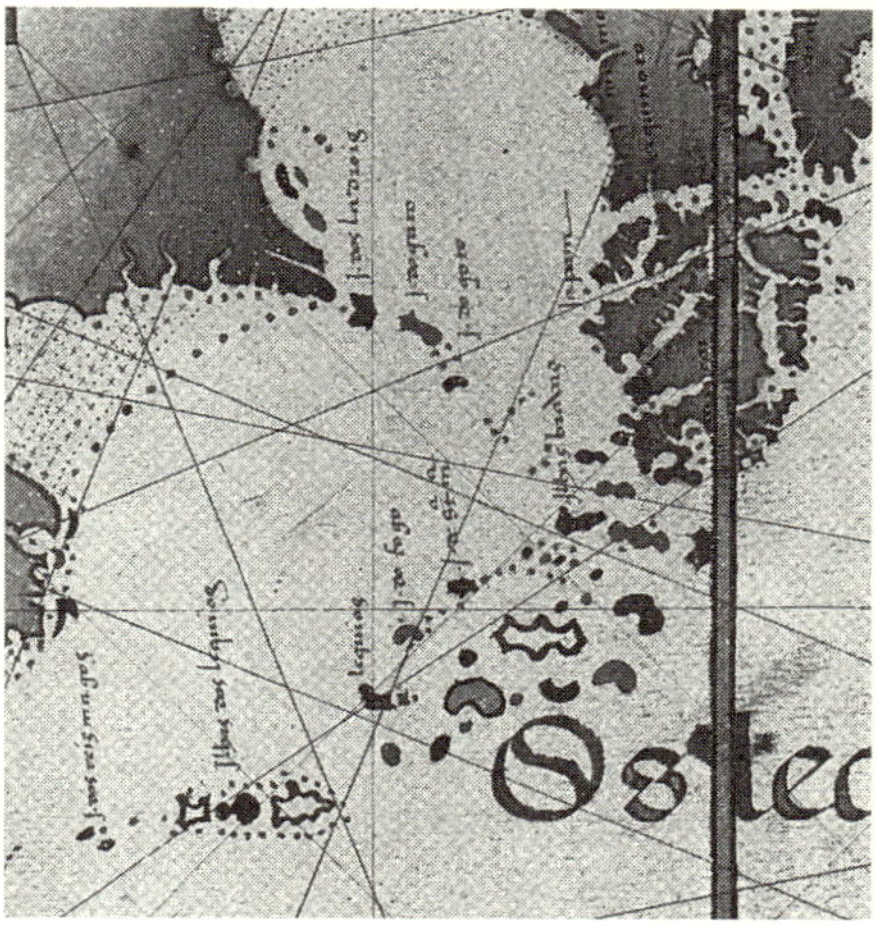

ローポ・オーメン作の「世界図」
（1554年、フィレンツェ、
科学史博物館所蔵）

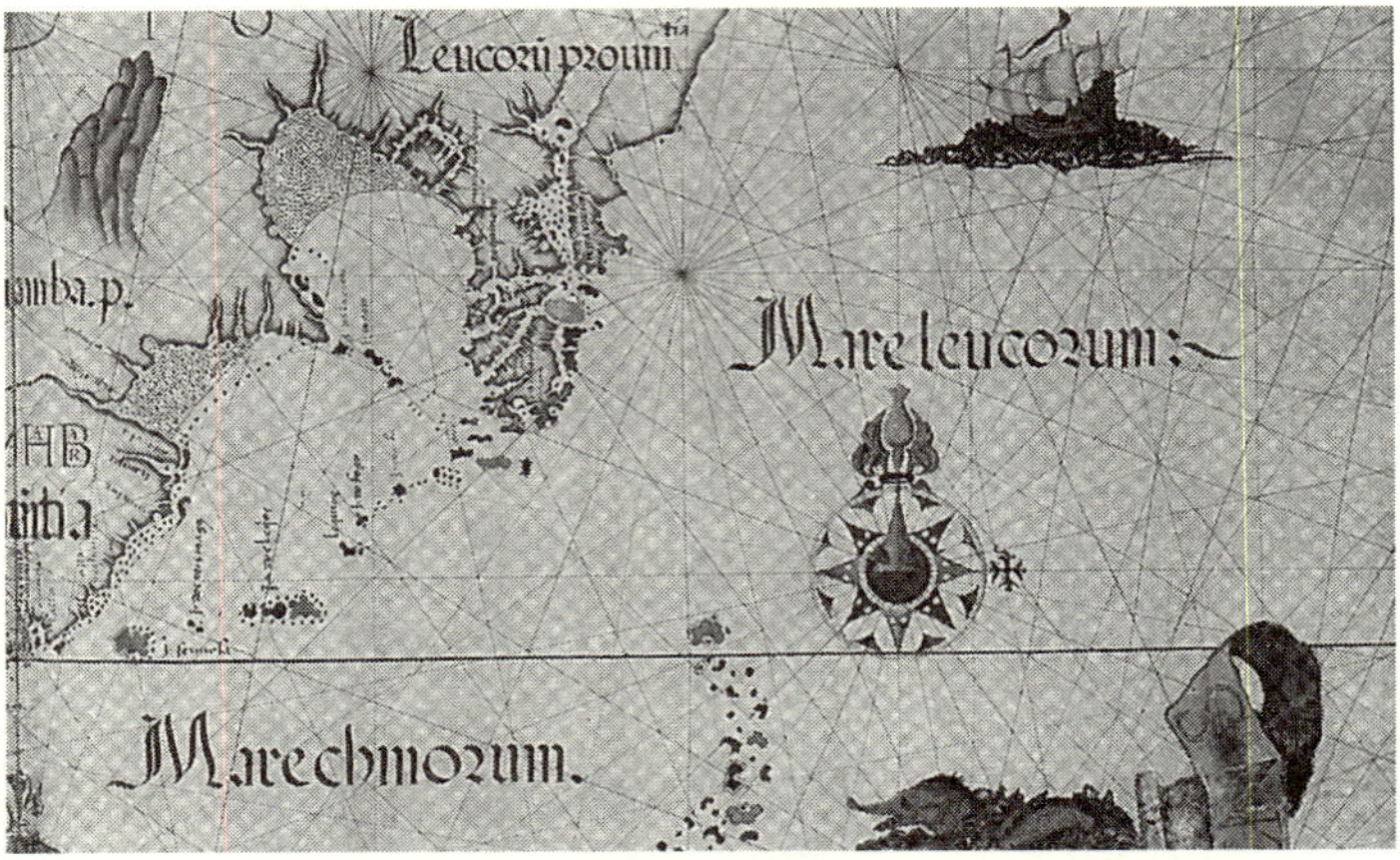

ディオゴ・オーメン作の「アジア図」（1558年、ロンドン、大英博物館所蔵）

南に延びる形で複雑な群島が描かれているが、その南端の地形が薩摩・大隅両半島にすこし似ている。九州と覚しき群島の左肩に小さくIapam の文字が見える。そして九州の東方洋上には、地図の枠をはみだして無名の大群島が大胆な形と色で描かれている。『東方見聞録』のジパングを描いたものと考えられる。そして新旧日本の橋わたしをするような位置に、Os lequios と大きな文字で書かれている。ローポの息子ディオゴが一五五八年に作った「アジア図」（ロンドン、大英博物館蔵）は、「ジパング」が消えている以外は父のものと酷似するが、九州東方海上に Mare leucorum:（琉球海）、九州の北、大陸との接合部に Leucorũ prouintia（琉球地方）と、大きな文字で書かれている。どちらの図も、琉球のなかに日本があるという考えに立っており、ディオゴの図ではユーラシア大陸の一部にまで琉球が広がっていたことになる。

オーメン父子の「アジア図」では、琉球内部の地名も格段にくわしくなっている。ローポの図では、西から順にI. fermosa（フェルモーサ島＝台湾）、I. dos reis magos（東方三博士島＝八重山諸島）、Ilhas dos lequios、lequios、I. do fogo（火山島＝硫黄鳥島）、I. de Santa maria（聖母島＝奄美大島）、Ilhas brabas（＜erabas 永良部島）と続き、九州から西北に朝鮮半島と覚しい突出に向けて、I. do goto（五島）、I. do gato、I. dos ladrois（盗賊島＝対馬）が並んでいる。これらはすべて赤字で、字の大きさはIapamとおなじである。

琉球という大地域のなかに、日本や都群島をふくむ多くの島々があるという、常識とは逆転した認識はどこからきたのか。日本より先にかれらの眼に入るという位置関係もさることながら――それだけなら台湾と同等の扱いになるはずだ――、琉球の活動が中国、日本列島から東南アジアにまで広がった「大交易時代」の残照を、そこに見てとることができるのではないか。

3　対薩摩、対ヤマト関係の暗転

中継貿易のいきづまり

東アジア国際社会における琉球の高い地位を支えていた中継貿易の様相は、十五世紀なかば以降、あいつぐ競争者の出現で大きく変貌する。

まず博多や対馬の倭人勢力が、ヤマト、朝鮮との往来から琉球船をほぼ締め出してしまう。当初は倭人船に琉球使節が便乗するかたちで朝鮮との関係が続いたが、ほどなく琉球が外交文書を倭人に託して朝鮮に届けてもらうかたちへと移行していく。第二章4で述べた一四五三年の博多商人道安がその代表的な例だ。ここまで来ると、使節の真偽判定も容易ではなく、十五世紀後半には「偽使」の跳梁を見ることになる（第三章4）。

肝心の朝貢貿易においても、明の想定するあるべき姿からの逸脱が早くから見える。一四一五年には思紹王の使者が南京からの帰途福建で掠奪・殺傷行為におよんだが、この使節団には第一尚氏王朝を代表する外交専家阿勃馬結制も加わっていた。一四五二年には福建の沿海民が琉球人を引きこんで海寇と化し、反乱に近い不祥事とみなされた。さらに一四七四年には、尚円王が明に派遣した使節団の一部が、福建に着くなり居民を殺害し家屋を焼き財産を略奪したため、翌年、琉球はその制裁として二年一貢、使節団は一五〇人以下、私貨は携帯禁止という制裁をこうむった（第三章4）。一四七八年、尚真王は自身の襲封を告げるのとあわせて、一年一貢にもどすよう成化帝に嘆願したが、つぎのような理由で却下された（『明実』成化14己酉、原漢文）。

> 輒《すなわ》ち先朝の事を引き、妄《みだ》りに諸夷を控制するを以て言と為す。(a)其の実情を原《たず》ぬるに、市易を図らんと欲するに過ぎざるのみ。況《いわ》んや近年都御史奏す、(b)「其の使臣、多くは福建逋逃の徒に係り、狡詐百端、殺人放火し、亦《また》中国の貨を貿《か》ひて以て外夷の利を専らにせんと欲す」と。其の請に従ひ難し。

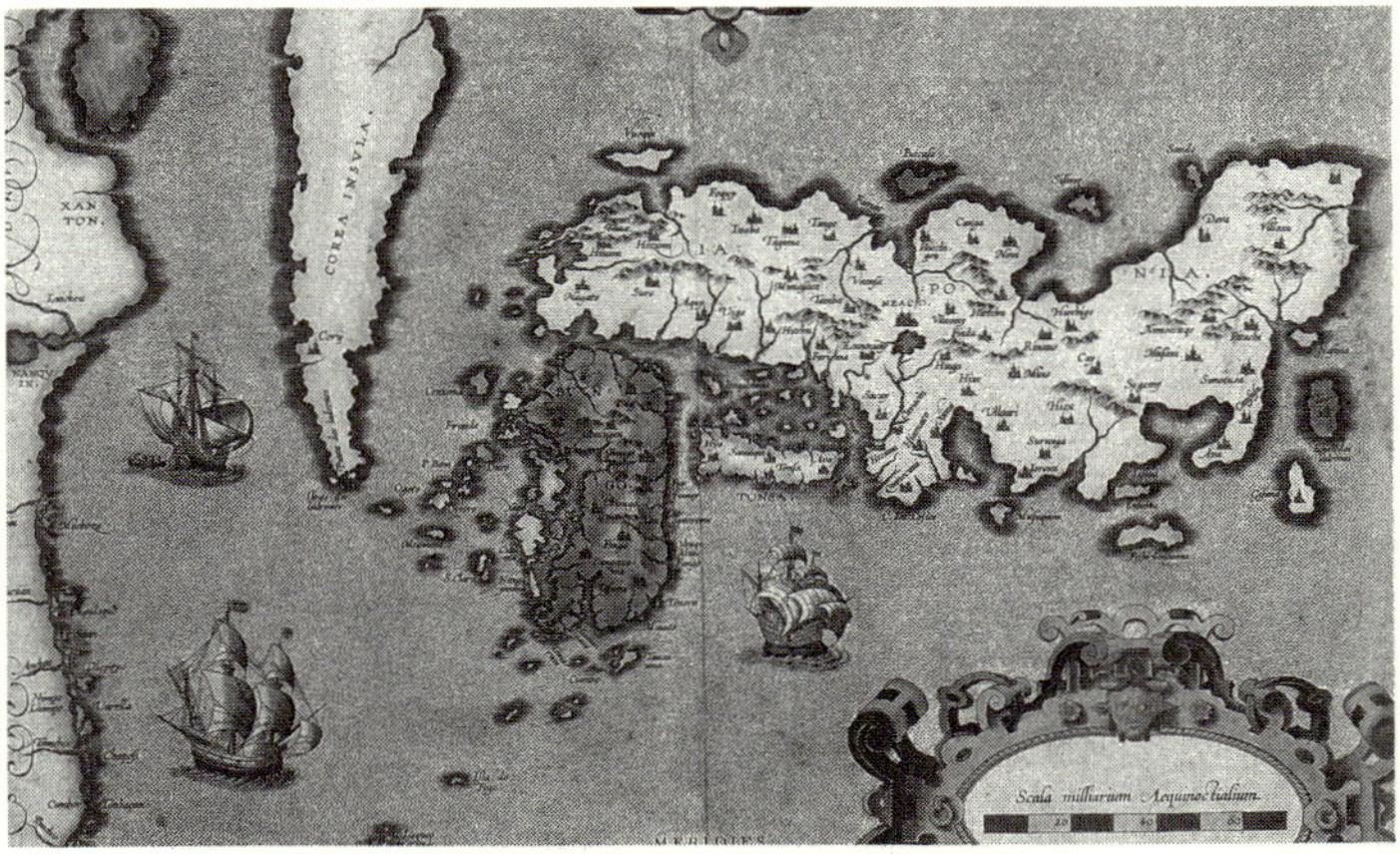

ルイス・テイセラ作の「日本図」（1595年）

この史料からは、（a）琉球の朝貢貿易がその内実において商業的性格を濃くしていたこと、（b）琉球使節に任じている者がじつは福建人の逃亡者で、中国の貨財を外夷に持ち出して利益をむさぼっていたこと、の二点が読みとれる。明にとっては、琉球を優遇して朝貢貿易を続けさせるメリットが、着実に薄れつつあった。尚真王があきらめずに再度嘆願し、一五〇七年に一年一貢をかちとったことは、本章1で見たとおりだ。

以上のように、琉明間を往来した人びとは、生粋の琉球人、琉球に渡航した華人、琉球に居留する華人をとわず、倭寇的性格を内包していたことがわかる。くわえて一五一一年のポルトガルによるマラッカ占領は、琉球にとって南海貿易の重要拠点を失うことを意味した。ポルトガルはさらにジャワ・シャム・華南にも手をのばしたので、琉球船の活動の場はますます狭くなった。以上のようなもろもろの海上勢力――やがて「倭寇」の名でよばれるようになる――は、対立しつつもたがいに連携をとり、東南アジアと東アジアを直結する交易ルートを開発し、一部は海賊化して、海上の治安状態の悪化という面からも琉球にとって脅威となった。琉球の南海貿易は後退をかさね、ついに一五七〇年のシャム通交を最後に、琉球船が東南アジアにあらわれることはなかった。

十六世紀、琉球の海外交易の退潮が決定的になると、久米村も衰退の一途をたどった。明の冊封使の報告は、「三十六姓で今に残るものは七姓にすぎない」（一五七九年、蕭崇業・謝杰《しやけつ》『使琉球録』）とか、「三十六姓で落ちぶれるものが多く、いまは六家を存するのみ、居住の地もなかば廃墟《はいきよ》と化している」（一六〇五年、夏子陽『使琉球録』）とか、伝えている。航海術も劣化し、このころの進貢船はしばしば航路を誤って福州以外に流れつく始末だった。

一六〇七年、尚寧王は三十六姓の再下賜を明に願った。旧三十六姓が衰微するいっぽうで、当時の進貢には比較的近年に渡来・定着した福建人が不可欠となっており、再下賜にはかれらの存在を明によって認知してもらう意図があった。しかし明の回答は、阮・毛の二姓を琉球籍に入れることを許したにとどまった（『歴宝』04―05）。

琉球の退潮はヨーロッパ人の地理認識にも反映する。琉球のなかに日本があるという認識は逆転し、地図の画面でも琉球は西南の片隅に追いやられていく（一五九五年、ルイス・テイセラ作「日本図」）。文字史料においても、日本や中国と異なり悪魔の跋扈《ばつこ》する異界として描かれるようになる。一五七一年に宣教師ガスパル・ビレラがゴアからポルトガルのある僧院に発した書簡はこう述べる（『耶蘇会士日本通信』下巻、二一八頁）。

日本より二日路の所にリキオと称する相当に大なる島あり。甚だ寒き国なるが故に、他の人達の云ふ如く豊ならず。上に述べたる諸国及び支那日本と異りたる国民にして、他の言語を話せり。……貿易の為め同地に行く者の云ふ所に依れば、大なる妖術師等あり、悪魔は自由に横行せりと云ふ。甚だ大なる蛇あり、彼地にて悪魔の用ふる騎乗なり。何となれば此等の蛇は、妖術に依り行きて人民を殺し、妖術師に対しては何事もなさず。妖術師中或者は、此等の蛇に乗りて海上二レグワの間其の欲する所に行くこと、恰《あたか》も馬に乗りて行くが如し。予は之を見たることなきが、同所に赴ける日本人予に証言せり。

島津氏の九州覇権

応仁・文明期以後、琉薩関係において琉球が優位に立てた原因は、島津領国の分裂状態と本宗家の弱体による南九州の長期の内乱にあった。庶家から出て力わざで家督を継承した貴久が、嫡子義久とともに領国の統一をなしとげたのは、ようやく一五七〇年代になってからで、七四年の大隅肝付氏滅亡、七七年の日向伊東氏駆逐が、指標となる事件である。長い戦乱のなかできたえぬかれた精強な島津軍は、七八年には早くも日向耳川《みみかわ》で大友軍を撃破し、戦国大名島津氏は一気に九州の覇者へと上昇しはじめる。島津本宗家によって領国内の自立的勢力が撃破されていったことは、貿易を餌に、分立する諸勢力をあやつってきた琉球の手をしばる結果になった。

ただし残された往復文書の様式（書札礼）から見るかぎり、十六世紀を通じて琉球と薩摩は基本的に敵礼（対等）の関係にあった。たとえばつぎの例をみよう（『旧後一』一一八五号）。

今年賀事、千喜万悦。仍去載夏節、為無事之使者山下筑後（宗安）下着、自怡之至。今度普門寺一礼令申、弥不違千古、可修我隣好者也。軽微土産録于別楮。恐惶不縷。

万暦八（一五八〇）辰臘月廿有二日　「朱イン」中山王

謹上　嶋津（義久）修理大夫殿

那呉
国上
大里

「上包」
謹上　鹿児嶋奉行御中　三司官

《去載夏節、無事の使者として山下筑後下着す。自怡の至りなり。今度普門寺一礼申せしむ。弥いよ千古に違はず、我が隣好を修むべき者也。軽微の土産、別楮に録せり。》

これは二通の文書を、二通目の本文を省略して引用したものだが、〈琉球国王—島津氏当主〉〈琉球国三司官—鹿児島奉行〉という、双方の同レベルの機関で書状が往来しており、敵礼にかなっている。この状態は十六世紀初めから一六〇九年にいたるまでほとんど変わらない。琉球が薩摩に送った「あや船」にしても、薩摩は朝貢船のニュアンスで受けとめていたが、客観的には交隣関係を前提としていた（喜舎場一九九三）。薩摩が、琉球を「附庸国」とするのに武力行使を必要とし、「附庸」の起源として室町幕府からの琉球支配委任という神話（嘉吉附庸説）を創作した理由は、ここにある。

だが書札礼にあらわれない実体面においては、薩摩の圧力がしだいに強まっていた。それを端的に示すのがつぎの文書である（『旧後一』一〇七七号）。

季春之嘉祥、愉悦多幸々。抑日陽之凶徒退治故、弥以康寧之処、剰去冬霜月中旬之一戦、豊後士卒四万余騎誅伐之条、三州之理運不及是非。依其謂、豊筑肥諸侍、当家可為幕下之旨、湛々籌策之間、凡被属感慮、九州大半帷握《ママ》中候。兼又貴邦就先非、累年商売船令停止畢。然処毎々任御懇望、飜鬱憤、今度国吉丸渡海候。被応先規馳走最肝要候。随而中紙八百帖進之候。寔表祝礼迄候。巨細者山下筑後《宗安》拯可申達候。恐々不宣。

天正七年《一五七九》三月廿七日　　各老中

琉球国　三司官案文

《抑も日陽の凶徒（伊東氏）退治故、弥よ以て康寧の処、剰へ去冬霜月中旬の一戦に、豊後（大友氏）の士卒四万余騎誅伐の条、三州の理運是非に及ばず。其の謂に依り、豊・筑・肥の諸侍、当家幕下為るべきの旨、湛々籌策《たんたんちゅうさく》の間（念入りに計略したので）、凡《およ》そ感慮に属せられ、九州の大半は帷握《ママ》の中に候。兼ねて又、貴邦先非に就き、累年商売船停止せしめ畢んぬ。然る処、毎々御懇望に任せ、鬱憤を飜《ひるがえ》し、今度国吉丸渡海し候。先規に応ぜられ、馳走最も肝要に候。》

伊東氏の滅亡から大友氏の大敗へと情勢は急速に展開し、豊・筑・肥六国の武士たちが雪崩をうって帰順し、島津氏は九州の大半を掌握するにいたった、と書状は誇らしげに語る（そこにかなりの誇張があることはいうまでもないが）。これは琉球通交においては、島津本宗家への競合者の退場を意味したから、島津は琉球の非を言いたてて商船の渡航を禁じたり、逆に琉球の懇望により渡航を許すという恩恵を施すことができるようになった。

「あや船一件」と印判制の変質

そうなると印判制は、一五〇八年以来論理に特段の変更はなくとも、薩摩への従属化を強いる鞭《むち》へと性格を変える。すこし時間を遡って、つぎの一対の書状をみよう（『旧後一』五五二・五五七号）。

去歳春、天龍寺長老以貴命持華緘、遥航南海来至西鄙。審説厚意、感戴々々。抑近年、拙解印休官、付嘱薩隅日三州々職於修理大夫義久。因茲、広済住持雪岑長老、為伸更始之儀、詣于殿下、謹捧一書献微物、略表陋志。件数録于別楮。伏願、永々自他和好、共全唇歯之邦者也。至祝々々。恐惶不宣。
永禄十三白暮春初二日（一五七〇）
島津入道伯囿（貴久）
琉球国王殿下

《去歳の春、天龍寺長老貴命を以て華緘を持ち、遥かに南海を航し来りて西鄙に至り、審《つまび》らかに厚意を説く。感戴々々。抑も近年、拙解印休官（引退）し、薩隅日三州の州職を修理大夫義久に付嘱せり。茲に因り、広済住持雪岑長老、更始の儀を伸べんが為、殿下に詣《いた》り、謹んで一書を捧《ささ》げ微物を献じ、略《ほ》ぼ陋志を表はす。件《くだん》の数は別楮に録せり。伏して願はくは、永々自他和好し、共に唇歯の邦を全うせん者なり。》

為当国改政之礼儀、広済雪岑長老朝覲之次、謹以呈片楮。蓋伝聞、比年商船、不帯当家印判、擅犯旧制者惟多。仰望、後日若有違背輩者、加細察究刑治、堅可被停止郎藉奸党。委曲詳長老舌端。恐惶頓首。

永禄十三年暮春初一日　　川上入道意釣判

呈上　三司官館下

《当国改政（代替り）の礼儀として、広済雪岑長老朝覲の次、謹んで以て片楮を呈す。蓋《けだ》し伝へ聞く、比年商船、当家の印判を帯せず、擅《ほしいま》まに旧制を犯す者惟れ多し、と。仰ぎ望むらくは、後日若《も》し違背の輩有らば、細察を加へ刑治を究め、堅く郎藉奸党を停止せらるべし。委曲は長老の舌端に詳《つまび》らかなり。》

島津氏当主から琉球国王、島津家家老から琉球国三司官に宛てた書状であり、敵礼にかなっている。「西鄙」「拙」「微物」「陋志」に対して「華緘」「朝覲」という、自他に対する用語法は、一五〇八年の文書とあまり変わらず、「永々自他和好し、共に唇歯の邦を全うせん者なり」という文言も敵礼にふさわしい。内容も貴久の書状のほうは、琉球使の来薩への返礼と義久への代がわりの通告である。ところが川上の書状の「近年、商船が当島津家の印判を携帯しないで（琉球へ渡航し）、ほしいままに旧制を犯す者が多い。望むらくは、今後もし違反者があったら、くわしく取り調べて厳刑に処し、かたく不法行為を禁じていただきたい」という口調からは、様式上は敵礼で印判制の運用法に特段の変化はないにもかかわらず、高圧的な姿勢が強く感じられる。

薩摩の使者「広済住持雪岑長老」は二通の書状を携えて琉球へ渡航し、疎略な扱いを受けたと怒って帰国した。一五七五年、琉球は貴久から義久への代替りを祝賀する「あや船」を仕立て、天界寺南叔・金武大屋子を両使として薩摩へ送った。使者を迎えた薩摩側は、「去年両度条書を以て申し渡し候諸事先規に背き候の条々、幷びに使僧として広済寺雪岑和尚琉球へ御越の時疎略なる扱い共候」ことを難詰した。その第一条目に「印判を帯せざる舟を許容申したる由」があげられている。

これに対する琉球使の回答は、雪岑が首里で受けた薄待をなじる薩摩側の高姿勢もあって、「其時分先王（尚元）崩御之砌《みぎり》候間、琉球之上下諸事をはう（忘）し候つる最中候之間、心なく許用（＝許容）仕たる由」という受身のものだった（『上井覚兼日記』天正三年三月二十九日・四月一日条）。この「あや船一件」以後、「琉球国は連年の如く使者を派遣し、島津氏への書簡の文面もまた進物等においても、従来以上の丁重な交通関係を示すに至った」（喜舎場一九九三、一七二頁）。一五八五年、尚永王の使者天王寺祖庭の帰国に託された島津家三宿老の書状は、琉球三司官に宛てて、豊筑肥六州の平定を述べたあと、「若し又向後に至り逆務を為さば、球と薩と、思はざる遺恨有るべきの事、案の中候」とある（『旧後二』五七号）。具体的な「逆務」

や「遺恨」が指摘されてはいないだけに、かえって不気味に響く。

秀吉の「天下一統」と島津氏そして琉球

一五七八年に大友氏（日向高城《たかじょう》、耳川の戦い）、八四年に龍造寺氏（肥前沖田畷《おきたなわて》の戦い）と、北九州の両雄を撃破した島津氏は、いっきに全九州を併呑《へいどん》しかねない勢いだった。追いつめられた大友氏は、豊臣秀吉に島津氏との和平の斡旋をもとめ、八五年、秀吉は島津義久に「国郡境目相論」の停止を命じた（『島津家文書』三四四号）。これは「天下静謐《せいひつ》」のみぎり、「勅掟」「綸命」「叡慮《えいりょ》」を掲げて大名間の戦闘を一律に禁ずる政策に基づくもので、違反者は秀吉自身が成敗するという恫喝《どうかつ》をともなっていた。あわせて示された「国分け」案では、島津氏には薩・隅・日の本領に加えて肥後・豊前の各半国を与えるとされていたが、同氏はこれを受諾せず領国拡大戦を続けた。一五八七年、秀吉はみずから大軍を率いて薩摩へ乗りこみ、義久を屈服させた（九州征伐）。同様の対応は、蘆名《あしな》氏を滅ぼした伊達氏や真田氏から城を奪った北条氏にもとられており、「天下人」による「平和」の強制という、戦国の世の否定、新時代の到来を告げるものだった。

一五八八年八月、島津義久は秀吉の「天下一統御威晃」を揚言して、琉球から豊臣政権へ外交使節を送るよう促す書状を尚寧王に送った。そこでは、「既に高麗よりは御朱印拝領、やがて出頭の議定まり候。唐土・南蛮両州は、音使《いんし》（外交使節）の舟渉《わた》るの巷説《こうせつ》半ばに候」と歪曲と誇張にみちた国際情勢が語られ、「琉・薩旧約の謂《いわ》れ浅からざる条」が強調され、今回の説得を無視すれば「天下違背の族《やから》、球国と相究《き》まるの間、直《じき》に武船を催され、旁《かたが》た滅却の地に属さるべき躰《てい》に候」という脅迫がもられていた（『島津家文書』一四四〇号）（注）。

（注）ただしこの書状は琉球へは送られなかったようで、使僧がじっさいに琉球へ出立したのは、石田三成・細川藤孝らの脅迫じみた説得のすえ、翌年四月になってからだった。そこに義久の政権に対する消極的抵抗がうかがわれる。書状の言辞の多くは義久というより秀吉のものと解すべきだろう〔上原二〇〇一、七頁以下〕。

翌年琉球は天竜寺桃庵和尚を使節として送った。秀吉政権を訪れた初めての外交使節は、同年九月以降に京都に到着し、政権への服従のしるしとみなされた。翌天正十八年（一五九〇）二月二十八日の日付をもつ秀吉の返書には二つのテキストがある。Aは「日本国関白秀吉」から「琉球国王閣下」に宛てて、琉球使のもたらした「遠邦奇物」を悦《よろこ》び、「自今已往、其の地千里を隔つると雖も、深く交義を執らば、則ち異邦を以て四海一家の情を作《な》す者なり」という友好的なメッセージを伝えている（『続善隣国宝記』三四号）。ところがBでは、「関白」が「琉球王」を見下す視線から、「歳月を経ずして渡海せしめ、大明に威風を振るふべきの念」を表明し、大陸出兵への加勢を求めている（『旧後二』六四三号）。じつは朝鮮での開戦を目前に控えた一五九二年三月、秀吉が義久へ送った書状に、「先度琉球国へ御返書の儀、御出馬（小田原への出陣）時分御取紛《とりまぎ》れ故、……認《したた》め直され遣され候、最前の御朱印（＝A）は返上あるべく候」とある（『島津家文書』三六一号）。Bは日付から二年も過ぎた時点で、Aを書き直したものだったのである〔上原二〇〇一、一七頁以下〕。

小田原で決着がついた一五九〇年八月、京都にいた島津義久は、琉球使桃庵の帰国に託して尚寧王と円覚寺に書状を送り、「遠国端嶋」まで残らず一統に帰したことを祝賀する「綾舟」を仕立て、「管弦役者」を載せて上洛《じょうらく》させるよう促した（『旧後二』六八七号・『島津家文書』一四四五号）。あたかも、対馬宗氏の奔走によって実現した朝鮮からの通信使が、管弦を帯同して在京中で、尚寧あて書状にも言及がある。翌年九月、秀吉は「小琉球」すなわちフィリピンのスペイン勢力に書簡を送り、「弾丸黒子の地を遺《のこ》さず、域中悉く統一なり、之により三韓・琉球の遠邦異域、款塞来享す《かんさいらいこう》（帰服して貢を納む）。今や大明国を征せんと欲するは、蓋《けだ》し吾が所為には非《あら》ず、天の授くる所なり」と述べて、服従の意思表示を要求した（『異国往復書翰集』一八号）。

壬辰倭乱と琉球

ちょうどそのころ、秀吉の「来春入唐《にっとう》の儀」にともなう具体的な負担要求が琉球に示された。一五九一年十月に島津義久から「中山王」にあてた書状は、つぎのように述べる（『旧後二』七八五号）。――秀吉から琉球・島津領国あわせて一万五千の軍役が私に通告された。琉球は遠島で「扶桑の軍法」に不案内だから、ととりなした結果、兵員は免除されたが、かわりに七千人・十か月分の兵粮《ひょうろう》を来年二月までに坊津まで届け、さらに「高麗・唐土に到り運送あるべきの用意」をせよ。また肥前名護屋で始まった「関白様旅閣の普請」にも相応の負担分を支払え。

この通告の背景をなす琉球の処遇自体については、一五九二年正月の島津義久・義弘あて秀吉朱印状に、つぎのような記述がある（『島津家文書』三六〇号、原漢文）。

琉球の儀、今般大明国御発向の次《ついで》に改易有り、物主《ものぬし》仰せ付けらるべしと雖も、先年義久取次ぎ御礼申上げ候条（＝琉球使桃庵の上洛をさす）、其の筋目に任せられ、異儀無く立て置かれ、則ち与力《よりき》として其方へ相付けられ候間、唐入りの儀、人数（軍兵）等奔走せしめ、召連れ出陣致すべく候。油断せしむるに於ては御成敗を加へらるべき旨、堅く申し聞かすべく候。

改易後に琉球に置かれる予定だった「物主（大将）」とは、秀吉からかねてより「琉球守《りゆうきゆうのかみ》」の名乗りを許されていた石見の大名亀井茲矩《これのり》の可能性がある。いかにも秀吉の気に入りそうな性格の人物で、琉球を拝領する可能性は無視できない。島津氏はそれを排除すべく全力で運動し、秀吉から琉球を存続させ島津の「与力」とする決定を引き出した。亀井には琉球の「替地」として、「唐入り」後に秀吉の居所に予定された寧波にほど近い台州が与えられた。以後茲矩は「亀井台州守」を名乗るようになる。

政権および島津氏の理不尽な要求に、琉球は要求額の半分を出すことに決し、開戦の年一五九二年末までに納入をすませた。琉球までも知行体系に編入するヤマト―島津側の論理を基本的にうけいれたことになる。しかし、九三年末に義久から「薩・隅・琉球一致を以て陣中の用意専要」として「高麗軍役」の残額の支払を求められたのに対しては、翌年六月に「国家衰末《ママ》の上急度《きつと》其の調へ成し難き」として断っており（『旧後二』一二四九・一二三五号）、以後終戦まで負担することはなかった。いっぽうで明に対しては、同年十月に、のびのびになっていた尚寧の冊封の挙行を求めており（『明実』万暦23 5丙申）、国際関係においては自立した国家として存続することを当然と考えていた。

　ところで、右述の中山王あて義久書状の末尾には、「次《つぎ》に彼の行《てだて》（＝唐入り）の事は、異国に漏洩《ろうえい》無きの様、旁《かたがた》御思惟尤も候」という念押しがあった。しかし琉球は、被冊封国の当然の義務として、むしろ積極的に秀吉の野望を明に通牒《つうちょう》した〔上里二〇〇九、一二八頁以下〕。一五九一年三月に那覇を出港した朝貢船に、久米村華人で長史に任じていた鄭迵《ていどう》の肝煎りで、琉球寄寓《きぐう》中の福建海商陳申が同乗し、那覇来航のヤマト商船から得た情報を明に伝えた。その概要はつぎのとおり。――「倭王関白」が琉球・朝鮮を分捕り、中国まで併呑しようともくろんで、一五八九年に琉球に使僧を送りこんで入朝と服属を迫ったが、鄭迵と王は屈しなかった。関白は船一万艘・兵二百万をそろえ、北京方面は朝鮮に、華南方面は日本在住の唐人に、先導させて、大明に攻め入ろうとしている。朝鮮はすでに船を造り、道案内と援軍を出す手はずになっている。

　この通牒の内容、とりわけ忠実な被冊封国のはずの朝鮮が裏切ったという情報は、明を狼狽《ろうばい》させた。そこには、一五九〇年にきた朝鮮の通信使を服属の意思表示とする、ヤマト側の一方的な解釈が反映しており、朝鮮の必死の弁明にもかかわらず、しぶとく明・朝鮮間のしこりとなった。また、琉球でも国論は分裂しており、鄭迵は尚寧王の信任をえて対ヤマト強硬派を領導したが、尚寧の出た浦添尚家と正統を自任する首里尚家との対立がからんで、秀吉政権の意向に添うことで生き残ろうという者も少なくなかった。

4　日本近世国家のなかの「異国」

家康政権の対外姿勢と島津氏

一五九八年、秀吉が病死し、日本軍は徳川家康らの命により朝鮮半島から撤退した。しかしこれによって、琉球が秀吉の施した「島津氏の与力」という軛《くびき》から解放されたわけではなかった。一六〇三年、島津義久は尚寧王に対して、「抑も度々通達せし如く、前　太閤《たいこう》公（秀吉）朝鮮国誅罰の刻、中山国役永々当邦（島津氏）に於て相務むべき旨、尊命有るに依り、度々徴納に備ふ、其れ従《よ》り已来中絶し、之《これ》を糺理すと雖も、其の験《しるし》無く今に押し移る」と譴責し、「球主と為《な》るを望」んだ亀井茲矩の野望を封じたことを、「球国の安全は豈に吾が計《はか》ひに非ざらん乎《か》」と恩を売り、「重畳の違変、頗《すこぶ》る当方を蔑《あなど》る故か、此の欝憤止《や》み難く、忠恒若年に任せて短慮の企て有りと雖も、愚老往古の約盟に親しみ、種々助言を加へ、敢へて之を押し留む」と脅迫する（『旧後三』一八六二号）。

「中山国役」とは「与力」の発現形態であり、忠恒の「短慮の企て」は、六年後の忠恒改め家久による「琉球入り」を予言するかのようだ。これ以前にも同様の通達がくりかえされていたこともわかる。秀吉の戦争を「朝鮮国誅罰」ととらえる意識は、国主が家康に交代してもなんら変わっていない。

家康の外交戦略の中心も、秀吉同様、明との国交・貿易の回復にあった。一六〇〇年正月に家康の命を受けて島津義弘・同忠恒・寺沢正成から明総理軍務都指揮の茅国器にあてた書簡（『旧後三』一〇二五号）は、茅国科（国器の弟）ら「質子四官人」の送還を契機に、「前規の如く金印・勘合を以て往返を作《な》す」こと、すなわち勘合貿易の復活を要求したもので、前年五月にも同内容の書簡が送られていたが、「未だ回章を見」ない状態だった。日本側は、一六〇二年を過ぎても明から回答がなかったら、「諸将再び滄溟を超ゆべし。加之《しかのみならず》兵船を福建・浙江《せっこう》に浮かべ、県邑を劫すべき也。……朝鮮の域中、国を屠《ほふ》り家を破り人民を誅戮せん。臍《ほぞ》を噬《か》むこと勿《なか》れ」と、先度の戦争を上まわる戦争の再燃をちらつかせる。この書簡は秀吉以来の外交ブレーンである禅僧西笑承兌《せいしょうじょうたい》が起草し、薩摩坊津の海商鳥原宗安に託して明側に届けられたが、黙殺されてしまった。

禅僧西笑承兌（大阪城天守閣所蔵）

なかでも注目すべきは、日明間の断絶の原因が、「朝鮮・本邦両国の和平、約に背き盟に叛《そむ》く者の決するなり矣。刑戮を加ふべきは理の常也。然りと雖も内大臣（家康）、大罪無くして誅殺《ちゅうさつ》するを忍びず、朝鮮大臣を日本に来らしむ。而《しか》も堅盟を結ばざるは、罪朝鮮に在り」と説明されていることである。家康は一五九九年以来対馬を通じてくりかえし朝鮮に国交回復を働きかけたが、朝鮮側は「義の曲直に至りては安《いずくん》ぞ弁《わきま》へざる者有らん哉、……其れ国を傾け兵を興し故無くして侵暴すること、壬辰・丁酉の甚だしきに如《し》く者有らん乎《や》」と突っぱねていた（『続善隣国宝記』四五号）。しごく正論かと思われるが、家康の対外姿勢は秀吉政権と本質的には変わっていない。

　琉球に対する姿勢も本質的に変わらない。徳川政権と琉球との最初の接触は、一六〇二年冬に琉球船が奥州の伊達領に漂着し、生存者三九名を島津氏を通じて手厚く本国に送還させた一件である。そのさい家康は、琉球が対明交渉の手先となる期待をこめて、「琉球人が送還中に死亡したら、死者一人につき送還担当者五人を処刑する」と命じている（『島津家文書』一五二一号）。一六〇四年二月、島津義久は、琉球が家康に対する謝礼を怠っているとして、「当夏か初秋か、使者を以て謝詞を伸べらるべし。若し夏秋中其の儀非ざれば、殿下の命に背かるべきこと必なり矣」と警告した（『旧後三』一九一四号）。

　ヤマト側の対琉球姿勢は、どちらかといえば、幕府は対明交渉のルートの確保に、島津氏は版図の拡大に、重心があった。とはいえ幕府にも島津氏にも双方の要素があった。幕府は基本的に島津氏の領土欲求を拒否していない。一六〇六年島津忠恒は領国財政の必要から来年秋をメドに「大島（奄美群島）入り」を表明した（『旧後四』二一七号）が、このような領土要求を幕府が拒否したことはない。ただしこの例が示すように、島津氏がねらい幕府が承認した当面の占領目標も、琉球全体だったり大島だったりと一定していない。そのいっぽうで、同年冊封使が来島して尚寧が正式に国王に認定されるという事態を受けて、島津義弘は尚寧に対して、琉球における日明出《で》会《あい》貿易を提案し、それにより日琉両国が潤うと説いた（『異国日記』「呈琉球国王書」）。この書簡は、金地院崇伝の起草になることが示すように、基本的には家康側の意向を語るものだが、島津氏側の期待感がこめられていることも否定できない。

一六〇九年二月二一日付の中山王あて島津義弘書簡は、つぎのように述べる（『旧後四』五三八号、原漢文）。

> 大明と日本商買往来の儀、其の国従《よ》り媒介を致すべきの由、左相府（家康）の鈞旨《きんし》を請け、一使をして之《これ》を告げしむ。貴国は堅く領掌を為すと雖も、今更《いまさら》違変重畳の疎略、沙汰の限りに非ず。是れ故、琉球国忽《たちま》ち誅罰すべきの段、御朱印を成し下され、急々兵船渡海の儕装《さいそう》有り。嗚呼《ああ》、其の国の自滅、豈に誰人《たれひと》を恨むべけん乎《や》。

文書の後段に「先非を改め、大明・日本通融の儀、調達を致さるに於ては、此れ国の才覚、愚老随分入魂《じっこん》を遂ぐべし。若し然らば則ち球国の安穏有るべき歟」とあり、同時に義久から出された書簡にも、琉球における日明出会貿易が提案され、「若し然らば則ち翅《ただ》に吾が邦を富ますのみに匪《あら》ず、貴国も亦人人其れ潤屋に富み、而して民も亦市に歌ひ、野に抃《よろこ》ばん。豈に復《また》太平の象《きざし》に非ざらん哉」とある（『旧後四』五三二号）。しかし、船団の鹿児島出港は二月六日、山川出港は三月四日で、同七日には大島の笠利で戦端が開かれている。両書簡は討伐軍が琉球へ携えていったのであり、征服戦争ぬきに琉球に「大明・日本通融」を果たさせることは、もはや選択肢になかった。

一六〇九年、島津氏の琉球征服

一六〇九年の島津氏による琉球征服は、右に示した二つの目的の双方を実現すべく、幕府の同意のもとに決行された。敗れた琉球は、幕藩制の知行体系のもとで薩摩藩の一部とされ、石高《こくだか》も設定された。他方「異国」としての体裁は保たれ、国家機構や風俗は前代のまま存続し、中国との冊封関係も維持された。琉球史の時代区分では、この年を「古琉球」から「近世琉球」への境目とする。

開戦にあたって島津家久（忠恒が家康からの一字拝領で改名）が大将樺山久高に与えた軍令には、①講和の申し入れには即時に応じる、②戦局が有利に運べば三、四か月で撤収する、③主だった人びとを質として薩摩に引っ越させ、今後琉球が勤めるべき諸役は薩摩から定める、④王が籠城作戦をとったら城を焼き払い、島人を質にとって帰陣する、⑤兵粮米の徴発は琉球側の定額より軽くする、という条項がもられている（『樺山文書』）。また、前年九月に案が作成され当年二月に家久・義弘・義久の連名で発布された「琉球渡海之軍衆法度之条々」では、定められた指揮系統に従って行動し、統制を乱すさまざまな行為——私の喧嘩《けんか》、鉄炮の無駄撃ち、先懸け、順風を見定めない出船、百姓への狼藉《ろうぜき》、無辜《むこ》の殺害や人取り、寺社荒しや書籍掠奪《りゃくだつ》など——におよぶなかれ、と諭している（『旧後四』四九四・五四四号）。できるだけ戦争の規模を小さく抑える意図が見えるとともに、当時の島津軍が戦国の雰囲気を脱しきれない状態だったことがうかがわれる。じっさい、兵たちは往々にして法度が禁じるような行為に走りがちだった。

三月初めからの約一か月で決着がついた戦闘の実態は、通常考えられているほど琉球側の無抵抗、島津側の一方的勝利ではなく、地上戦で島津側にも一定の損害が出ている。その詳細は上原兼善と上里隆史の著作〔上原二〇〇九・上里二〇〇九〕に譲り、ここでは島津氏・幕府の思惑と琉球の外交的対応にしぼって見ていこう。

統一政権がかつてない軍事力をふるってあらゆる地域勢力を圧服していくという時勢のもとで、琉球の敗因をあげつらうのは酷というものだろう。十六世紀なかばを境に、琉球は南海貿易から撤退し、中国貿易も明側の制限策で思うに任せず、相対的に対ヤマト交易への依存度を高めつつあった。島津領はそののどもとを押さえる位置にある。さらに、国家存亡の戦いにしては抵抗が小規模だった理由として、すでに述べたヤマトへの親近感、外国という意識の薄さもあげられよう。もう一つ追加するなら、大交易時代、貿易立国の繁栄の果実を手にしたのは、王家を中心とする支配層と中国系商人層にかぎ

金地院崇伝
（東京大学史料編纂所所蔵模本）

られ、その陰できびしい生産条件に束縛された農村社会とのギャップは、広がるばかりだった。めぐまれた環境のおかげで早熟的に国家を形成したことのツケが回ってきたのだ。ひとことで言えば、古琉球の自立性を支えた基盤自体がもはや空洞化していた。

ヤマト側の思惑に目を転じよう。島津氏の捷報《しょうほう》に接した家康は、家久に黒印状を発し、「琉球の儀、早速平均に属するの由、注進候。手柄の段、感じ思し食《おぼしめ》され候。即ち彼の国進《まい》らせ候の条、弥《いよい》よ仕置等申し付けらるべく候也」と称賛し、琉球国を島津氏の支配に委ねている（『旧後四』五九四号）。それを通じて琉明関係を日明復交のチャネルとしてより有効に活用する方向を選択したのだ。他方島津氏は、薩摩〜沖縄間の「道の島」を割き取ることで版図拡大を達成するとともに、首里の王権を存続させることで、「異国」を従える雄藩ぶりを誇示することができた。

では戦争は琉明関係にはどうはねかえったのか。明による尚寧冊封は、戦争への歯止めとはならず、すこし先のばしになった程度だった。そして、被冊封国が隣国に武力で占領されたのだから、明は壬辰倭乱《じんしんわらん》のときと同様に援軍を送ってもよさそうに思えるが、そんな動きは微少で、けっきょく琉球がヤマト勢力の附庸となることを黙認した。

島津軍に囚《とら》われの身となった尚寧は、鹿児島行きの船が那覇を出るのとほぼ同時に、福建布政使司にあてて、「倭乱を急報し貢期を緩《ゆる》ぶるに致る事の為にす」る咨文を作成し、五月十四日までの事のなりゆきを詳細に記述した（『歴宝』18—03）。「貢期を緩ぶ」とは貢期にあたる今年に朝貢ができなくなったことをさす。文中で「日本薩摩州の倭酋他魯済《たろさい》（平田太郎左衛門増宗）・呉済《ごさい》（樺山権左衛門久高）等、鳩党して海島に流毒し属地に肆蔓《しまん》す」、「倭、狡計もて深山に伏寇し、敗るると詐《いつわ》りて侵を弭《とど》む」、「隊は蜂蟻《ほうぎ》を成し、勢は喊虎《かんこ》の如きのみか、且つ彼の蠢《しゅん》爾《じ》（小虫のうごめくさま）地に拠りて倍《ますます》強し」、「彼の狡奴の喜怒常《つね》無く、変拗測る莫し。復《ま》た肆《ほしいまま》に攻焚し、国戚及び三法司等の官を勒挟《ろくきょう》（拘禁）して、悉く寺院に牢罹《ろうり》し、威嚇して前議を諾允せしめんとす」などと、憎悪にみちた表現があり、島津軍の目を掠《かす》めて明へ発信されたかにみえる。

しかし、この咨文は五月の時点では明へ送られず、十月十一日にいたって、鹿児島に連行された王の留守を預かる法司馬良弼《ばりょうひつ》の名で、正議大夫鄭俊らを使者として、五月の咨文の丸写しのまま、ようやく発信された。さらに、翌年正月三十日に、五月の咨文の丸写しのあとに十月以降の経緯を加えた福建布政使司あての咨文が作成され、同月二十日付の明礼部あての短い咨文（『歴宝』18—04）とともに、王が差来した王舅毛鳳儀らを使者として、また発信された。

その追加部分に引用された王のことばのなかに、「這次《こたび》の倭奴、蠢爾《しゅんじ》なるも、乃《すなわ》ち是れ克《か》つを好みて高きを慱《うれ》へ（高ぶらず？）、並《な》べて肆毒呑弁するには非ず。前に地を割けば（国土の一部割譲をさす）尽《ことごと》行く退き、復た鶏籠（台湾）を取らんと要するも諫を聴きて罷《や》止む。但だ未だ倭君（家康、秀忠）に見《まみ》えて講請せざれば、誠に毘連せる強梁の薩摩州の詐冒の測られざるを恐る。来年二、三月、孤（尚寧）、関東に去《ゆ》きて杜奪（決裁？）せん」「爾輩《じはい》（馬良弼ら）、競競として家国もて忽《ゆるが》せにする莫れ。是れ乾乾として修貢を図り、孤を体して謀《はかりごと》を為せ」などとあり、今回の遭乱が明への入貢の妨げとはならないことを弁明している（『歴宝』18—05）。

「倭奴蠢爾なるも」「強梁の薩摩州の詐冒」などと言いつつも、割地や鶏籠にかかわる島津軍の理性的な行動が強調されており、島津側の眼を経ていることはまちがいない。とすれば、そこに丸写しされている五月の咨文も、島津軍の眼を盗んだ救援要請などではありえない。

　王の薩摩行きに随行した喜安入道蕃元《ばんげん》の日記によれば、九月十二日に島津氏重臣伊勢貞昌・鎌田政徳が王を訪問して「先規のごとく唐の往来之《これ》有る様《よう》調達あれ」と申し入れ、王の周辺で僉議《せんぎ》の結果、具志頭《ぐしかみ》王子尚宏・池城安頼《いけぐすくあんらい》が帰国の途につき、十一月二十日ころ琉球に到着した、という（『喜安日記』）。両人の出立にさきだって、在鹿児島衆七人が連署して、島津家老中衆にあて、「彼両人本国に罷り帰り、若し一揆の企て之《これ》有るに於ては、爰元《ここもと》に罷り居り候者、罪科に仰せ付くべく候」という証状が提出されているから、明と連なって反島津の動きが生じることが警戒されてはいるが、この前後の琉球から明への通信・遣使は、基本的に島津氏の同意のもとに行なわれたと考えてよい。

附庸神話の形成

　近世琉球では、自己の起源を語る言説として、「為朝始祖説」と「嘉吉附庸説」の二つが正統の地位をえていた。ともに近世初頭に確立して事実と信じられるようになるが、古琉球期にはたしかな裏づけを欠く説だ。その意味で、琉球の島津への従属を正当化する「附庸神話」とよんでよいだろう。

　為朝始祖説は、保元の乱（一一五六）で伊豆大島に流された源為朝の子が最初の琉球王舜天だとするもので、たとえば『中山世鑑』巻一は、舜天の即位を南宋淳熙十四年（一一八七）に掛けてこう述べる。

（為朝は）既ニ被レ誅ベカリシガ、末代ニ難レ有勇士也、暫ク命ヲ助テ、可レ被二遠流一ト議定有テ、伊豆ノ大嶋ヘゾ被レ流ケル。為朝宣《のたまい》ケル、「我、清和天皇ノ後胤トシテ八幡太郎（義家）ノ孫也。争《いかで》カ先祖ヲバ可レ失。是コソ公家ヨリ給リタル領ナレ」トテ、大嶋ヲ管領スルノミナラズ、都《すべ》テ五嶋ヲ打順タリ。去程ニ、昔ノ兵共尋下テ付順シカバ、威勢漸ク盛ニゾ成ニケリ。永万ノ比（一一六五～六六）、嶋嶼ヲ征伐シ給ノ次《ついで》ニ、舟潮流ニ従テ、始テ流虬《りゆうきゆう》ニ至リ給。依テ流虬ノ字ヲ更テ流求ト名付給。流求ノ者ドモ、音ニモ不レ聞《きかざる》日本人、鎧ヲ着弓箭ヲ帯シタル勢ニ辟易《へきえき》シテ、従レ之事、草ノ風ニ靡《なび》クニ不レ異《ことならず》。茲ニ於テ為朝公、大里按司ノ妹ニ通ジテ、男子誕生有リ。……

その原形は十六世紀前半に登場していた。京都五山の文学僧月舟寿桂の作った「鶴翁字銘幷序」の一節にこうある（『幻雲文集』銘、原漢文）。

吾国に一小説有り。相伝へて曰く、源義朝の舎弟鎮西八郎為朝、膂力《りよりよく》人に絶し、弓を挽《ひ》けば則ち挽くこと強し。其の箭《や》は長くして大、森々として矛《ほこ》の如し。之を見れば勇気膺《むね》を払《う》ち、懦夫《だふ》も亦立つ。嘗《かつ》て平清盛と隙有り、保元の功勲有りと雖も、一旦信頼《のぶより》に党し、其名叛臣伝に入る。人皆焉《これ》を惜しむ。然れども海外に竄謫《ざんたく》せられ、走りて琉球に赴き、鬼神を駆役して、創業の主と為《な》る。厥《そ》の子孫世々源氏より出で、吾が附庸為《た》るなり。

琉球王家が源為朝の子孫であることが、源家の棟梁《とうりよう》足利氏の「附庸」となる根拠とされている。月舟はこれを『大明一統志』の琉球記事――「隋書流求国伝」に始まり、三山の分立と明への朝貢・受封、中山による統一、というストーリー――と比較して、「載する所同じからず、将《はた》信ぜんや、将た信ぜざらんや」と、とまどいをみせている。さらにこの「一小説」は、琉球で生まれたものでも、また当時の琉球で受け入れられていたものでもなかったらしい。おそらくは、琉球との往来がしげく、豊富な琉球情報を蓄積しており、またいっぽうで『古活字本保元物語』にみえる〈為朝鬼が島渡り説話〉なども教養として知っていたにちがいない、当時の五山禅林で生まれた説ではあるまいか〔矢野二〇一四、第六章〕。

この言説はヨーロッパ人の耳にも入っていた。ジョアン・ロドリーゲスが一六三〇年ころにまとめた『日本教会史』(上巻、一八五頁)によれば、ポルトガル王が明皇帝に送った使節が、一五一八年に琉球について「その諸島は日本諸島に続き、それとは近くにあって、そこの諸王は日本から出ているので、日本に属している」という情報を得たという。

嘉吉附庸説は、嘉吉元年(一四四一)、島津忠国が大覚寺義昭《ぎしよう》(将軍足利義教の異母弟)追討の賞として、義教から琉球を賜ったとするもので、たとえば『島津国史』大岳公(島津忠国)嘉吉元年条にこうある(原漢文)。

初め幕府（義教）の弟大学《ママ》寺門跡義昭僧正尊宥、乱を作《な》さんと謀り、陰かに大和・河内及び筑紫の兵衆を募り、菊池・大村等を誘ふ。……事の発覚に会ひ、尊宥出亡す。物色してこれを求む。尊宥鎮西に奔《はし》り、日州櫛間院に匿《かく》る。別垂讃岐房宥善従ふ。幕府　公（忠国）に命じてこれを誅せしむ。……三月十三日、尊宥、櫛間永福寺に自殺す。夏四月十日、尊宥の首京師に至る。十三日の教書、尊宥を誅せし功を賞し、公に腹巻・太刀・馬を賜ふ。……幕府復た　公に琉球国を賜ふ。亦尊宥を誅せし功を賞するなり。

その原形は十六世紀後半に生まれ、つぎのようなステップを経て成長をとげる（紙屋一九九〇・喜舎場一九九三）。

①一五七五年の「あや船一件」のさい、島津氏側から琉球使への通告に、「紋舟《あやふね》之事者《は》、（島津家）御一代ニ一度参《まいる》事候、其上　御当家ニよしありて、琉球之口を従《より》二上意一御給之処に候」とある（『上井覚兼日記』天正三年四月三日条）。島津家が室町幕府から琉球に関する特殊な権限を与えられたことが主張されているが、付与の対象はあくまで「琉球之口」であって、まだ琉球そのものではない。

②一六〇四年、つまり関ケ原後・琉球征服前の時点で、島津義久が琉球王尚寧に宛てた書状（『旧後三』一九一四号）は、二年前に陸奥に漂流した琉球商船の送還を告げたものだが、「辱《かたじけな》くも　内府公（徳川家康）聞し召され、琉球の儀は薩摩附庸為《た》るの間、当国に至り懇ろに送り届くべき由、仰せ出ださる」とあって、はじめて琉球そのものを薩摩の附庸とする言説が登場した。

③一六三四年の文書に「琉球の儀を御家へ相付けらるる事、先の公方《くぼう》普光院御所様の御時代の儀に候」とあり、足利義教が島津家に琉球を付した、という説が登場する。一六三八年の文書になると、「先の公方普光院殿御時、当家忠節の子細之《これ》有るに依り、琉球の儀を拝領従《よ》り以《この》降《かた》……」と、大覚寺義昭誅伐への恩賞という解釈があらわれる。一六四一年には、「普光院御所従《よ》り琉球御給ひの儀」を記した文書が存在していた。

二つの附庸神話には決定的なちがいがある。為朝始祖説は、『中山世鑑』に完成した姿をみるように、琉球王府によって積極的に受容され、ともに清和源氏の流れをひくとすることで島津氏への対等意識の支えとなる側面さえあった。それに対して嘉吉附庸説は島津側の一方的な主張で、琉球側の記録にはいっさいあらわれない。征服戦争正当化のための言説以上ではなく、さほど普及しなかった。

王府機構の存続

首里城を明け渡した尚寧王は、一六〇九年六月に鹿児島に入って島津家久と、ついで八月に義久と面会した。翌年四月に家久とともに江戸にむけ出立し、八月に駿府《すんぷ》城で大御所家康と、九月に江戸城で将軍秀忠と面会した。同月江戸をはなれて歳末に鹿児島に着き、一六一一年一〇月、ひさびさに琉球の土を踏んだ。その直前の九月、尚寧と王府重臣六名は、それぞれ家久に三か条からなる起請文《きしょうもん》を捧げた。尚寧起請文の第二条は子々孫々まで誓約を遵守する、第三条は島津氏の定める法度に違乱しない、という簡単なもので、中心はつぎに掲げる第一条にあった（『島津家文書』原漢文）。

一、琉球の儀、往古自《よ》り　薩州島津氏の附庸為《た》り。之に依り　太守其の位を譲らるるの時は、厳《おごそ》かに船を艤し、以て焉《これ》を祝ひ奉り、或いは時々使者使僧を以て、陋邦の方物を献じ、其の礼義終《つい》に怠り無し矣。就中《なかんずく》　太閤秀吉公の御時定め置かるる所は、薩州に相附し徭役諸式相勤むべき旨、其の疑ひ無しと雖も、遠国の故相違する能はず。右の御法《ごはっ》度《と》多罪々々。茲《これ》に因り球国破却せられ、且つ復《ま》た身を貴国に寄する上は、永く帰郷の思ひを止《とど》むること、宛《あたか》も鳥の籠中に在るが如し。然る処　家久公御哀憐有り、啻《ただ》に帰郷の志を遂ぐるのみに匪《あら》ず、諸島を割きて以て我が其の履《うち》に錫《たま》ふ。此の如きの御厚恩、何を以て之に謝し奉るべけん哉。永々代々薩州州君に対し、毛頭疎意を存ずべからざる事。

〈琉球は往古より薩摩の附庸〉という言説が、国王自身のことばとして発せられ、「球国破却」の原因は、秀吉の定めた島津に対する徭役諸式の提供（いわゆる「与力」）を、琉球が怠ったことに求められている。そして王府の存続は、島津氏が沖縄島以南の諸島を割いて王に賜与した、という論理で説明される。重臣起請文ではこれを「過分の御知行宛行《あておこ》なはる」と表現している。具体的には、この年八月に終了した検地の結果として、九島（悪鬼納《おきなー》・伊江・久米嶋・伊勢那《いぜな》嶋・計羅摩《けらま》・与部屋《いへや》・宮古嶋・登那幾《となき》・八重山嶋）・八万九〇八六石が、九月十日付で家久から「国主之履《ろく》」として配分され、うち五万石は王位の御蔵入、残りは侍への給分とされた（『喜安日記』）〔梅木二〇一三〕。

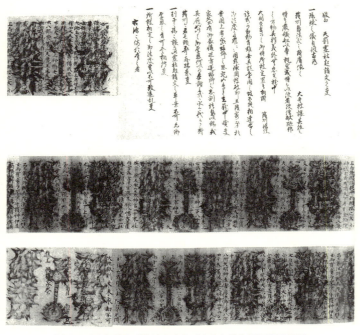

「中山王尚寧起請文」『島津家文書』(東京大学史料編纂所所蔵)

重臣起請文の第二条には、尚寧のものとは異なって、「若《も》し球国の輩、右の御厚恩を忘れ、悪逆を企つ者之《これ》在りて、縦《たと》ひ国主其の旨同心為《た》りと雖も、只今《ただいま》此の起請文連署の輩は、薩州御幕下に属し、毛頭逆心の無道に相随ふべからず候事」という不穏な文言がある。じっさい、三司官だった謝名《じゃな》親方鄭迵は、鹿児島に囚われていた一六〇九年九月、明に救援を求める「反間の書」を作成し、長崎滞在の福建商人に託していたが、翌年渡明した尚寧の使者毛鳳儀らが、上京の途上でこれを商人から買いもどす、という事件があった。鄭迵は重臣起請文への署名を拒否し、九月十九日首を刎《は》ねられた。『喜安日記』は「今度琉国の乱劇の根本を尋《たずぬ》るに、若那《じゃな》一人の所為也、無上佞臣《ねいしん》也」とののしっている。

鄭迵が処刑されたのと同日、島津家家老四名の連名で一五か条からなる「掟」が下知された（『旧後三』八六〇号、以下丸数字は条文番号）。その内容は大まかに四つに分類できる。（一）琉球の対外交易の統制—①薩摩の許可のない対中貿易は停止 ⑥薩摩の許可証のない商人は不認可 ⑬薩摩以外の国への商船派遣厳禁。（二）王の行為の制限—②現役でない御用人に知行を遣すこと ③女房衆に知行を遣すこと ⑤多くの寺の創建 ⑨三司官を通さない王への上申。（三）経済・租税関係—④私の主取り禁止 ⑦琉球人の日本への売却禁止 ⑧年貢・公物は日本の置目にのっとって収納 ⑫町人百姓に法定外の諸役を賦課した者を鹿児島府に告発せよ ⑭日本の京判枡以外は用いない。（四）違法行為の禁止—⑩押買押売 ⑪喧嘩口論 ⑮博奕《ばくち》僻《ひが》事《ごと》。

対外関係や王の行為が重点的な規制対象とされており、経済事項にも日本のスタンダードが多く適用されるが、民政は多く琉球にゆだねられており、薩摩の役人が直接琉球の国政に携わることはなかった。

日明復交のチャネルとして〔渡辺二〇一二、第一部第二章〕

出発当初の家康政権の国際関係認識をよく示すものに、一六一〇年すえに本多正純から福建道総督軍務都察院都御史にあてた書簡がある。勘合貿易の復活を打診し、東南アジア往来の朱印船が漂着したさいの保護を依頼したものである。林羅山の起草になり、奥に家康の印判が据えられていた（『羅山先生文集』巻十二、原漢文）。

> 方今吾が日本国主源家康、闔国《こうこく》（全国）を一統し、諸島を撫育《ぶいく》し、左右文武、経緯綱常、往古の遺法に遵ひ、旧時の烱戒《けいかい》を鑑《かがみ》とす。邦富み民殷《さか》へて九年の蓄を積み、風移り俗易《かわ》りて三代の跡を追ふ。其の化の及ぶ所、朝鮮は入貢し、琉球は称臣し、安南・交趾《コーチ》・占城《チャンパ》・暹邏《シャム》・呂宋《ルソン》・西洋・柬埔寨《カンボジア》等、蛮夷の君長・酋帥、各々書を上り賓《みつぎ》を輸《いた》さざるは無し。是に由《よ》り益ます中華を慕ひて和平を求むるの意、懐《こころ》に忘るる無し。

明を中華として慕うといいつつ、日本を中心とする華夷世界が誇らしげに語られている。筆頭に①朝鮮の入貢と②琉球の称臣があげられ、それに③東南アジア諸国の上書入貢がつづく。史実としてはそれぞれ、①一六〇七年の回答兼刷還使の到来、②一六〇九年の島津氏の征服、③前後におびただしく派遣された朱印船に対する相手国の回答、をさすにすぎない。（ただし

「琉球称臣」の一句は明を刺激しないよう『異国日記』に収める清書版では削除された〔藤井一九九四・トビ二〇〇三〕。）その中心がいうまでもなく明との関係になるが、ここでいう「勘合」は「日本国主」の明皇帝への臣従を前提としたものではない。むしろ遣明船《けんみんせん》に家康の朱印状をもたせるという構想から考えると、朱印船貿易の対象に明をもふくめようとするものだった。

　幕府が琉球の進貢貿易に期待したのも、断絶したままの対明関係を復活させるためのあの手この手の一つとしてだった。近世琉球のわくぐみがいちおうできあがった一六一一年十月、島津家久は尚寧にあてた書簡（『旧後四』八七六号）で、九州の兵を発して明を侵そうという家康を、「琉球が商を通じ好《よしみ》を議するのを待ち、それが不調に終わってから出兵しても遅くない」と制止したことを述べ、つぎの三案（史料には「三事」とある）を明側に奏聞するよう琉球に求めた。一年以上たった一六一三年春、尚寧の名義で薩摩の禅僧文之玄昌が作成した「福建軍門老大人」あての書簡も「三事」に言及している（『南浦文集』巻中・与大明福建軍門書。原漢文。〔　〕内が「軍門書」における表現）。

其一、海隅偏島の一処を割き、以て我が国の舟商を通じ、彼此をして各《おのおの》咎无《とがな》きを得さしむ。〔一に以て、日本商船をして、許して以て之を大明の辺地に容れしむ〕

其二、歳ごとに餉船を通じて琉球に交接し、日中交易を倣《なら》ひて例と為す。〔二に以て、大明の商船をして、我が小邦（琉球）に来りて交相貿易せしむ〕

其三、孰《いず》れか若《も》し来往通使せば、互ひに幣書を致し意を嘉《よ》みし礼を勧め、交相するを美と為す。〔三に以て、一遣使をして、年年其貨の有無を通ぜしむ〕」

家久書簡では、明が三案のどれを選んでも「則ち和好し、両国万民は恵を受け、社稷《しゃしょく》は保安長久ならん」といい、さもなければ「大将軍（家康）既に徳を不服（服従しない地）に輝かすなり。入寇の戦船をして、沿海に曼渡して勦除《そうじょ》し城邑を陥し殺生せしめん」と脅している。尚寧書簡でもほぼおなじことを、「三者若し之《これ》を許すこと無くんば、日本西海道九国数万の軍をして、大明に進寇せしめん。大明数十州の日本に鄰りする者、必ずや近き憂《うれ》へ有らん矣。是れ皆日本大樹将軍（家康）の意にして、州君（家久）両国の志を通ぜんと欲する所以《ゆえん》の者なり」と述べている。

明が「三事」を知ったのは、「軍門書」の作成より一年も前の一六一二年三月、尚寧が進貢謝恩使として送った法司馬良弼・鄭俊らが福建に到着したときだった。福建巡撫丁継嗣が進貢物を点検したところ、その多くが「倭産に係る者」だった。報告を受けた北京では、「琉球は情形測り叵《がた》し。宜《よろ》しく之と絶つべきが便なり。但《た》だ彼の名は進貢為《た》り。而して我遽《にわ》かに阻回せば、則ち彼得て辞と為さん（あれこれと文句を言うだろう）。柔遠《じゅうえん》（遠夷をなつかせる）の体《てい》に非ざるを恐る」などの意見があった。喧々囂々《けんけんごうごう》の論議のなかで丁が呈した上奏文に、「陽に貢献恭順の名に托《かこつ》け、陰に狡倭互市（貿易）の計を扶《たす》く。……其の山（琉球）の内に故《ことさ》らに三事を設く。語狂悖《きょうはい》多し。其の云ふ所の三事とは、是れ明らかに互市の説を挟《はさ》む也」とある〔梅木二〇一一、四二七頁〕。一一月にいたって、軍需物資の硫黄は留めてそのほかは持ち帰らせることに決したが、そのさいつぎのような勅諭が発せられた（『明実』万暦40 11乙巳）。翌年五月の福建布政使司咨文（『歴宝』07—15）に引用されたものを掲げる（原漢文）。

爾《なんじ》の国は新たに残破を経《へ》（島津氏の征服をさす）、財匱《つ》き人乏し。何ぞ必ずしも間関として（遠路苦労して）遠来せんや。還《ま》たまさに厚く自ら繕聚（復興）すべし。拾年の後、物力稍《やや》完然するを俟《ま》ちて後、復《ま》た貢職を修むるも未だ晩《おそ》しと為《せ》ざる也。見今の貢物は、巡撫衙門の査に著《つ》き、倭産に係る者は、其れ悉く携帰せよ。若《なんじ》の国より出づるに係る者は、姑《しばら》く収解（収納と回賜）を准《ゆる》して、以て爾が恭順の意を見ん。又来貢の人は、旧に照らして賞を給はり、即《ただちに》便回国し、必ずしも入朝せず、以て跋渉《ばつしょう》（長旅）の労苦を省け。

明のホンネは琉球との絶交にあったが、それでは「柔遠」というタテマエに背くので、島津氏征服後の疲弊を表むきの理由として、つぎの進貢まで十年あいだを空けさせた。長く二年一貢だったのを十年一貢以下に切り下げたわけで、「必ずしも入朝せず」とあるように、入貢拒否に近い措置だった。このときの進貢品は前代と大きく異なる内容ではなく、倭物過多は口実にすぎない。

このように、琉球の進貢貿易に託した幕府—薩摩藩の思惑が完全に裏目に出て、日明復交どころか琉球の命綱である進貢自体が当面停止されてしまうという、重大な結末をもたらした。この決定には明の内部でも異論が強かったらしい。一六一三年五月、決定が盛られた福建布政使司の咨（『歴宝』07—15）が福州で使節団に手渡されたが、翌六月に福建総鎮府から尚寧にあてた咨（07—16）には、「前情を分解（理解）し、例に照らして三年進貢を乞ふ」という使節団の訴えを同府が朝廷にとりつぎ、兵部が皇帝の諮問に「官を差《つか》はして貴国に往《ゆ》き事情を哨探せしめ、方《まさ》に進貢の期を定めん」と回奏したことが記されている。この案が実行されたかどうかは不明だが、明の決定がくつがえることはなく、以後琉球は貢期短縮の請願にたいへんな精力を割かれるはめになった。

いっぽう幕府・薩摩藩にとっても、それまでの対琉球政策の見なおしが不可避となった。明と国家間関係を築くことはあきらめ、直接の関係は長崎に来航する民間商船との貿易に限定する。明の疑惑の原因となった琉明関係への干渉を控えて琉球の自主性にゆだね、進貢貿易の輸入品を琉球で間接的に入手するにとどめる。そうした転換の先に、近世を通じて存続する琉球と中国・薩摩・ヤマトの関係のわくぐみが形成されていく。

幕藩体制のなかの「異国」

琉球を対明交渉の手先として利用する路線が破綻した結果、薩摩藩は琉球により大きな自治を認める間接支配へと舵《かじ》をきった。そのような動向を端的に表現する語が「御分別次第」で、一六二四年の家老三名を差出とする「定」五か条（『旧後四』一八五五号）に見える。その第三条は琉球人が日本の名や風俗を用いること、第五条は他国人が琉球へ来ることを停止したもので、琉球が「日本風」に染まる傾向に歯止めをかけ、「異国風」を維持保存しようとする策とみられる。残る三か条を左に抜き書きする。

①一　三司官其外諸役職之扶持方、自今以後者可レ為二御分別次第一之事

②一　科人死罪・流罪之儀、此方ニ不レ及二御伺一、御分別次第たるへき事

④一　おりめ（注）まつりの儀、此方御蔵入之分者、耕作時分不レ違やうにと被二仰付一候、御分領之儀者、御分別次第たるへく候事

（注）『日本国語大辞典』は「おりめ-きりめ【折目切目】」の見出しで「⑴物事の時間的な節目。区切り。また、特に、正月や盆の清算期など季節のきりめになるような節日。また、民間の祭日をもいう。」という語釈を掲げている。

①は三司官以下の役人たちへの給与（土地をふくむ）は王が自主的に決められる、②は犯罪者の処断を薩摩に断らず執行できる、④は農事にともなう祭礼は薩摩の蔵入地をのぞいて琉球風にして差し支えない、というもの。①に「自今以後は」とあって、この時点から適用される条文と解されるが、おそらく②④も同様だろう。

他方、一六二八年に那覇に琉球在番奉行が設置され、薩琉間の公務や貿易を管轄し、琉球王府の動向を監視した。

石高制上で薩摩と琉球の関係を確定させたのが、一六三四年に将軍家光から島津家久に出された左の領知判物である（『旧後五』七五五号）。

薩摩・大隅両国幷日向国諸県郡都合六拾万五千石余目録在別紙、此外琉球国拾弐万三千七百石事、

全可レ有二領知一之状如レ件、

寛永十一年八月四日　　家光（花押影）

薩摩
中納言殿

薩摩藩の本領が六十万五千石余、琉球国分が十二万三千七百石で、以後この数値は固定化される。紙屋敦之によれば、双方をつなぐ「此外」の字は、琉球が幕府の軍役賦課の対象外（無役）で、幕藩制のなかの「異国」であることを示すという（紙屋一九九〇、第二部第三章）。この判物は、尚豊王の使節として王子と王弟が家久にともなわれて上洛し、二十万の大軍を率いて二条城に駐留していた家光に謁見したさいに、発給された。「異国」を従える将軍と島津氏を、全国の諸大名に誇示する政治ショーであった。

そしてこの琉球使が、将軍交代時の慶賀使、国王交代時の謝恩使の初回とされ、以後一八五〇年までのあいだに一八回行なわれた。この年は将軍が在京中という例外で、通例は長途江戸までおもむいたので、これを「琉球使節の江戸上り」という。一六三三年にオランダ商館長の江戸参府が始まったこと、朝鮮から将軍襲職時に送られる使者の名称が、一六三六年に回答兼刷還使から通信使に格上げされたこととあわせて、「異国」を従える将軍の偉大さを庶民にまで見せつける装置が完成した。その先駆として、一六一〇年に囚われの尚寧王が江戸へおもむいたさい、幕府が島津家久に伏見～江戸間の馳走は朝鮮よりの勅使なみとすることを伝えたことがあげられよう（『旧後四』五九四号）。

「琉球中山王両使者登城行列」の一部（国立公文書館所蔵）

朝鮮との関係で使節名称より重要な事件は、一六三五年に国書偽造の罪で対馬藩の家老柳川調興《しげおき》が失脚した「柳川一件」である。その結果、京都五山から対馬に輪番で勤務する碩学《せきがく》の禅僧に外交文書の起草をゆだねる「以酊庵《いていあん》輪番制」がスタートした。また、偽造の発端は朝鮮側の将軍呼称「日本国王」を対馬が改竄《かいざん》したことだったが、柳川一件後「日本国大君」とすることで両国が折りあった。おなじ一六三五年に琉球王の称号が「中山王」から「琉球国司」に変更されたことも、関連する動きだろう。その初見とされる用例をつぎに掲げる（『旧附録二』四四七号）。無年号だが一六三五年に比定されている。

邀《むかえて》而呈二愚翰一候。然者、去年唐船不レ致二帰朝一、心遣《こころづかい》候之処、今年五月下旬ニ二艘共帰帆仕、目出度令レ存候。就《それにつき》レ其、此前五年ニ一度之進貢御座候処、種々致二懇望一、三年ニ度進貢ニ罷成候之由、今度申来候。
是又珍重不レ過レ之候。猶期二後喜一候。恐惶謹言。

琉球国司
尚豊（花押影）

六月朔日
御老中衆

一六一二年に琉球を苦境に陥れた不貢に近い貢期延長が、ようやく解消されて、「三年二度進貢」（実質的には二年一貢）にもどったことがわかる。一六二〇年に死去した尚寧の跡を嗣いだ尚豊は、二二年にみずからの冊封を求め、あわせて十年の期限が満ちたとして進貢の使節を明へ送り、二年一貢への復帰を願ったが、明はしばらくは五年一貢に留めた。二九年に明はようやく尚豊の請封を認めて冊封使杜《と》三策《さんさく》らを任命し、杜らは三三年に来琉して冊封を挙行した。その帰途に同行した護送・謝恩の琉球使が「旧貢回復」を願う尚豊の咨文を明にもたらし、三四年一一月、ついに許可の聖旨が下った〔渡辺二〇一二、八八～八九頁〕。進貢においても近世琉球の体制がここに安定をみた。

以上のように見てくると、一六三三年から三五年という短い期間に、近世日本の対外関係を構成する重要なできごとのあいついだことがわかる。さらに、一六三五年に明をはじめとする外国船の入港を長崎・平戸に限るという、いわゆる鎖国制確立への重要なステップをおいてみれば、ますますその感は深まるだろう。

　こうして変則的なかたちで幕藩制に編入された琉球だったが、ヤマトからの自立、独自性を誇りとする自意識は滅びなかった。近世琉球の薩摩・清への両属関係は、大藩ぶりを誇示しようとする薩摩によって意図的に存続させられた面がある。だが同時に、明治維新＝琉球処分の時期の「脱清人」の出現が示すように、ヤマト天皇制から離れたアイデンティティのよりどころともなった。

引用文献

赤嶺誠紀『大航海時代の琉球』（沖縄タイムス社、一九八八年）
赤嶺　守『琉球王国―東アジアのコーナーストーン』（講談社〈講談社選書メチエ〉、二〇〇四年）
秋山謙蔵『日支交渉史話』（内外書籍、一九三五年）
安里　進『考古学からみた琉球史・上―古琉球世界の形成』（ひるぎ社、一九九〇年）
安里進・土肥直美『沖縄人はどこから来たか〈改訂版〉―琉球＝沖縄人の起源と成立』（ボーダーインク、二〇一一年）
池田榮史編『古代中世の境界領域―キカイガシマの世界』（高志書院、二〇〇八年）
池畑耕一「古代・中世の鹿児島と喜界島」（『東アジアの古代文化』一三〇号、二〇〇七年）
池宮正治「王と王権の周辺―『おもろさうし』にみる」（島村幸一編『池宮正治著作選集』第一巻、笠間書院、二〇一五年〔初出一九九一年〕）
石井正敏「日本・高麗関係に関する一考察―長徳三年（九九七）の高麗来襲説をめぐって」（『石井正敏著作集三　高麗・宋元と日本』勉誠出版、二〇一七年〔初出二〇〇〇年〕）
石上英一「史跡赤木名城跡の歴史的背景」（奄美市教育委員会『奄美市文化財叢書６史跡赤木名城跡保存管理計画書』二〇一五年）
板垣雄三「民族と民主主義」（歴史学研究別冊特集『歴史における民族と民主主義』青木書店、一九七三年）
伊藤幸司『中世日本の外交と禅宗』（吉川弘文館、二〇〇二年）
伊波普猷「『隋書』に現れたる琉球」（『伊波普猷全集』第二巻、平凡社、一九七四年〔初出一九二六年〕）
伊波普猷『沖縄歴史物語―日本の縮図』（平凡社〔平凡社ライブラリー〕、一九九八年〔初刊一九四七年〕）
伊波普猷『古琉球』（岩波書店〔岩波文庫〕、二〇〇〇年〔初刊一九一一年〕）

上里隆史「古琉球・那覇の「倭人」居留地と環シナ海世界」(『史学雑誌』一一四編七号、二〇〇五年)
上里隆史『琉日戦争一六〇九—島津氏の琉球侵攻』(ボーダーインク、二〇〇九年)
上里隆史「琉球の大交易時代」(荒野泰典・石井正敏・村井章介編『日本の対外関係4倭寇と「日本国王」』吉川弘文館、二〇一〇年)
上里隆史『琉球古道—歴史と神話の島・沖縄』(河出書房新社、二〇一二年)
上原兼善『幕藩制形成期の琉球支配』(吉川弘文館、二〇〇一年)
上原兼善『島津氏の琉球侵略—もう一つの慶長の役』(榕樹書林、二〇〇九年)
梅木哲人『近世琉球国の構造』(第一書房、二〇一一年)
梅木哲人『新琉球国の歴史』(法政大学出版局、二〇一三年)
大田由起夫「ふたつの「琉球」—13・14世紀の東アジアにおける「琉球」認識」(木下尚子編科研報告書『13～14世紀の琉球と福建:13—14世紀海上貿易からみた琉球国成立要因の実証的研究:中国福建省を中心に』熊本大学文学部、二〇〇九年)
応地利明『絵地図の世界像』(岩波書店〔岩波新書〕、一九九六年)
岡本弘道『琉球王国海上交渉史研究』(榕樹書林、二〇一〇年)
紙屋敦之『幕藩制国家の琉球支配』(校倉書房、一九九〇年)
岸野　久『西欧人の日本発見—ザビエル来日前日本情報の研究』(吉川弘文館、一九八九年)
喜舎場一隆『近世薩琉関係史の研究』(国書刊行会、一九九三年)
木下尚子「ヤコウガイ大量出土遺跡の検討」(熊本大学『文学部論叢』九三号歴史学篇、二〇〇七年)
窪　徳忠『中国文化と南島』(第一書房、一九八一年)
ヨーゼフ＝クライナー・吉成直樹・小口雅史編『古代末期・日本の境界—城久遺跡群と石江遺跡群』(森話社、二〇一〇年)

黒嶋　敏『中世の権力と列島』（高志書院、二〇一二年）
黒嶋　敏『琉球王国と戦国大名―島津侵入までの半世紀』（吉川弘文館、二〇一六年）
黒嶋敏・屋良健一郎『琉球史料学の船出―いま、歴史情報の海へ』（勉誠出版、二〇一七年）
小島瓔禮《よしゆき》「芥隠承琥伝」（島尻勝太郎・嘉手納宗徳・渡口真清三先生古稀記念論集刊行委員会編『球陽論叢』ひるぎ社、一九八六年）
小葉田淳『中世南島通交貿易史の研究』（刀江書院、一九六八年（初刊一九三九年））
小葉田淳『中世日支通交貿易史の研究』（刀江書院、一九六九年（初刊一九四一年））
佐伯弘次「室町前期の日琉関係と外交文書」（『九州史学』一一一号、一九九四年）
坂上康俊「八―十一世紀日本の南方領域問題」（九州史学研究会編『境界からみた内と外』岩田書院、二〇〇八年）
島村幸一『『おもろさうし』と琉球文学』（笠間書院、二〇一〇年）
島村幸一「『おもろさうし』と仮名書き碑文記」（同編『琉球―交叉する歴史と文化』勉誠出版、二〇一四）
白木原和美「琉球弧と南シナ海」（『海と列島文化10海から見た日本』小学館、一九九二年）
白鳥庫吉「『隋書』の流求国の言語に就いて」（『民族學研究』一巻四号、一九三五年（全集第九巻所収））
新里亮人「カムィヤキとカムィヤキ古窯跡群」（『東アジアの古代文化』一三〇号、二〇〇七年）
杉山　洋「琉球鐘」（仏教芸術学会『仏教芸術』二三七号、一九九八年）
鈴木靖民『日本古代の周縁史―エミシ・コシとアマミ・ハヤト』（岩波書店、二〇一四年）
高瀬恭子「歴代宝案第一集における火長について」（『東南アジア―歴史と文化』一二号、一九八三年）
高梨　修『ヤコウガイの考古学』（同成社、二〇〇五年）
高梨修・阿部美菜子・中本謙・吉成直樹『沖縄文化はどこから来たか―グスク時代という画期』（森話社、二〇〇九年）

高梨一美『沖縄の「かみんちゅ」たち―女性祭司の世界』（岩田書院、二〇〇九）
高橋康夫『海の「京都」―日本琉球都市史研究』（京都大学学術出版会、二〇一五年）
高良倉吉『琉球王国の構造』（吉川弘文館、一九八七年）
高良倉吉「琉球辞令書の一覧表と収集現況」（『琉球大学法文学部紀要 日本東洋文化論集』一号、一九九五年）
高良倉吉『アジアのなかの琉球王国』（吉川弘文館、一九九八年）
高良倉吉『琉球の時代―大いなる歴史像を求めて』（筑摩書房〔ちくま学芸文庫〕、二〇一二年〔初刊一九八〇年〕）
田名真之『南島地名考―おもろから沖縄市誕生まで』（ひるぎ社、一九八四年）
田中健夫『中世対外関係史』（東京大学出版会、一九七五年）
田中健夫『対外関係と文化交流』（思文閣出版、一九八二年）
田中健夫『東アジア通交圏と国際認識』（吉川弘文館、一九九七年）
田中史生「九～十一世紀東アジアの交易世界と奄美諸島」（『東アジアの古代文化』一三〇号、二〇〇七年）
田中史生『国際交易と古代日本』（吉川弘文館、二〇一二年）
知名定寛『琉球仏教史の研究』（榕樹書林、二〇〇八年）
ロナルド＝トビ「近世初頭対明の一外交文書諸本の系譜―誤写、誤読、誤記の系譜と日本型「華夷」論」（『東京大学史料編纂所研究紀要』一三号、二〇〇三年）
豊見山和行『琉球王国の外交と王権』（吉川弘文館、二〇〇四年）
富村真演「尚円王考」（南島史学会編『南島―その歴史と文化』国書刊行会、一九七六年）
永山修一「文献から見たキカイガシマ」（池田榮史編『古代中世の境界領域―キカイガシマの世界』高志書院、二〇〇八年）
新名一仁『室町期島津氏領国の政治構造』（戎光祥出版、二〇一五年）

根井浄「補陀落僧の琉球—日秀上人を中心に—」（島村幸一編『琉球—交叉する歴史と文化』勉誠出版、二〇一四）
橋本　雄「中世の喜界島・南西諸島・環東シナ海」（池田榮史編『喜界島研究シンポジウム　古代・中世のキカイガシマ　資料編』二〇〇五年）
波照間永吉編『琉球の歴史と文化—『おもろさうし』の世界』（角川学芸出版（角川選書）、二〇〇七年）
葉貫磨哉『中世禅林成立史の研究』（吉川弘文館、一九九三年）
比嘉康雄『神々の古層③遊行する祖霊神ウヤガン（宮古島）』（ニライ社、一九九一年）
東恩納寛惇『黎明期の海外交通史』（帝国教育会出版部、一九四一年）
藤井讓治「一七世紀の日本—武家の国家の形成—」（『岩波講座日本通史12近世２』岩波書店、一九九四年）
深瀬公一郎・渡辺美季「沖縄県立博物館所蔵『琉球國圖』」（科研報告書『琉球と日本本土の遷移地域としてのトカラ列島の歴史的位置づけをめぐる総合的研究』琉球大学法文学部、二〇〇四年）
外間守善『ＮＨＫ市民大学　沖縄の歴史と文化』（日本放送出版協会、一九八四年）
増田　修「『隋書』にみえる流求国—建安郡の東・水行五日にして至る海島」（『市民の古代』第一五集、一九九三年）
松本雅明『沖縄の歴史と文化—国家の成立を中心として』（近藤出版社、一九七一年）
宮　紀子『モンゴル帝国が生んだ世界図』（日本経済新聞出版社、二〇〇七年）
宮本義己「室町幕府と琉球使節—琉球船貢物点検問題の実相とその意義」（『南島史学』四五号、一九九五年）
村井章介・三谷博編『琉球からみた世界史』（山川出版社、二〇一一年）
村井章介「十五世紀朝鮮・南蛮の海域交流—成宗の胡椒種救請一件から」（森平雅彦編『中近世の朝鮮半島と海域交流』汲古書院、二〇一三年）
村井章介「「日本」の自画像」（『岩波講座日本の思想　第三巻　内と外—対外観と自己像の形成』岩波書店、二〇一四年ａ）

村井章介「一五世紀日朝外交秘話―李藝と文渓正祐」(『立正史学』一一五号、二〇一四年b)
村井章介「15・16世紀海洋アジアの海域交流―琉球を中心に」(平尾良光・飯沼賢司・村井編『大航海時代の日本と金属交易』思文閣出版、二〇一四年c)
村井章介『中世史料との対話』(吉川弘文館、二〇一四年d)
村井章介「かな碑文に古琉球を読む」(黒嶋敏・屋良健一郎編『琉球史料学の船出―いま、歴史情報の海へ』勉誠出版、二〇一七年a)
村井章介「琉球王国と「倭寇」〔二〇一七年度歴史学研究会大会全体会「境界領域をめぐる不条理」コメント1〕」(『歴史学研究』九六三号、二〇一七年b)
森　克己「古代南方との交渉」(『新編森克己著作集2続日宋貿易の研究』勉誠出版、二〇〇九年)
矢野美沙子『古琉球期首里王府の研究』(校倉書房、二〇一四年)
山里純一『古代日本と南島の交流』(吉川弘文館、一九九九年)
山里純一「日本古代国家と南島、琉球―赤木を中心に」(池田榮史編『古代中世の境界領域―キカイガシマの世界』高志書院、二〇〇八年)
屋良健一郎「琉球辞令書の様式変化に関する考察」(黒嶋敏・屋良編『琉球史料学の船出―いま、歴史情報の海へ』勉誠出版、二〇一七年)
吉岡康暢「南島の中世須恵器―中世初期環東アジア海域の陶芸交流」(『国立歴史民俗博物館研究報告』九四集、二〇〇二年)
吉成直樹・福寛美『琉球王国と倭寇―おもろの語る歴史』(森話社、二〇〇六年)
吉成直樹・福寛美『琉球王国誕生―奄美諸島史から』(森話社、二〇〇七年)
吉成直樹『琉球の成立―移住と交易の歴史』(南方新社、二〇一一年)
吉成直樹・高梨修・池田榮史『琉球史を問い直す―古琉球時代論』(森話社、二〇一五年)

梁　嘉彬「隋書流求國傳逐句考證（初稿）」（『大陸雜誌』四五巻六号、台北、一九七二年）
和田久徳『琉球王国の形成—三山統一とその前後』（榕樹書林、二〇〇六年）
渡辺美季『近世琉球と中日関係』（吉川弘文館、二〇一二年）

参考文献

安里　進『琉球の王権とグスク（日本史リブレット42）』（山川出版社、二〇〇六年）
池宮正治・小峯和明編『古琉球をめぐる文学言説と資料学—東アジアからのまなざし』（三弥井書店、二〇一〇年）
上里隆史・深瀬公一郎・渡辺美季「沖縄県立博物館所蔵『琉球國圖』—その史料的価値と『海東諸国紀』との関連性について」（『古文書研究』六〇号、二〇〇五年）
上里隆史『海の王国・琉球—「海域アジア」屈指の交易国家の実像』（洋泉社、二〇一二年）
内田晶子・高瀬恭子・池谷望子『アジアの海の古琉球—東南アジア・朝鮮・中国』（榕樹書林、二〇〇九年）
沖縄県文化振興会史料編集室編『古琉球（沖縄県史各論編第三巻）』（沖縄県教育委員会、二〇一〇年）
紙屋敦之『東アジアのなかの琉球と薩摩藩』（校倉書房、二〇一三年）
木下尚子「7〜13世紀の貝交易と南島—ホラガイを中心に」（第3回「沖縄研究国際シンポジウム」実行委員会・沖縄文化協会編『世界につなぐ沖縄研究　復帰25周年記念　第3回沖縄研究国際シンポジウム』二〇〇一年）
金　文京『漢文と東アジア』（岩波書店〔岩波新書〕、二〇一〇年）
小峯和明編『漢文文化圏の説話世界』（竹林舎、二〇一〇年）
島村幸一『おもろさうし（コレクション日本歌人選56）』（笠間書院、二〇一二年）

島村幸一『琉球文学の歴史叙述』(勉誠出版、二〇一五年)
島村幸一『おもろさうし研究〔立正大学文学部学術叢書03〕』(KADOKAWA、二〇一七年)
清水有子『近世日本とルソン―「鎖国」形成史再考』(東京堂出版、二〇一二年)
高良倉吉『琉球王国史の探求』(榕樹書林、二〇一一年)
田名真之『蔡氏』(久米崇聖会、二〇〇八年)
谷川健一編『日琉交易の黎明―ヤマトからの衝撃』(森話社、二〇〇八年)
永山修一『隼人と古代日本』(同成社、二〇〇九年)
波照間永吉編『琉球の歴史と文化―『おもろさうし』の世界』(角川学芸出版〔角川選書〕、二〇〇七年)
福島金治『戦国大名島津氏の領国形成』(吉川弘文館、一九八八年)
松浦　章『東アジア海域の海賊と琉球』(榕樹書林、二〇〇八年)
松田良孝『与那国台湾往来記―「国境」に暮らす人々』(南山舎〔やいま文庫〕、二〇一三年)
村井章介『東アジア往還―漢詩と外交』(朝日新聞社、一九九五年)
村井章介『境界をまたぐ人びと〔日本史リブレット28〕』(山川出版社、二〇〇六年)
村井章介『日本中世境界史論』(岩波書店、二〇一三年)
村井章介『境界史の構想〔日本歴史私の最新講義12〕』(敬文舎、二〇一四年)
吉成直樹『琉球王権と太陽の王』(七月社、二〇一八年)

あとがき

まもなく七十代に足を踏みいれる私は、琉球・沖縄史の専家ではないが、少なからず古琉球に惹きつけられてきた。顧みるとその発端は、一九七五年の「海洋博」にひっかけて近世史の吉田伸之・原口泉両氏を中心に企画されたツアーに参加し、ひと月近くも沖縄に滞在した経験にあった。当時私は東京大学史料編纂所に職をえて二年目の二六歳、同行者に若かりし荒野泰典・安藤正人・小風秀雅氏らがいたことを記憶している。

このときは、原口氏夫人のお母さんが経営するホテルに無料・二食付で滞在するという、とんでもない待遇に浴した。高良倉吉氏のお誘いで、八月十三日に浦添城趾の記念碑前で開かれる伊波普猷忌（物外忌《ぶつがい》）に参加したこと、与那原《よなばる》大綱曳《つなひき》に飛び入り参加して疲れはてたこと、荒野氏と二人で石垣島・竹富島へ足をのばし、珊瑚礁の海をシュノーケリングで満喫し死ぬほど日焼けしたこと——など濃すぎるほどの沖縄初体験だった。

しかしその後一九八〇年代にかけては、琉球を本格的に研究対象とすることはなく、九〇年にいたって、どういう経緯だったか、『琉球新報』に「古琉球と列島地域社会」という一〇回の連載を任され（翌年同社編・刊『新 琉球史・古琉球編』に再録）、中世ヤマトと古琉球の関係を通時的に展望する機会をえた。

一九九七年にちくま新書から刊行した『海から見た戦国日本―列島史から世界史へ』（増補版を『世界史のなかの戦国日本』と改題して二〇一二年にちくま学芸文庫より刊行）第３章「古琉

球の終焉」では、古琉球から近世琉球への移行を展望した。九八年には池宮正治・ロバート＝キャンベル・小峯和明氏との座談会「古代幻視を越えて―古琉球の相対化をめざして」に臨んでいる（『文学』九巻三号）。掘り下げたテーマとしては、九三年に永原慶二氏の還暦記念論集『中世の発見』（吉川弘文館）に禅宗詩文史料をおもな材料として「十五～十七世紀の日琉関係と五山僧」を（『東アジア往還―漢詩と外交』朝日新聞社、一九九五年に再録）、九七年に村井・佐藤信・吉田伸之編『境界の日本史』（山川出版社）に「千竈時家処分状」をおもな材料として「中世国家の境界と琉球・蝦夷」を（『日本中世境界史論』岩波書店、二〇一三年に再録）、それぞれ発表した。

ひきつづき境界を〈それ自身の歴史をもつ空間〉ととらえる視角から、二〇〇八年に「中世日本と古琉球のはざま」を池田榮史編『古代中世の境界領域―キカイガシマの世界』（高志書院）に、二〇一〇年に「古代末期の北と南」をヨーゼフ＝クライナー・吉成直樹・小口雅史編『古代末期・日本の境界―城久遺跡群と石江遺跡群』（森話社）に発表した（前者は『日本中世境界史論』に再録、後者は『境界史の構想』敬文舎、二〇一四年に吸収）。この二編はともに、キカイガシマ海域における二つの考古学上の新知見―徳之島のカムィヤキ古窯跡群と喜界島の城久遺跡群―をテーマとするシンポジウムで発表したもので、考古学との協業のよい経験となり、遺跡踏査も刺激にみちていた。

本書の副題に用いた「海洋アジア」という地域概念を提起したのは、一九九六年に歴史教育者協議会編『前近代史の新しい学び方―歴史教育と歴史学との対話』（青木書店）に書いた

「古琉球と海洋アジア」だった（『境界史の構想』に吸収）。その後、二〇〇〇年に『歴代宝案』を初めて俎上にのせて古琉球と東南アジアとの交流の諸相を論じた「東南アジアのなかの古琉球―『歴代宝案』第一集の射程」（『歴史評論』六〇三号、『日本中世境界史論』に再録）を発表したころより、ヤマトの西南の境界空間という位置づけがしだいに薄らぎ、むしろ海洋アジアの中心に古琉球を位置づける方向へと、「脱ヤマト化」していった。

二〇一〇年代に発表した「三部作」―「古琉球をめぐる冊封関係と海域交流」（村井・三谷博編『琉球からみた世界史』山川出版社、二〇一一年、『日本中世境界史論』に再録）・「十五世紀朝鮮・南蛮の海域交流―成宗の椒種求請一件から」（森平雅彦編『中近世の朝鮮半島と海域交流』東アジア海域叢書14、汲古書院、二〇一三年）・「15・16世紀海洋アジアの海域交流―琉球を中心に」（平尾良光・飯沼賢司・村井編『大航海時代の日本と金属交易』思文閣出版、二〇一四年）―は、対明朝貢体制に沿った史料『歴代宝案』が充分には語ってくれない海洋アジアにおける琉球の活動の実相を、そのピークである十五世紀を中心に、絵地図・『朝鮮王朝実録』・家譜類などを総動員して復元しようと苦闘した結果である。

関連して二〇一一年の「Lequiosのなかの Iapam ―境界の琉球、中心の琉球」（竹田和夫編『古代・中世の境界意識と文化交流』勉誠出版、『日本中世境界史論』に再録）では、十六世紀後半にポルトガル勢力が作成したアジア地図を追いかけて、そこに海洋アジアの中心だった古琉球の残影を見ようとした。また、一六年の「古琉球から世界史へ―琉球はどこまで「日本」か」（羽田正編集『MINERVA 世界史叢書1　地域史と世界史』、ミネルヴァ書房）は、古琉球・ヤマト・世界をすべて横ならびの「地域」として位置づけようとする試みで、このばあい「世界史」は地球規模を対象とする地域史の一類型となる。

ここ数年、私の古琉球研究は新しい方向を模索しつつある。一つは視覚的史料とりわけ絵地図の活用で、前記「Lequios のなかの Iapam」のほか、二〇一四年の「「日本」の自画像」（『岩波講座日本の思想3　内と外　対外観と自己像の形成』、岩波書店）では、鎌倉・室町期のヤマトで作成されたじつに個性的な日本図群から、中世人の琉球イメージを読みとろうとした。もう一つはジェンダー史の観点の導入で、その着手として一七年に「かな碑文に古琉球を読む」（黒嶋敏・屋良健一郎編『琉球史料学の船出—いま、歴史情報の海へ』、勉誠出版）を発表した。明・朝鮮の実録、かな碑文、オモロ・オタカベなどのウタ、冊封使録など、古琉球ならではの多様な文字史料から、神女が主役の民俗行事にいたるまで、古琉球社会に占める「女の領域」の広大さには戦慄をさえ覚える。それは本書のいたるところで顔を出すはずである。

最後に、どうしても必要な断り書きを一つ。尚真王は明暦嘉靖五年十二月十一日没で、これは西暦一五二七年一月十三日にあたる。これを西暦で一五二六年／一五二七年のいずれと表記するかについて、辞典類でも混乱がある。本書における西暦表示は、太陽暦への換算結果を示したものではなく、日本史の叙述において一般的にそうであるように、両暦のずれる年替りの一定時期を除いて、和暦（明暦）の一年の大半に重なる西暦年を示したコードである。したがって尚真の没年は一五二七年ではなく一五二六年と表記する。

二〇一九年二月二十八日　　村井章介

村井章介（むらい・しょうすけ）
1949年、大阪市に生まれる。東京大学大学院人文科学研究科修士課程修了。同大学史料編纂所助教授、同大学大学院人文社会系研究科教授を経て、立正大学教授、東京大学名誉教授。専攻は日本中世史、東アジア文化交流史。著書に『境界史の構想』（敬文舎）、『中世史料との対話』（吉川弘文館）、『日本中世の異文化接触』（東京大学出版会）、『日本中世境界史論』（岩波書店）、『増補　中世日本の内と外』『世界史のなかの戦国日本』（ちくま学芸文庫）、『分裂から天下統一へ』『中世倭人伝』（岩波新書）など多数。

角川選書 616

古《こ》琉《りゆう》球《きゆう》 海《かい》洋《よう》アジアの輝《かがや》ける王《おう》国《こく》

平成 31 年 3 月 28 日　初版発行

著　者　村《むら》井《い》章《しよう》介《すけ》

発行者　郡司　聡

発　行　株式会社 KADOKAWA
東京都千代田区富士見 2-13-3　〒 102-8177
電話 0570-002-301（ナビダイヤル）

装　丁　片岡忠彦　　帯デザイン　Zapp!

印刷所　横山印刷株式会社　　製本所　本間製本株式会社

KADOKAWAカスタマーサポート
［電話］0570-002-301（土日祝日を除く11時～13時、14時～17時）
［WEB］https://www.kadokawa.co.jp/（「お問い合わせ」へお進みください）
※製造不良品につきましては上記窓口にて承ります。
※記述・収録内容を超えるご質問にはお答えできない場合があります。
※サポートは日本国内に限らせていただきます。

定価はカバーに表示してあります。

ISBN978-4-04-703579-9 C0321

角川選書

この書物を愛する人たちに

詩人科学者寺田寅彦は、銀座通りに林立する高層建築をたとえて「銀座アルプス」と呼んだ。
戦後日本の経済力は、どの都市にも「銀座アルプス」を造成した。
アルプスのなかに書店を求めて、立ち寄ると、高山植物が美しく花ひらくように、
書物が飾られている。

印刷技術の発達もあって、書物は美しく化粧され、通りすがりの人々の眼をひきつけている。
しかし、流行を追っての刊行物は、どれも類型的で、個性がない。
歴史という時間の厚みのなかで、流動する時代のすがたや、不易な生命をみつめてきた先輩たちの発言がある。
また静かに明日を語ろうとする現代人の科白がある。これらも、
銀座アルプスのお花畑のなかでは、雑草のようにまぎれ、人知れず開花するしかないのだろうか。
マス・セールの呼び声で、多量に売り出される書物群のなかにあって、
選ばれた時代の英知の書は、ささやかな「座」を占めることは不可能なのだろうか。
マス・セールの時勢に逆行する少数な刊行物であっても、この書物は耳を傾ける人々には、
飽くことなく語りつづけてくれるだろう。私はそういう書物をつぎつぎと発刊したい。
真に書物を愛する読者や、書店の人々の手で、こうした書物はどのように成育し、開花することだろうか。
私のひそかな祈りである。「一粒の麦もし死なずば」という言葉のように、
こうした書物を、銀座アルプスのお花畑のなかで、一雑草であらしめたくない。

一九六八年九月一日

角川源義